Fischer/Fetzer

Europarecht

Kristian Fischer/Thomas Fetzer

Europarecht

12., neu bearbeitete Auflage

Prof. Dr. Thomas Fetzer, LL.M. (Vanderbilt), Jahrgang 1974, 2010–2012 Inhaber des Lehrstuhls für Steuerrecht und Wirtschaftsrecht an der Juristischen Fakultät der TU Dresden; seit 2012 Inhaber des Lehrstuhls für Öffentliches Recht, Regulierungsrecht und Steuerrecht an der Universität Mannheim; Co-Direktor des Mannheim Science Campus Taxation (MaTax), des Wissenschaftscampus Mannheim Centre for Competition and Innovation MaCCI sowie des Instituts für Unternehmensrecht an der Universität Mannheim (IURUM).

Prof. Dr. Kristian Fischer, Jahrgang 1966, seit 2005 außerplanmäßiger Professor an der Fakultät für Rechtswissenschaft und Volkswirtschaftslehre der Universität Mannheim und seit 2007 Rechtsanwalt sowie of counsel in der Anwaltssozietät Schilling, Zutt & Anschütz, Mannheim.

Bibliografische Information der Deutschen Nationalbibliothek

Die Deutsche Nationalbibliothek verzeichnet diese Publikation in der Deutschen Nationalbibliografie; detaillierte bibliografische Daten sind im Internet über <http://dnb.d-nb.de> abrufbar.

ISBN 978-3-8114-4748-6

E-Mail: kundenservice@cfmueller.de

Telefon: +49 89 2183 7923
Telefax: +49 89 2183 7620

www.cfmueller.de
www.cfmueller-campus.de

© 2019 C.F. Müller GmbH, Waldhofer Straße 100, 69123 Heidelberg

Satz: Gottemeyer, Rot
Druck: CPI Clausen & Bosse, Leck

Vorwort

Diese Auflage stellt eine wichtige Zäsur in der Geschichte dieses Lehrbuchs dar: Der Begründer des Werks, *Professor Dr. Hans-Wolfgang Arndt*, hat sich aus dem Autorenkreis zurückgezogen. Wir schulden ihm – nicht nur aufgrund des Vertrauens, das er uns durch die Ehre der Weiterführung seines Werkes entgegenbringt – großen Dank für seine stetige und vielfältige Unterstützung, ohne die auch dieses Werk nicht hätte entstehen können. Wir werden das von ihm entwickelte Konzept beibehalten, wonach Lehrbuch und Fallbuch eine Einheit bilden, die sich auf die Vermittlung des wesentlichen Wissens konzentrieren. Zweck dieses Lehrbuchs ist es, Studierende mit den grundlegenden Strukturen und Kenntnissen des Europarechts so vertraut zu machen, dass sie den Examensstoff bewältigen können.

Zugleich hoffen wir, dass mit dem Lehrbuch den Leserinnen und Lesern auch vor Augen geführt wird, welch großer Erfolg die Europäische Union und die europäische Einigung darstellen. Denn trotz aller gegenwärtigen – teilweise auch berechtigten Kritik – sehen wir Europa als Erfolgsgeschichte. Den wesentlichen Anteil an diesem Erfolg verdankt die EU ihrer Konstruktion als Rechtsgemeinschaft.

Auf diese Rechtsgemeinschaft fokussiert sich das Lehrbuch nicht nur aus examensrelevanten Gründen. Dahinter steht weiterhin Hoffnung, dass diese Konstruktion den gegenwärtigen Stürmen standhält und die Rechtsgemeinschaft der Mitgliedstaaten eines Tages in ruhigeres Fahrwasser zurückzuführen vermag.

Besonderen Dank schulden die Autoren Frau ass. iur. *Bianka Dinger* für die sorgsame Betreuung dieser Neuauflage sowie Herrn ref. iur. *Florian Ferrenberg* für seine wertvolle Unterstützung.

Mannheim, im Juli 2019
Thomas Fetzer
Kristian Fischer

Inhaltsverzeichnis

Abkürzungsverzeichnis

a.A.	anderer Ansicht
ABl. EG	Amtsblatt der EG
ABl. EU	Amtsblatt der EU
Abs.	Absatz
AdR	Ausschuss der Regionen
AEUV	Vertrag über die Arbeitsweise der Europäischen Union
AG	Aktiengesellschaft
AGB	Allgemeine Geschäftsbedingungen
AKP-Staaten	Afrika-Karibik-Pazifik-Staaten
Alt.	Alternative
AöR	Archiv des öffentlichen Rechts
arg. e	argumentum e contrario – Umkehrschluss aus
Art.	Artikel
AufenthG	Aufenthaltsgesetz
AusführungsG	Ausführungsgesetz
BAG	Bundesarbeitsgericht
BayVBl.	Bayerische Verwaltungsblätter
BB	Der Betriebs-Berater
BFH	Bundesfinanzhof
BGB	Bürgerliches Gesetzbuch
BGBl.	Bundesgesetzblatt
BGH	Bundesgerichtshof
BRAO	Bundesrechtsanwaltsordnung
BSG	Bundessozialgericht
BVerfG	Bundesverfassungsgericht
BVerfGE	Bundesverfassungsgerichtsentscheidungen
BVerfGG	Bundesverfassungsgerichtsgesetz
BVerwG	Bundesverwaltungsgericht
BVerwGE	Bundesverwaltungsgerichtsentscheidungen
CMLRev.	Common Market Law Review
DB	Der Betrieb
ders.	derselbe
DÖV	Die Öffentliche Verwaltung
DRiG	Deutsches Richtergesetz
DStJG	Veröffentlichungen der Deutschen Steuerjuristischen Gesellschaft
DStR	Deutsches Steuerrecht
DSU	Dispute Settlement Understanding
DVBl.	Deutsche Verwaltungsblätter
DZWiR	Deutsche Zeitschrift für Wirtschafts- und Insolvenzrecht
EA	EAG-Vertrag
EAG	Europäische Atomgemeinschaft

ecolex	Fachzeitschrift für Wirtschaftsrecht
ECU	Europäische Währungseinheit (European Currency Unit)
EEA	Einheitliche Europäische Akte
EFTA	Europäische Freihandelsassoziation (European Free Trade Association)
EG	1. Europäische Gemeinschaft
	2. EG-Vertrag
EGKS	Europäische Gemeinschaft für Kohle und Stahl
EGKSV	Vertrag zur Gründung der Europäischen Gemeinschaft für Kohle und Stahl
EGMR	Europäischer Gerichtshof für Menschenrechte
ELRev.	European Law Review
EMRK	Europäische Konvention zum Schutz der Menschenrechte und Grundfreiheiten
EP	Europäisches Parlament
EPG	Europäische Politische Gemeinschaft
EPZ	Europäische Politische Zusammenarbeit
EStG	Einkommensteuergesetz
ESZB	Europäisches System der Zentralbanken
EU	Europäische Union
EUA	Europäische Umweltagentur
EuG	Europäisches Gericht erster Instanz
EuGH	Europäischer Gerichtshof (heute: Gerichtshof der Europäischen Union)
EuGHE	Entscheidungssammlung des EuGH
EuGRZ	Europäische Grundrechte-Zeitschrift
EuLF	The European Legal Forum
EuR	Europarecht
EuRAG	Gesetz über die Tätigkeit europäischer Rechtsanwälte in Deutschland
Euratom	Europäische Atomgemeinschaft
EuropaR	Europarecht
EUV	Vertrag über die Europäische Union
EuZW	Europäische Zeitschrift für Wirtschaftsrecht
EVG	Europäische Verteidigungsgemeinschaft
EWG	Europäische Wirtschaftsgemeinschaft
EWGV	Vertrag über die Europäische Wirtschaftsgemeinschaft
EWIV	Europäische Wirtschaftliche Interessenvereinigung
EWR	Europäischer Wirtschaftsraum
EWS	Europäisches Wirtschafts- und Steuerrecht
EWS	Europäisches Währungssystem
EZB	Europäische Zentralbank
f./ff.	folgende/fortfolgende
FGO	Finanzgerichtsordnung
FreizügG/EU	Freizügigkeitsgesetz/EU
GA	Generalanwalt
GASP	Gemeinsame Außen- und Sicherheitspolitik
GATS	Allgemeines Übereinkommen über den Handel mit Dienstleistungen (General Agreement on Trade in Services)
GATT	Allgemeines Zoll- und Handelsabkommen (General Agreement on Tariffs and Trade)
GD	Generaldirektorat

GEMA	Gesellschaft für musikalische Aufführungs- und mechanische Vervielfältigungsrechte
GG	Grundgesetz
ggf.	gegebenenfalls
GHS	Gerichtshof-Satzung
GmbH	Gesellschaft mit beschränkter Haftung
GRCh	Charta der Grundrechte der Europäischen Union
GRUR	Zeitschrift für gewerblichen Rechtschutz und Urheberrecht
GWB	Gesetz gegen Wettbewerbsbeschränkungen
GZT	Gemeinsamer Zolltarif
HFR	Höchstrichterliche Finanzrechtsprechung
h.M.	herrschende Meinung
Hs.	Halbsatz
HWiG	Gesetz über den Widerruf von Haustürgeschäften und ähnlichen Geschäften
InfAuslR	Informationsbrief Ausländerrecht
IStR	Internationales Steuerrecht
i.S.v.	im Sinne von
JA	Juristische Arbeitsblätter
JBl.	Juristische Blätter
JöR	Jahrbuch des öffentlichen Rechts
Jura	Juristische Ausbildung
JuS	Juristische Schulung
JZ	Juristische Zeitung
KS	EGKS-Vertrag
KSZE	Konferenz für Sicherheit und Zusammenarbeit in Europa
LG	Landgericht
lit.	litera
LMBG	Lebensmittel- und Bedarfsgegenständegesetz
Mill.	Milliarden
Mio.	Millionen
NAFTA	North American Free Trade Association (Nordamerikanische Freihandelsassoziation)
NATO	North Atlantic Treaty Organization (Nordatlantikpakt)
NJW	Neue Juristische Wochenschrift
NVwZ	Neue Zeitschrift für Verwaltungsrecht
NVwZ-RR	NVwZ-Rechtsprechungs-Report Verwaltungsrecht
NZA	Neue Zeitschrift für Arbeitsrecht
NZS	Neue Zeitschrift für Sozialrecht
OECD	Organisation für wirtschaftliche Zusammenarbeit und Entwicklung (Organization for Economic Co-operation and Development)
OEEC	Organisation für Europäische wirtschaftliche Zusammenarbeit (Organization for European Economic Co-operation)

o.g.	oben genannt
OHG	Offene Handelsgesellschaft
OLG	Oberlandesgericht
ÖstVerfGH	Österreichischer Verfassungsgerichtshof
OSZE	Organisation für Sicherheit und Zusammenarbeit in Europa
PatG	Patentgesetz
PJZS	Polizeiliche und justizielle Zusammenarbeit in Strafsachen
RIW	Recht der Internationalen Wirtschaft
RNotZ	Rheinische Notar-Zeitung
Rs.	Rechtssache (EuGH)
Rz.	Randziffer
S.	Satz
SE	Societas Europae
SEBG	Gesetz über die Beteiligung der Arbeitnehmer in der Europäischen Gesellschaft
Slg.	Sammlung der Entscheidungen des EuGH
s.o.	siehe oben
sog.	so genannte
StoffR	Zeitschrift für Stoffrecht
str.	streitig
StVZO	Straßenverkehrs-Zulassungs-Ordnung
TRIPS	Abkommen über die handelsbezogenen Aspekte der Rechte des geistigen Eigentums (Trade-related Aspects of Intellectual Property Rights)
Tz.	Textziffer
UAbs.	Unterabsatz
UWG	Gesetz gegen den unlauteren Wettbewerb
VBlBW	Verwaltungsblätter für Baden-Württemberg
VerbrKrG	Verbraucherkreditgesetz
VerfO EuGH	Verfahrensordnung für den Europäischen Gerichtshof (EuGH)
VerwArch	Verwaltungsarchiv
VG	Verwaltungsgericht
vgl.	vergleiche
VO	Verordnung
VR	Verwaltungsrundschau
VVDStRL	Veröffentlichungen der Vereinigung der Deutschen Staatsrechtslehrer
VwGH	Verwaltungsgerichtshof (Österreich)
VwGO	Verwaltungsgerichtsordnung
VwVfG	Verwaltungsverfahrensgesetz
WBl	Wirtschaftliche Blätter
WEU	Westeuropäische Union
WiSt	Wirtschaftswissenschaftliches Studium
WM	Wertpapiermitteilungen
WRP	Wettbewerb in Recht und Praxis

WSA	Wirtschafts- und Sozialausschuss
WTO	Welthandelsorganisation (World Trade Organization)
WuV	Wirtschaft und Verwaltung
WuW	Wirtschaft und Wettbewerb
WWU	Wirtschafts- und Währungsunion
ZAR	Zeitschrift für Ausländerrecht
z.B.	zum Beispiel
ZBJI	Zusammenarbeit in den Bereichen Justiz und Inneres
ZEuP	Zeitschrift für europäisches Privatrecht
ZeuS	Zeitschrift für Europarechtliche Studien
ZfRV	Zeitschrift für Rechtsvergleichung
ZfV	Zeitschrift für Verwaltung
ZGR	Zeitschrift für Unternehmens- und Gesellschaftsrecht
ZHR	Zeitschrift für das gesamte Handelsrecht und Wirtschaftsrecht
ZIP	Zeitschrift für Wirtschaftsrecht und Insolvenzpraxis
ZLR	Zeitschrift für Lebensmittelrecht
ZPO	Zivilprozessordnung
ZRP	Zeitschrift für Rechtspolitik
z.T.	zum Teil
ZUR	Zeitschrift für Umweltrecht

Erster Teil
Einführung

A. Zielsetzung dieses Buches

Das Recht der Europäischen Union hat in den vergangenen Jahrzehnten eine Bedeu- 1
tung auch in der täglichen Arbeit vieler Juristen erlangt, die es unabdingbar werden
lässt, sich bereits während der Ausbildung mit dieser Rechtsmaterie auseinanderzusetzen. Dies gilt insbesondere auch deshalb, weil das Europarecht in vielen Bereichen
die nationalen Rechtsordnungen – etwa das Verbraucherschutzrecht im Bürgerlichen
Recht – nachhaltig umgestaltet hat und damit auch für die Lösung rein nationaler
Sachverhalte zunehmend Bedeutung erlangt.

Der vorliegende Grundriss soll den als unabdingbar angesehenen Fundus europarecht- 2
licher Kenntnisse vorstellen, der heute von einem Juristen, der sich der europäischen
Konkurrenz stellen muss, im **Pflichtfach** „Grundzüge des Europarechts" verlangt wird.
Solange eine Stoffreduzierung im Jurastudium nicht erfolgt, bergen die umfangreichen
europarechtlichen Lehrbücher für diesen Personenkreis die Gefahr der Stoffüberfrach-
tung und der Orientierungsunsicherheit; diese Bücher sind überwiegend für diejenigen
konzipiert, die sich im **Schwerpunktfach** Europarecht intensiver mit der Materie beschäftigen wollen.

Dem vorliegenden Band geht es deshalb weniger um die detaillierte Kenntnis der 3
Rechtsordnung der Europäischen Union insgesamt. Im Vordergrund stehen vielmehr
die in der juristischen Prüfung und Praxis mittlerweile alltäglich gewordenen Fragen
des Europarechts. Deshalb enthält das Buch zahlreiche praxisbezogene Beispielsfälle,
die zumeist Entscheidungen des Gerichtshofs der Europäischen Union nachgebildet
sind. Teilweise sind sie aus didaktischen Gründen verändert bzw. vereinfacht worden.
Das Risiko, ständig auf der Grenzlinie zwischen der Beschränkung auf das Notwendigste und dem Vorwurf der Oberflächlichkeit balancieren zu müssen, wurde dabei
bewusst in Kauf genommen.

Die Verfasser hoffen, das europarechtliche Grundwissen, ohne das die nationale 4
Rechtsordnung vielfach nicht mehr verstanden werden kann, trotz der Beschränkung
auf das Notwendigste den Kandidaten für die Erste juristische Staatsprüfung und jedem weiteren an der Materie Interessierten zugänglich zu machen.

B. Überblick über die Amtlichen Veröffentlichungen

Von der EU werden **Amtsblätter** (zitiert: ABl.) herausgegeben. Seit 1967 geschieht dies 5
in zwei Teilen. In Teil **L** („Lois") finden sich die veröffentlichungsbedürftigen Rechtshandlungen (z.B. Verordnungen), in Teil **C** („Communications") die sonstigen Veröffent-
lichungen. Im Anhang zum Amtsblatt werden die Sitzungsberichte des Europäischen
Parlaments abgedruckt.

6   Von großer Bedeutung ist ferner die amtliche Sammlung der Rechtsprechung des Gerichtshofs (zitiert: *EuGH*, Slg., ECLI oder EuGHE). Seit Einführung des Europäischen Gerichts erster Instanz (Gericht) im Jahre 1989 ist die amtliche Sammlung unterteilt in Entscheidungen des Gerichtshofs (Slg. I) und Entscheidungen des Gerichts (Slg. II). Seit dem Start des ECLI-Projekts in 2011 haben ferner alle Entscheidungen des Gerichtshofs der Europäischen Union sog. ECLI-Nummern („European Case Law Identifier", zu Deutsch: „Europäischer Rechtsprechungs-Identifikator") erhalten, die seitdem als übliche Zitierweise verwendet werden.

7   Die abgedruckten Entscheidungen sind sehr umfangreich. Dabei ist jedoch zu bemerken, dass ein Großteil dieses Umfangs durch die Darstellung des Sachverhalts, des bisherigen Verfahrens und des Parteivorbringens eingenommen wird; die eigentlichen Entscheidungsgründe sind dagegen sehr kurz gefasst. Ebenfalls veröffentlicht sind hier die Schlussanträge des Generalanwalts, der als unabhängiger Verfahrensbeteiligter ein ausführliches Votum zu dem jeweiligen Fall aus seiner Sicht abgibt. Sie sind oftmals ausführlicher als die Entscheidungsgründe und bieten deshalb wertvolle Zusatzinformationen über die rechtlichen Hintergründe des Falles.

8   Informationen über die aktuellen Tätigkeiten der EU können dem monatlich von der Kommission herausgegebenen Bulletin (zitiert Bull.-EU) entnommen werden. Die Kommission gibt außerdem selbstständige Dokumente (zitiert: KOM [Jahreszahl], Nr.) heraus; sie enthalten z.B. Mitteilungen der Kommission an den Rat oder das Europäische Parlament.

C. Literatur

Die folgende Auflistung enthält einen Überblick über die gängige Literatur zum Europarecht.

I. Lehrbücher

9   *Dittert, Daniel,* Europarecht – Examenskurs für Rechtsreferendare, 5. Auflage, München 2017
Borchardt, Klaus-Dieter, Die rechtlichen Grundlagen der Europäischen Union, 6. Auflage, Wien 2015
Ehlers, Dirk, Europäische Grundrechte und Grundfreiheiten, 4. Auflage, Berlin 2014
Eichholz, Christiane, Europarecht, 4. Auflage, Heidelberg u.a. 2018
Fastenrath, Ulrich/Groh, Thomas, Europarecht, 4. Auflage, Stuttgart 2016
Hakenberg, Waltraud, Europarecht, 8. Auflage, München 2018
Haratsch, Andreas/Koenig, Christian/Pechstein, Matthias, Europarecht, 11. Auflage, Tübingen 2018
Herdegen, Matthias, Europarecht, 20. Auflage, München 2018
Herrmann, Christoph, Examens-Repetitorium Europarecht – Staatsrecht III, 6. Auflage, Heidelberg
    2017
Hobe, Stefan, Europarecht, 9. Auflage, München 2017
Kilian, Wolfgang/Wendt, Domenik Henning, Europäisches Wirtschaftsrecht, 6. Auflage, München
    2017
Lecheler, Helmut/Gundel, Jörg/Germelmann, Claas Friedrich, Europarecht, 3. Auflage, München
    2019
Oppermann, Thomas/Classen, Dieter/Nettesheim, Martin, Europarecht, . Auflage, München 2018

Pechstein, Matthias, Entscheidungen des EuGH, 10. Auflage, Tübingen 2018
Schroeder, Werner, Grundkurs Europarecht, 5. Auflage, München 2017
Streinz, Rudolf, Europarecht, 10. Auflage, Heidelberg 2016
Streinz, Rudolf/Ohler, Christoph/Herrmann, Christoph, Der Vertrag von Lissabon zur Reform der EU,
     3. Auflage, München 2010

II. Kommentare/Handbücher

Calliess, Christian/Ruffert, Matthias, EUV/AEUV, 5. Auflage, München 2016   **10**
Dauses, Manfred/Ludwigs, Markus (Hrsg.), Handbuch des EU-Wirtschaftsrechts, München (Loseblatt,
     Stand 2019)
Ehlermann, Claus-Dieter/Bieber, Roland/Haag, Marcel, Handbuch des Europäischen Rechts, Baden-
     Baden (Loseblatt, Stand 2019)
Geiger, Rudolf/Khan, Daniel-Erasmus/Kotzur, Markus, EUV/AEUV, Kommentar zum Vertrag über
     die Europäische Union und Vertrag über die Arbeitsweise der Europäischen Union, 6. Auflage,
     München 2016
Grabitz, Eberhard/Hilf, Meinhard/Nettesheim, Martin, Das Recht der Europäischen Union, München
     (Loseblatt, Stand 2019)
Lenz, Carl Otto/Borchardt, Klaus Dieter (Hrsg.), EU-Verträge Kommentar, 6. Auflage, Köln 2012
Schulze, Reiner/Zuleeg, Manfred/Kadelbach, Stefan, Europarecht, Handbuch für die deutsche
     Rechtspraxis, 3. Auflage, Baden-Baden 2015
Schwarze, Jürgen, EU-Kommentar, 4. Auflage, Baden-Baden 2019
Streinz, Rudolf, EUV/AEUV, Vertrag über die Europäische Union und über die Arbeitsweise der
     Europäischen Union, 3. Auflage, München 2018

III. Text- und Fallsammlungen

Fischer, Kristian/Fetzer Thomas, Fälle zum Europarecht, 9. Auflage, Heidelberg 2019   **11**
Bieber, Roland, Das Recht der Europäischen Union, Baden-Baden (Loseblatt, Stand 2018)
Winkel, Klaus, Europäisches Wirtschaftsrecht. Sammlung von Rechtsvorschriften der Europäischen
     Union, München (Loseblatt, Stand 2019)
Hummer, Waldemar/Vedder, Christoph/Lorenzmeier, Stefan, Europarecht in Fällen, 7. Auflage,
     Baden-Baden 2019
Lecheler, Helmut/Gundel, Jörg, Übungen im Europarecht, 2. Auflage, Berlin, in Vorbereitung für 2020
Schwartmann, Rolf (Hrsg.), Völker- und Europarecht. Mit WTO-Recht und Zusatztexten im Internet,
     11. Auflage, Heidelberg 2018
Schwartmann, Rolf (Hrsg.), Der Vertrag von Lissabon. EU-Vertrag, Vertrag über die Arbeitsweise der
     EU – Konsolidierte Fassungen –, 5. Auflage, Heidelberg 2018

IV. Zeitschriften

– Europäische Grundrechte-Zeitschrift (EuGRZ)   **12**
– Europäische Zeitschrift für Wirtschaftsrecht (EuZW)
– Europäisches Wirtschafts- und Steuerrecht (EWS)
– Europarecht (EuR)

V. Datenbanken der Union

Das Portal der Europäischen Union: **13**
http://europa.eu/index_de.htm

Homepage des Europäischen Parlaments:
http://www.europarl.europa.eu/portal/de

Homepage der Europäischen Kommission:
http://ec.europa.eu/index_de.htm

Startseite des Rats der Europäischen Union:
https://www.consilium.europa.eu/de/

Zugang zu den Rechtsvorschriften der Europäischen Union über *EURLEX*:
http://eur-lex.europa.eu/de/index.htm

Homepage des Europäischen Gerichtshofs:
http://curia.europa.eu/jcms/jcms/j_6/

Vertiefend hierzu empfiehlt sich folgender Beitrag: *Hofer*, Europarecht suchen und finden – die Datenbanken CELEX, EurLEX und PreLEX, Jura 2005, 803 ff.

Zweiter Teil

Geschichte und Perspektiven der Europäischen Union

A. Erste Formen einer Zusammenarbeit in Europa

Die Idee eines vereinten Europas geht zwar bis in das Mittelalter zurück, konkrete For- **14**
men nahm sie jedoch erst nach dem Ersten Weltkrieg an: Der österreichische Graf Richard Coudenhove-Kalergi gründete 1923 die **Paneuropa-Union**; der französische Außenminister und Friedensnobelpreisträger Aristide Briand entwarf 1930 einen Plan für eine **Europäische Föderation**. Der Faschismus in Italien und der Nationalsozialismus in Deutschland sowie der Zweite Weltkrieg ließen allerdings alle Pläne eines vereinten Europas scheitern. Nach dem Ende des Zweiten Weltkrieges schließlich nahm die europäische Integration auf den Gebieten **Wirtschaft**, **Politik** und **Verteidigung** Gestalt an.

Den **wirtschaftlichen** Wiederaufbau in den europäischen Staaten fördern sollte die **15**
OEEC (Organization for European Economic Co-operation). Sie wurde 1948 in Paris von 16 europäischen Staaten gegründet. Aus der OEEC ging 1961 die **OECD (Organization for Economic Co-operation and Development)** hervor, an der auch außereuropäische Staaten beteiligt wurden (u.a. USA, Kanada und Japan). Der OECD gehören die bedeutendsten Industriestaaten an; sie soll vor allem die Wirtschaftspolitik unter den Mitgliedsländern koordinieren sowie den Handel mit den Entwicklungsländern fördern. Dass die OECD nie zu einer der EU vergleichbaren Integration geführt hat, ist darauf zurückzuführen, dass ihre Organe über wenige Kompetenzen verfügen.

Politisch bedeutsam war die Gründung des **Europarates** 1949. Zunächst beteiligten **16**
sich 10 europäische Staaten. Mittlerweile ist der Europarat auf 47 Mitglieder angewachsen; die Bundesrepublik Deutschland trat 1950/51 bei. Ziel des Europarates ist es, einen politischen Konsens über Fragen der Grundfreiheiten und Menschenrechte der Bürger zu finden, gemeinsame Grundsätze und Ideale zu fördern und damit eine engere Verbindung zwischen den Mitgliedstaaten herzustellen.

Besondere Bedeutung kommt dabei der Gründung der **Europäischen Konvention** **17**
zum Schutze der Menschenrechte und Grundfreiheiten (EMRK) von 1950 zu. Durch diese Konvention, der mittlerweile alle Mitgliedstaaten des Europarates beigetreten sind, werden die Vertragsstaaten zur Einhaltung bestimmter Grundwerte verpflichtet. Diese Grundwerte sind in dem Menschenrechtskatalog der EMRK zusammengefasst. Um einen effektiven Schutz zu gewährleisten, können Verstöße gegen die EMRK vor der Menschenrechtskommission und dem **Europäischen Gerichtshof für Menschenrechte** in Straßburg geltend gemacht werden.

Einen anderen – und zwar übereuropäischen – Verlauf nahm die Entwicklung auf dem **18**
Sektor der **Verteidigung**. 1949 schlossen sich die USA und Kanada mit dem Großteil der westeuropäischen Staaten zur **NATO (North Atlantic Treaty Organization)** zusammen. Ein rein europäisches Verteidigungsprojekt – geplant war die Gründung einer Europäischen Verteidigungsgemeinschaft (EVG) – scheiterte 1954 am Widerstand

Frankreichs. Zwar gründeten – nach der Absage Frankreichs – dennoch sieben westeuropäische Staaten die **Westeuropäische Union (WEU)**; diese blieb jedoch neben der NATO weitgehend ohne Bedeutung.

B. Die Gründung der Europäischen Gemeinschaften

19   Bis zur Gründung der Europäischen Gemeinschaften war damit – abgesehen von Teilerfolgen wie der EMRK – eine europäische Integration nicht erreicht worden. Insbesondere in den Bereichen der Verteidigung und der Politik bestanden noch unüberwindbare Differenzen zwischen den einzelnen europäischen Staaten. In den 50er Jahren beschränkten sich die Integrationsbemühungen dann auf den **Wirtschaftssektor**, und es wurden die **Europäischen Gemeinschaften (Europäische Gemeinschaft für Kohle und Stahl – EGKS, Europäische Wirtschaftsgemeinschaft – EWG und Europäische Atomgemeinschaft – Euratom)** gegründet. Die Europäischen Gemeinschaften waren es auch, die den Durchbruch bei der Integration Europas ermöglichten.

20   Bahnbrechend für die Entstehung der EG war der **„Schuman-Plan"**. Am 9.5.1950 schlug der französische Außenminister Robert Schuman der Bundesrepublik vor, die Gegensätze zwischen Frankreich und Deutschland zu überwinden und sich zu einer Wirtschaftsgemeinschaft zusammenzuschließen; andere europäische Staaten sollten sich beteiligen können. Der Vorschlag Schumans fand nicht nur bei der Bundesrepublik, sondern auch bei Italien und den drei Beneluxstaaten Zustimmung. Bereits 1951 konnte der **Vertrag zur Gründung der Europäischen Gemeinschaft für Kohle und Stahl (EGKS-Vertrag)** von den sechs Staaten unterzeichnet werden. Er bezweckte die Schaffung eines Gemeinsamen Marktes für die Güter der Schwerindustrie. Die Besonderheit dieses Zusammenschlusses – der letztendlich auch für den Erfolg der EG ausschlaggebend war – ist, dass die Vertragsstaaten auf Hoheitsrechte verzichteten und sie auf europäische Institutionen übertrugen **(Supranationalität)**. Im EGKS-Vertrag waren dies die Hohe Behörde (später die Kommission), der Ministerrat, die parlamentarische Versammlung (später das Europäische Parlament) sowie der Europäische Gerichtshof.

21   Der Begriff der Supranationalität ist der **Schlüssel** zum **Verständnis** des **Europarechts** und Antriebsquelle der Europäischen Integration. Supranationalität bedeutet, das Grundgesetz ermächtigt den Gesetzgeber in Art. 23 GG zu

„[...] einer weitreichenden Übertragung von Hoheitsrechten auf die EU. Die Ermächtigung steht aber unter der Bedingung, dass dabei die souveräne Verfassungsstaatlichkeit auf der Grundlage eines Integrationsprogramms nach dem Prinzip der begrenzten Einzelermächtigung und unter Achtung der verfassungsrechtlichen Identität als Mitgliedstaaten gewahrt bleibt und zugleich die Mitgliedstaaten ihre Fähigkeit zu selbstverantwortlicher politischer und sozialer Gestaltung der Lebensverhältnisse nicht verlieren" (BVerfGE 123, 267, 347 – „Lissabon").

22   Damit hat das Bundesverfassungsgericht **Umfang** und **Grenzen** der auf Supranationalität beruhenden europäischen Integration umrissen. **Im Hinblick auf den Umfang** ist dem nationalen Gesetzgeber eine „weitreichende Übertragung" von Hoheitsrechten auf die Organe der EU gestattet. Zugleich nennt das Gericht **zwei Grenzpflöcke**: Bei

dem **ersten** handelt es sich um das **Prinzip der begrenzten Einzelermächtigung**. Es besagt, dass die EU keine „Kompetenz-Kompetenz" besitzt, d.h., es ist ihr nicht gestattet, ohne Ermächtigung durch die Mitgliedstaaten ihre Kompetenzen eigenmächtig auszudehnen. Es sind vielmehr die souveränen **Mitgliedstaaten**, die die **„Herren der Verträge"** bleiben. Bei dem **zweiten** Grenzpflock handelt es sich um eine vom Bundesverfassungsgericht für den nationalen Gesetzgeber errichtete **Schranke**. Ihm ist nach dieser Rechtsprechung untersagt, bei der Übertragung von Hoheitsrechten so weit zu gehen, dass die **souveräne nationale Identität** und die Fähigkeit zur national selbstverantwortlichen Gestaltung der Lebensverhältnisse **verloren** gehen. Es wird noch in diesem Abschnitt zu zeigen sein, dass diese vom Bundesverfassungsgericht beschworene Gefahr einer Aufgabe der nationalen Identität und eines Aufgehens in einer „europäischen Identität" in einer Europäischen Union mit derzeit 28 Mitgliedstaaten eher illusorisch ist. Im Gegenteil: Die Entwicklung der letzten 50 Jahre zeigt, dass die Antriebsquelle der Supranationalität als Motor der Europäischen Integration mit der Zunahme der Anzahl der Mitgliedstaaten schwächer geworden ist.

Die nächste wichtige Etappe in der Geschichte der Europäischen Gemeinschaft bildete   **23**
1957 der Abschluss der **Römischen Verträge**, die zur Gründung der Europäischen Wirtschaftsgemeinschaft (EWG) und der Europäischen Atomgemeinschaft (Euratom) führten. Der Vertrag zur Gründung der **EWG** (danach: EG; heute: **EUV** bzw. **AEUV**) wurde auf Betreiben der Bundesrepublik Deutschland geschlossen, die in der Schaffung eines Binnenmarktes eine große Chance für ihre rasch wachsende Exportindustrie sah. Die **Euratom** (heute: **EAG**) wurde insbesondere auf Bestreben Frankreichs gegründet, um eine gemeinsame friedliche Nutzung der Kernenergie zu sichern. Beide Gemeinschaften – EWG und Euratom – wurden der EGKS nachgebildet. Auch sie wurden mit europäischen Institutionen ausgestattet: der Kommission, dem Ministerrat, dem Europäischen Parlament und dem Europäischen Gerichtshof. Dabei hatten die EWG und die Euratom zunächst jeweils eine eigene Kommission und einen eigenen Ministerrat. Parlament und Gerichtshof wurden dagegen bereits 1957 fusioniert und waren für alle drei Gemeinschaften zuständig. Im Jahre 1965 erfolgte dann eine Verschmelzung von EGKS, Euratom und EWG zu einer Organisation mit identischen Organen (sog. **Fusionsvertrag**).

In der Folgezeit bildete sich die EWG als bedeutsamster Zweig der Europäischen Ge-   **24**
meinschaft heraus. Viele der angestrebten Ziele des EWG-Vertrages (Abbau der Binnenzölle, gemeinsamer Außenzoll, Gemeinsamer Markt) konnten verwirklicht werden.

C. Die Europäische Gemeinschaft zwischen Krise und Fortschritt: 1965–1992

Die Jahre nach der Gründung der Europäischen Wirtschaftsgemeinschaft waren ge-   **25**
kennzeichnet von schnellen Fortschritten, aber auch von schweren Krisen. Den wohl schwersten **Konflikt** hatten die Europäischen Gemeinschaften in den Jahren 1965/66 zu überstehen. Nach einem Entwurf zur Änderung des EWG-Vertrages sollte der Ministerrat nicht mehr nur **einstimmig**, sondern auch nach dem **Mehrheitsprinzip** ent-

scheiden können. Diese Reformbestrebungen trafen auf den Widerstand Frankreichs, welches in der Folgezeit nicht mehr an den Sitzungen des Rates teilnahm und damit dessen Tätigkeit blockierte ("Politik des leeren Stuhls"). Der Konflikt konnte jedoch durch den **„Luxemburger Kompromiss"** von 1966 beigelegt werden: Soweit Entscheidungen des Ministerrates die elementaren Interessen eines Mitgliedstaates berühren, darf die Entscheidung nicht gegen die Stimme dieses Staates getroffen werden.

26 Dennoch wurden Anfang der 60er Jahre in den Europäischen Gemeinschaften in großem Umfang Fortschritte erzielt. Dies gilt insbesondere für die EWG (danach **EG**, heute **Union**). So konnte das Ziel einer **Zollunion** erreicht werden. Bis 1970 waren die nationalen Zollbarrieren innerhalb der EG abgebaut und es wurde ein gemeinsamer Außenzoll eingeführt. Des Weiteren wurde eine Reihe von Maßnahmen zur Errichtung des **Gemeinsamen Marktes** getroffen. Die 70er Jahre waren zunächst geprägt durch die Beitrittsverhandlungen mit Dänemark, Großbritannien, Irland und Norwegen. Norwegen hatte zwar zunächst die EG-Mitgliedschaft beantragt; ein Volksentscheid verhinderte jedoch den Beitritt. Dänemark, Großbritannien und Irland wurden mit Wirkung zum 1.1.1973 in die EG aufgenommen. Die so entstandene Neunergemeinschaft wurde später noch um weitere drei Mitglieder erweitert: Zunächst trat 1981 Griechenland der EG bei; 1986 wurden Spanien und Portugal als Mitglieder aufgenommen. Vor der Erweiterung der EG nach Mittel- und Osteuropa waren zuletzt zum 1.1.1995 Finnland, Österreich und Schweden in die EG aufgenommen worden; ein geplanter Beitritt Norwegens scheiterte wiederum an einem Volksentscheid.

27 Im Übrigen kam der Integrationsprozess in den 70er Jahren und Anfang der 80er Jahre nicht mehr so schnell voran wie zuvor. Zwar ließen sich in Teilbereichen Erfolge verbuchen. Bedeutsam waren z.B. die **Abkommen von Lomé**, welche die wirtschaftlichen Beziehungen der EG zu den sog. AKP-Staaten (Afrika-Karibik-Pazifik-Staaten) festlegten und die Einführung **direkter Wahlen zum Europäischen Parlament**. Große Fortschritte konnten jedoch nicht mehr erzielt werden.

28 Neue Impulse im Integrationsprozess brachte dann die Unterzeichnung der **Einheitlichen Europäischen Akte (EEA)**, die am 1.7.1987 in Kraft trat. In der EEA hatten sich die Mitgliedstaaten vertraglich verpflichtet, bis zum 31.12.1992 einen **Binnenmarkt** zu errichten. **Der Binnenmarkt ist ein Raum ohne Binnengrenzen, in dem der freie Verkehr von Waren, Personen, Dienstleistungen und Kapital** gewährleistet ist. Um das Ziel „Binnenmarkt" zu erreichen, wurde die EG durch die EEA auch institutionell reformiert. Neben der **Erweiterung der Parlamentsbefugnisse** führte die EEA vor allem ein **vereinfachtes Beschlussverfahren** im Ministerrat ein. Das Ziel, bis zum 31.12.1992 einen gemeinsamen Binnenmarkt zu erreichen, sorgte in den Jahren 1985–1992 für eine Aufbruchstimmung in den Mitgliedstaaten. Sichtbarstes Zeichen dafür war der Abbau der Grenzkontrollen.

D. Von den Europäischen Gemeinschaften zur Europäischen Union

Einen weiteren Meilenstein der Geschichte der europäischen Integration bildet der **29** **Vertrag von Maastricht über die Europäische Union** (EU-Vertrag). Er trat am 1.11.1993 in Kraft und führte den Integrationsprozess in eine neue Dimension, im Vertrag selbst als „eine neue Stufe bei der Verwirklichung einer immer engeren Union der Völker Europas" beschrieben.

In den sechzehn Jahren bis zum Inkrafttreten des Vertrages von Lissabon am 1.12.2009 **30** freilich besaß diese EU **keine eigene Rechtspersönlichkeit**. Unter ihrem Dach handelten die Organe der EG im Rahmen ihrer im **EG**-Vertrag von den Mitgliedstaaten verliehenen Kompetenzen **supranational**, oder auf der Grundlage des **EU**-Vertrages von Maastricht auf den Gebieten der Gemeinsamen Außen- und Sicherheitspolitik (GASP) und der polizeilichen und justiziellen Zusammenarbeit in Strafsachen (PJZS) im Rahmen der **intergouvernementalen Kooperation**. Bei der intergouvernementalen Kooperation handelt es sich um klassisches **Völkervertragsrecht**, d.h., die Mitgliedstaaten üben keinen Souveränitätsverzicht im Wege der Übertragung auf eine supranationale Organisation aus. Erst durch das Zustimmungsgesetz gemäß Art. 23 Abs. 1, Art. 59 Abs. 2 GG entfaltet Völkervertragsrecht im Binnenbereich der Bundesrepublik Rechtswirkung für und gegen den Einzelnen. Damit ist der zentrale Unterschied zwischen **supranationaler „Vergemeinschaftung"** von Kompetenzfeldern einerseits und bloßer **„intergouvernementaler" Zusammenarbeit** auf völkervertragsrechtlicher Basis aufgezeigt. Im Vertrag von Lissabon erfolgte die Verschmelzung von bisheriger EU und alter EG zur **neuen einheitlichen EU mit eigener Rechtspersönlichkeit**. Der fundamentale Unterschied zwischen supranationaler Vergemeinschaftung und intergouvernementaler Zusammenarbeit existiert auch im Rahmen der „neuen" – seit dem 1.12.2009 rechtsfähigen – Union fort.

Die „alte", im Vertrag von Maastricht gegründete, nicht rechtsfähige EU setzte vor allem **31** das Signal, die Mitgliedstaaten sollten von einer Wirtschaftsgemeinschaft zu einer **politischen Union** zusammenwachsen. Ein deutliches Zeichen hierfür war die Einführung der **Unionsbürgerschaft** durch den Maastricht-Vertrag: Während die Einwohner der Mitgliedstaaten innerhalb der EG bisher nur Freizügigkeit genossen, wenn sie als Wirtschaftssubjekte handelten, also erwerbstätig waren, haben sie seit Mitte der 90er Jahre das Recht, sich als Unionsbürger im Hoheitsgebiet der EU frei zu bewegen. Die Unionsbürgerschaft soll jedoch die nationale Staatsbürgerschaft nicht ersetzen, sondern nur ergänzen; sie ist mit konkreten Rechten verknüpft (z.B. Reise- und Aufenthaltsrecht, Wahlrecht, diplomatischer Schutz und Petitionsrecht).

Mit der Schaffung der **Europäischen Wirtschafts- und Währungsunion (WWU)** wur- **32** den im Vertrag von Maastricht die bisher am weitesten gehenden Änderungen des EWG-Vertrages beschlossen. Wesentliche Elemente sind die **Koordination der Wirtschaftspolitik** der Mitgliedstaaten, die **Einführung einer einheitlichen Währung** und die **Errichtung eines europäischen Zentralbanksystems**.

33   Auf dem Luxemburger Gipfeltreffen im Dezember 1997 wurden die Weichen für die Erweiterung der EU (insbesondere nach Osten) gestellt. Die **Osterweiterung** wurde mit dem Beitritt von Rumänien und Bulgarien zum 1.1.2007 vorläufig abgeschlossen. Zu diesem Zeitpunkt zählte die EU 27 Mitgliedstaaten. Zur Vorbereitung auf die Osterweiterung wurde auf der **Konferenz von Nizza vom 7. bis 9.12.2000** eine weitere Reform des EG-Vertrages und insbesondere der **Institutionen** auf den Weg gebracht: Beim Rat war die wichtigste Neuerung die Änderung des Systems der Beschlussfassung mit qualifizierter Mehrheit. Die nach erbitterter Auseinandersetzung zwischen großen und kleinen Mitgliedstaaten vereinbarte Neugewichtung der Stimmen hat den Einfluss der bevölkerungsreichsten EG-Mitgliedstaaten gestärkt. Vor allem aber erfolgte auf der Konferenz von Nizza die feierliche **Proklamation der Charta der Grundrechte der Europäischen Union**. Trotz fehlender Rechtsverbindlichkeit ging in der Folgezeit von der Grundrechte-Charta mit ihrem Katalog der 54 Grundrechte eine nicht zu unterschätzende Signalwirkung aus.

34   Auf der Tagung des Europäischen Rates Ende 2001 in Laeken wurde der **„Konvent zur Zukunft Europas"** unter dem Vorsitz des früheren französischen Staatspräsidenten Valéry Giscard d'Estaing ins Leben gerufen und damit beauftragt, den **Entwurf eines EU-Verfassungsvertrages** auszuarbeiten. Jedoch lehnten die Franzosen den Verfassungsvertrag in einer Volksabstimmung am 29.5.2005 mehrheitlich ab. Diesem Votum folgten wenig später die Bürger der Niederlande in einer Volksbefragung. Damit war der Verfassungsvertrag gescheitert.

35   Der am 19.10.2007 beschlossene **Vertrag von Lissabon** beendete mit seinem Inkrafttreten zum 1.12.2009 die tiefe Krise der Gemeinschaft nach der gescheiterten EU-Verfassung. Er sollte die Union nach der größten Erweiterung ihrer Geschichte seit 2004 **handlungsfähiger** und **demokratischer** machen. Der Reformvertrag übernimmt wesentliche Elemente des alten Verfassungsvertragsentwurfs. Anders als dieser vermeidet er alle staatsähnliche Symbolik wie den Begriff der Verfassung, eine gemeinsame Hymne, Flagge etc. ebenso wie eine an eine Verfassung angelehnte Nomenklatur wie z.B. Außenminister, Europäisches Gesetz etc. Die darin zum Ausdruck kommende **negative Symbolik**, Europa sei noch nicht reif für eine gemeinsame Verfassung, setzt sich fort, weil es sich bei dem Vertrag nicht – wie bei einer Verfassung – um ein einheitliches Dokument, sondern um zwei gleichrangige Verträge handelt, den **Vertrag über die Europäische Union (EUV)** und den **Vertrag über die Arbeitsweise der Europäischen Union (AEUV)**. Die Substanz des gescheiterten Verfassungsvertrages ist in diese beiden Verträge eingearbeitet. Beide haben zu tiefgreifenden Veränderungen des bisherigen EU- und EG-Rechts geführt, die hier nur überblicksmäßig dargestellt werden. Auf sie wird in den einzelnen Teilen des Lehrbuchs ausführlicher eingegangen.

–   Der **Europäische Rat** wurde als Organ der EU im Vertragswerk gemäß Art. 13 Abs. 1 EUV verankert. Er besteht aus den Staats- und Regierungschefs der Mitgliedstaaten, dem Ratspräsidenten und dem Präsidenten der Kommission und legt die politischen Zielvorstellungen und Prioritäten fest. Der **Ratspräsident** übernimmt den Vorsitz für zweieinhalb Jahre, Art. 15 Abs. 4 EUV. Der hauptamtliche Präsident stärkt die Kontinuität des Handelns auf europäischer Ebene.

- Ein **„Hoher Vertreter für die Außen- und Sicherheitspolitik"** wird gemäß Art. 18 Abs. 1 EUV bestellt. Dieser führt den Vorsitz im Rat für Auswärtige Angelegenheiten und ist gleichzeitig als Vizepräsident der Kommission zuständig für die Außenpolitik. Für die Beschlussfassung in diesen Politikfeldern ist nach wie vor Einstimmigkeit vorgesehen.

- Nach Art. 16 Abs. 1 EUV wird der Ministerrat – **Rat** – gemeinsam mit dem Europäischen Parlament als Gesetzgeber tätig und übt mit ihm zusammen die Haushaltsbefugnisse aus. Seit dem 1. November 2014 gilt ein besonderes „doppeltes Mehrheitserfordernis" im Rat für **Mehrheitsentscheidungen**. Dieses Prinzip der doppelten Mehrheit gemäß Art. 16 Abs. 4 EUV berücksichtigt die Gleichheit der Mitgliedstaaten und die Gleichheit der Bürgerinnen und Bürger. Beschlüsse erfordern eine Mehrheit von 55 Prozent der Mitgliedstaaten. Insgesamt müssen 65 Prozent der EU-Bevölkerung zustimmen.

- Eigentlicher **Gewinner** der institutionellen Reformen ist jedoch das **Europäische Parlament**. Im **ordentlichen Gesetzgebungsverfahren** gemäß Art. 294 AEUV erlassen Rat und Europäisches Parlament grundsätzlich gemeinsam die europäischen Rechtsakte. Das Europäische Parlament hat künftig 750 (statt bisher 785) Abgeordnete, Art. 14 Abs. 2 EUV. Die Zahl der deutschen Abgeordneten sinkt von 99 auf 96.

- Die Zahl der **Kommissare** sollte eigentlich gemäß Art. 17 Abs. 5 EUV ab 2014 auf zwei Drittel der Zahl der Mitgliedstaaten, d.h. auf 18, verringert werden. Allerdings hat sich hiergegen insbesondere bei den kleinen Mitgliedstaaten erheblicher Widerstand gebildet und galt im Ratifikationsverfahren in Irland als einer der Gründe, weshalb das erste Referendum in Irland scheiterte. Der Europäische Rat sicherte daher Irland im Dezember 2008 zu, dass bei Inkrafttreten des Vertrags von einer Verkleinerung der Kommission abgesehen werde. Dementsprechend hat der Europäische Rat von der Möglichkeit nach Art. 17 Abs. 5 EUV Gebrauch gemacht, eine von der vorgesehenen Reduzierung abweichende Regelung zu treffen und mit Beschluss vom 22. Mai 2013 entschieden, dass jeder der 28 Mitgliedstaaten weiterhin einen Kommissar stellen kann.

- Das **Mitspracherecht der nationalen Parlamente** im europäischen Gesetzgebungsverfahren wurde gemäß Art. 12 EUV verbessert. Damit wird insbesondere das **Subsidiaritätsprinzip** gemäß Art. 5 Abs. 3 EUV gestärkt. Die nationalen Parlamente können gegen beabsichtigte Rechtsakte der EU Einspruch erheben, wenn sie der Ansicht sind, dass dadurch nationale Zuständigkeiten verletzt werden.

- Ein wesentliches Anliegen der angestrebten europäischen Vertragsreform war es von Anfang an, die allgemeine Abgrenzung der Zuständigkeiten zu verbessern. Der Vertrag von Lissabon sieht drei Arten der Zuständigkeit vor: die **ausschließliche Zuständigkeit der Union**, die **zwischen Union und Mitgliedstaaten geteilte Zuständigkeit** sowie die **ergänzende Zuständigkeit der Union**, welche ihr erlaubt, Unterstützungs-, Koordinierungs- und Ergänzungsmaßnahmen zu treffen. Art. 4 Abs. 1 EUV hebt ausdrücklich hervor, dass alle der Union nicht übertragenen Zuständigkeiten bei den Mitgliedstaaten verbleiben.

- Die bisherige intergouvernementale polizeiliche und justizielle Zusammenarbeit in Strafsachen wird – wenn auch höchst vorsichtig – in supranationale Strukturen überführt. Aus der Überführung folgt, dass für partielle Sektoren (z.B. Anerkennung gerichtlicher Entscheidungen, Asyl, Einwanderung und Kontrolle der Außengrenzen) grundsätzlich das ordentliche Gesetzgebungsverfahren im Rat zur Anwendung kommt. Abgeschwächt wird die Neuerung allerdings durch Souveränitätsvorbehalte der Mitgliedstaaten: Sieht etwa ein Staat „grundlegende Aspekte seiner Strafrechtsordnung" gefährdet und kann eine Einigung auch durch den Europäischen Rat nicht herbeigeführt werden, so ist der Gesetzgebungsprozess beendet (sog. „Notbremse", Art. 82 Abs. 3 und Art. 83 Abs. 3 AEUV).

– Erstmals erlaubt Art. 50 EUV den **freiwilligen Austritt** eines Staates – inoffiziell war dies schon zuvor möglich.

– Die **Grundrechte-Charta** wird in den Mitgliedsländern **rechtsverbindlich**. Die Charta garantiert den EU-Bürgern Arbeits- und Sozialrechte, die sie beim Gerichtshof der Europäischen Union einklagen können. Die Charta der Grundrechte ist zwar nicht Teil der Verträge, doch wird auf sie in Art. 6 Abs. 1 EUV hingewiesen. Die Charta wird ausdrücklich anerkannt, sie hat „dieselbe Rechtsverbindlichkeit wie die Verträge". Ausnahmeregelungen gelten für Großbritannien und Polen.

– Das **Bürgerbegehren** wird mit Art. 11 Abs. 4 EUV eingeführt. Wenn eine Million EU-Bürger per Unterschriftenliste zu einem bestimmten Problem ein Gesetz verlangen, muss die EU-Kommission tätig werden.

– Als erweiterter Minderheitenschutz wurde im Protokoll über die Übergangsbestimmungen die Weitergeltung des **„Kompromisses von Ioannina"** vereinbart. Demnach werden die Verhandlungen im Rat vor einem Beschluss für eine „angemessene Frist" fortgesetzt, wenn dies mindestens 21 Prozent der Mitgliedstaaten oder mindestens 26,25 Prozent der repräsentativen Bevölkerung verlangen.

– Die Bekämpfung des **Klimawandels** wird erstmals als ausdrückliches Ziel im Primärrecht in Art. 191 AEUV erwähnt. Zudem wurden an mehreren Stellen Vertragsklauseln zur Energiesolidarität eingefügt.

E. Rechtsnatur der Europäischen Union

36   Was ist die **Europäische Union** eigentlich? Ihr Wesen ist schwer zu bestimmen. Das Bundesverfassungsgericht hat sie einen **„Staatenverbund"** genannt. Schon ins Englische ist dieser Begriff kaum zu übersetzen. Timothy Garton Ash, einer der einflussreichsten britischen Intellektuellen, meinte dazu: „Im Englischen würde ich es als ‚das Ding' (‚this thing') bezeichnen, eine beispiellose Mixtur aus supranationalen und intergouvernementalen Elementen, aus wirtschaftlicher und rechtlicher Integration und politischer Zusammenarbeit".

37   Die **Europäische Union** stellt **keinen** europäischen **Bundesstaat** dar, da ihr sowohl ein Staatsvolk als auch die **„Kompetenz-Kompetenz"** – dies ist die Befugnis, selbst Kompetenzen zu erfinden – fehlen. Sie lässt sich auch nicht mit der verbleibenden Kategorie des **Staatenbundes** adäquat erfassen. Die EU wurde zwar durch völkerrechtliche Verträge geschaffen. Gleichwohl können auf dieser Grundlage nicht die Besonderheiten des Unionsrechts erklärt werden: Das Ziel der Verträge ist die Schaffung eines gemeinsamen Marktes und weiterer vergemeinschafteter Politikfelder, die anders

als bei einem Staatenbund die Unionsbürger unmittelbar berühren. Diese Auffassung findet eine Bestätigung in der Schaffung von Organen, welchen Hoheitsrechte übertragen sind, deren Ausübung in gleicher Weise die Mitgliedstaaten wie die Unionsbürger betrifft. Am einleuchtendsten erscheint es daher – wenn man eine Definition für notwendig hält –, der Europäischen Union mit dem Bundesverfassungsgericht den neuartigen rechtlichen Charakter als **„Staatenverbund"** und völkerrechtsfähige bzw. supranationale Organisation zuzusprechen und damit ihre **Hauptfunktion als Rechtsgemeinschaft** zu betonen. Damit wird gleichsam die **rechtsstaatliche Funktion** – ein wichtiger Bestandteil des Konzepts einer politischen Union – hervorgehoben. Ein solches Verständnis kommt auch in der berühmten **„van Gend & Loos"-Entscheidung** des EuGH zum Ausdruck (*EuGH*, ECLI:EU:C:1963:1):

„Aus alledem ist zu schließen, dass die Gemeinschaft eine neue Rechtsordnung des Völkerrechts darstellt, zu deren Gunsten die Staaten, wenn auch in begrenztem Rahmen, ihre Souveränitätsrechte eingeschränkt haben, eine Rechtsordnung, deren Rechtssubjekte nicht nur die Mitgliedstaaten, sondern auch die Einzelnen sind. Das von der Gesetzgebung der Mitgliedstaaten unabhängige Gemeinschaftsrecht soll daher den Einzelnen, ebenso wie es ihnen Pflichten auferlegt, auch Rechte verleihen."

Allenfalls in Nuancen unterschiedlich und dabei vor allem die Rolle der nationalstaatlichen Verfassungsorgane beim Europäischen Integrationsprozess hervorhebend, urteilt das Bundesverfassungsgericht in seinen zahlreichen Judikaten zur Europäischen Integration. Beispielhaft dafür steht das Urteil zum Vertrag von Lissabon vom 30.6.2009 (*BVerfGE* 123, 267).   **38**

Drei Bundesgesetze waren notwendig, um das Inkrafttreten des Vertrages von Lissabon zu ermöglichen. Eines davon wurde in Teilen als verfassungswidrig verworfen.   **39**

Das **Zustimmungsgesetz** zum Vertrag von Lissabon wurde gebilligt. Die institutionellen Veränderungen in der EU und die weitere Übertragung von Hoheitsrechten auf den Staatenverbund EU halten sich in dem vom Grundgesetz gezogenen Rahmen. Ebenfalls verfassungsrechtlich unbedenklich ist das **Grundgesetz-Änderungsgesetz**. Es ändert das Grundgesetz, um den Bestimmungen des Lissabon-Vertrages gerecht zu werden. Im Kern geht es darum, dass dem Bundestag und dem Bundesrat das Recht zugebilligt wird, vor dem Gerichtshof der Europäischen Union in Luxemburg zu klagen, wenn ein Gesetzgebungsakt der EU ihrer Ansicht nach gegen das Subsidiaritätsprinzip des Art. 5 Abs. 3 EUV verstößt.   **40**

Teilweise für **verfassungswidrig** erklärt wurde das sog. **Begleitgesetz zum Vertrag von Lissabon.** Dabei ging es um die **„Brückenklausel"** in Art. 48 Abs. 7 EUV. Danach erhalten die Staats- und Regierungschefs die Möglichkeit, das in einem konkreten Fall oder sogar in einem ganzen Politikbereich geltende Abstimmungsverfahren zu verändern, ohne dass dazu ein neuer EU-Vertrag durch sämtliche Mitgliedstaaten ratifiziert werden müsste. So kann der Übergang von der Einstimmigkeitsregel zu einer Entscheidung mit doppelter Mehrheit beschlossen und damit eine **„schleichende" Vergemeinschaftung** bzw. ein „schleichender" nationaler Souveränitätsverlust eingeführt werden. Der vom Bundesverfassungsgericht bemängelte Entwurf des „Begleitgesetzes" regelte die Beteiligung von Bundestag und Bundesrat daran. Demnach sollte der Bundestag mit einer Mehrheit der Stimmen den Übergang in ein anderes Gesetzgebungs-   **41** verfahren ablehnen können, wenn schwerpunktmäßig Gesetzgebungsbefugnisse des Bundes berührt sind, und der Bundesrat den Schritt ablehnen können, wenn praktisch ausschließlich Länderbefugnisse betroffen sind. Der Gesetzentwurf sah aber nicht vor, dass sich Bundestag oder Bundesrat grundsätzlich äußern müssen, wenn die „Brücken-klausel" angewandt werden soll. Dazu das Bundesverfassungsgericht: „Ein Schweigen von Bundestag und Bundesrat reicht […] nicht aus, diese Verantwortung wahrzuneh-men" (*BVerfGE* 123, 267, 435).

42 Aus der Sicht des Bundesverfassungsgerichts handelt es sich daher bei der EU um ei-nen Staatenverbund, der dadurch gekennzeichnet ist, dass jegliche, d.h. auch eine „schleichende", Souveränitätserweiterung der EU unter dem Vorbehalt der ausdrückli-chen Zustimmung der zuständigen nationalen Verfassungsorgane steht. Dies wurde vom Bundesverfassungsgericht nochmals sehr deutlich in der Entscheidung zum sog. Euro-Rettungsschirm bestätigt (*BVerfG*, NJW 2014, 1505; so bereits zum Ankauf von Staatsanleihen durch die EZB auch *BVerfG*, NJW 2014, 907). Demnach ist es verfas-sungsrechtlich geboten, dass der Bundestag der Ort verbleibt, an dem eigenverant-wortlich über Einnahmen und Ausgaben entschieden wird, auch wenn es sich um solche von europäischer Dimension handelt. Das Budgetrecht des Parlaments ist dem-nach einer der Kernbereiche, der den Mitgliedstaaten der Europäischen Union und nicht der Union selbst zusteht, eben weil es sich bei der Union nicht um einen souve-ränen Staat, sondern „nur" um einen Staatenverbund handelt, der Hoheitsrechte nur dort wahrnehmen kann, wo sie ihm von den Mitgliedstaaten wirksam übertragen werden.

F. Zur Zukunft der Europäischen Union

43 Auch seit dem Inkrafttreten des Vertrages von Lissabon zum 1.12.2009 ist es ungewiss, welche Richtung die erweiterte EU einschlagen wird. Die Stimmung schwankt nach wie vor zwischen **Skepsis** und **Ziellosigkeit. Skeptiker** urteilen etwa wie folgt: Jeder Nationalstaat will von der EU etwas Anderes. Frankreich versucht, über die EU seine Weltmachtambitionen zu verwirklichen, die auf nationaler Ebene längst Makulatur sind; ärmere oder hoch verschuldete Mitgliedstaaten wie Griechenland oder Italien bräuchten die EU als „Melkkuh"; die kleinen Mitgliedstaaten wollen in der EU mitre-den, weil sie ohne diese bloße Objekte der Weltpolitik wären. Großbritannien strebte auch vor dem Brexit nicht mehr als eine erweiterte Freihandelszone an. Ob und wie das Ziel einer weiteren europäischen Integration nach dem Austritt des Vereinigten Königreichs verwirklicht werden kann, ist offen. Deutschland müsse daher Erwartun-gen von einem europäischen Bundesstaat aufgeben und sich zu einer Minimalunion bekennen, die vornehmlich Aufgaben wahrnehme, die mit der wirtschaftlichen Ent-wicklung des Binnenmarktes verbunden seien.

44 Dem wird entgegengehalten, dass die EU ihre anfängliche Zielbestimmung – den Bin-nenmarkt – längst hinter sich gelassen habe, ohne dass allerdings ein klares Konzept vorliege, welche Funktionen sie in Zukunft haben sollte. Diese gegenwärtige **Ziel-losigkeit** müsse durch ein **zukunftsgerichtetes Konzept** abgelöst werden.

Richtig an der letzteren Auffassung ist, dass die EU spätestens seit Maastricht auf zahl-   **45**
reichen anderen Politikfeldern als der Entwicklung des Binnenmarktes tätig ist. Auch
die Grundrechte-Charta stellt unter Beweis, dass sich die EU nicht nur wirtschaftlichen
Werten verpflichtet fühlt. Richtig ist aber auch, dass es für all diese Politikfelder eine
europäische Legitimationsquelle nicht gibt. Auch das Europaparlament kann diese
Rolle nicht übernehmen. Denn ein europäisches Volk, einen europäischen Souverän,
den das Parlament vertreten könnte, gibt es nach wie vor nicht. In der Realität sind es
in erster Linie die Regierungen der Mitgliedstaaten, die über das weitere Schicksal der
EU entscheiden und sich hierfür vor der nationalen Wählerschaft verantworten müssen. Hier traten allerdings in den letzten 25 Jahren nahezu lautlos Entwicklungen ein,
die zu der Vermutung Anlass geben, in der Geschichte der Europäischen Union habe
sich eine **Zeitenwende** vollzogen.

Rückblickend betrachtet ereignete sich die einzigartige Erfolgsgeschichte der euro-   **46**
päischen Integration im Schatten des Ost-West-Konflikts. Die Konfrontation mit dem
Kommunismus ließ die Westeuropäer ihre nationalstaatlichen Bedenken zurückstellen
und einer **„supranationalen Überlebensstrategie"** den Vorzug geben. Supranationalität, d.h. gemeinsamer Souveränitätsgewinn durch nationalen Souveränitätsverzicht,
war die Antriebsquelle, die zur – in Maastricht proklamierten – Europäischen Union
geführt hat. So fielen dann auch die politischen Vorbeschlüsse zur **Einführung einer
gemeinsamen Währung** in den Jahren 1988/1989 mit dem Ende des Ost-West-Kon-
fliktes zusammen. Dieser **letzte große Souveränitätsverzicht** wurde dann in Maastricht
1992 irreversibel fixiert.

Seither hat die integrative Antriebsquelle der Supranationalität entscheidend an Kraft   **47**
verloren; sie ist von einer ganz anderen – weitaus schwächeren – weitgehend ins Ab-
seits gestellt worden: Seit Maastricht bestimmen mehr und mehr **intergouvernementale Formen der Zusammenarbeit** die europäische Entwicklung. Die Mitgliedstaaten
der EU sind längst nicht mehr in dem Ausmaß wie vor 1989 bereit, Souveränitätsverzicht zu leisten. Beispielsweise beruhen die Gemeinsame Außen- und Sicherheitspolitik und die Zusammenarbeit in den Bereichen Justiz und Inneres ganz überwiegend
auch nach dem Inkrafttreten des Vertrages von Lissabon, der hier eher geringfügige
Verschiebungen hin zur Supranationalität gebracht – und diese auch noch mit „nationaler Notbremse" wie z.B. in Art. 82 Abs. 3 AEUV ausgestattet – hat, nicht auf nationalem Souveränitätsverzicht, sondern auf institutionalisierter Regierungszusammenarbeit.
Konsequenterweise ist auch bei den neuen Mitgliedern aus Mittel- und Osteuropa nur
wenig von der westeuropäischen Gründungsidee – gemeinsamer Souveränitätsgewinn
durch nationalen Souveränitätsverlust – spürbar. Im Gegenteil: Nach Jahrzehnten sow-
jetischer Oberherrschaft sind diese Staaten kaum geneigt, ihre wiedergewonnene na-
tionalstaatliche Souveränität weitgehend auf eine supranationale Organisation zu
übertragen. Beispielhaft zeigt sich dies an dem Konflikt der EU mit Polen zur Unabhängigkeit der polnischen Justiz (*EuGH*, ECLI:EU:C:2019:531). Das Erlahmen der supra-
tionalen Kräfte und das Erstarken des intergouvernementalen Ordnungskonzepts mag
man bedauern. Gleichwohl hat es den Anschein, als habe die alte, höchst erfolgreiche
supranationale Idee im Europa nach der Jahrtausendwende nur geringe Zukunftsaus-
sichten. Diese Entwicklung hat sich auch in der Brexit-Debatte beobachten lassen: von
den Befürwortern eines Austritts aus der EU wurde immer wieder betont, man stelle

so die (nationale) parlamentarische Souveränität, ein hochrangiges Verfassungsprinzip, wieder her. Um das Fundament der europäischen Integration nicht brüchig werden zu lassen, ist ein neuer, gemeinsamer Konsens über Sinn und Zweck der Europapolitik zu erarbeiten. Ein Ende der gegenwärtigen Konzeptions- und Ziellosigkeit ist nicht in Sicht.

48
-56
Die Hoffnung, dass das Inkrafttreten des Vertrages von Lissabon zu einer neuen Aufbruchstimmung führen könnte, hat sich allenfalls partiell erfüllt. Wesentlich hierfür ist, dass die Europäische Union – wie auch die meisten Mitgliedstaaten sowie die USA als nach wie vor impulsgebende weltweite Wirtschaftsmacht – kurz nach Inkrafttreten des Vertragswerkes in eine Art wirtschaftlicher und daraus folgend politischer Dauerkrise geraten ist. Was als Krise am US-amerikanischen Hypothekenmarkt begonnen hatte, wurde in den Jahren 2007/2008 zu einer globalen Banken- und Finanzkrise und daraus resultierend zu einer branchenübergreifenden Wirtschaftskrise. Dieser Wirtschaftskrise begegneten die Staaten überwiegend durch massive Ausgaben- und Konjunkturpakete, wodurch sie sich in vielen Mitgliedstaaten zu einer Staatsschuldenkrise und letztlich auch zur Eurokrise entwickelte. Letztere hat dazu geführt, dass sich die Union zeitweise in einem dauerhaften Ausnahmezustand befand, in dem nahezu alle Handlungsbereiche europäischer Politik auf die Bewältigung der Euro-/ und Staatsschuldenkrisen ausgerichtet worden sind. Die zur Krisenbewältigung ergriffenen Maßnahmen wurden dabei letzten Endes – obgleich rechtlich umstritten – sowohl vom Bundesverfassungsgericht als auch vom EuGH als verfassungs- bzw. vertragskonform gebilligt (*BVerfG*, NJW 2014, 1505 und *BVerfG*, NJW 2016, 2473 sowie *EuGH*, ECLI:EU:C:2012:756 – „Pringle" und *EuGH*, ECLI:EU:C:2015:400). Ob die ergriffenen Maßnahmen eine endgültige Stabilisierung des Euro und die dauerhafte Konsolidierung nationaler Haushalte zur Folge hat, ist auch über zehn Jahre nach dem Beginn der Krise noch immer ungewiss, obschon sich (erste) Erfolge eingestellt haben. Obwohl die Eurokrise dabei nicht zu einer tieferen – über die konkreten Bewältigungsmaßnahmen hinausgehende – Integration genutzt wurde, hat die Eurokrise und der Versuch ihrer Bewältigung die Union tiefgreifend verändert. Ein flächendeckendes Wachstum zur Überwindung der dramatischen Arbeitslosigkeit fehlt. In den letzten vier Jahren sind die EU-Staaten ökonomisch und sozial weiter auseinandergedriftet. Damit zerren zurzeit Fliehkräfte an der europäischen Integration, die vor einigen Jahren undenkbar waren.

57
Neben der Bewältigung dieser Krise war in den Jahren nach der Jahrtausendwende die größte Herausforderung die kontinuierliche Erweiterung der Union um zahlreiche Staaten. Die „große **Beitrittswelle**" ist mit einer erweiterten Union seit 2007 abgeschlossen. Als vorläufig letzter und zwar 28. Mitgliedstaat ist zum 1. Juli 2013 Kroatien in die Europäische Union aufgenommen worden. Außer weiteren mittel- und osteuropäischen Staaten haben allerdings auch andere Länder eine Aufnahme in die EU beantragt. Ein Beitrittsantrag der Schweiz liegt angesichts des Referendums von 1992, in dem sich die Schweizer Bevölkerung gegen einen Beitritt zum Europäischen Wirtschaftsraum aussprach, auf Eis. Den Status von offiziellen Beitrittskandidaten haben derzeit, Nordmazedonien, Montenegro, Serbien, Türkei und Albanien. Island hat die Beitrittsverhandlungen im Mai 2013 vorläufig suspendiert und seinen Beitrittsantrag im März 2015 zurückgezogen. Die Aufnahme der Türkei wurde im Dezember 2004 in einem Beschluss des Europäischen Rates noch als ein primäres Ziel der EU bezeichnet. Aufgrund der politischen Entwicklungen in der Türkei in den letzten Jahren hat dieses

Thema seinen Prioritätsstatus eingebüßt. Zuletzt hat die Kommission in ihrem jährlichen Fortschrittsbericht die Verhandlungen mit der Türkei als „praktisch zum Stillstand gekommen" bezeichnet, und attestiert der Türkei sich wegen schwerwiegender Rückschritte, unter anderem bei den Menschenrechten, weiter von der EU wegzubewegen.

Während also in der Vergangenheit vor allem Staatsschulden und die Unionserweiterung die EU in ihrem Kern berührten, hat in den vergangenen Jahren auch die Flüchtlingskrise offenbart, dass unter anderem hinsichtlich der Anwendung der Dublin-III-VO und anderen Maßnahmen in diesem Zusammenhang Konfliktpotential unter den Mitgliedstaaten herrscht. Dies hat nicht zuletzt auch dazu geführt, dass die Idee eines vereinten Europas von einigen Mitgliedstaaten in Zweifel gezogen wird. Voran geht hier Großbritannien mit seinem Brexit-Verfahren. **57a**

Im Zusammenhang mit dem Brexit stellt sich eine Vielzahl rechtlicher Fragen, denen hier aber mit Blick auf das Konzept dieses Lehrbuchs nur am Rande nachgegangen werden soll. Zu erwähnen ist hier beispielsweise die Frage, ob die Austrittserklärung nach Art. 50 EUV durch eine eindeutige und unbedingte Erklärung einseitig zurückgezogen werden kann. Der Gerichtshof bejahte die Frage für den Fall, dass der Austrittsvertrag noch nicht in Kraft ist bzw. die Zweijahresfrist des Art. 50 Abs. 3 EUV noch nicht verstrichen ist (vgl. *EuGH*, ECLI:EU:C:2018:999 – Wightman). Für diese Ansicht spreche der Wortlaut des Art. 50 II EUV („Absicht") und die Ziele des Vertrags. Bis zum Inkrafttreten des Austrittsvertrags bzw. des Fristablaufs besteht ein Schwebezustand, während diesem der betreffende Mitgliedstaat noch die vollumfänglichen Rechte und Pflichten eines Mitgliedstaats hat. **57b**

G. Die Finanzierung der Europäischen Union

Art. 311 UAbs. 1 und 2 AEUV lautet: „Die Union stattet sich mit den erforderlichen Mitteln aus, um ihre Ziele erreichen und ihre Politik durchführen zu können. Der Haushalt wird unbeschadet der sonstigen Einnahmen vollständig aus Eigenmitteln finanziert." Die Vorschrift täuscht. Eigenmittel eines souveränen Staates sind vor allem die Beträge des nationalen Steueraufkommens. Über ein eigenes Besteuerungsrecht verfügt die EU (noch) nicht. **58**

Art. 311 UAbs. 3 AEUV zeigt das wahre Machtverhältnis: Ein **„Eigenmittelbeschluss"** des Rates geht als **unverbindliche Empfehlung** an die Mitgliedstaaten. Erst nach der Ratifizierung gemäß den Vorschriften des jeweiligen Verfassungsrechts der Mitgliedstaaten erlangt er Verbindlichkeit. Zu den wichtigsten dieser Eigenmittel zählen die Zölle, die Agrarabgaben, die Bruttosozialprodukt- und die Mehrwertsteuereigenmittel. Sie stehen der Union zu, ihre Erhebung erfolgt durch Behörden der Mitgliedstaaten. **59**

Zölle und Agrarabgaben decken nur etwa ein Viertel des Unionshaushalts. Drei Viertel der Einnahmen sind Finanzleistungen aus den Budgets der Mitgliedstaaten (u.a. etwa ein Prozent der Mehrwertsteuer), die dem Anteil entsprechen sollen, den jeder Mitgliedstaat am Bruttoinlandsprodukt der Union, also der Summe aller nationalen Bruttoinlandsprodukte, hat. **60**

61 Im Dezember 2011 einigten sich die Regierungschefs der EU-Mitgliedstaaten auf den mehrjährigen Finanzrahmen von 2014 bis 2020, nach welchem die EU von 2014 bis 2020 maximal 959,988 Mrd. Euro ausgeben kann.

62 Dieser Haushaltsrahmen wurde im Jahr 2017 aufgestockt, um die Förderung von Beschäftigung und Wachstum und die Bewältigung der Migrationskrise vorantreiben zu können. Die Verhandlungen zum mehrjährigen Finanzrahmen von 2021–2027 waren im Juni 2019 noch nicht abgeschlossen.

63 Den wichtigsten Posten in der Rahmenvereinbarung für die EU-Budgets von 2014 bis 2020 stellt die **Agrarpolitik** dar. Die Hilfe für Bauern und den ländlichen Raum liegen in diesem Zeitraum bei insgesamt 397 Mrd. Euro oder 38 Prozent des Haushalts. Der zweitgrößte Betrag ist mit 355 Mrd. Euro für die Bereiche **Beschäftigung und Wachstum** vorgesehen.

Dritter Teil

Die Organe der Union

Internationale Organisationen benötigen Organe, die für sie handeln. Nichts Anderes   **64**
gilt für die supranationale Organisation „Europäische Union", wie sie nunmehr durch
den EUV und den AEUV geschaffen worden ist und die die Rechtsnachfolgerin der
Europäischen Gemeinschaft ist (Art. 1 UAbs. 3 EUV). Bis zum Vertrag von Lissabon verfügte primär die Europäische Gemeinschaft als supranationale Organisation über eigene Organe, während im Bereich der intergouvernemental geprägten GASP und PJZS
grundsätzlich die Mitgliedstaaten handeln mussten. Das einzige genuine **Organ der
Europäischen Union war der „Europäische Rat",** der sich gemäß Art. 4 EU a.F. aus
den Staats- und Regierungschefs der Mitgliedstaaten sowie dem Kommissionspräsidenten zusammensetzte.

Durch den Vertrag von Lissabon hat die **Union** eine eigenständige **Rechtspersönlich-**   **65**
keit (Art. 47 EUV) und verfügt nunmehr gemäß Art. 13 Abs. 1 UAbs. 1 EUV über einen
einheitlichen institutionellen Rahmen. Die Unterteilung in Organe der Europäischen
Gemeinschaft einerseits und Organe der Europäischen Union andererseits ist damit
obsolet geworden. Eine Besonderheit besteht lediglich bei Handlungen der Unionsorgane im Bereich der GASP. Da diese nach wie vor intergouvernemental geprägt ist,
d.h. die Mitgliedstaaten und nicht die Union tätig werden, handeln auch die Unionsorgane in diesem Bereich nicht für die Union, sondern für die Mitgliedstaaten.

Grundsätzlich dürfen die Organe der Union nur dann tätig werden, wenn sich für ihr   **66**
Handeln eine Grundlage im EUV oder im AEUV findet. Dieses auch in Art. 5 EUV nor-
mierte sog. **„Prinzip der enumerativen (oder auch: begrenzten) Einzelermäch-**
tigung" hat zwei Dimensionen: Zum einen betrifft es die **Verbandskompetenz** der
Union: Die Union darf nach Art. 4 Abs. 1, 5 Abs. 1 und 2 EUV nur tätig werden, wenn
die Mitgliedstaaten ihr eine entsprechende Kompetenz übertragen haben. Zum anderen betrifft es die **Organkompetenz:** Ein Organ der Union darf nach Art. 13 Abs. 2 EUV
nur nach Maßgabe der ihm durch die Verträge zugewiesenen Befugnisse handeln.

Die Organe der Union sind in Art. 13 Abs. 1 UAbs. 2 EUV abschließend aufgezählt. Es   **67**
handelt sich demnach um das **Europäische Parlament,** den **Europäischen Rat,** den
Rat, die **Europäische Kommission,** den **Gerichtshof der Europäischen Union,** die
Europäische Zentralbank und den **Rechnungshof.**

Ergänzt werden die Organe durch die Institutionen des Wirtschafts- und Sozialaus-   **68**
schusses (WSA) und des Ausschusses der Regionen (ADR; Art. 13 Abs. 4 EUV; Art. 300
AEUV), des Europäischen Systems der Zentralbanken (ESZB; Art. 282 AEUV) sowie der
Europäischen Investitionsbank (Art. 308 AEUV). Der Rechnungshof sowie die in Art. 13
Abs. 4 EUV genannten Institutionen haben für den Zweck dieses Lehrbuches nur unter-
geordnete Bedeutung, weshalb an dieser Stelle lediglich auf ihre Hauptaufgaben hingewiesen werden soll. Der Rechnungshof ist für die unabhängige Überprüfung der
ordnungsgemäßen Mittelverwaltung in der Europäischen Gemeinschaft verantwortlich. Der Wirtschafts- und Sozialausschuss sowie der Ausschuss der Regionen sind In-

teressenvertretungsorgane. Während der WSA aus Vertretern verschiedener (privater) wirtschaftlicher und sozialer Interessengruppen besteht, repräsentiert der ADR die öffentlichen Interessen der regionalen und lokalen Gebietskörperschaften der Mitgliedstaaten. Beide Organe werden durch ihre Anhörung in den Gesetzgebungsprozess eingebunden.

69   Formal kein Organ der Union ist der durch den Vertrag von Lissabon neu geschaffene **Hohe Vertreter der Union für Außen- und Sicherheitspolitik**, der gemäß Art. 18 Abs. 1 EUV vom Europäischen Rat ernannt wird und der im Verfassungsvertrag noch als „Außenminister der Europäischen Union" konzipiert war. Ursache hierfür ist, dass der Bereich der Gemeinsamen Außen- und Sicherheitspolitik nach wie vor vorrangig intergouvernemental ausgestaltet ist, so dass es insofern auch keines Organs bedarf, das für die Union handelt. Gleichwohl zeigt sich die herausgehobene Stellung des Hohen Vertreters im Organgefüge der Union daran, dass sich zum einen die ihn betreffenden Regelungen im EUV im Titel über die „Organe der Union" finden und er zum anderen gemäß Art. 18 Abs. 4 EUV zugleich einer der Vizepräsidenten der Europäischen Kommission ist.

70   Die Aufgabenverteilung zwischen den Organen der Union entspricht **nicht** idealtypisch dem System der **Gewaltenteilung im klassischen Sinne**: Legislative und Exekutive sind anders verteilt als in den Mitgliedstaaten. Insbesondere ist das Europäische Parlament nicht das alleinige Legislativorgan der Union. Selbst wenn die Kompetenzen des Parlaments gerade auch durch den Vertrag von Lissabon erneut erheblich ausgeweitet wurden, kommen neben dem Parlament im Gesetzgebungsverfahren dem Rat und der Kommission nach wie vor zentrale Bedeutung zu. Insofern entspricht nur die Wahrnehmung der Rechtsprechungsaufgaben durch den Gerichtshof der Europäischen Union dem klassischen Gewaltenteilungsschema.

71   Das institutionelle Gefüge der Union wird geprägt durch die **Wahrnehmung verschiedener Interessen durch die einzelnen Organe**. Während im Rat die Vertreter der Mitgliedstaaten versuchen, ihre nationalen Interessen durchzusetzen, vertritt die Kommission als europäisches Organ vorrangig das Unionsinteresse. Insofern gilt der **Grundsatz des institutionellen Gleichgewichts** zwischen den Organen.

72   Das institutionelle Gleichgewicht zwischen den verschiedenen europäischen Institutionen ist auch betroffen, wenn es um die Schaffung sog. **vertragsfremder Einrichtungen** geht. Mittlerweile wurden in der Union mittels Verordnung schon eine Reihe von Einrichtungen gegründet, die als solche nicht in den Verträgen vorgesehen sind, so etwa die Europäische Umweltagentur, die Europäische Agentur für Flugsicherheit oder die Europäische Chemikalienagentur. Mit seiner Meroni-Doktrin hat der EuGH (*EuGH*, ECLI:EU:C:1958:7) dies im Grundsatz für zulässig angesehen, zugleich aber bestimmte Zulässigkeitskriterien für eine solche Delegation genannt: In formeller Hinsicht muss eine ausdrückliche und genau umgrenzte Übertragung von Befugnissen erfolgen, die zudem nicht weiter reichen dürfen als die Befugnisse, die dem übertragenden Organ bzw. der übertragenden Institution selbst zustehen; auch müssen die Maßnahmen der vertragsfremden Einrichtung unter den gleichen Bedingungen wie die des übertragenden Organs der Nachprüfung durch die Judikative unterworfen sein. In materieller

Hinsicht begegnet eine Übertragung von Entscheidungsbefugnissen auf eine europäische Agentur jedenfalls dann keinen rechtlichen Bedenken, wenn genau umgrenzte Ausführungsbefugnisse delegiert werden oder sich der Aufgabenkreis der Agentur auf unverbindliche Maßnahmen beschränkt. Als Rechtsgrundlage für die Errichtung vertragsfremder Einrichtungen hat die Gemeinschaft früher zumeist auf die Lückenfüllungskompetenz des Art. 308 EG (heute: Art. 352 AEUV) zurückgegriffen. In seinem Urteil zur Europäischen Agentur für Netz- und Informationssicherheit hat der EuGH erstmals die Heranziehung von Art. 95 EG (heute: Art. 114 AEUV) als Rechtsgrundlage für zulässig erachtet (*EuGH*, ECLI:EU:C:2006:279 – „ENISA"). Ebenfalls auf Art. 114 AEUV gestützt ist außerhalb der im Primärrecht vorgesehenen Institution im Zuge der Finanzkrise die Europäische Bankenaufsichtsbehörde (EBA) sowie als Teil des Europäischen Finanzaufsichtssystems (EFSF) der Europäische Ausschuss für Systemrisiken (ESRB) errichtet worden, der allerdings ohne eigene Rechtspersönlichkeit ausgestattet und bei der EZB verankert ist.

A. Der Europäische Rat

I. Zusammensetzung und Rechtsstellung

Mit dem Vertrag von Lissabon ist auch der Europäische Rat zu einem Organ der Union geworden (Art. 13 Abs. 1 UAbs. 2 EUV). Der Europäische Rat ist nicht identisch mit dem Rat der Union. Während letzterer ein zentrales Organ der Union im Bereich der Gesetzgebung ist, bleibt der Europäische Rat ein vorwiegend politisches Organ, das nicht zentral in die exekutive oder legislative Tätigkeit der Union eingebunden ist (Art. 15 Abs. 1 EUV). **73**

Nach Art. 15 Abs. 2 EUV setzt sich der Europäische Rat aus den Staats- und Regierungschefs der Mitgliedstaaten sowie dem Präsidenten des Europäischen Rates („Ratspräsident") und dem Präsidenten der Europäischen Kommission zusammen. Der Hohe Vertreter der Union für Außen- und Sicherheitspolitik ist nicht Mitglied des Europäischen Rates, aber zur Teilnahme an der Arbeit des Europäischen Rates befugt. Der Ratspräsident wird vom Europäischen Rat für eine Amtszeit von zweieinhalb Jahren gewählt und darf selbst kein einzelstaatliches Amt ausüben (Art. 15 Abs. 6 UAbs. 3 EUV). Dabei kann der Präsident einmal wiedergewählt werden. Durch die Einführung eines Präsidenten, der bis zu 5 Jahre diese Stellung innehaben kann, soll die Kontinuität im Europäischen Rat und damit die Effizienz seiner Arbeit erhöht werden. Zu den Aufgaben des Präsidenten zählt die Einberufung und Leitung der zweimal pro Halbjahr stattfindenden Sitzungen des Europäischen Rates. Weiterhin ist er zur Koordinierung und zum Informationsaustausch mit Kommission, Rat und Parlament verpflichtet (Art. 15 Abs. 6 EUV). **74**

II. Aufgaben und Befugnisse

75   Aufgabe des Europäischen Rates ist es nach Art. 15 Abs. 1 EUV, der Union die für ihre Entwicklung erforderlichen Impulse zu geben und die allgemeinen politischen Zielvorstellungen und Prioritäten der Unionspolitik festzulegen. Der Europäische Rat ist damit das politische Leitorgan der Union. Dies gilt auch im Hinblick auf den Bereich der GASP, die gemäß Art. 24 Abs. 1 UAbs. 2 EUV der Europäische Rat gemeinsam mit dem Rat festlegt, soweit in den Verträgen keine abweichenden Regelungen enthalten sind.

76   Daneben ist der Europäische Rat bei bestimmten Änderungen der Verträge beteiligt (Art. 48 Abs. 2 und Abs. 6 EUV) und wacht gemäß Art. 7 Abs. 2 EUV über die Einhaltung bestimmter Fundamentalprinzipien der Union durch die Mitgliedstaaten. Umgekehrt ist der Europäische Rat auch im Einzelfall berufen, die Wahrung wesentlicher Interessen einzelner Mitgliedstaaten gegenüber der Union sicherzustellen (z.B. Art. 48 UAbs. 2 AEUV; Art. 82 Abs. 3 AEUV).

77   Wesentliche Mitwirkungsbefugnisse kommen dem Europäischen Rat auch bei der Besetzung der anderen Organe der Union zu. So hat der Europäische Rat Einfluss auf die Besetzung des Rates (Art. 16 Abs. 6 EUV i.V.m. Art. 236 AEUV). Auch wird der Präsident der Kommission gemäß Art. 17 Abs. 7 EUV vom Europäischen Rat vorgeschlagen. Der Hohe Vertreter der Union für Außen- und Sicherheitspolitik wird sogar vom Europäischen Rat nach Art. 18 Abs. 1 EUV – mit Zustimmung des Kommissionspräsidenten – ernannt. Daneben wählt der Europäische Rat das Direktorium der Europäischen Zentralbank aus und ernennt dieses (Art. 283 Abs. 2 UAbs. 2 AEUV). Im Bereich der Gesetzgebung wird der Europäische Rat hingegen nicht tätig (Art. 15 Abs. 1 S. 2 EUV).

III. Beschlussfassung

78   Soweit in den Verträgen keine abweichende Regelung getroffen wird, entscheidet der Europäische Rat nach Art. 15 Abs. 4 EUV im Konsens. Dies bedeutet nicht, dass für Beschlüsse des Europäischen Rates Einstimmigkeit in dem Sinne erforderlich wäre, dass alle Mitglieder einem Beschluss zustimmen. Vielmehr ist ein Beschluss im Konsens nur dann möglich, wenn kein Mitglied Einwände gegen den Beschluss erhebt. Es handelt sich insofern nicht um einen formalen Abstimmungsprozess, sondern um ein Verfahren der politischen Willensbildung, bei dem im Rahmen von Verhandlungen ein einvernehmliches Ergebnis gesucht wird.

79   In bestimmten Fällen sehen die Verträge eine Entscheidung des Europäischen Rates mit qualifizierter Mehrheit vor (z.B. Art. 17 Abs. 7 EUV für den Vorschlag des Kommissionspräsidenten). In diesem Fall gelten gemäß Art. 235 Abs. 1 UAbs. 2 AEUV die Mehrheitsregelungen für Beschlüsse des Rates in Art. 16 Abs. 4 EUV.

B. Der Rat

I. Zusammensetzung und Rechtsstellung

Der Rat ist zentrales Beschluss- und Legislativorgan der Union (vgl. Art. 16 Abs. 1 EUV), auch wenn die Stellung des Parlaments im Gesetzgebungsverfahren durch den Vertrag von Lissabon gestärkt worden ist. Der Rat besteht gemäß Art. 16 Abs. 2 EUV aus den Vertretern der Mitgliedstaaten; diese entsenden jeweils ein Mitglied ihrer Regierung in den Rat, das befugt ist, verbindlich für die Regierung zu handeln und das Stimmrecht auszuüben. Nach seinem Wortlaut verlangt Art. 16 Abs. 2 EUV, dass die Mitgliedstaaten einen Vertreter „auf Ministerebene" in den Rat entsenden. Angesichts der föderalen Struktur Deutschlands ist es auch zulässig, dass ein Landesminister die Vertretung im Rat übernimmt. Dies ist verfassungsrechtlich durch Art. 23 Abs. 6 GG geregelt und kommt dann in Betracht, wenn die im Rat behandelte Materie im Schwerpunkt die ausschließlichen Gesetzgebungskompetenzen der Bundesländer auf den in Art. 23 Abs. 6 GG bezeichneten Gebieten betrifft.

80

Welcher Regierungsvertreter anwesend ist, richtet sich nach dem zu behandelnden Sachgebiet; in der Regel werden die entsprechenden Fachminister entsandt. Zwei besondere Formen, in denen der Rat zusammentreten kann, sind in Art. 16 Abs. 6 EUV ausdrücklich genannt: Nach Art. 16 Abs. 6 UAbs. 2 EUV tagt der Rat unter der Bezeichnung „Allgemeine Angelegenheiten" zur Sicherstellung der Kohärenz der Arbeit des Rates in seinen verschiedenen Angelegenheiten. Nach Art. 16 Abs. 6 UAbs. 3 EUV tagt der Rat als Rat „Auswärtige Angelegenheiten" zur Gestaltung der auswärtigen Angelegenheiten und zur Sicherstellung der Kohärenz des auswärtigen Handelns der Union. Daneben kann der Rat gemäß Art. 16 Abs. 6 UAbs. 1 EUV i.V.m. Art. 236 AEUV weitere Ratszusammensetzungen festlegen (Beschluss vom 1.12.2009, ABl. EU 2009, L 315/46). Den Vorsitz im Rat „Auswärtige Angelegenheiten" hat der Hohe Vertreter der Union für Außen- und Sicherheitspolitik inne (Art. 18 Abs. 3 EUV, Art. 27 Abs. 1 EUV), für alle anderen Konstellationen müssen die Mitgliedstaaten nach Art. 16 Abs. 9 EUV ein System der gleichberechtigten Rotation für den Ratsvorsitz festlegen.

81

Seiner Rechtsstellung nach ist der Rat ein Unionsorgan; gleichwohl ist er das Gremium, in welchem die Mitgliedstaaten ihre nationalen Interessen durchzusetzen versuchen. Dem entspricht es, dass die Ratsmitglieder nach dem Verfassungsrecht der Mitgliedstaaten jeweils von den Weisungen ihrer Regierungen abhängig sind. Auch in umgekehrter Richtung hat der Rat eine wichtige politische Dimension: Die im Rat vertretenen Regierungsmitglieder müssen in ihren Mitgliedstaaten der jeweiligen parlamentarischen Mehrheit sowie ihrer jeweiligen Bevölkerung gegenüber die Entscheidungen des Rates begründen und sich für ihr Votum rechtfertigen. Die Ratsmitglieder tragen daher nur solche Entscheidungen mit, die sie auch in ihrem jeweiligen Mitgliedstaat vertreten können. Derartige faktische oder politische Hindernisse machen die Beschlussfassung im Rat oft schwerfällig. Gleichwohl ergibt dieses Procedere durchaus Sinn. Denn auf diesem Weg wird die Tätigkeit des Rates zumindest mittelbar demokratisch legitimiert, indem die Bevölkerung der Mitgliedstaaten die nationalen Parlamente wählt, die ihrerseits wiederum die Regierungen wählen, die die Mitgliedstaaten im Rat vertreten.

82

II. Aufgaben und Befugnisse

83   Dem Rat obliegen im Wesentlichen folgende Aufgaben:
- Rechtsetzung (dazu 1.);
- Koordinierung (dazu 2.);
- Vertretung der Union nach außen (dazu 3.);
- Haushaltsbefugnisse (dazu 4.);
- Besetzung der Organe (dazu 5.).

1. Rechtsetzung

84   Der Rat spielt im Rechtsetzungsprozess der Union eine **zentrale Rolle**. Er wirkt mit der Kommission und dem Parlament bei der Gesetzgebung regelmäßig zusammen und trägt als Entscheidungsgremium maßgeblich die Verantwortung für die europäischen Rechtsakte. Zwar hat allein die Kommission das Recht, Gesetzgebungsakte auf Unions-ebene zu initiieren (sog. Vorschlags- oder Initiativmonopol). Die Bedeutung des Initia-tivrechts wird jedoch dadurch relativiert, dass der Rat die Kommission gemäß Art. 241 AEUV zur Unterbreitung von Vorschlägen auffordern kann. Das Europäische Parlament hat – je nach Verfahrensart – Anhörungs-, Abänderungs- oder Mitentscheidungsbe-fugnisse im Gesetzgebungsprozess. Durch sein (eingeschränktes) Vetorecht (Art. 294 AEUV) kann das Parlament aber lediglich Entscheidungen des Rates blockieren, jedoch keine herbeiführen.

85   Von der Gesamtverantwortung und Letztentscheidungsbefugnis des Rates gibt es nur wenige Ausnahmen; im Regelfall ist er das zuständige Organ zum **Erlass von Verord-nungen und Richtlinien**. In sehr beschränktem Umfang wird durch den AEUV der Kommission das Recht zum eigenständigen Erlass von Richtlinien oder Entscheidun-gen eingeräumt (z.B. im Bereich des Wettbewerbs, Art. 106 Abs. 3 AEUV). Durch den Vertrag von Lissabon wurde zudem die bereits bisher übliche Praxis der Delegation von Rechtsetzungsbefugnissen auf die Kommission im AEUV ausdrücklich geregelt. So kann nach Art. 290 Abs. 1 AEUV der Kommission in einem Gesetzgebungsakt – d.h. nach Art. 289 Abs. 1 und Abs. 3 AEUV in Verordnungen, Richtlinien und Beschlüssen – die Befugnis übertragen werden, Rechtsakte zur Ergänzung oder Änderung des ent-sprechenden Gesetzgebungsakts zu erlassen. Die Vorschrift des Art. 290 AEUV ist inso-fern mit der Regelung des Art. 80 GG über die Delegation der Verordnungsgebung auf die Exekutive vergleichbar. Daneben kann gemäß Art. 291 Abs. 2 AEUV die Kompetenz zur Durchführung von Rechtsakten und damit die Befugnis zum Erlass detaillierter Durchführungsverordnungen auf die Kommission bzw. auf bestimmte Ausschüsse oder im Einzelfall auch auf den Rat übertragen werden. Nach Art. 291 Abs. 3 AEUV müssen das Europäische Parlament und der Rat eine Verordnung erlassen, mit der all-gemeine Regeln und Grundsätze zur Kontrolle der Wahrnehmung der Durchsetzungs-befugnisse durch die Kommission festgelegt werden (zur Abgrenzung von Art. 290 zu Art. 291 AEUV siehe *EuGH*, ECLI:EU:C:2014:170 – „Kommission/Parlament und Rat").

86   Die praktischen und technischen Einzelfragen einer gesetzlichen Regelung wurden im Fall der Delegation von Durchführungsbefugnissen auch bisher nicht vom Rat selbst,

sondern von fachspezifischen Gremien geregelt (sog. **Komitologie**- oder Ausschuss-
verfahren). Die Einzelheiten des Komitologieverfahrens sind in der Komitologiever-
ordnung der Kommission VO (EU) 182/2011 (ABl. EU 2011, L 55/13) enthalten.

Ferner wirkt der Rat am Verfahren zur Änderung des EUV sowie des AEUV im Rahmen   **87**
des Art. 48 EUV mit. Gemäß Art. 352 AEUV besitzt der Rat eine sog. **„Vertragsabrundungskompetenz"**, d.h., er ist befugt, beim Fehlen einer ausdrücklichen Ermächti-
gungsnorm im AEUV Rechtsakte zu erlassen, wenn die Regelung zur Erreichung eines
der Vertragsziele erforderlich erscheint. In diesem Rahmen kann der Rat das durch die
Verträge festgelegte System der **Kompetenzverteilung** zwischen der Union und den
Mitgliedstaaten selbstständig **ergänzen**. Da diese „Lückenfüllungskompetenz" die Gefahr der eigenmächtigen Kompetenzausweitung durch den Rat zulasten der Mitgliedstaaten in sich birgt, ist sie von einer Vertragsänderung abzugrenzen, die grundsätzlich
nur von der Regierungskonferenz der Mitgliedstaaten unter den Voraussetzungen des
Art. 48 EUV (Stellungnahme von Rat, Kommission und Parlament) vorgenommen werden darf.

2. Koordinierung

Art. 16 Abs. 1 EUV macht die Koordinierung der **Politik** zu einer der Hauptaufgaben des   **88**
Rates. Dies betrifft auch – aber nicht mehr wie bisher vorrangig – die Wirtschaftspolitik
der Mitgliedstaaten (Art. 5 AEUV). Einzelheiten zum Verfahren und zur Funktion des
Rates sind unter anderem in den Art. 120 und 121 AEUV geregelt.

3. Vertretung der Union nach außen

Auch für die Koordinierung der Außenbeziehungen der Union ist im Wesentlichen der   **89**
Rat zuständig. So gestaltet er gemäß Art. 16 Abs. 6 UAbs. 3 EUV als Rat „Auswärtige
Angelegenheiten" das auswärtige Handeln der Union und sorgt für die Kohärenz des
Handelns der Union in diesem Bereich. Bedeutsam ist insoweit auch die Vorschrift des
Art. 207 AEUV, nach der die Grundsätze der Handelspolitik der Union vom Rat fest-
gelegt werden.

Des Weiteren obliegt es dem Rat nach Art. 218 AEUV, Abkommen zwischen der Union   **90**
und Drittstaaten oder internationalen Organisationen abzuschließen. Die allgemeinen
Abkommen des Art. 218 AEUV werden von der Kommission ausgehandelt und – nach
einer in bestimmten Fällen durchzuführenden Anhörung des Parlaments – durch den
Rat beschlossen. Von Art. 218 AEUV abweichende Besonderheiten sieht der EUV für
Beitrittsabkommen (Art. 49 EUV) und der AEUV für Assoziierungsabkommen (Art. 217
AEUV) vor.

4. Haushaltsbefugnisse

Nach Art. 16 Abs. 1 EUV übt der Rat gemeinsam mit dem Parlament zudem die Haus-   **91**
haltsbefugnisse der Union aus. Für die Festsetzung des Unionshaushaltes sieht Art. 314
AEUV ein kompliziertes Verfahren vor, an dem der Rat, die Kommission und das Parla-

ment beteiligt sind. Durch den Vertrag von Lissabon wurde das traditionelle Überge-
wicht des Rates im Verfahren zur Aufstellung des Haushaltsplans beseitigt, so dass Rat
und Parlament nunmehr grundsätzlich gleichberechtigt mitwirken.

92 Der Rat ist allerdings nicht nur im Hinblick auf den Haushalt der Union entscheidungs-
befugt, sondern hat eine maßgebliche Stellung auch bei der Kontrolle der mitgliedstaatlichen Haushalte. Grundsätzlich obliegt es zwar gemäß Art. 126 Abs. 2 AEUV der
Kommission, die Entwicklung der Haushaltslage sowie das Staatsdefizit in den Mitgliedstaaten zu kontrollieren. Stellt die Kommission jedoch ein übermäßiges Defizit in
einem Mitgliedstaat fest, ist es die Aufgabe des Rates, in einem in Art. 126 Abs. 6 bis 11
AEUV geregelten Verfahren Maßnahmen zur Beseitigung des Defizits an den Mitgliedstaat zu richten und ggf. auch Sanktionen zu verhängen (Art. 126 Abs. 11 AEUV).

5. Besetzung der Organe

93 Auch in Bezug auf die Besetzung der wichtigen Organe der Union ist der Rat entschei-
dungsbefugt. Nach Art. 302 AEUV werden die Mitglieder des **Wirtschafts- und Sozialausschusses** (WSA) vom Rat ernannt; gleiches gilt nach Art. 305 AEUV für die Mitglieder des Ausschusses der Regionen (ADR). Ferner entscheidet der Rat gemäß Art. 286
Abs. 2 AEUV über die Besetzung des **Rechnungshofes**. Daneben setzt der Rat nach
Art. 243 AEUV die Gehälter, Vergütungen und Ruhegehälter für den Präsidenten des
Europäischen Rates, den Präsidenten der Kommission, den Hohen Vertreter der Union
für Außen- und Sicherheitspolitik, die Mitglieder der Kommission, die Präsidenten, Mitglieder und Kanzler des Gerichtshofs der Europäischen Union sowie den General-
sekretär des Rates fest.

94 Die Besetzung des **Gerichtshofes** (Richter und Generalanwälte) und der **Kommission**
ist formal **nicht** dem Rat, sondern den Mitgliedstaaten zugewiesen, die im gegenseitigen Einvernehmen entscheiden. Die Ernennung der Kommissionsmitglieder hängt
zusätzlich von der Zustimmung des Europäischen Parlaments ab.

95 Weder unmittelbaren noch mittelbaren Einfluss haben die nationalen Regierungen
bzw. der Rat auf die Besetzung des **Europäischen Parlaments**, das seit 1979 direkt
gewählt wird.

III. Beschlussfassung

96 Abstimmungen im Rat finden je nach Wichtigkeit eines Ratsbeschlusses mit verschiedenen Mehrheitsanforderungen statt. Das Unionsrecht kennt die einfache Mehrheit,
die qualifizierte Mehrheit sowie die Einstimmigkeit. Durch den Vertrag von Lissabon
hat die Beschlussfassung im Rat an Komplexität weiter zugenommen.

97 Mit dem Vertrag von Lissabon wurde als Regelfall die Beschlussfassung mit **qualifizierter Mehrheit** eingeführt (Art. 16 Abs. 3 EUV). Ihre konkrete Ausgestaltung ist in Art. 16
Abs. 4 EUV geregelt. Sie setzt für Beschlüsse des Rates auf Vorschlag der Kommission
oder des Hohen Vertreters für Außen- und Sicherheitspolitik voraus, dass zum einen

mindestens 55 % der Mitglieder des Rates, gebildet aus mindestens 15 Mitgliedern, die zumindest 65 % der Gesamtbevölkerung der Union vertreten müssen, zustimmen und zum anderen nicht eine Sperrminorität von 4 Mitgliedern dagegen stimmt. Beschließt der Rat nicht auf Vorschlag der Kommission oder des Hohen Vertreters für Außen- und Sicherheitspolitik, ist für eine qualifizierte Mehrheit nach Art. 16 Abs. 4 UAbs. 3 EUV i.V.m. Art. 238 Abs. 2 AEUV eine Mehrheit von 72 % der Mitglieder des Rates erforderlich, die mindestens 65 % der Gesamtbevölkerung der Union repräsentieren. Diese Abstimmungsregelungen sind seit dem 1. April 2017 verbindlich und es besteht keine Möglichkeit mehr für einen Mitgliedstaat, eine – vormals mögliche – gewichtete Abstimmung im Rat zu beantragen.

Eine Beschlussfassung mit einfacher Mehrheit oder Einstimmigkeit findet hingegen nur statt, wenn dies ausdrücklich im Vertrag angeordnet wird. Bei der Beschlussfassung mit einfacher Mehrheit hat jeder Mitgliedstaat eine Stimme, für ein positives Votum im Rat genügen daher 15 (von 28) Stimmen der Ratsmitglieder (Art. 238 Abs. 1 AEUV). In Bereichen, die die Interessen der Union in besonders hohem Maße berühren, ist ein **einstimmiger Beschluss** des Rates erforderlich. Dies gilt z.B. für die Fälle der Vertragsabrundung (Art. 352 AEUV), der Aufnahme weiterer Mitglieder (Art. 49 EUV) sowie der Harmonisierung der indirekten Steuern (Art. 113 AEUV). Unbeachtlich sind dabei nach Art. 238 Abs. 4 AEUV Stimmenthaltungen. **98**

Im Kern schreiben die durch den Vertrag von Lissabon geregelten Mehrheitserfordernisse sowie die damit verbundenen Sperrminoritäten den sog. **„Kompromiss von Ioannina"** (vgl. ABl. EG 1994, C 105/1; ABl. EG 1995, C 1/1) fort, auf den sich die Außenminister 1994 auf Betreiben Großbritanniens und Spaniens verständigt hatten, um bei streitigen Beschlüssen möglichst große Mehrheiten zu schaffen. **99-100**

In der Praxis gilt unabhängig von den in den Verträgen niedergelegten Abstimmungsregeln auch weiterhin der sog. **„Luxemburger Kompromiss"** von 1966. Danach behalten sich die Mitgliedstaaten vor, Einstimmigkeit bei besonders bedeutsamen Angelegenheiten zu verlangen, auch wenn die Verträge eine einfache oder qualifizierte Mehrheit vorsehen. Wenn nach der Erklärung eines Mitgliedstaates durch eine Angelegenheit die „sehr wichtigen Interessen eines Mitgliedstaates" berührt werden, haben sich die Mitgliedstaaten „innerhalb eines angemessenen Zeitraumes" zu bemühen, zu einer Einstimmigkeit zu gelangen. Da dieses „Bemühen" als zwingendes Erfordernis des Erreichens der Einstimmigkeit interpretiert wird, bedeutet der Luxemburger Kompromiss eine **Aufhebung des Mehrheitsprinzips**. Vom rechtlichen Standpunkt aus ist diese Vereinbarung nicht bindend, da sie zu einer Vertragsänderung führt, die durch eine schlichte Vereinbarung zwischen den Ratsmitgliedern nicht vorgenommen werden kann. Trotzdem findet die Luxemburger Absprache Anwendung und führt zu einer Schwächung der Integrationskraft der Gemeinschaft. Denn einzelne Mitgliedstaaten können ihre nationalen Interessen auf Kosten der europäischen Interessen durchsetzen und so notwendige Entscheidungen blockieren. **101**

C. Die Kommission

I. Zusammensetzung und Rechtsstellung

102 Die Kommission nimmt eine herausragende Stellung im Organgefüge der Europäischen Union ein. Sie ist die Vertreterin des Unionsinteresses. Die durch den Vertrag von Lissabon vorgenommene Neuakzentuierung des Binnenmarktgedankens hat sich auch auf die Aufgabenbeschreibung der Kommission ausgewirkt: Als **„Hüterin der Verträge"** soll sie gemäß Art. 17 Abs. 1 EUV die allgemeinen Interessen der Union fördern.

103 Gegenwärtig stellt jeder Mitgliedstaat unterschiedslos einen Kommissar (Art. 17 Abs. 4 EUV), so dass die Kommission derzeit 28 Mitglieder einschließlich des Kommissionspräsidenten sowie des Hohen Vertreters der Union für die Außen- und Sicherheitspolitik, der gemäß Art. 18 Abs. 4 EUV zugleich einer der Vizepräsidenten der Kommission ist, hat. Diese Regelung galt bis zum 31. Oktober 2014 fort. Ab dem 1. November 2014 sollte die Zahl der Kommissare auf zwei Drittel der Anzahl der Mitgliedstaaten verringert werden (Art. 17 Abs. 5 EUV). Der Europäische Rat ist allerdings 2009 darin übereinkommen von seiner Befugnis nach Art. 17 Abs. 5 EUV Gebrauch zu machen, auch weiterhin jedem Mitgliedstaat einen Kommissar zuzugestehen. Damit bleibt es dabei, dass die Kommission 28 Kommissare umfasst. Weitere Bestrebungen die Anzahl der Kommissare zu verringern, um diese effizienter und „schlanker" zu machen, sind bisher ergebnislos geblieben. Da bei der Wahrnehmung der Aufgaben der Kommission die Nationalität der Kommissare in den Hintergrund tritt, wäre es durchaus begrüßenswert, wenn sich die Anzahl der Kommissare zukünftig doch verringern würde, um den weiteren Ausbau der Kommissionsverwaltung und die damit einhergehende Gefahr einer zunehmenden Bürokratisierung Europas zu verhindern. Da die politische Verantwortung der Kommission für ihre Entscheidungen nicht so groß wie die Verantwortung der Repräsentativorgane Rat und Parlament gegenüber den Wählern in den Nationalstaaten ist, müssen die Regeln der Zusammensetzung, Organisation und Entscheidungsfindung dabei bei der Kommission nicht denselben demokratischen Grundsätzen folgen wie dies bei Rat und Parlament erforderlich ist.

104 Die **Ernennung der Mitglieder und des Präsidenten der Kommission** ist in Art. 17 Abs. 7 EUV geregelt. Der Europäische Rat schlägt mit qualifizierter Mehrheit dem Parlament eine Person als zukünftigen Kommissionspräsidenten vor, der vom Europäischen Parlament mit der Mehrheit seiner Mitglieder gewählt werden muss (Art. 17 Abs. 7 S. 2 EUV). Der Vorschlag für den Kommissionspräsidenten soll das Ergebnis der Wahlen zum Europäischen Parlament berücksichtigen. Dies bedeutet gleichwohl nicht, dass der Kommissionspräsident – wie zum Teil gefordert – stets der Spitzenkandidat der obsiegenden Fraktion im Europäischen Parlament sein müsse. Eine solche Betrachtungsweise verkennt, dass die Kommission die Vertreterin der Interessen der Europäischen Union und kein Vertretungsorgan der Unionsbürger ist. Daher muss der Kommissionspräsident – ebenso wie die übrigen Kommissionsmitglieder – auch nicht auf die gleiche Weise von den Unionsbürgern demokratisch legitimiert werden wie die Mitglieder des Europäischen Parlaments als primäres Vertretungsorgan der Unionsbürger. Im Hinblick auf die übrigen Kommissionsmitglieder schlagen die Regierungen der Mitgliedstaaten einen (oder mehrere) Staatsangehörige(n) für einen Posten in der Kommission vor, allerdings entscheidet nunmehr der Rat mit qualifizierter Mehrheit – im Einvernehmen mit dem designierten Kommissionspräsidenten – über die Liste der Persönlichkeiten, die tatsächlich die Funktion eines Kommissars ausüben sollen. Gemäß Art. 17 Abs. 7 UAbs. 3 EUV stellen sich der Präsident, der Hohe Vertreter der Union für Außen- und Sicherheitspolitik sowie die übrigen Mitglieder der Kommission als Kollegium einem Zustimmungsvotum des Europäischen Parlaments. Auf der Grundlage dieser Zustimmung ernennt der Europäische Rat die Kommission durch qualifizierten Mehrheitsbeschluss. Die Ernennung erfolgt für 5 Jahre, eine Wiederernennung ist zulässig.

Der **Kommissionspräsident** hat im Laufe der Entwicklung der Europäischen Union **105** eine **erhebliche Stärkung** erfahren. Gemäß Art. 17 Abs. 6 lit. a) EUV, Art. 248 AEUV legt der Präsident die Leitlinien der Kommissionspolitik fest. Zudem entscheidet er über die interne Organisation der Kommission, d.h., er legt z.B. Zahl und Struktur der Generaldirektorate fest. Darüber hinaus kann er über die Zuständigkeitsverteilung innerhalb der Behörde bestimmen, er teilt den Kommissaren also ihr Ressort zu (Art. 248 S. 1 AEUV). Gemäß Art. 17 Abs. 6 lit. c) EUV ernennt der Präsident mit Ausnahme des Hohen Vertreters, der gemäß Art. 18 Abs. 4 EUV automatisch einer der Vizepräsidenten der Kommission ist, selbst seine Vizepräsidenten. Er hat gemäß Art. 17 Abs. 6 UAbs. 2 EUV auch die Möglichkeit, einen einzelnen Kommissar zum Rücktritt zu verpflichten. Die Stellung des Kommissionspräsidenten hat sich daher im Laufe der Zeit von einem „primus inter pares" zu einer Figur mit politischer Verantwortung und Leitungsfunktion gewandelt. Diese Entwicklung hat sich im Zuge der Europawahlen 2014 dadurch verstärkt, dass erstmals in der Geschichte die beiden größten Fraktionen – die Christdemokraten (EVP) und die Sozialdemokraten (S&D) – mit europäischen Spitzenkandidaten in die Wahl gezogen sind, die nach der Wahl das Amt des Kommissionspräsidenten für sich beanspruchten und in Person des Wahlgewinners Jean-Claude Juncker auch erhielten. Bei den Europawahlen 2019 wurde diese Praxis von den meisten Fraktionen erneut aufgegriffen und fortgeführt. Gleichwohl wurde kein europäischer Spitzenkandidat, sondern die (damalige) deutsche Verteidigungsministerin Ursula von der Leyen zur neuen Kommissionspräsidentin gewählt.

Im Gegensatz zu den Mitgliedern des Rates unterliegen die **Kommissionsmitglieder** **106** nicht den Weisungen ihrer Regierungen, sie haben vielmehr ihre Tätigkeit in voller Unabhängigkeit auszuüben (Art. 245 AEUV). Diese **sachliche Unabhängigkeit** der Kommissionsmitglieder folgt aus der Aufgabe der Kommission, nur im Interesse der Union zu handeln. Gleichwohl sieht die Praxis ein wenig anders aus, hängt die eventuelle Wiederernennung der Kommissare nach 5 Jahren doch von einem erneuten Vorschlag ihrer Regierungen ab. Die Abberufung eines Kommissionsmitglieds während der Amtszeit durch seine Regierung ist allerdings nicht möglich; in Betracht kommt lediglich eine Amtsenthebung durch den Gerichtshof (Art. 247 AEUV) oder die bereits erwähnte Rücktrittsaufforderung durch den Kommissionspräsidenten (Art. 17 Abs. 6 UAbs. 2 EUV). Im Übrigen kann das Europäische Parlament gemäß Art. 17 Abs. 8 EUV i.V.m. Art. 234 AEUV durch einen Misstrauensantrag den Rücktritt der gesamten Kommission als Kollegium, nicht aber einzelner Kommissionsmitglieder erreichen.

107   Die **Beschlussfassung** in der Kommission erfolgt mit einfacher Mehrheit (Art. 250 UAbs. 1 AEUV). Es sind daher momentan 15 von 28 Stimmen notwendig.

108   Unterstützt wird die Kommission durch einen **Verwaltungsapparat** mit ca. 32 000 Bediensteten. Die Behörde ist in Generaldirektorate (GD) unterteilt (z.B. GD Wettbewerb, GD Umwelt, GD Erweiterung) und in Einheiten, die allgemeine Dienste für die verschiedenen Generaldirektorate erbringen (z.B. Presse- und Kommunikationsdienst, Übersetzungsdienst, Juristischer Dienst). Daneben fungiert ein Generalsekretariat als Koordinator zwischen den einzelnen Bereichen und politischer Ideengeber. In der Kommission existiert eine **vierstufige Hierarchie.** An der Spitze der Behörde steht das Kollegium der Kommissare; jeder von ihnen hat ein eigenes Ressort, welches einen oder mehrere Verantwortungsbereiche (Generaldirektorate) beinhalten kann. Auf der zweiten Ebene stehen die Generaldirektoren, denen die Leitung ihres Generaldirektorats obliegt. Unter ihnen stehen die Direktoren als Verantwortliche für Teilbereiche innerhalb eines Generaldirektorats sowie letztlich die „Heads of Unit", also die Abteilungsleiter innerhalb eines Direktorates.

II. Aufgaben und Befugnisse

109   Die wesentlichen Aufgaben und Befugnisse der Kommission sind in Art. 17 Abs. 1 und Abs. 2 EUV genannt; sie haben sowohl legislativen als auch exekutiven Charakter:
   – Kontrolle der Einhaltung und Anwendung des Unionsrechts (dazu 1.);
   – Beteiligung an der Rechtsetzung (dazu 2.);
   – Ausübung der vom Rat übertragenen Durchführungsbefugnisse (dazu 3.);
   – Verwaltungstätigkeit (dazu 4.);
   – Außenbeziehungen (dazu 5.).

1. Kontrolle der Einhaltung und Anwendung des Unionsrechts

110   Als Vertreterin der allgemeinen Unionsinteressen obliegt es der Kommission, für die Erfüllung des Unionsrechts Sorge zu tragen. Die Kommission überwacht, ob die Mitgliedstaaten (und die anderen Organe der Union) Unionsrecht beachten, und sie geht gegen eventuelle Verstöße ggf. auf dem Klagewege vor.

111   Gemäß Art. 337 AEUV kann die Kommission **Auskünfte** einholen und **Nachprüfungen** in den Mitgliedstaaten vornehmen. Das Auskunftsrecht dient aber meist nur der Vorbereitung eines Vertragsverletzungsverfahrens gemäß Art. 258 AEUV, welches das stärkste Mittel der Kommission zur Durchsetzung des Unionsrechts darstellt. Dieses zweistufige Verfahren wird immer dann gegen einen Mitgliedstaat eingesetzt, wenn die Kommission von Umständen Kenntnis erlangt, die den Schluss zulassen, dass der betreffende Staat Unionsrecht missachtet hat. In einem ersten Schritt wird versucht, eine außergerichtliche Lösung herbeizuführen. Gelingt das nicht, erhebt die Kommission Klage vor dem Gerichtshof der Europäischen Union, gefolgt von einem Feststellungsurteil des Gerichts sowie ggf. Sanktionen in Form von Strafgeldern.

Ein zweiter Bereich der Kontrolltätigkeit ist die Überwachung des Wettbewerbsver-   112
haltens Privater sowie der staatlichen Beihilfen durch die Kommission (Art. 101 ff.,
Art. 107 ff. AEUV). Das Organ fungiert hier als Ermittler und befindet über die mögliche
Vertragsverletzung durch private Unternehmen oder Mitgliedstaaten.

Der dritte wesentliche Bereich, in dem die Europäische Kommission eine Kontroll-   113
funktion besitzt, ist der der Überwachung der Haushalte und der jeweiligen Staats-
defizite der Mitgliedstaaten. Sie obliegt gemäß Art. 126 Abs. 2 AEUV grundsätzlich der
Kommission, die neben der Überwachung auch mögliche Sanktionierungen von Verstößen durch den Rat vorbereitet und entsprechend umsetzt (Art. 126 Abs. 6 bis 12
AEUV).

2. Beteiligung an der Rechtsetzung

Die Hauptfunktion der Kommission im Rahmen des Rechtsetzungsprozesses besteht   114
in der Wahrnehmung ihres **Vorschlagsrechts** bzw. **Vorschlagsmonopols**. Gemäß
Art. 17 Abs. 2 EUV darf ein Gesetzgebungsakt, d.h. gemäß Art. 289 Abs. 3 AEUV Verordnungen, Richtlinien und Beschlüsse, nur auf Vorschlag der Kommission erlassen
werden, sofern die Verträge keine abweichende Regelung treffen. Demzufolge kommt
kein Gesetzgebungsakt zustande, ohne dass die Kommission zuvor ihren dahingehen-
den Willen durch einen Vorschlag bekundet hat. Wie bereits erwähnt, wird dieses
Monopol der Kommission durch Art. 241 bzw. Art. 225 AEUV relativiert, wonach die
Kommission auf Aufforderung des Rates bzw. des Parlamentes diesen einen Vorschlag
für einen Gesetzgebungsakt zu unterbreiten hat.

In eng begrenzten Ausnahmefällen kann die Kommission auch in eigener Verantwor-   115
tung – ohne formale Beteiligung der anderen Organe – rechtsetzend tätig werden. Eine
derartige Ermächtigung findet sich in Art. 106 Abs. 3 AEUV.

> **Beispiel:** *EuGH,* **ECLI:EU:C:1991:120 – „Telekommunikation"**   116
> *Auf der Grundlage des Art. 86 Abs. 3 EG (heute: Art. 106 Abs. 3 AEUV) hat die Kommission
> eine Richtlinie über den Wettbewerb auf dem Markt der Telekommunikationsendgeräte er-
> lassen. Die Richtlinie regelt die Abschaffung von Sonderrechten, die einzelne Mitgliedstaaten
> bestimmten Unternehmen eingeräumt haben, und konkretisiert damit die sich aus Art. 86
> Abs. 1 und 2 EG (heute: Art. 106 Abs. 1 und 2 AEUV) ergebenden Verpflichtungen. Frankreich
> war der Auffassung, dass nicht die Kommission, sondern nur der Rat gemäß Art. 83 EG (heute:
> Art. 103 AEUV) eine solche Richtlinie hätte erlassen dürfen. Welches Organ war zum Erlass der
> Richtlinie zuständig?*
>
> Art. 106 Abs. 3 AEUV ermächtigt die Kommission zum Erlass von Richtlinien, um die Einhaltung
> von Art. 106 Abs. 1 und 2 AEUV seitens der Mitgliedstaaten zu überwachen. Andererseits kann
> der Rat nach Art. 103 Abs. 1 AEUV auf Vorschlag der Kommission und nach Anhörung des
> Europäischen Parlaments Richtlinien zur Verwirklichung eines freien Wettbewerbs innerhalb
> der Europäischen Union erlassen. Es stellt sich die Frage, wie die Überwachungskompetenz der
> Kommission nach Art. 106 Abs. 3 AEUV von der allgemeinen Kompetenz des Rates zum Erlass
> von Richtlinien nach Art. 103 AEUV abzugrenzen ist bzw. in welchem Verhältnis die beiden
> Kompetenznormen zueinanderstehen.
>
> Art. 106 Abs. 3 AEUV ist unter Berücksichtigung der durch das Unionsrecht festgelegten Auf-
> gabenteilung zwischen Rat und Kommission auszulegen. Das Unionsrecht kennt keine Aufga-
> benteilung zwischen den Organen Rat und Kommission im Sinne einer klassischen Gewalten-

teilung (Legislative – Exekutive). Der Kommission sind vielmehr auch Legislativfunktionen zugewiesen. Auch wenn der überwiegende Teil der Rechtsetzung dem Rat überlassen ist, hat die Kommission das alleinige Vorschlagsrecht und darüber hinaus auch eigene Rechtsetzungsbefugnisse (so z.B. in Art. 106 Abs. 3 AEUV).

Aus Art. 13 Abs. 2 und Art. 17 Abs. 1 EUV folgt, dass die Kommission die ihr zugewiesene Legislativfunktion in eigener Zuständigkeit wahrnimmt. Soweit also der AEUV der Kommission eine eigene Rechtsetzungsbefugnis einräumt, steht sie gleichberechtigt neben dem Rat. Daraus folgt, dass die von der Kommission erlassenen Rechtsakte grundsätzlich die gleichen Rechtswirkungen haben wie die vom Rat erlassenen Rechtsakte, und dass neben einer Kompetenz des Rates auch eine konkurrierende Zuständigkeit der Kommission bestehen kann.

Für Art. 86 Abs. 3 EG (heute: Art. 106 Abs. 3 AEUV) hat der EuGH deshalb festgestellt: Die nach Art. 86 Abs. 3 EG der Kommission zugewiesene Aufsichtsbefugnis umfasst auch das Recht zum Erlass allgemeiner Regelungen, durch die die sich aus Art. 86 Abs. 1 und 2 EG (heute: Art. 106 Abs. 1 und 2 AEUV) ergebenden Verpflichtungen konkretisiert werden. Dem steht nicht entgegen, dass auch der Rat über Art. 83 EG (heute: Art. 103 AEUV) eine entsprechende Regelung hätte erlassen können. Die beiden Kompetenznormen bestehen nebeneinander. Die Unterscheidung zwischen ihnen besteht darin, dass Art. 86 Abs. 3 EG nur für bestimmte Unternehmen, Art. 83 EG dagegen für alle Unternehmen gilt. Die Kommission war daher zum Erlass der Richtlinie zuständig.

3.   Ausübung der vom Rat übertragenen Durchführungsbefugnisse

117 Neben der originären durch die Verträge festgelegten Beteiligung an der Rechtsetzung obliegt der Kommission die Wahrnehmung von abgeleiteten Quasi-Legislativbefugnissen in den ihr vom Rat übertragenen Aufgabenbereichen. Der Rat kann zum einen gemäß Art. 290 AEUV die Befugnis an die Kommission delegieren, Gesetzgebungsakte in begrenztem Umfang zu ändern oder zu ergänzen. Dabei muss der Rat die Vorgaben des Art. 290 AEUV beachten. So enthält Art. 290 Abs. 1 UAbs. 1 AEUV eine dem Art. 80 GG vergleichbare Vorschrift, wonach bei einer Delegation von Rechtsetzungsbefugnissen auf die Kommission bereits im Gesetzgebungsakt Ziel, Inhalt, Geltungsbereich und Dauer der Delegation ausdrücklich festgelegt werden müssen.

118 Zum anderen kann der Kommission gemäß Art. 291 Abs. 2 AEUV die Entscheidungsbefugnis über Maßnahmen zur Durchführung von Rechtsakten übertragen werden. Hierbei handelt es sich um Rechtsakte, durch die Vorschriften eines Rechtsaktes sowie deren Anwendung konkretisiert werden. Die Einzelheiten zur Zulässigkeit bzw. Kontrolle des Erlasses von Durchführungsrechtsakten durch die Kommission ist in einer auf Art. 291 Abs. 3 AEUV gestützten Verordnung (VO EU 182/2011, ABl. EU 2011, Nr. L 55/13) geregelt.

4.   Verwaltungstätigkeit

119 Was den **Verwaltungsvollzug** in der Gemeinschaft anbelangt, so obliegt dieser nach Art. 290 Abs. 1 AEUV zunächst den **Mitgliedstaaten** – und somit deren Verwaltungsbehörden. Die Kommission übt auch insofern zunächst ihre sich aus Art. 17 Abs. 1 EUV ergebende Überwachungs- und Kontrollfunktion aus. In gewissem Umfang nimmt sie aber auch **selbst** Verwaltungstätigkeiten wahr (direkte Gemeinschaftsverwaltung). Die Aufgaben, die die Kommission in eigener Verwaltungstätigkeit wahrnimmt, sind vielfältig und können hier nicht abschließend aufgezählt werden. Die Hauptanwendungs-

fälle liegen im Finanzbereich – von Bedeutung ist die Verwaltung der Gemeinschafts-
fonds (Agrar- und Strukturfonds) – und bei den auswärtigen Beziehungen (sofern es
sich nicht um Maßnahmen im Rahmen der GASP handelt). Ferner sind ihr verschiedene Aufgaben im Bereich der Verkehrs-, Wettbewerbs- und Agrarpolitik zugewiesen.

Eine wesentliche Aufgabe ist zudem die Ausführung des Haushaltsplans (Art. 17 Abs. 1   **120**
EUV). Die Kommission führt demnach gemäß Art. 317 Abs. 1 AEUV den Haushaltsplan
in eigener Verantwortlichkeit zusammen mit den Mitgliedstaaten aus und ist hierfür
gegenüber Rat und Parlament rechenschaftspflichtig.

5. Außenbeziehungen

Nach Art. 17 Abs. 1 EUV vertritt die Kommission die Union nach außen, soweit nicht die   **121**
GASP betroffen ist. Gemäß Art. 218 Abs. 1 AEUV zählt hierzu auch die Vertretung der
Union bei Verhandlungen (nicht beim Abschluss) von internationalen Verträgen mit
anderen Staaten oder internationalen Organisationen. Hiervon umfasst sind auch Beitrittsverhandlungen mit potenziellen neuen Mitgliedern. Sofern schwerpunktmäßig
Fragen der GASP betroffen sind, tritt an die Stelle der Kommission bei derartigen Verhandlungen wiederum der Hohe Vertreter der Union für Außen- und Sicherheitspolitik.

D. Das Europäische Parlament

I. Zusammensetzung und Rechtsstellung

Das Europäische Parlament (EP) mit Sitz in Straßburg verkörpert das **demokratische**   **122**
Element in der Europäischen Union und weist damit einen **besonders engen Bezug**
zum Konzept der politischen Union auf. Seit 1979 werden die Abgeordneten des
Europäischen Parlaments direkt gewählt. Die Wahlperiode beträgt fünf Jahre; das
Wahlverfahren richtet sich noch nach nationalen Vorschriften (in der Bundesrepublik
gelten das Europawahlgesetz und die Europawahlordnung). Das Bundesverfassungsgericht hat in jüngerer Zeit gleich zweimal Regelungen über eine Sperrklausel im Europawahlgesetz für nichtig wegen eines Verstoßes gegen Art. 3 Abs. 1 GG und Art. 21
Abs. 1 GG erklärt (*BVerfGE* 129, 300; *BVerfG*, NVwZ 2014, 439). Es sah in der bis 2009
geltenden 5%- und in der im Anschluss an seine Entscheidung über deren Verfassungswidrigkeit vom Gesetzgeber eingeführten 3%-Sperrklausel einen verfassungs-
widrigen Verstoß gegen die Grundsätze der Wahlrechtsgleichheit und der Chancengleichheit der Parteien. Im Ergebnis führte dies dazu, dass für die Wahlen zum
Europäischen Parlament 2014 sowie 2019 in Deutschland keine Sperrklausel zur Anwendung gekommen ist. Am 7.7.2018 hat der Rat zwar beschlossen, eine verbindliche
Mindestschwelle von 2–5 % für größere Mitgliedstaaten wie Deutschland spätestens
zur Europawahl 2024 einzuführen. Dies setzt eine Änderung des Art. 3 Direktwahlakts
(DWA) voraus, wozu die Mitgliedstaaten im Einklang mit ihren jeweiligen verfassungs-
rechtlichen Vorschriften zustimmen müssen, vgl. Art. 223 Abs. 1 UAbs. 2 Satz 2 AEUV.
Eine Umsetzung dieser Sperrklausel für die Europawahlen 2019 hätte jedoch einer
Ratifizierung im Bundestag und im Bundesrat mit einer Zweidrittelmehrheit bedurft.

Dazu kam es mit Verweis auf die Leitlinien der sogenannten Venedig-Kommission des Europarates nicht, da diese vorsehen, dass es in den zwölf Monaten vor einer Wahl keine grundlegenden Wahlrechtsänderungen geben soll. Während das Parlament bis zum Inkrafttreten des Vertrags von Lissabon gemäß Art. 189 EGV als Vertretung „der Völker der in der Gemeinschaft zusammengeschlossenen Staaten" bezeichnet wurde, hat das Parlament nunmehr die Bezeichnung der Vertretung der „Unionsbürgerinnen und Unionsbürger" (Art. 14 Abs. 1 EUV). Eine inhaltliche Veränderung geht damit aber nicht einher, da die Union nach wie vor kein Staat mit eigenem Staatsvolk ist (*BVerfGE* 123, 267, 404 ff.).

123   Die Anzahl der Mitglieder des Europäischen Parlaments wird durch Art. 14 Abs. 2 EUV auf 751 begrenzt (750 Abgeordnete zzgl. Parlamentspräsident). Die Anzahl der Abgeordneten eines Mitgliedstaates richtet sich degressiv proportional nach der Anzahl der repräsentierten Bürgerinnen und Bürger. Die Mindestanzahl der Abgeordneten je Mitgliedstaat beträgt dabei 6, die Höchstzahl 96. Aufgrund dieses Systems unterscheidet sich der Erfolgswert der Stimmabgabe bei der Wahl zum Parlament in einzelnen Mitgliedstaaten. Ein in Frankreich gewählter Abgeordneter vertritt demnach etwa 857 000 Unionsbürger und damit so viel wie ein in Deutschland gewählter. Ein in Luxemburg gewählter Abgeordneter vertritt mit etwa 83 000 Luxemburger Unionsbürgern nur ein Zehntel, bei Malta ist es mit etwa 67 000 sogar nur etwa ein Zwölftel. Dies ist unter dem Gesichtspunkt der Gleichheit der Wahl, wie er in Art. 38 GG niedergelegt ist, nicht unproblematisch, allerdings vom Bundesverfassungsgericht in seinem Lissabon-Urteil als zulässig erachtet worden (*BVerfGE* 123, 267, 370 ff.).

124   An der Spitze des Parlaments steht der Präsident, der wie die Vizepräsidenten – mit Ausnahme des Hohen Vertreters für Außen- und Sicherheitspolitik – durch das Parlament selbst gewählt wird. Gegliedert ist das Parlament in Fraktionen, die sich entsprechend ihrer politischen Richtung zusammenschließen. Die Beschlussfassung im Parlament erfolgt im Regelfall mit der Mehrheit der abgegebenen Stimmen, Art. 231 AEUV.

II. Aufgaben und Befugnisse

125   Die Aufgaben und Befugnisse des Europäischen Parlaments unterlagen von Beginn an starken Veränderungen. Ursprünglich nur mit Beratungs- und Überwachungsfunktionen versehen, entwickelte sich das Parlament nach und nach zu einem Repräsentativorgan mit Legislativ- und Haushaltskompetenzen. Trotzdem lässt sich das EP schwerlich mit nationalen Parlamenten vergleichen. So ist das Europäische Parlament nicht das allein maßgebliche Legislativorgan, insbesondere verfügt es nicht über die Kompetenz, über seine Zuständigkeiten selbst zu entscheiden (Kompetenz-Kompetenz), sondern kann nur im Rahmen der ihm durch die Verträge übertragenen Befugnisse tätig werden. Der insoweit begrenzte Aufgabenkreis des Parlaments umfasst im Wesentlichen die folgenden Bereiche:

– Beteiligung an der Rechtsetzung (dazu 1.);
– Ausübung von Kontrollrechten (dazu 2.);
– Besetzung der Organe (dazu 3.);
– Beteiligung an der Festsetzung des Haushaltes (dazu 4.).

1. Beteiligung an der Rechtsetzung

Rechtsetzung in der Europäischen Union ist traditionell vornehmlich eine Angelegenheit des Rates. Die **Mitwirkungsbefugnisse des Parlaments** waren zunächst stark **eingeschränkt**; allerdings wurden sie durch die Verträge von Maastricht und Amsterdam sowie zum Teil auch Nizza und schließlich Lissabon erheblich erweitert.

126

Es gilt der Grundsatz, dass das Parlament an der Rechtsetzung nur in den in den Verträgen vorgesehenen Fällen und in der dort vorgesehenen Form beteiligt ist. Das Unionsrecht kennt grundsätzlich **drei Formen** der parlamentarischen Einbindung in die Rechtsetzung: die Anhörung, die Zustimmung und die Mitentscheidung.

127

Als einfachste und schwächste Form der Beteiligung sieht der AEUV für bestimmte Materien (z.B. in Art. 192 Abs. 2 AEUV) vor, dass vor der Beschlussfassung im Rat eine **Anhörung** des Parlaments zu erfolgen hat. Der Gerichtshof der Europäischen Union hat in den Anhörungsrechten stets ein wichtiges Mittel gesehen, das dem Parlament eine wirksame Beteiligung am Gesetzgebungsverfahren der Union ermöglicht. Die ordnungsgemäße Anhörung des Parlaments in den von den Verträgen vorgesehenen Fällen stellt somit eine wesentliche Formvorschrift dar, deren Missachtung die Nichtigkeit der betroffenen Handlung zur Folge hat (*EuGH*, ECLI:EU:C:1980:249 – „Roquette Frères-Isoglucose"). Über dieses Anhörungsverfahren in den vertraglich vorgesehenen Fällen hinaus kann der Rat bei der Rechtsetzung die Stellungnahme des Parlaments einholen, wenn er es wünscht (**fakultative Anhörung**). Aufgrund einer „Selbstverpflichtung" des Rates aus dem Jahre 1973 ist es in der Gemeinschaftspraxis üblich, dass der Rat vor dem Erlass „wesentlicher Rechtsakte" das Instrument der freiwilligen Anhörung einsetzt. Zu beachten ist aber, dass die vom Parlament abgegebenen Stellungnahmen für den Rat nicht verbindlich sind.

128

Eine in Art. 295 AEUV vorgesehene Beteiligung des Parlaments, die unterhalb der Schwelle konkreter Entscheidungsbefugnisse liegt, stellt auch das von Rat, Kommission und Parlament durchzuführende **Konzertierungsverfahren** dar, wonach Rat, Kommission und Parlament sich zu den Einzelheiten ihrer Zusammenarbeit abstimmen sollen.

129

Eine stärkere Einbindung des Parlaments erfolgt in den Fällen, in denen das Primärrecht eine **Zustimmung** des Parlaments zu einem Rechtsakt des Rates verlangt. So ist etwa der Beitritt neuer Mitgliedstaaten von der Zustimmung des Parlaments abhängig (Art. 49 UAbs. 1 EUV).

130

Erstmals nachdrücklich verstärkt wurde die Beteiligung des Parlaments an der Rechtsetzung durch die Einheitliche Europäische Akte (EEA) von 1986. Seitdem wurde die Einbindung des Parlaments in die Rechtsetzung kontinuierlich ausgebaut und ist nunmehr im Rahmen des sog. „**Ordentlichen Gesetzgebungsverfahrens**" normiert (Art. 289 Abs. 1 AEUV). Das Verfahren, dessen Einzelheiten in Art. 294 AEUV geregelt sind, sieht bis zu drei Lesungen und auch einen Vermittlungsausschuss vor, wobei es das Parlament letztlich in der Hand hat, durch sein **Veto einen Rechtsakt zu verhindern**. Das ordentliche Gesetzgebungsverfahren kommt zur Anwendung, wenn für die Annahme eines Rechtsaktes ausdrücklich darauf verwiesen wird. Solche Verweisungen – auf das insofern vergleichbare Vorgängerverfahren der Mitentscheidung in Art. 251

131

EGV – fanden sich zunächst nur in einzelnen Bereichen, z.B. auf dem Gebiet der Arbeitnehmerfreizügigkeit (Art. 46 AEUV), der Niederlassungsfreiheit (Art. 50 ff. AEUV), der Dienstleistungsfreiheit (Art. 62 i.V.m. Art. 51 ff. AEUV) und der Errichtung des Binnenmarktes (Art. 114 AEUV). Durch den Vertrag von Nizza wurden dann weitere Bereiche dem Mitentscheidungsverfahren unterstellt (z.B. Antidiskriminierungsmaßnahmen gemäß Art. 19 Abs. 2 AEUV, Maßnahmen der Industriepolitik gemäß Art. 173 Abs. 3 AEUV). Auf diese Weise wurde die Stellung des Parlaments im Institutionengefüge kontinuierlich gestärkt.

132 Durch den Vertrag von Lissabon wurde zudem für einige wenige Fälle ein sog. **„Besonderes Gesetzgebungsverfahren"** eingeführt (Art. 289 Abs. 2 AEUV). Es findet Anwendung, wenn in den Verträgen ausdrücklich darauf verwiesen wird (z.B. Art. 223 Abs. 2 AEUV). In diesem Verfahren wird ein Gesetzgebungsakt nicht wie sonst üblich durch den Rat unter Mitwirkung des Parlaments erlassen, sondern kann auch durch das Parlament selbst unter Mitwirkung des Rates erlassen werden.

2. Ausübung von Kontrollrechten

133 Nach Art. 14 Abs. 1 S. 2 EUV übt das Parlament auch die Aufgabe einer politischen Kontrolle aus. Konkrete Kontrollrechte räumen die Verträge dem Parlament zunächst **gegenüber der Kommission** ein. Art. 230 UAbs. 2 AEUV gewährt dem Parlament (bzw. seinen Mitgliedern) ein schriftliches und mündliches Fragerecht gegenüber der Kommission. Ein weiteres Kontrollinstrument stellt die Erörterung des jährlichen Gesamtberichts der Kommission dar (Art. 233 AEUV). Als letztes Mittel kann das Parlament mit einem Misstrauensvotum den Rücktritt der gesamten Kommission erzwingen (Art. 234 AEUV). Im Februar 1999 wurde die Mehrheit für ein **Misstrauensvotum** gegenüber der Santer-Kommission knapp verfehlt. Erforderlich ist hierfür, dass der Misstrauensantrag im Parlament mit einer Zweidrittelmehrheit der abgegebenen Stimmen und mit der Mehrheit der Mitglieder angenommen wird.

134 Gemäß Art. 227 AEUV haben alle Bürger der Union sowie alle natürlichen oder juristischen Personen mit Wohnort oder satzungsmäßigem Sitz in einem Mitgliedstaat das Recht, **Petitionen** an das Parlament zu richten. Zudem setzt das Parlament einen unabhängigen **Bürgerbeauftragten** ein, der auf Beschwerden natürlicher oder juristischer Personen mit Wohnort oder Sitz in der Union Untersuchungen durchführt und an das EP berichtet (Art. 228 AEUV).

135 Anders als im Verhältnis zur Kommission enthält das Unionsrecht **keine unmittelbaren Kontrollrechte** des Parlaments **gegenüber dem Rat**. In der Gemeinschaftspraxis anerkannt und damit gewohnheitsrechtlich verfestigt ist jedoch, dass der Rat die Anfragen des Parlaments zu beantworten hat. Zudem wird durch Art. 226 AEUV dem Parlament das Recht eingeräumt, einen **Untersuchungsausschuss** einzusetzen, um behauptete Verstöße gegen Gemeinschaftsrecht oder gegen Missstände bei der Anwendung desselben zu überprüfen.

136 Schließlich kann das Parlament die Rechtmäßigkeit der Handlungen der anderen Organe vor dem Gerichtshof der Europäischen Union überprüfen lassen (Art. 263 UAbs. 2,

Art. 265 UAbs. 1 AEUV) und auf diese Weise jedenfalls mittelbar deren Handlungen kontrollieren.

3. Besetzung der Organe

Das Parlament hat zwar nicht die Befugnis zur Auswahl der Mitglieder der übrigen Unionsorgane. Allerdings ist die Stellung des Parlaments bei der Besetzung der übrigen Unionsorgane durch den Vertrag von Lissabon deutlich aufgewertet worden. So ist der Kommissionspräsident gemäß Art. 14 Abs. 1 und Art. 17 Abs. 7 EUV vom Parlament auf Vorschlag des Rates zu wählen, wobei der Vorschlag selbst das Ergebnis der Wahlen zum Europäischen Parlament berücksichtigen soll; Präsident, Hoher Vertreter der Union für Außen- und Sicherheitspolitik sowie die übrigen Kommissionsmitglieder müssen sich zudem einem Zustimmungsvotum des Parlaments als Kollegium stellen (Art. 17 Abs. 7 UAbs. 3 EUV). Daneben ist das Parlament bei der Besetzung weiterer Ämter anzuhören (z.B. bei der Ernennung der Mitglieder des Rechnungshofs, Art. 286 Abs. 2 AEUV).

137

4. Beteiligung an der Festsetzung des Haushalts

Obwohl die Haushaltsaufstellung (Budgetrecht) das ureigene und älteste Recht eines Parlamentes ist, war das Europäische Parlament daran bisher nur in einem gestuften Mitwirkungssystem beteiligt. Durch den Vertrag von Lissabon haben Rat und Parlament nunmehr eine gleichberechtigte Stellung erhalten. Das Haushaltsverfahren erfolgt nach Art. 314 AEUV im besonderen Gesetzgebungsverfahren, in dem ein Haushalt nicht ohne Zustimmung von Parlament und Rat zustande kommt. Dabei stellt die Kommission den Entwurf eines Haushaltplans auf, den sie nach Art. 314 Abs. 2 AEUV Parlament und Rat vorlegt. Der Rat muss daraufhin einen Standpunkt zum Entwurf verfassen (Art. 314 Abs. 3 AEUV). Billigt das Parlament diesen Standpunkt, ist der Haushaltsplan gemäß Art. 314 Abs. 4 AEUV erlassen. Andernfalls kommt es zu einem Vermittlungsverfahren, in dem das Parlament auf das Zustandekommen des Haushaltsplans maßgeblichen Einfluss hat (Art. 314 Abs. 7 AEUV).

138

III. Die Stellung des Parlamentes in der Union

Die traditionell eher schwache Stellung des Parlaments wurde insbesondere im Nachgang zum Vertrag von Maastricht immer wieder kritisiert. Vorrangig wurde vorgebracht, dass – solle die europäische Integration weitere Fortschritte machen und sich die Gemeinschaft zu einer wirklichen politischen Union entwickeln – das **demokratische Element** im Rahmen der Gemeinschaft **verstärkt** werden müsse. Daher war es auch ein zentrales Anliegen des Vertrags von Lissabon, die Stellung des Parlaments im Institutionengefüge der Union auszubauen und auf diese Weise auch die demokratische Legitimation des Handelns der Union zu stärken. Trotz aller Bemühungen ist das Europäische Parlament aber nach wie vor nicht mit einem nationalen Parlament, etwa dem Bundestag, vergleichbar. Das Bundesverfassungsgericht hat allerdings im Lissabon-Ur-

139

teil klargestellt, dass dies angesichts der Tatsache, dass es sich bei der Europäischen Union auch nicht um einen Staat handelt, sondern vielmehr den Mitgliedstaaten weiterhin elementare Entscheidungsbefugnisse verbleiben, der demokratischen Legitimation der Europäischen Union nicht entgegenstehe (*BVerfGE* 123, 267, 370 ff.).

E. Der Gerichtshof der Europäischen Union

I. Organisation des Gerichtshofs der Europäischen Union

140   Rechtsprechungsorgan der Union ist der Gerichtshof der Europäischen Union, der gemäß Art. 19 Abs. 1 UAbs. 1 EUV aus dem Gerichtshof (vormals Europäischer Gerichtshof, EuGH), dem Gericht (vormals Gericht erster Instanz, EuG) und den Fachgerichten besteht.

1. Der Gerichtshof

141   Beim Gerichtshof gilt gemäß Art. 19 Abs. 2 EUV das Prinzip „Ein Mitgliedstaat, ein Richter" und damit die **gleichberechtigte Repräsentation der Mitgliedstaaten** und der Rechtsordnungen. Die damit zwangsläufig verbundene Zunahme der Richter im Rahmen der Erweiterung der Union ist durchaus gerechtfertigt, gewährt doch die Repräsentation der Rechtsordnungen jedes einzelnen Mitgliedstaates durch einen Richter am Gerichtshof die Anerkennung des Gerichtshofs und Befolgung seiner Urteile im gesamten Unionsgebiet. Der Gerichtshof tagt nach Art. 251 AEUV in der Regel in Kammern (zu je drei oder fünf Richtern) oder als Große Kammer (besetzt mit dreizehn Richtern); das Plenum entscheidet nach Art. 16 Abs. 5 der Satzung des Gerichtshofs – GHS – (ABl. EU 2008, C 115/210) in der Regel nur bei Amtsenthebungen oder in Fällen von „außergewöhnlicher Bedeutung".

142   Unterstützt wird der Gerichtshof von **Generalanwälten** (Art. 252 AEUV), die die Verhandlungen durch umfassende Gutachten vorbereiten und vor der Entscheidung des Gerichtshofes in der öffentlichen Sitzung ihre **Schlussanträge** stellen. Nach Art. 252 AEUV beträgt die Anzahl der Generalanwälte grundsätzlich acht, allerdings hat der Rat auf Antrag des Gerichtshofs derzeit die Anzahl der Generalanwälte auf elf erhöht. Die Schlussanträge, welche in der amtlichen Entscheidungssammlung des Gerichtshofs mit den Urteilen veröffentlicht werden, sind meist wesentlich ausführlicher als die Urteile selbst, nehmen Bezug auf die tatsächlichen Hintergründe und erläutern detailliert die rechtlichen Einzelfragen des Falles. Die Urteile ergehen stets vor dem Hintergrund der Schlussanträge und häufig schließt sich der Gerichtshof in der Praxis den Anträgen des Generalanwaltes an. Indes kann der Gerichtshof auf die Schlussanträge des Generalanwalts verzichten, wenn ein Fall keine neue Rechtsfrage aufwirft (Art. 20 Abs. 5 GHS).

2. Das Gericht

Das Gericht ist durch die Gleichstellung mit dem Gerichtshof in Art. 19 Abs. 1 EUV **Teil**   **143**
des Organs Gerichtshof der Europäischen Union und nicht etwa nur Vorinstanz
des Gerichtshofs. Es setzt sich gemäß Art. 19 Abs. 2 EUV aus mindestens einem Richter je Mitgliedstaat zusammen, die Richterzahl kann die Zahl der Mitgliedstaaten also
übersteigen. Das Gericht tagt ebenfalls in Kammern zu drei oder fünf Richtern, auch die
Entscheidung durch einen Einzelrichter ist möglich. Bei besonderer rechtlicher Komplexität oder Bedeutung der Rechtssache kann das Gericht außerdem als Große Kammer (fünfzehn Richter) tagen. Die Amtszeit der Richter beträgt sechs Jahre (Art. 254
UAbs. 2 S. 2 AEUV). In der Satzung des Gerichts kann vorgesehen werden, dass wie
beim Gerichtshof Generalanwälte zur Unterstützung der Spruchkörper tätig werden
sollen (Art. 254 UAbs. 1 S. 2 AEUV).

3. Fachgerichte

Nach Art. 257 UAbs. 1 AEUV können das Europäische Parlament und der Rat im ordent-   **144**
lichen Gesetzgebungsverfahren dem Gericht beigeordnete Fachgerichte bilden. Ihnen
kann die Kompetenz für Entscheidungen im ersten Rechtszug über bestimmte Kategorien von Klagen in „besonderen Sachgebieten" übertragen werden. So wurde durch
Beschluss 2004/752/EG des Rates vom 2. November 2004 (ABl. EG 2004, L 333/7) ein
Gericht für den öffentlichen Dienst der Europäischen Union beim Gericht errichtet.

II. Aufgaben und Zuständigkeitsverteilung

1. Aufgaben

Im institutionellen Gefüge der Europäischen Union sichert der Gerichtshof der Euro-   **145**
päischen Union die Wahrung „des Rechts" bei der Anwendung und Auslegung der
Verträge (Art. 19 Abs. 1 UAbs. 1 S. 2 EUV). Hieran wird deutlich, dass die Union nicht
nur einen Staatenverbund zur Verfolgung wirtschaftlicher Zwecke, sondern darüber
hinaus vor allem auch eine **Rechtsgemeinschaft** als **Kernelement einer politischen**
Union konstituiert. Existenzbedingung für eine solche Rechtsgemeinschaft ist die Gewährleistung der gleichmäßigen Anwendung aller unionsrechtlichen Normen sowie
der effektive Schutz der durch das Unionsrecht dem Einzelnen eingeräumten subjektiven Rechte durch eine persönlich und sachlich unabhängige europäische rechtspre-
chende Gewalt (**Rechtsweggarantie**). Das europäische Rechtsschutzsystem dient der
Durchsetzung des materiellen Unionsrechts.

Hierfür existiert auf der **Unionsebene** ein abschließender und enumerativer Katalog   **146**
von Verfahrensarten. Das Rechtsschutzsystem auf Unionsebene kennt keine mit Art. 19
Abs. 4 GG, § 40 Abs. 1 VwGO vergleichbare umfassende Rechtsweggarantie zum Schutz
subjektiver Rechte. Die Rechtsweggarantie der Union wird vielmehr durch bestimmte
verfassungsrechtsähnliche (Streitigkeiten zwischen Mitgliedstaaten und Gemeinschaftsorganen oder zwischen verschiedenen Gemeinschaftsorganen), verwaltungsrechts-
ähnliche (Streitigkeiten zwischen Unionsbürgern/Unternehmen/EU-Bediensteten und

Gemeinschaftsorganen) und zivilrechtsähnliche (Amtshaftungsklagen gegen die Organe der Gemeinschaft) Verfahren gewährleistet. Außerdem kann der Gerichtshof auch zur Erstellung von Gutachten verpflichtet werden (Art. 218 Abs. 11 AEUV). Soweit eine Zuständigkeit des Gerichtshofes der Europäischen Union besteht, ist diese für Streitigkeiten von Mitgliedstaaten gemäß Art. 272, 273, 344 AEUV als ausschließliche anzusehen (vgl. *EuGH*, ECLI:EU:C:2006:345 – „Sellafield" im Falle einer Schiedsgerichtsklausel in einem völkerrechtlichen Vertrag).

147   Zur Reichweite der übertragenen Zuständigkeiten ist festzuhalten, dass alle Vertragsbestimmungen der Gerichtsbarkeit des Gerichtshofs der Europäischen Union unterliegen und damit gerichtlich überprüfbar sind. Eine Ausnahme gilt lediglich für den Bereich der GASP (Art. 275 AEUV). Allerdings ergibt sich aus Art. 19 Abs. 1 UAbs. 2 EUV auch, dass das Rechtsschutzsystem auf der Unionsebene nicht auf eine umfassende Kontrolle des Vollzugs von Gemeinschaftsrecht durch die Mitgliedstaaten angelegt ist. Vielmehr liegt der Schwerpunkt der gerichtlichen Kontrolle des Vollzugs des Unionsrechts auf der **mitgliedstaatlichen Ebene**. Denn mit Blick auf das Subsidiaritätsprinzip, die Vollzugsautonomie der Mitgliedstaaten, das Gebot der Unionstreue und das europäische Grundrecht auf effektiven Rechtsschutz ist es konsequent, dass die Mitgliedstaaten – insbesondere deren Gerichtsbarkeiten – ein effektives und diskriminierungsfreies System von Rechtsbehelfen und Verfahren zur Lösung der beim dezentralen Vollzug auftretenden Konflikte bereitstellen müssen (*EuGH*, ECLI:EU:C:2003:272 Tz. 41 f. – „Unión de Pequeños Agricultores"). Dies schließt eine Klagemöglichkeit für den Marktbürger vor den innerstaatlichen Gerichten ein, um die Beseitigung einer europarechtswidrigen nationalen Rechtsvorschrift zu erreichen, die ihn in seinen subjektiven Gemeinschaftsrechten beeinträchtigt (*EuGH*, ECLI:EU:C:2003:447 – „Safalero"). Die **innerstaatlichen Gerichte** sind insoweit **funktionelle Unionsgerichte**. Verstoßen die mitgliedstaatlichen Gerichte gegen diese Grundsätze, kann dies nach der Rechtsprechung des Gerichtshofs der Europäischen Union eine Haftung der Mitgliedstaaten für judikatives Unrecht nach sich ziehen (*EuGH*, ECLI:EU:C:2003:513 – „Köbler").

2. Zuständigkeitsverteilung

148   Die verschiedenen Zuständigkeiten des Gerichtshofs der Europäischen Union lassen sich – wiederum als Folge der Zuständigkeitsverteilung beim Vollzug von Unionsrecht – in **Direktklagen** einerseits (Art. 258, 263, 265, 268 i.V.m. Art. 340 UAbs. 2 und 3, 269 AEUV) und Vorabentscheidungen andererseits (Art. 267 AEUV) unterteilen. Die Direktklagen zielen hierbei auf die Befriedung von Konflikten unter den Unionsorganen einerseits sowie zwischen der Union und den Mitgliedstaaten oder den Unionsbürgern/Unternehmen andererseits. Das **Vorabentscheidungsverfahren** des Art. 267 AEUV sichert als Kooperationsmechanismus zwischen Gerichtshof der Europäischen Union und innerstaatlichen Gerichten die einheitliche Anwendung des Unionsrechts bei dessen dezentralem Vollzug durch die Mitgliedstaaten.

149   Innerhalb des Gerichtshofes der Europäischen Union sind die Entscheidungskompetenzen für **Direktklagen** zwischen dem Gerichtshof und dem Gericht aufgeteilt: Das Gericht ist nach der enumerativen Auflistung in Art. 256 Abs. 1 UAbs. 1 S. 1 AEUV

im ersten Rechtszug für Nichtigkeits-, Untätigkeits-, Schadensersatz-, Personal- und Schiedsklauselklagen grundsätzlich zuständig. Indessen hat der Rat von der Flexibilitätsklausel in Art. 256 Abs. 1 UAbs. 1 S. 1, letzter Halbsatz AEUV Gebrauch gemacht und in Art. 51 GHS festgelegt, dass der Gerichtshof ausnahmsweise für Nichtigkeits- und Untätigkeitsklagen zwischen Mitgliedstaaten und Unionsorganen sowie für solche unter den Unionsorganen – abweichend von der Grundregel des Art. 256 Abs. 1 UAbs. 1 S. 1 AEUV – das Entscheidungsmonopol behält. Bei Klagen zwischen Mitgliedstaaten und Unionsorganen gibt es vom Entscheidungsmonopol des Gerichtshofs wiederum Rückausnahmen zugunsten des Gerichts für:

(1) Entscheidungen des Rates gemäß Art. 108 Abs. 2 UAbs. 3 AEUV;
(2) Rechtsakte, die der Rat aufgrund einer Verordnung des Rates über handelspolitische Schutzmaßnahmen im Sinne von Art. 207 AEUV erlässt;
(3) Handlungen des Rates, mit denen dieser gemäß Art. 291 Abs. 2 AEUV Durchführungsbefugnisse selbst ausübt;
(4) Handlungen oder unterlassene Beschlussfassungen der Kommission gemäß Art. 331 Abs. 1 AEUV.

Die Regelung des Art. 51 GHS beruht auf der Überlegung, dass der Gerichtshof nur für die gerichtliche Kontrolle der grundlegenden Rechtsetzungstätigkeit und die Entscheidung von Streitigkeiten zwischen den Organen zuständig bleiben soll. Entscheidungen des Gerichts, die auf der Grundlage von Art. 256 Abs. 1 UAbs. 1 S. 1 AEUV ergangen sind, können nach Art. 256 Abs. 1 UAbs. 2 AEUV i.V.m. Art. 58 GHS bei Rechtsfragen angefochten werden.   **150**

Im Bereich der **Vorabentscheidung** nach Art. 267 AEUV gilt grundsätzlich ein Entscheidungsmonopol des Gerichtshofs. Dieses wird lediglich durch Art. 256 Abs. 3 UAbs. 1 AEUV aufgelockert. Danach ist das Gericht in besonderen, in der GHS festgelegten Sachgebieten für Vorabentscheidungen zuständig. Durch die Satzung übertragen werden können vor allem Materien wie der gemeinsame Zolltarif, das Marken-, Wettbewerbs- und Beihilfenrecht. Für den Fall der Zuordnung von bestimmten Sachgebieten zum Gericht zur Vorabentscheidung lässt sich der Gerichtshof auf zwei Wegen als Kontrollinstanz einschalten: Erstens „kann" das Gericht eine präventive Vorlage an den Gerichtshof stellen, wenn nach seiner Auffassung in einer Rechtssache eine Grundsatzentscheidung erforderlich ist, die die Einheit des Unionsrechts berühren könnte (Art. 256 Abs. 3 UAbs. 2 AEUV). Mit Blick auf die ratio der Bestimmung – hier: Vermeidung von Verzögerungen des Vorabentscheidungsverfahrens durch Rechtsmittel – spricht einiges dafür, bezüglich des Vorlagerechts des Gerichts eine Ermessensreduktion auf Null und damit eine Vorlagepflicht anzunehmen, wenn das Gericht von einer Rechtsprechung des Gerichtshofs abweichen will. Die zweite Rechtsbehelfsmöglichkeit sieht Art. 256 Abs. 3 UAbs. 3 AEUV vor. Danach ist von Seiten des Ersten Generalanwalts (Art. 62 GHS) eine Vorlage an den Gerichtshof innerhalb eines Monats ab Urteilsverkündung in Ausnahmefällen zulässig, sofern er der Auffassung ist, dass die ernste Gefahr besteht, dass die Einheit oder Kohärenz des Unionsrechts berührt wird.   **151**

III. Verfahrensfragen

152 Regelungen über das Verfahren vor dem Gerichtshof finden sich teilweise im AEUV selbst (z.B. die Zulässigkeitsvoraussetzungen in Art. 256 und Art. 263 AEUV), daneben aber vor allem auch in der GHS sowie den Verfahrensordnungen des Gerichts der Europäischen Union. Erwähnenswert ist, dass mit dem Vertrag von Nizza Regelungen zur **Verfahrensbeschleunigung** eingeführt worden sind. So gibt es beim Gerichtshof der Europäischen Union beschleunigte Verfahren (Art. 62a § 1 Verfahrensordnung des Gerichtshofs; Art. 76a Verfahrensordnung Gericht), eine Vereinfachung des Vorabentscheidungsverfahrens (Art. 104 § 3, Art. 104a Verfahrensordnung des Gerichtshofs) und den Wegfall der mündlichen Verhandlung in bestimmten Fällen (Art. 44a, Art. 104 § 4 Verfahrensordnung des Gerichtshofs). Relevant ist zudem die Stärkung der Autonomie des Gerichtshofes durch die **Flexibilisierung künftiger Anpassungen der prozessrechtlichen Verfahrensordnungen** (vgl. Art. 253 UAbs. 6, 254 UAbs. 5, 281 UAbs. 2 AEUV).

Weiterführende Literatur: *Fischer/Fetzer,* Fälle zum Europarecht, 9. Auflage 2019, Fall 13 – Cold calling; *Schütz/Sauerbier,* Die Jurisdiktion des EuGH im Unionsrecht, JuS 2002, 658 ff.; *Pernice,* Die Zukunft der Unionsgerichtsbarkeit, EuR 2011, 151 ff.; *Jaeger,* Eilverfahren vor dem Gericht der Europäischen Union, EuR 2013, 3; *Wieland,* Der EuGH im Spannungsfeld zwischen Rechtsanwendung und Rechtsgestaltung, NJW 2009, 1841.

Vierter Teil
Rechtsordnung der Union

A. Rechtsquellen

Die Rechtsquellen des Unionsrechts lassen sich in zwei Gruppen einteilen: **primäres** **153** **Unionsrecht** und **sekundäres Unionsrecht**. Zwischen beiden Gruppen besteht eine dem Rangverhältnis zwischen Grundgesetz und einfachem Gesetz ähnliche Normenhierarchie: Das primäre Unionsrecht steht im Rang über dem sekundären Unionsrecht. Sekundäres Unionsrecht ist folglich nur wirksam, wenn es im Einklang mit dem primären Unionsrecht steht. Zulässig und notwendig ist es jedoch, dass das Sekundärrecht das Primärrecht konkretisiert, und dass das Sekundärrecht im Lichte des Primärrechts ausgelegt wird. Wichtig ist die Unterscheidung zwischen Sekundärrecht und Primärrecht auch in Bezug auf die **Rechtsetzung** in der Union, die für beide Bereiche unterschiedlich ausgestaltet ist: Während Sekundärrecht von den Organen der Union gesetzt wird (Art. 288 UAbs. 1 AEUV), sind beim Erlass und der Änderung von Primärrecht die Mitgliedstaaten für die Rechtsetzung zuständig (Art. 48 EUV).

Neben den Begriffen des Primär- und Sekundärrechts findet sich in der Literatur in- **154** zwischen zunehmend auch der Begriff des „**Tertiärrechts**". Unter Tertiärrecht ist dabei im Grundsatz Recht zu verstehen, das auf Grundlage von Sekundärrechtsakten von Unionsorganen erlassen wurde. So entsteht Tertiärrecht, wenn Kommission bzw. Rat Durchführungsrechtsakte nach Art. 291 Abs. 2 AEUV erlassen, oder wenn die Kommission aufgrund einer Delegation von Rechtsetzungsbefugnissen tätig wird (Art. 290 AEUV). Hierbei handelt es sich um durchaus praxisrelevante Rechtsakte, deren Bedeutung für die juristische Ausbildung allerdings (noch) gering ist, so dass sich die nachfolgenden Ausführungen auf das Primär- und Sekundärrecht beschränken.

I. Primäres Unionsrecht

Das primäre Unionsrecht setzt sich zusammen aus den **Gründungsverträgen**, der **155** Charta der Grundrechte, den **allgemeinen Rechtsgrundsätzen** sowie dem **Gewohnheitsrecht** der Union.

1. Die Gründungsverträge

Überragende Bedeutung haben die Verträge zur Gründung der Europäischen Gemein- **156** schaften (EGKS-, E(W)G- und EA-Vertrag). Sie enthalten den Großteil der dem Primärrecht zuzuordnenden Rechtssätze. Zu dem Primärrecht gehören freilich nicht nur die Gründungsverträge als solche, sondern auch die späteren Änderungen der Verträge, wie z.B. die **Einheitliche Europäische Akte** von 1986, der **Vertrag von Maastricht**, der **Vertrag von Amsterdam**, der **Vertrag von Nizza** und der EUV sowie der AEUV in der durch den **Vertrag von Lissabon geschaffenen Form**; jeweils einschließlich der ihnen beigefügten Protokolle (vgl. Art. 51 EUV). Auch die Beitrittsverträge mit den der Europäischen Union erst später beigetretenen Mitgliedstaaten sind Teil des Primärrechts.

2. Die Charta der Grundrechte

157   Die Integration eines Grundrechtskatalogs zählte zu den umstrittensten Fragen beim Konflikt um den Verfassungsvertrag, finden sich Grundrechte doch typischerweise in den Verfassungen von Staaten. Im Rahmen des Vertrags von Lissabon wurde daher davon Abstand genommen, einen solchen Grundrechtskatalog in die Verträge selbst aufzunehmen. Grundrechte in Form der Charta der Grundrechte der Europäischen Union vom 7. Dezember 2000 bzw. der am 12. Dezember 2007 angepassten Form haben allerdings gleichwohl den Status von rechtsverbindlichem Primärrecht erhalten, das auf derselben Stufe wie die Verträge steht (Art. 6 Abs. 1 EUV).

3. Allgemeine Rechtsgrundsätze

158   Neben den Verträgen beinhaltet das Primärrecht auch ungeschriebenes Unionsrecht. Besondere Bedeutung haben die allgemeinen Rechtsgrundsätze, auf die etwa Art. 340 UAbs. 2 AEUV unmittelbar Bezug nimmt. Nach Art. 340 UAbs. 2 AEUV besteht eine außervertragliche Haftung der Union „nach den allgemeinen Rechtsgrundsätzen, die den Rechtsordnungen der Mitgliedstaaten gemeinsam sind".

159   Darüber hinaus ist mittlerweile die Existenz einer Reihe weiterer allgemeiner Rechtsgrundsätze anerkannt, was insbesondere auf die integrationsfreundliche Rechtsprechung des Gerichtshofs zurückzuführen ist. Zu den allgemeinen Rechtsgrundsätzen gehören auch die Grundrechte wie sie in der Europäischen Konvention für Menschenrechte und Grundfreiheiten gewährleistet sind (Art. 6 Abs. 3 EUV), aber auch allgemeine rechtsstaatliche Prinzipien (wie z.B. Verhältnismäßigkeit und Vertrauensschutz) und das **Demokratieprinzip**.

4. Gewohnheitsrecht

160   Zum ungeschriebenen Unionsrecht gehört schließlich auch das Gewohnheitsrecht, das sowohl auf der Ebene des Primärrechts als auch auf der Ebene des Sekundärrechts entstehen kann. Voraussetzung für die Entstehung von Gewohnheitsrecht sind die allgemeine Rechtsüberzeugung und die ständige Übung. So ist es z.B. gewohnheitsrechtlich anerkannt, dass sich die zuständigen Minister im Rat auch durch Staatssekretäre vertreten lassen dürfen. In der Praxis der Union hat das Gewohnheitsrecht allerdings **keine große Bedeutung** erlangt.

5. Die unmittelbare Wirkung von primärem Unionsrecht

161   Rechtlich unproblematisch ist, dass die **einzelnen Mitgliedstaaten** völkerrechtlich an das primäre Unionsrecht – insbesondere die Verträge – im Verhältnis zur Union gebunden sind. Damit steht aber noch nicht fest, dass das primäre Unionsrecht zugleich eine sog. **Durchgriffswirkung** entfaltet. Durchgriffswirkung bedeutet, dass Primärrecht auch in den Rechtsbeziehungen zwischen den Mitgliedstaaten und den ihrem Recht unterworfenen Einzelnen eine – nach der insoweit uneinheitlichen Terminologie des Gerichtshofs – **unmittelbare Wirkung** hat bzw. **unmittelbar anwendbar** ist.

Der Gerichtshof geht in ständiger Rechtsprechung (z.B. *EuGH*, ECLI:EU:C:1966:34 – **162** „Lütticke") davon aus, dass das Primärrecht auch in den Rechtsbeziehungen zwischen den Mitgliedstaaten und den ihrem Recht unterworfenen Bürgern bzw. Unternehmen unmittelbare Wirkung hat, wenn zwei Voraussetzungen erfüllt sind. Eine Norm muss
– erstens hinreichend klar und eindeutig sein, und ihre Ausführung darf nicht an eine materielle Bedingung geknüpft sein (self-executing),
– zweitens „vollständig" sein, d.h., sie darf nicht von Maßnahmen abhängen, die im Ermessen der Unionsorgane oder der Mitgliedstaaten liegen.

Mit Begründung der unmittelbaren Wirkung einer Rechtsnorm im zwischenstaatlichen **163** Verhältnis steht aber noch nicht fest, dass die Norm auch ein subjektives Recht begründet, das es dem Einzelnen ermöglicht, sich gegenüber den nationalen Behörden und Gerichten direkt auf die Norm zu berufen. Die unmittelbare Wirkung einer Primärrechtsnorm ist also eine notwendige, aber keine hinreichende Voraussetzung für die Begründung eines subjektiven Unionsrechts. Ein Unionsangehöriger kann sich vielmehr gegenüber den innerstaatlichen Stellen nur dann auf eine Primärrechtsnorm berufen, wenn diese ihm – über die unmittelbare Wirkung hinaus – **selbst zugutekommt**. Ob eine Norm ein subjektives Recht begründet, ist durch Auslegung einer primärrechtlichen Norm zu bestimmen (siehe dazu unter B.). **Ein solch drittschützender Charakter von Primärrechtsnormen ist z.B. bei den Grundfreiheiten inzwischen allgemein anerkannt.**

II. Sekundäres Unionsrecht

Im Rang unter dem primären Unionsrecht steht das sekundäre Unionsrecht. Die wich- **164** tigsten Rechtsakte des sekundären Unionsrechts sind in **Art. 288 UAbs. 1 AEUV** zusammengefasst:
– Verordnungen;
– Richtlinien;
– Beschlüsse;
– Empfehlungen;
– Stellungnahmen.

Verordnungen, Richtlinien und Beschlüsse werden nach Art. 289 Abs. 1 AEUV regel- **165** mäßig in einem (ordentlichen oder besonderen) Gesetzgebungsverfahren erlassen und daher gemäß Art. 289 Abs. 3 AEUV auch als „Gesetzgebungsakte" bezeichnet. Auch wenn es sich bei den in Art. 288 UAbs. 1 AEUV genannten Rechtsakten der Union um die wichtigsten Formen des sekundären Unionsrechts handelt, ist die Aufzählung **nicht abschließend**. So können auch andere als die in Art. 288 AEUV genannten Rechtsakte erlassen werden; z.B. **Programme im Rahmen der einzelnen Politikfelder** (z.B. Art. 182 AEUV). Durch den Vertrag von Lissabon ist allerdings insofern eine gewisse Vereinheitlichung vorgenommen worden, als zahlreiche bisher übliche Handlungsformen (z.B. Entschließungen) nunmehr einheitlich als „Beschluss" bezeichnet werden.

1. Verordnungen

166 Für den Rechtsakt der Verordnung ist von **Art. 288 UAbs. 2 AEUV** auszugehen:

„Die Verordnung hat allgemeine Geltung. Sie ist in allen ihren Teilen verbindlich und gilt unmittelbar in jedem Mitgliedstaat".

167 Aus dem Merkmal der **allgemeinen Geltung** folgt, dass die Verordnung eine unbestimmte Zahl von Fällen und eine unbestimmte Anzahl von Personen betrifft. Sie hat daher einen abstrakt-generellen Charakter.

168 Die Verordnung ist **in allen ihren Teilen verbindlich** und **gilt unmittelbar in jedem Mitgliedstaat**. Damit entfaltet die Verordnung mit ihrem Inkrafttreten in den Mitgliedstaaten bindende Rechtswirkungen, ohne dass es einer Inkorporierung, Transformation oder Umsetzung seitens eines nationalen Organs bedarf. Hieraus folgt, dass als Adressaten einer Verordnung neben den Unionsorganen und den Mitgliedstaaten vor allem die **Unionsbürger** in Betracht kommen. Eine Verordnung kann also für den einzelnen Bürger unmittelbar Rechte oder Pflichten begründen.

169 Aus der unmittelbaren Geltung der Verordnung und dem allgemeinen Vorrang des Unionsrechts folgt schließlich, dass eine Verordnung einer entgegenstehenden Norm des nationalen Rechts vorgeht. Nationales Recht ist **unanwendbar**, soweit es nicht mit der Verordnung vereinbar ist.

2. Richtlinien

170 Die Konzeption der Richtlinie ist in **Art. 288 UAbs. 3 AEUV** niedergelegt:

„Die Richtlinie ist für jeden Mitgliedstaat, an den sie gerichtet wird, hinsichtlich des zu erreichenden Ziels verbindlich, überlässt jedoch den innerstaatlichen Stellen die Wahl der Form und der Mittel".

171 Die Rechtsetzung mittels Richtlinie ist also nach der Regelung des Art. 288 UAbs. 3 AEUV als **zweistufiges Verfahren** ausgestaltet: Zunächst erlässt die Union eine Richtlinie, die dann von jedem Mitgliedstaat, an den sie gerichtet ist, **umgesetzt** werden muss. Der normative Gehalt der Richtlinie erschöpft sich in einer Pflicht der Mitgliedstaaten, die Richtlinie in einer bestimmten Zeit mit einer bestimmten inhaltlichen Vorgabe („Ziel") umzusetzen (sog. Umsetzungspflicht). Form und Mittel der Umsetzung sollen den Mitgliedstaaten überlassen werden. Hieraus folgt zunächst, dass allein die Mitgliedstaaten als **Adressaten** der Richtlinie in Betracht kommen. Nach der Fassung des Art. 288 UAbs. 3 AEUV kann in der Richtlinie festgelegt werden, für welche Mitgliedstaaten sie gelten soll. Üblich ist, dass sich Richtlinien an alle Mitgliedstaaten richten.

a) Umsetzungspflicht der Mitgliedstaaten

172 Bei der Umsetzung von Richtlinien haben die Mitgliedstaaten die folgenden, vor allem aus Art. 288 UAbs. 3 AEUV hergeleiteten rechtlichen Grundsätze einzuhalten:

173 Da die Richtlinie **hinsichtlich des zu erreichenden Ziels verbindlich** ist, haben die Mitgliedstaaten die Bestimmung einer jeden Richtlinie vollständig und genau einzuhalten. Dabei sind unter den Zielen i.S.d. Art. 288 UAbs. 3 AEUV die sich aus dem Inhalt der Richtlinie ergebenden verfolgten Rechtswirkungen zu verstehen.

Die Mitgliedstaaten sind verpflichtet, im Rahmen ihrer nationalen Rechtsordnung alle   **174** erforderlichen Maßnahmen zu ergreifen, um die vollständige Wirksamkeit der Richtlinie entsprechend ihrer Zielsetzung zu gewährleisten. Den Mitgliedstaaten verbleibt daher nur insoweit ein **inhaltlicher Gestaltungsspielraum**, soweit die Richtlinie ihnen die Möglichkeit eröffnet. Enthält eine Richtlinie eine bis ins Detail gehende Regelung, muss der Mitgliedstaat diese Vorgaben direkt übernehmen. Die Umsetzungspflicht erschöpft sich dann in einem „Abschreiben" der Richtlinie. Während früher die Zulässigkeit einer solchen auch Detailfragen regelnden, schon verordnungsähnlichen Richtlinie umstritten war, ist inzwischen weitgehend anerkannt, dass eine Richtlinie durchaus eine derartige Regelungsdichte haben kann.

Sind die Mitgliedstaaten damit zwingend an die sich aus der Richtlinie ergebenden   **175** Rechtswirkungen gebunden, so ist ihnen jedoch bei der Art und Weise der Umsetzung die **Wahl der Form und der Mittel** überlassen. Die Mitgliedstaaten können also bestimmen, mit welchen Rechtsakten bzw. -techniken sie den Richtlinieninhalt umsetzen wollen. Dieser Wahlfreiheit liegt der Gedanke zugrunde, dass in den einzelnen nationalen Rechtsordnungen Besonderheiten bestehen; diese können am besten berücksichtigt werden, wenn den Mitgliedstaaten für die Umsetzung ein Gestaltungsspielraum eingeräumt wird. Der Wahlfreiheit der Mitgliedstaaten hat der Gerichtshof allerdings Grenzen gesetzt, indem er sie **zwei Einschränkungen** unterworfen hat:

– Die Mitgliedstaaten sind zum einen verpflichtet, innerhalb der ihnen nach Art. 288 UAbs. 3 AEUV überlassenen Entscheidungsfreiheit die Form und Mittel zu wählen, die sich zur Gewährleistung der **praktischen Wirksamkeit (effet utile)** der Richtlinien unter Berücksichtigung des mit ihnen verfolgten Zwecks **am besten** eignen.
– Zum anderen müssen die durchzuführenden Vorschriften **rangmäßig** denjenigen entsprechen, die die betreffende Materie bis dahin geregelt haben.

Dementsprechend hat der Gerichtshof eine ordnungsgemäße Umsetzung in den Fällen   **176** verneint, in denen ein Mitgliedstaat auf eine bestehende Verwaltungspraxis verwiesen oder lediglich ein Rundschreiben erlassen hat.

> **Beispiel:** *EuGH*, ECLI:EU:C:1991:224; EuGH, ECLI:EU:C:1991:225 – „Kommission/Deutsch-   **177** land"
>
> *Der Rat hat eine Richtlinie erlassen, die die Menschen gegen Blei schützen soll. Nach Art. 2 der Richtlinie ist der Grenzwert für den Bleigehalt in der Luft auf 2 µg/m³ festgelegt (Jahresmittelwert). Ferner sieht die Richtlinie in Art. 3 vor, dass die Mitgliedstaaten geeignete Maßnahmen zu treffen haben, damit der gemessene Bleigehalt in Luft den in Art. 2 festgelegten Grenzwert nicht überschreitet. Nach Ablauf der von der Richtlinie angegebenen Umsetzungsfrist erhob die Kommission Klage gegen die Bundesrepublik Deutschland mit der Begründung, sie habe die Richtlinie mangelhaft umgesetzt. Die Bundesrepublik verweist dagegen darauf, dass die auf der Grundlage des § 48 BImSchG erlassene TA Luft (Technische Anleitung zur Reinhaltung der Luft) den Grenzwert von 2 µg/m³ enthalte.*
>
> Bei der Klage handelt es sich um ein gemäß Art. 258 AEUV zulässiges Vertragsverletzungsverfahren. Die Klage wäre begründet, wenn die Bundesrepublik gegen Unionsrecht verstoßen hätte. Bei der Umsetzung von Richtlinien hat ein Mitgliedstaat die aus Art. 288 UAbs. 3 AEUV folgenden Anforderungen zu erfüllen.

Aus der Verbindlichkeit hinsichtlich des Ziels folgt, dass die Mitgliedstaaten bei der Umsetzung die Vorgaben der Richtlinie genau einzuhalten haben. Die TA Luft sieht ebenso wie Art. 2 für den Bleigehalt in der Luft einen Grenzwert von 2 µg/m³ vor. Insoweit wurden also die Vorgaben der Richtlinie eingehalten. Problematisch ist aber, ob die TA Luft eine ausreichende Umsetzungsmaßnahme darstellt. Zwar ist den Mitgliedstaaten gemäß Art. 288 UAbs. 3 AEUV die Wahl der Form und Mittel überlassen; jedoch haben sie im Rahmen ihrer Entscheidungsfreiheit die Richtlinie so umzusetzen, dass sie möglichst wirksam zur Geltung kommt (effet utile). Der Mitgliedstaat muss gewährleisten, dass die von der Richtlinie Begünstigten nach der Umsetzung in der Lage sind, „von allen ihren Rechten Kenntnis zu erlangen und diese vor den nationalen Gerichten geltend zu machen". Damit verlangt der Gerichtshof zwar kein formelles Gesetz, aber gleichwohl dürfte für eine ordnungsgemäße Umsetzung einer Richtlinie in nationales Recht in aller Regel der Erlass einer materiellen Rechtsnorm erforderlich sein (Rechtsnormvorbehalt).

Bei der TA Luft handelt es sich um eine Verwaltungsvorschrift. Eine Verwaltungsvorschrift ist lediglich eine verwaltungsinterne Regelung, die für den Bürger keine – zumindest keine unmittelbare – Rechtswirkung entfaltet. Da die TA Luft in der Bundesrepublik nicht als eine Regelung des Außenrechts anerkannt ist, hat der Gerichtshof festgestellt, dass die TA Luft keine ausreichende Umsetzungsmaßnahme der Richtlinie ist. Die Klage der Kommission war daher in diesem Punkt begründet.

178   Die dargestellte Rechtsprechung hat der Gerichtshof um ein **Gebot der klaren und eindeutigen Umsetzung von Richtlinien** ergänzt. Danach müssen sich die in der Richtlinie vorgesehenen Rechte der Bürger für diese nach der Umsetzung durch die Mitgliedstaaten unmittelbar und bestimmt, d.h. klar und eindeutig, aus der innerstaatlichen Rechtsvorschrift ergeben. Besonders wichtig ist dieses Gebot, wenn die Richtlinie darauf abzielt, den Angehörigen der Mitgliedstaaten Ansprüche zu verleihen (*EuGH*, ECLI:EU:C:2001:257 – „Kommission/Niederlande").

179   Schließlich hat der Gerichtshof (*EuGH*, ECLI:EU:C:1997:628 – „Inter-Environnement Wallonie", *EuGH*, ECLI:EU:C:2007:342 – „Kommission/Belgien") Richtlinien vor Ablauf der Umsetzungsfrist sogar eine **Vorwirkung** für die nationale Gesetzgebung zugesprochen. Bereits ab dem Zeitpunkt ihrer Bekanntgabe verbiete es der Grundsatz der loyalen Zusammenarbeit des Art. 4 Abs. 3 UAbs. 3 EUV, dass die Mitgliedstaaten vor Ablauf der Umsetzungsfrist Vorschriften erlassen, die geeignet sind, das durch die Richtlinie vorgegebene Ziel zu gefährden.

b) Rechtsfolgen fehlerhafter Umsetzung von Richtlinien

180   Auf der Rechtsfolgenseite hat der Gerichtshof – zum großen Teil im Wege der Rechtsfortbildung – verschiedene Instrumente entwickelt, um den Umsetzungsgeboten einer Richtlinie zur Geltung zu verhelfen: das **Gebot der richtlinienkonformen Auslegung**, die **Direktwirkung von Richtlinien** sowie eine **Haftung der Mitgliedstaaten** für die Nicht- bzw. fehlerhafte Umsetzung von Richtlinien.

aa) Richtlinienkonforme Auslegung

181   Aus Art. 288 UAbs. 3 AEUV, dem Gebot der loyalen Zusammenarbeit gemäß Art. 4 Abs. 3 EUV und dem Auslegungsgrundsatz der praktischen Wirksamkeit leitet der Gerichtshof eine Verpflichtung der nationalen Stellen (insbesondere der Gerichte) zur richtlinienkonformen Auslegung des nationalen Rechts ab. Nach diesem Grundsatz

muss die Auslegung des nationalen Rechts soweit wie möglich an Wortlaut und Zweck einer zugrundeliegenden Richtlinie ausgerichtet werden. Das heißt: Bei mehreren möglichen Auslegungsvarianten einer Norm ist die Auslegung zu wählen, die mit Wortlaut und Zweck der entsprechenden Richtlinie am ehesten übereinstimmt. In den Rechtssachen „von Colson und Kamann" (*EuGH*, ECLI:EU:C:1984:153) sowie „Harz" (*EuGH*, ECLI:EU:C:1984:155) hat der Gerichtshof ausgeführt:

> *„[Es ist] klarzustellen, daß die sich aus einer Richtlinie ergebende Verpflichtung der Mitgliedstaaten, das in dieser vorgesehene Ziel zu erreichen, sowie die Pflicht der Mitgliedstaaten gemäß Art. 5 EWGV [jetzt: Art. 4 Abs. 3 EUV], alle zur Erfüllung dieser Verpflichtung geeigneten Maßnahmen [...] zu treffen, allen Trägern öffentlicher Gewalt in den Mitgliedstaaten obliegen, und zwar im Rahmen ihrer Zuständigkeiten auch den Gerichten. Daraus folgt, daß das nationale Gericht bei der Anwendung des nationalen Rechts [...] dieses nationale Recht im Lichte des Wortlauts und des Zwecks der Richtlinie auszulegen hat, um das in Art. 189 Absatz 3 EWG [jetzt: Art. 288 UAbs. 3 AEUV] genannte Ziel zu erreichen."*

Auch das BVerfG hat zur richtlinienkonformen Auslegung Stellung genommen (*BVerfGE* 75, 223). Es hat die vom Gerichtshof aufgestellte Auslegungspflicht bestätigt, diese allerdings allein mit der aus Art. 10 EGV (heute: Art. 4 Abs. 3 EUV) abgeleiteten Pflicht der Mitgliedstaaten zur Gemeinschaftstreue begründet. Danach haben die Mitgliedstaaten unter mehreren möglichen Auslegungsalternativen diejenige zu wählen, die dem Inhalt der Richtlinie in der ihr vom Gerichtshof gemäß Art. 267 AEUV gegebenen Auslegung entspricht. **182**

Denkbar ist eine richtlinienkonforme Auslegung einerseits im vertikalen Rechtsverhältnis zwischen Bürger und Staat und andererseits im horizontalen Rechtsverhältnis zwischen zwei Privaten. Die Anwendbarkeit des Rechtsinstituts bereitet keine Probleme, wenn im **vertikalen Verhältnis** ein Bürger gegen den Staat auf der Grundlage eines richtlinienkonform ausgelegten nationalen Rechts vorgehen will. Im umgekehrten Verhältnis (Staat gegen Bürger) hat der Gerichtshof eine richtlinienkonforme Auslegung jedenfalls dann verneint, wenn dadurch eine ansonsten nicht bestehende strafrechtliche Verantwortlichkeit eines Bürgers begründet würde (*EuGH*, ECLI:EU:C:1987:431 Tz. 13 f. – „Kolpinghuis Nijmegen"). Dass sich die richtlinienkonforme Auslegung in einem **horizontalen Privatrechtsverhältnis** zu Lasten eines Einzelnen auswirkt, hat der Gerichtshof nicht zum Anlass genommen, die Anwendbarkeit der richtlinienkonformen Auslegung in Frage zu stellen (*EuGH*, ECLI:EU:C:1990:395 Tz. 8 – „Marleasing"). Man mag gegen die Rechtsprechung einwenden, dass sie Friktionen zum Rechtsinstitut der unmittelbaren Direktwirkung aufwirft, bei dem der Schritt zur horizontalen Direktwirkung vom Gerichtshof bislang noch nicht vollzogen wurde. Andererseits ist aber zu beachten, dass im Fall der richtlinienkonformen Auslegung bereits ein rechtliches Fundament im nationalen Recht vorhanden ist, auf das dann – unter Heranziehung der Richtlinie – aufgebaut wird. Die Verpflichtungen des Privaten folgen hier also nicht direkt aus der Richtlinie, sondern aus dem nationalen Recht, dessen Inhalt von der zugrundeliegenden Richtlinie (mit)geprägt wird. **183**

In Bezug auf die zeitliche Anwendbarkeit des Rechtsinstituts der richtlinienkonformen Interpretation ist wie folgt zu unterscheiden: Mit **Ablauf der Umsetzungsfrist** einer Richtlinie greift auf jeden Fall die Verpflichtung zur richtlinienkonformen Interpretation. Umstritten ist dagegen, ob schon **vor Ablauf der Umsetzungsfrist** eine entsprechende **184**

Verpflichtung besteht. Nach der Rechtsprechung des Gerichtshofs ist hiervon nicht auszugehen (*EuGH*, ECLI:EU:C:2006:443 – „Adeneler"). Andernfalls wäre der hinter der Umsetzungsfrist stehende Rechtsgedanke, den Mitgliedstaaten einen zeitlichen Handlungsspielraum zu eröffnen, sinnentleert. Auch wenn insoweit keine Pflicht zur richtlinienkonformen Auslegung vor Ablauf der Umsetzungsfrist folgt, hindert dies die innerstaatlichen Gerichte nicht daran, z.B. Generalklauseln wie § 3 UWG vor Ablauf der Umsetzungsfrist einer Richtlinie richtlinienkonform zu interpretieren (*BGH*, NJW 1998, 2208).

185   Die richtlinienkonforme Interpretation unterliegt auch **Grenzen**. So ist der Rückgriff auf die unionsrechtskonforme Interpretation nur zulässig, soweit eine innerstaatliche Rechtsvorschrift ihrerseits auslegungsfähig ist. Auslegungsspielräume ergeben sich insbesondere dann, wenn das nationale Recht unbestimmte Rechtsbegriffe oder Generalklauseln enthält. Eine Grenze für die Auslegung bildet nach gängiger nationaler Methodenlehre der mögliche Wortsinn einer Rechtsnorm. Abzugrenzen von der sich innerhalb des Normtextes haltenden Auslegung ist dann die über den Wortlaut hinausgehende Rechtsfortbildung. Dementsprechend standen die nationalen Gerichte einer Auslegung contra legem traditionell ablehnend gegenüber (vgl. *BAG*, NZA 2004, 742, 748; *BGH*, NJW-RR 2005, 354, 355). Die Rechtsprechung führt gegen eine solche Auslegung vor allem das Gewaltenteilungs- (Art. 20 Abs. 2 S. 2 GG) und das Gesetzmäßigkeitsprinzip (Art. 20 Abs. 3 GG) ins Feld.

186   Demgegenüber zieht der Gerichtshof die Grenzen weiter. In der Rechtssache „Pfeiffer" hatte der Gerichtshof (*EuGH*, ECLI:EU:C:2004:584) über die zulässige wöchentliche Höchstarbeitszeit für Rettungssanitäter zu befinden: Während der Tarifvertrag eine wöchentliche Arbeitszeit von 49 Stunden vorsah, gab die Arbeitszeitrichtlinie 93/104 eine Höchstarbeitszeit von 48 Wochenstunden vor. Um die volle Wirkung der Richtlinie sicherzustellen, folgert der Gerichtshof aus dem „Grundsatz der gemeinschaftsrechtskonformen Auslegung", dass eine nationale Rechtsvorschrift, die eine wöchentliche Arbeitszeit von 49 Stunden vorschreibt, entgegen ihrem eindeutigen Wortlaut so anzuwenden ist, dass nur eine Wochenarbeitszeit von 48 Stunden zulässig ist, sofern eine solche Auslegung etwa im Wege teleologischer Reduktion möglich sei. Auf der Basis der Rechtsprechung des Gerichtshofs haben die innerstaatlichen Gerichte bei der richtlinienkonformen Auslegung nationalen Rechts daher ausnahmsweise eine weitergehende Befugnis zur Rechtsfortbildung, als dies ansonsten von der nationalen Rechtsprechung für zulässig erachtet wird. Ist eine richtlinienkonforme Auslegung aber selbst unter Anwendung sämtlicher nationaler Auslegungsmethoden nicht möglich, verlangt auch der Gerichtshof keine Auslegung contra legem (*EuGH*, ECLI:EU:C:2006:443 – „Adeneler"). In diesem Fall kann eine nationale Vorschrift unionsrechtswidrig sein.

187   Dagegen hat der BGH in bedenklicher Weise auch eine richtlinienkonforme Rechtsfortbildung einer nationalen Vorschrift als zulässig erachtet, wenn der Wortlaut einer richtlinienkonformen Auslegung eindeutig entgegensteht. Zur Begründung hat das Gericht unter anderem ausgeführt, in einem solchen Fall sei eine teleologische Reduktion bzw. Extension des Wortlauts vorzunehmen, da davon auszugehen sei, dass der nationale Gesetzgeber eine Richtlinie **ordnungsgemäß** habe umsetzen wollen (*BGH*, NJW 2009, 427 – „Quelle"). Ansatz und Begründung des BGH überzeugen kaum: Wendet man das

nationale Recht unabhängig von seinem Wortlaut stets im Sinne einer zugrundeliegenden Richtlinie an, wird dadurch der Grundsatz, wonach Richtlinien nicht unmittelbar gelten sollen, ausgehöhlt.

bb) Unmittelbare Direktwirkung von Richtlinien

Ist eine richtlinienkonforme Auslegung nationalen Rechts ausgeschlossen, kann gleichwohl eine **unmittelbare Direktwirkung** der Richtlinie in Betracht kommen. Dabei sind **drei Fallkonstellationen** zu unterscheiden: Denkbar ist eine solche unmittelbare Geltung einer Richtlinie einerseits im Rechtsverhältnis zwischen Bürger und Staat (sog. vertikale Direktwirkung) und andererseits im Rechtsverhältnis zwischen zwei Privaten (sog. horizontale Direktwirkung). Gewissermaßen zwischen diesen beiden Fallgruppen angesiedelt sind die Richtlinien mit Doppelwirkung im Dreiecksverhältnis Bürger-Staat-Bürger. **188**

Hinsichtlich der unmittelbaren Direktwirkung einer Richtlinie in der Rechtsbeziehung zwischen Bürger und Staat (**vertikale Direktwirkung von Richtlinien**) sollte man sich zunächst nochmals vor Augen führen, dass die Rechtsetzung mittels Richtlinie als zweistufiges Verfahren ausgestaltet ist. Hieraus folgt, dass die Richtlinie nach ihrer Konzeption nur Rechtswirkungen für die Mitgliedstaaten erzeugt. Darüber hinaus misst Art. 288 UAbs. 3 AEUV der Richtlinie an sich keine weitere Geltungskraft bei: Für den einzelnen Bürger sollen durch die Richtlinie **keine unmittelbaren Rechte und Pflichten** begründet werden. **Abweichend** von dieser Konzeption des Art. 288 UAbs. 3 AEUV hat der Gerichtshof (*EuGH*, ECLI:EU:C:1979:110 – „Ratti") schon in den 70er Jahren anerkannt, dass eine Richtlinie unter bestimmten Voraussetzungen **ausnahmsweise auch unmittelbare Wirkung im innerstaatlichen Bereich** entfalten kann. Dies hat zur Folge, dass sich ein Bürger einem Mitgliedstaat gegenüber direkt auf eine von diesem Staat nicht umgesetzte Richtlinie berufen kann. **189**

Der Gerichtshof hat sich zur Begründung der unmittelbaren Wirkung von Richtlinien auf Art. 288 UAbs. 3 AEUV und Art. 4 Abs. 3 EUV (vormals: Art. 249 Abs. 3 EG i.V.m. Art. 10 EG) und den im Unionsrecht zu beachtenden allgemeinen Rechtsgedanken des **effet utile** berufen. Danach müssen die Vertragsvorschriften möglichst wirksam angewendet werden. Eine Richtlinie, die gemäß Art. 288 UAbs. 3 AEUV für die Mitgliedstaaten in ihrem Ziel verbindlich sein soll, wäre in ihrer Wirkung stark eingeschränkt, wenn die Mitgliedstaaten durch die „Nichtumsetzung" über die Geltungskraft der Richtlinie befinden könnten. Daneben weist der Gerichtshof noch auf den Rechtsgedanken des „venire contra factum proprium" hin: Ein Mitgliedstaat soll sich dem Bürger gegenüber nicht auf die unterbliebene Umsetzung der Richtlinie berufen können, wenn er selbst der Pflicht zur Umsetzung nicht nachgekommen ist. Die Verletzung der Umsetzungspflicht wird also mit der unmittelbaren Wirkung der Richtlinie quasi **sanktioniert** (*EuGH*, ECLI:EU:C:1974:133 Tz. 12 – „van Duyn"; *EuGH*, ECLI:EU:C:1979:110 Tz. 18 ff. – „Ratti"). Der Gerichtshof hat eine unmittelbare Wirkung davon abhängig gemacht, **190**

- dass die Richtlinie innerhalb der Umsetzungsfrist **nicht** oder **inhaltlich nicht ordnungsgemäß umgesetzt** worden ist (1),
- dass die Bestimmungen der Richtlinie **inhaltlich unbedingt** sind (2),
- dass die Bestimmungen der Richtlinie **hinreichend genau** sind (3).

191 (1) Die **nicht fristgerechte** bzw. **inhaltlich nicht ordnungsgemäße Umsetzung** als Anknüpfungspunkt für die unmittelbare Anwendung von Richtlinienbestimmungen ist Ausdruck des „venire contra factum proprium"-Gedankens. Wenn ein Mitgliedstaat seiner Umsetzungspflicht nicht nachkommt, soll sich der Einzelne unmittelbar auf die Richtlinie berufen können. Eine Umsetzung ist nicht fristgerecht, wenn sie bis zum Ablauf der in der Richtlinie genannten Frist nicht erfolgt ist. Eine Umsetzung ist inhaltlich nicht ordnungsgemäß, wenn das nationale Recht innerhalb der Umsetzungsfrist nicht an die inhaltlichen Vorgaben der Richtlinie angepasst wird. Vor Fristablauf kommt eine Direktwirkung nicht in Betracht.

192 (2) Als **inhaltlich unbedingt** ist eine Richtlinienbestimmung dann anzusehen, wenn für ihre Anwendbarkeit keine weiteren Maßnahmen der Unionsorgane oder der Mitgliedstaaten erforderlich sind und wenn die Richtlinie auch sonst keine weiteren Bedingungen und Vorbehalte vorsieht. Dies bedeutet aber nicht, dass in der Richtlinie vorgesehene Spielräume (in Form von Ermessens- oder Beurteilungsspielräumen) die Unbedingtheit generell auszuschließen vermögen.

193 (3) **Hinreichend genau** ist eine Richtlinienvorschrift dann, wenn „sie aus sich selbst heraus genügt, um im innerstaatlichen Bereich Anwendung zu finden"; wenn sie rechtlich vollkommen ist, d.h., wenn die Bestimmungen des Unionsrechts ohne weitere Konkretisierung angewendet werden können. Wie auch bei der inhaltlichen Unbedingtheit wird die hinreichende Genauigkeit nicht prinzipiell durch von der Richtlinie eröffnete Spielräume ausgeschlossen. Freilich müssen die Grenzen des Spielraums durch die Richtlinie hinreichend genau festgelegt sein.

194 Teilweise wird gefordert, dass neben den drei genannten Kriterien für eine unmittelbare Anwendbarkeit von Richtlinien zusätzlich die Einräumung eines subjektiven Rechts durch die Richtlinie notwendig ist. Der Gerichtshof hat hierzu zwar noch nicht explizit Stellung genommen, steht aber in der Tendenz einer solchen Sichtweise eher ablehnend gegenüber (vgl. die sibyllinische Begründung bei: *EuGH*, ECLI:EU:C:1995: 260 Tz. 24 ff. – „Großkrotzenburg"). Zu Recht: Denn die unmittelbare Direktwirkung von der Einräumung eines subjektiven Rechts durch die Richtlinie abhängig zu machen, führt im Ergebnis dazu, dass der Anwendungsbereich der Direktwirkung zurückgedrängt wird. Dieser Befund lässt sich mit dem Gedanken der praktischen Wirksamkeit und der Überlegung, dass die Direktwirkung eine Sanktion für die Mitgliedstaaten wegen einer fehlerhaften Richtlinienumsetzung darstellt, nur schwer in Einklang bringen (kritisch auch *BVerwG*E 100, 238, 242). Weiter wird diskutiert, ob die unmittelbare Direktwirkung einer Richtlinie von einer Geltendmachung durch den Einzelnen abhängig oder ob sie seitens der staatlichen Organe von Amts wegen zu beachten ist. Vorzugswürdig ist der zweite Ansatz, weil nur er dem effet utile sowie dem Sanktionsgedanken, auf dem die unmittelbare Direktwirkung beruht, entspricht.

195 Ebenfalls das vertikale Verhältnis – freilich in umgekehrter Richtung – ist betroffen, wenn der **Staat gegen einen Privaten** auf der Grundlage einer nicht umgesetzten Richtlinie vorgehen will. Hier greift der Einwand der Treuwidrigkeit des staatlichen Handelns nicht ein, er verkehrt sich vielmehr in sein Gegenteil: Der Staat kann nicht zunächst die Nichtumsetzung einer Richtlinie verantworten und sich anschließend noch

– zu seinen Gunsten – auf die nicht umgesetzte Richtlinie berufen. Daher hat der Gerichtshof eine **umgekehrte vertikale Direktwirkung von Richtlinien abgelehnt** und in der Rechtssache „Kolpinghuis Nijmegen" ausgeführt, dass der nach Art. 288 AEUV (vormals: Art. 249 EG) verbindliche Charakter einer Richtlinie, auf dem die Möglichkeit beruht, sich vor einem nationalen Gericht auf die Richtlinie zu berufen, nur für den Mitgliedstaat, an den sie gerichtet wird, besteht. Daraus folgt, dass eine Richtlinie nicht selbst Verpflichtungen für einen Einzelnen begründen kann und dass eine innerstaatliche Behörde sich nicht zu Lasten eines Einzelnen auf eine Bestimmung einer Richtlinie berufen kann, deren erforderliche Umsetzung in innerstaatliches Recht noch nicht erfolgt ist (*EuGH*, ECLI:EU:C:1987:431 Tz. 7 ff. – „Kolpinghuis Nijmegen"; *EuGH*, ECLI:EU:C:2005:270 Tz. 73 – „Berlusconi").

Mit Zulassung einer vertikalen Direktwirkung zugunsten des Bürgers ist aber noch nicht **196** die weitere Frage geklärt, ob eine unmittelbare Geltung von Richtlinien auch in den Rechtsbeziehungen zwischen Privaten möglich ist **(horizontale Direktwirkung von Richtlinien)**. Der Gerichtshof lehnte dies in ständiger Rechtsprechung zunächst konsequent ab (z.B. *EuGH*, ECLI:EU:C:1996:88 – „El Corte Inglés/Cristina Blázquez Rivero"). Diese restriktive Sichtweise hatte unter anderem zur Konsequenz, dass die unmittelbare Durchsetzung der in einer Richtlinie enthaltenen Begünstigung des Einzelnen von dem Umstand abhängt, ob Anspruchsgegner der Staat oder ein Privater ist; im letzteren Fall bleiben entweder eine richtlinienkonforme Auslegung oder ein sekundärer Schadensersatzanspruch gegen den Mitgliedstaat wegen (teilweiser) Nichtumsetzung der Richtlinie.

> **Beispiel:** *EuGH*, **ECLI:EU:C:1994:292 – „Faccini Dori"**   **197**
>
> *A hat einen Dienstvertrag mit dem Bildungsinstitut B abgeschlossen. Später kommt es zum Rechtsstreit, und A möchte sich von dem Vertrag mit B lösen. Dazu beruft er sich vor Gericht auf ein in einer Verbraucherschutzrichtlinie niedergelegtes Rücktrittsrecht. Allerdings war die Richtlinie trotz Ablauf der Umsetzungsfrist nicht rechtzeitig in innerstaatliches Recht umgesetzt worden. Das mit dem Rechtsstreit befasste nationale Gericht machte eine Vorlage gemäß Art. 267 AEUV (damals: Art. 234 EG) an den EuGH und wollte wissen, ob sich A gegenüber B auf das in der Richtlinie enthaltene Rücktrittsrecht berufen kann, um sich von dem Dienstvertrag zu lösen.*

Damit A von dem mit B geschlossenen Dienstvertrag zurücktreten kann, müsste das in der Richtlinie statuierte Rücktrittsrecht erstens ausnahmsweise unmittelbar anwendbar sein und zweitens auch in der Privatrechtsbeziehung zwischen A und B gelten. Grundsätzlich sind Richtlinien nur an die Mitgliedstaaten adressiert (Art. 288 UAbs. 3 AEUV). Weil aber das Rücktrittsrecht in der nicht rechtzeitig in innerstaatliches Recht umgesetzten Richtlinie inhaltlich unbedingt und hinreichend bestimmt ist, entfaltet es ausnahmsweise eine unmittelbare Direktwirkung.

Ferner müsste sich A gegenüber B auf das sich unmittelbar aus der Richtlinie ergebende Rücktrittsrecht berufen dürfen. Der Generalanwalt befürwortete dies in seinen Schlussanträgen vor allem unter Hinweis auf den Auslegungsgrundsatz des effet utile, der eine effektive Durchsetzung subjektiver Rechte fordere. Der Gerichtshof ist diesem Ansinnen jedoch mit der Begründung entgegengetreten, dass der Union entgegen dem ausdrücklichen Wortlaut von Art. 288 UAbs. 2 und 3 AEUV (vormals: Art. 249 Abs. 2 und 3 EG) ansonsten die Kompetenz zukäme, über das Instrument der Richtlinie „mit unmittelbarer Wirkung zu Lasten der Bürger Verpflichtungen anzuordnen, obwohl sie dies nur dort darf, wo ihr die Befugnis zum Erlass von Verordnungen zugewiesen ist". Dieser kompetenzrechtlichen Erwägung lässt sich ein funktionales Argument an die Seite stellen: Die Direktwirkung der Richtlinie ist eine Sanktion für deren Nichtumsetzung durch einen Mitgliedstaat. Weil aber Private keinerlei Einfluss auf die Transformation von Richtlinien haben, macht es keinen Sinn, sie an die in einer Richtlinie niedergelegten Pflichten zu binden.

Daraus folgt: In der Privatrechtsbeziehung zwischen A und B ist eine Direktwirkung der Richtlinie ausgeschlossen. A kann kein Rücktrittsrecht für sich in Anspruch nehmen, um sich von dem Vertrag mit B zu lösen.

198 Im Laufe der Zeit hat der Gerichtshof der Europäischen Union allerdings das Verbot der horizontalen Direktwirkung von Richtlinien in mehrfacher Hinsicht relativiert. In einem ersten Schritt wurde die **Reichweite des Verbots** der unmittelbaren horizontalen Direktwirkung von Richtlinien in der „Unilever"-Entscheidung (*EuGH*, ECLI:EU:C:2000: 496) präzisiert. In diesem Fall verweigerte der Käufer einer Lieferung Olivenöl die Zahlung des Kaufpreises mit der Begründung, die Etikettierung entspreche nicht italienischen Rechtsvorschriften. Der Mitgliedstaat Italien hatte entgegen einer ausdrücklichen Anordnung in der Richtlinie 83/189/EWG die Kommission über den Erlass der Etikettierungsbestimmungen nicht informiert. Trotz des Verstoßes gegen diese wesentliche Verfahrensbestimmung, die eine unmittelbare Direktwirkung entfaltet, hielt der Gerichtshof die italienischen Etikettierungsvorschriften für anwendbar. Das Verbot der horizontalen Direktwirkung von Richtlinien greife nur ein, wenn „die Richtlinie selbst den materiellen Gehalt der Rechtsnorm fest[legt], auf deren Grundlage das nationale Gericht den bei ihm anhängigen Rechtsstreit entscheidet". Das Verbot der horizontalen Direktwirkung ist demnach auf die Fälle begrenzt, in denen eine **Richtlinienbestimmung bei direkter Anwendung unmittelbar für einen Privaten gegenüber einem anderen Privaten eine Verpflichtung begründet**. Dieses formale Negativkriterium erfüllte die in der Richtlinie 83/189/EWG enthaltene Informationspflicht des Mitgliedstaates Italien gegenüber der Kommission nicht. Daher griff die Einrede des Käufers nicht durch und er musste den Kaufpreis für das Olivenöl bezahlen. Eine weitere Relativierung hat das Verbot der horizontalen Direktwirkung von Richtlinien durch die Entscheidungen in den Rechtssachen „Mangold" (*EuGH*, ECLI:EU:C:2005:709) und „Kücükdeveci" (*EuGH*, ECLI:EU:C:2010:21) erfahren: Demnach ist eine unmittelbare Anwendung von Richtlinienvorschriften – in beiden Fällen ging es um arbeitsrechtliche Vorschriften – auch im horizontalen Verhältnis möglich, wenn eine Richtlinie lediglich die Konkretisierung einer primärrechtlichen Regelung – vorliegend das allgemeine Diskriminierungsverbot – bedeutet. In diesem Fall – so der EuGH – sei das Primärrecht und nicht die Richtlinie der Prüfungsmaßstab, so dass dogmatisch betrachtet gar keine unmittelbare horizontale Geltung der Richtlinie in Frage stehe (bestätigt durch *EuGH*, ECLI:EU:C:2018:631 – Smith). Praktisch bedeutet dies jedoch, dass – da eine Vielzahl sekundärrechtlicher Regelungen letztlich nur das Primärrecht konkretisieren – Richtlinien zunehmend auch im horizontalen Verhältnis zwischen Privaten unmittelbar Bedeutung erlangen können, selbst wenn sie von einem Mitgliedstaat nicht bzw. nicht ordnungsgemäß umgesetzt worden sind.

199 Zwischen zulässiger vertikaler und unzulässiger horizontaler Direktwirkung ist die Problematik unmittelbar anwendbarer **Richtlinien mit Doppelwirkung** im Dreiecksverhältnis Bürger-Staat-Bürger angesiedelt. Ein solcher Fall liegt vor, wenn ein Privater durch ein mitgliedstaatliches Handeln – etwa die Erteilung einer Genehmigung an einen anderen Privaten – auf der Grundlage einer direkt wirkenden Richtlinie in seinen Rechten beeinträchtigt wird.

Beispiel: *EuGH*, ECLI:EU:C:2004:12 – „Delena Wells"   **200**

Frau W erwirbt in unmittelbarer Nähe eines stillgelegten Steinbruchs ein Wohnhaus. Später wird dem Bauunternehmen B die Wiederaufnahme des Betriebs des Steinbruchs genehmigt, ohne dass jedoch zuvor eine nach Art. 2, 4 der Richtlinie 85/337/EWG vorgesehene Umweltverträglichkeitsprüfung durchgeführt worden wäre. Frau W klagt nunmehr auf Aufhebung der Betriebsgenehmigung. Die inhaltlich unbedingten und hinreichend genauen Richtlinienbestimmungen wurden nicht in nationales Recht umgesetzt.

Eine Rechtswidrigkeit der Betriebsgenehmigung ergibt sich aus dem Umstand, dass vor ihrer Erteilung entgegen Art. 2, 4 der Richtlinie 85/337/EWG keine Umweltverträglichkeitsprüfung durchgeführt wurde. Auf die noch nicht umgesetzten Richtlinienbestimmungen kann sich W grundsätzlich auch unmittelbar gegenüber dem Mitgliedstaat berufen, weil diese inhaltlich unbedingt und hinreichend bestimmt sind. Der vorliegende Sachverhalt ist jedoch durch die Besonderheit gekennzeichnet, dass sich die Aufhebung der Betriebsgenehmigung zwangsläufig faktisch zu Lasten des privaten Bauunternehmens B, das den Steinbruch betreibt, auswirken würde. Es erscheint daher auf den ersten Blick naheliegend, diese Fallkonstellation dem Verbot der horizontalen Direktwirkung von Richtlinien zwischen Privaten zuzuschlagen und daher eine Aufhebung der Betriebserlaubnis abzulehnen.

Anders der Gerichtshof: Zwar gebiete der Grundsatz der Rechtssicherheit, dass durch eine Richtlinie selbst keine Verbindlichkeiten für den Einzelnen begründet werden können. Dagegen rechtfertigten bloße negative Auswirkungen auf die Rechte Dritter, selbst wenn sie gewiss sind, es nicht, dem Einzelnen das Recht auf Berufung auf die Bestimmungen einer Richtlinie gegenüber dem betreffenden Mitgliedstaat zu versagen. Daraus ergibt sich, dass bei rein objektiv wirkenden Richtlinienbestimmungen wie Art. 2, 4 der Richtlinie 85/337/EWG, die vor Erteilung von Betriebsgenehmigungen die Durchführung einer Umweltverträglichkeitsprüfung vorsehen, eine Direktwirkung zwischen Privaten zulässig ist.

In der Gesamtschau beruht die Rechtsprechung des Gerichtshofs zur Direktwirkung   **201**
von Richtlinien somit trotz aller Differenzierungen auf einem in sich geschlossenen
Konzept. Dabei lässt sich die **Direktwirkungsdogmatik des Gerichtshofs** im Ergebnis
in folgende Grundaussagen **zusammenfassen**:

(1) Erstens setzt die unmittelbare Geltung einer Richtlinie deren (teilweise) Nichtumsetzung durch den innerstaatlichen Normgeber trotz Ablauf der Umsetzungsfrist voraus;

(2) zweitens muss die Richtlinienbestimmung inhaltlich unbedingt sowie hinreichend bestimmt sein und

(3) drittens dürfen dem Einzelnen durch eine Richtlinienbestimmung selbst keine Verpflichtungen auferlegt werden. Rechtsreflexe negativer Art sind hingegen zulässig.

cc) Haftung der Mitgliedstaaten für nicht umgesetzte Richtlinien

Wenn die Direktwirkung einer Richtlinie ausscheidet, bleibt schließlich noch eine **Haf-**   **202**
tung des jeweiligen Mitgliedstaates auf Schadensersatz wegen (teilweiser) Nicht-
umsetzung einer Richtlinie trotz Ablaufs der Umsetzungsfrist. Obschon eine solche
nicht ausdrücklich in den Verträgen vorgesehen ist, hat der Gerichtshof in dem grundlegenden Urteil zur Rechtssache „Francovich" (*EuGH*, ECLI:EU:C:1991:428) einen
entsprechenden Sekundäranspruch des Einzelnen gegen den Staat als allgemeinen
Rechtsgrundsatz des Unionsrechts anerkannt (dazu im Einzelnen Siebter Teil „Haftung
der Mitgliedstaaten für Verstöße gegen Unionsrecht").

3. Beschlüsse

203   Der Rechtsakt des Beschlusses ist in **Art. 288 UAbs. 4 AEUV** definiert:

> **„Beschlüsse sind in allen ihren Teilen verbindlich. Sind sie an bestimmte Adressaten gerichtet, so sind sie nur für diese verbindlich".**

204   Das Handlungsinstrument des Beschlusses hat durch den Vertrag von Lissabon die vorherige „Entscheidung" i.S.d. Art. 249 Abs. 4 EG abgelöst. Dabei handelt es sich nicht nur um eine terminologische Anpassung, vielmehr ist im EUV bzw. im AEUV für eine Reihe von Handlungen der Unionsorgane einheitlich das Instrument des Beschlusses vorgesehen, für die bisher unterschiedliche Handlungsformen geregelt waren.

205   Ebenso wie die Verordnung ist der Beschluss **in allen Teilen verbindlich**, d.h., er enthält eine unmittelbar Rechte und Pflichten begründende Anordnung für den Adressaten. Im Gegensatz zu der Verordnung trifft der Beschluss jedoch eine Regelung im Hinblick auf einen konkreten Einzelfall. Als **Adressat** kommen sowohl die Mitgliedstaaten als auch einzelne natürliche oder juristische Personen in Betracht. Allerdings ist nach dem Vertrag von Lissabon nicht mehr erforderlich, dass sich ein Beschluss an einen individuellen Adressaten richtet. Vielmehr sind nun auch konkret-generelle Regelungen in Beschlussform zulässig. Der Beschluss ist damit in seiner Grundform der konkret-individuellen Regelung eines Einzelfalls dem deutschen Verwaltungsakt vergleichbar. Soweit ein Beschluss sich nicht an einen bestimmten Adressaten richtet, ist dies mit einem Verwaltungsakt in Form einer Allgemeinverfügung vergleichbar. Auch Beschlüsse, die sich an einen Mitgliedstaat richten, können dabei unmittelbar im innerstaatlichen Bereich wirken.

206   **Beispiel:** *EuGH*, ECLI:EU:C:1970:78 – „Leberpfennig"

Der Rat beschloss ein gemeinsames Umsatzsteuersystem für die Güterbeförderung im Eisenbahn-, Straßen- und Binnenschifffahrtverkehr. Dieses wurde in der Bundesrepublik in Kraft gesetzt. Zugleich erging eine Entscheidung (heute: Beschluss) i.S.d. Art. 249 Abs. 4 EG (heute: Art. 288 UAbs. 4 AEUV) an die Mitgliedstaaten, dass mit Inkrafttreten des neuen Umsatzsteuersystems die Mitgliedstaaten keine ähnlichen Steuern mehr erheben dürfen. Gleichwohl führte die Bundesrepublik aufgrund eines neu erlassenen Gesetzes eine ähnliche Steuer, die Straßengüterverkehrsteuer, ein. Güterverkehrsunternehmer G wurde mit dieser Steuer belastet. Er berief sich zu seinem Schutz auf die Entscheidung (heute: Beschluss).

Die Erhebung der Straßengüterverkehrsteuer steht im Widerspruch zu der Entscheidung. Da der Entscheidung als Norm des Unionsrechts Vorrang gegenüber dem deutschen Gesetz zukommt, hätte die Bundesrepublik die Straßengüterverkehrsteuer nicht erlassen dürfen. Fraglich ist, ob sich G hierauf berufen kann, denn die Entscheidung richtet sich ihrem Inhalt nach allein an die Mitgliedstaaten.

Der Gerichtshof hat jedoch entschieden, dass eine Entscheidung (gleiches gilt jetzt auch für den Beschluss) auch unmittelbar im innerstaatlichen Bereich wirken kann. Voraussetzung für eine solche unmittelbare Wirkung ist, dass diese inhaltlich unbedingt und hinreichend genau ist sowie Rechte eines Einzelnen gegenüber einem Mitgliedstaat begründet. Nachdem der Gerichtshof diese Voraussetzungen für die hier in Streit stehende Entscheidung als gegeben ansah, erkannte er G das Recht zu, sich unmittelbar auf die Entscheidung zu berufen.

4. Empfehlungen und Stellungnahmen

Art. 288 UAbs. 5 AEUV enthält eine Regelung über Empfehlungen und Stellungnahmen: **207**
„Die Empfehlungen und Stellungnahmen sind nicht verbindlich".

Im Gegensatz zu den übrigen in Art. 288 AEUV genannten Rechtsakten erzeugen die **208**
Empfehlungen und Stellungnahmen für den Adressaten **keine rechtliche Bindungs-**
wirkung. Gleichwohl haben sie eine nicht zu unterschätzende politische Bedeutung
und werden von den Adressaten häufig freiwillig befolgt. Der **Adressatenkreis** für
Empfehlungen und Stellungnahmen ist offen. Dennoch richten sich die Empfehlungen
und Stellungnahmen meistens an die Mitgliedstaaten.

B. Subjektive Rechte im Unionsrecht

Die vorangegangenen Ausführungen zeigen, dass das Unionsrecht nicht nur eine Bin- **209**
dungswirkung für die Unionsorgane, die Mitgliedstaaten und deren Organe erzeugt.
Vielmehr können sich auch Unionsangehörige gegenüber den Gemeinschaftsorganen
und den mitgliedstaatlichen Stellen unmittelbar auf Unionsrecht berufen, sofern gewisse Mindestbedingungen erfüllt sind. Das Unionsrecht kann somit für den einzelnen
Unionsbürger subjektive Rechte begründen. Wie bereits ausgeführt wurde, ist inzwischen anerkannt, dass die Grundfreiheiten solch subjektive Rechte begründen. Die
Begründung subjektiver Rechte ist jedoch nicht nur auf das Primärrecht beschränkt,
sondern kann auch durch Sekundärrechtsakte erfolgen.

Allgemein gilt dabei, dass die Einräumung eines subjektiven Rechts für einen Unions- **210**
angehörigen durch eine Norm des Unionsrechts voraussetzt, dass die betreffende
Norm hinreichend bestimmt ist, inhaltlich unbedingt ist und dem Unionsangehörigen
zugutekommt. Zur Konkretisierung des Merkmals des **begünstigenden Charakters**
kann man nicht einfach auf die im innerstaatlichen Verwaltungsrecht geläufige Schutz-
normtheorie zurückgreifen. Vielmehr sind die Besonderheiten des Unionsrechts zu
beachten, dessen Vollzug im Wesentlichen dezentral durch die Mitgliedstaaten erfolgt.
Mit dieser Vollzugsautonomie korrespondiert eine dezentrale Vollzugskontrolle durch
die innerstaatlichen Gerichte, die eine möglichst effektive Geltung des Unionsrechts zu
gewährleisten haben. Die gerichtliche Kontrolle des Vollzugs von Unionsrecht auf der
Ebene der Mitgliedstaaten setzt jedoch regelmäßig voraus, dass sich der Einzelne vor
einem Gericht auf ein bestimmtes Recht berufen kann, da gerichtlicher Rechtsschutz
grundsätzlich nur bei einer möglichen Verletzung eigener (subjektiver) Rechte gewährt
wird. Denn ebenso wie im deutschen Recht gibt es auch im Unionsrecht grundsätzlich
keine Popularklagen. Die Verleihung subjektiver Rechte dient mithin zugleich dazu,
den Vollzug des Unionsrechts durch die Mitgliedstaaten zu kontrollieren. Subjektive
Unionsrechte des Unionsbürgers sind somit nicht nur Selbstzweck, sondern zugleich
stets auch ein **Instrument zur Legalitätskontrolle** (*EuGH*, ECLI:EU:C:1963:1 Tz. 15 –
„van Gend & Loos").

Das führt im Ergebnis dazu, dass auf unionsrechtlicher Ebene im Vergleich zum natio- **211**
nalen Recht in weitaus größerem Umfang subjektive Rechte anerkannt werden. Fasst

man die Rechtsprechung des Gerichtshofs zusammen, ist von einer begünstigenden Wirkung und damit einem unionsrechtlichen subjektiven Recht auszugehen, wenn eine primäre oder sekundäre Rechtsnorm kumulativ drei **Voraussetzungen** erfüllt:

- Die Norm muss (zumindest auch) den **Schutz individueller Interessen bezwecken**. Der Schutz eines Individualinteresses muss also rechtlich gewollt bzw. zuerkannt sein. Hierfür reicht im Grundsatz die Erwähnung personenbezogener Rechtsgüter (z.B. Schutz der Volksgesundheit, Schutz des Eigentums, Verfahrens- und Beteiligungsrechte) im Normtext aus.

- Der Bezug des geschützten Interesses zu einer Person muss insoweit fassbar sein, als Einwirkungen auf das unmittelbar geschützte Rechtsgut tatsächlich oder potenziell, unmittelbar oder mittelbar auf den Menschen zurückwirken. Erforderlich ist damit ein **hinreichender Personalbezug**. Bei Interessen wie dem Gesundheitsschutz oder dem Verbraucherschutz liegt der personale Bezug unstreitig vor. Bei Umweltschutzvorschriften ist maßgeblich, ob eine Rückkoppelung zum Menschen möglich ist. Daher können in einer Richtlinie enthaltene Grenzwerte für den Bleigehalt oder Dieselruß in der Luft subjektive Rechte begründen; denn eine zu starke Luftverschmutzung ist geeignet, die menschliche Gesundheit zu gefährden. Dagegen vermittelt etwa ein im Sekundärrecht angelegtes Ziel, bestimmte Vogelarten zu schützen, kein subjektives Unionsrecht.

- Schließlich ist der **Kreis der Träger subjektiver Unionsrechte** zu ermitteln. Wegen der Instrumentalisierung subjektiver Rechte zur Legalitätskontrolle kommt es hier nur darauf an, dass eine Person **tatsächlich** in dem rechtlich geschützten personalen Gut **selbst und gegenwärtig betroffen** ist. Veranschaulichen lässt sich das Kriterium der tatsächlichen Betroffenheit am Beispiel der Überschreitung unionsrechtlicher Emissionsgrenzwerte durch eine Fabrik. Hier wird es in der Regel nur den Nachbarn, nicht aber weit entfernt wohnenden Personen möglich sein, eine tatsächliche Gefährdung ihrer Gesundheit substantiiert darzulegen.

C. Die Rechtsetzung in der Union

212   Die Rechtsetzung in der Union betrifft die Schaffung bzw. Änderung von Unionsrecht. Dabei ist zu unterscheiden, ob die Ebene des Primärrechts oder des Sekundärrechts betroffen ist.

I. Primärrecht

213   Auf der Ebene des **Primärrechts** wird die „Rechtsetzung" als **Änderung** der Verträge (EUV und AEUV) durchgeführt (die allgemeinen Grundsätze und das Gewohnheitsrecht werden ohnehin nicht in einem förmlichen Verfahren geändert). Die Änderung der Verträge richtet sich nach Art. 48 EUV: Sie obliegt nicht der Union selbst, sondern den **Mitgliedstaaten**, deren Regierungsvertreter eine entsprechende Vereinbarung treffen müssen. Danach müssen die Änderungen von allen Mitgliedstaaten gemäß ihren verfassungsrechtlichen Vorschriften ratifiziert werden, bevor sie in Kraft treten

(Art. 48 Abs. 4 UAbs. 2 EUV). Neben diesem ordentlichen Vertragsänderungsverfahren sieht der EUV ein vereinfachtes Verfahren vor (Art. 48 Abs. 6 EUV), bei dem eine Vertragsänderung durch einstimmigen Beschluss des Europäischen Rates erfolgen kann. Eine Ratifizierung durch die Mitgliedstaaten sieht Art. 48 Abs. 6 EUV hier nicht vor, vielmehr soll sich das Inkrafttreten nach Art. 48 Abs. 6 UAbs. 2 EUV nach dem nationalen Verfassungsrecht richten. Das Bundesverfassungsgericht hat hierzu entschieden, dass auch eine Änderung der Verträge im vereinfachten Verfahren eines formellen Zustimmungsgesetzes i.S.d. Art. 23 Abs. 1 S. 2 GG unter der Beteiligung von Bundestag und Bundesrat bedarf (*BVerfGE* 123, 267, 385 – „Lissabon").

Aus verfassungsrechtlicher Sicht nicht unproblematisch ist, dass durch Art. 48 Abs. 7 EUV eine Vertragsänderung – wenn auch in begrenztem Umfang – durch ein sog. **„Brückenverfahren"** möglich ist. Danach können der Europäische Rat oder der Rat beschließen, dass der Rat in einem bestimmten Bereich oder in einem bestimmten Fall mit qualifizierter Mehrheit statt mit Einstimmigkeit beschließt oder dass Gesetzgebungsakte im Anwendungsbereich des AEUV nach dem ordentlichen statt nach dem besonderen Gesetzgebungsverfahren beschlossen werden. Hierdurch kann sich also die in den Verträgen geregelte Zuständigkeitsverteilung zwischen Union und Mitgliedstaaten verschieben, indem die Unionsorgane mehr Befugnisse erlangen als zunächst in den Verträgen vorgesehen. Das Bundesverfassungsgericht hat dies nur dann als zulässig erachtet, wenn die Zustimmung der Bundesrepublik zu einem solchen Beschluss auf nationaler Ebene auf Grundlage eines Gesetzes i.S.d. Art. 23 Abs. 1 S. 2 GG erfolgt, an dessen Zustandekommen Bundestag und Bundesrat beteiligt waren (*BVerfGE* 123, 267). **214**

II. Sekundärrecht

Für die Rechtsetzung auf der Ebene des **Sekundärrechts** ist hingegen die Union (bzw. sind ihre Organe) zuständig. Auf diese sekundärrechtliche Rechtsetzung ist im Folgenden näher einzugehen, wobei zunächst die Rechtsetzungskompetenz und dann das Rechtsetzungsverfahren zu behandeln sind. **215**

1. Rechtsetzungskompetenz

Die Frage nach der Rechtsetzungszuständigkeit unterteilt sich in zwei Aspekte: Zum einen muss die Union als supranationale Organisation befugt sein, eine bestimmte Materie zu regeln (Verbandskompetenz der Union). Zum anderen muss geklärt werden, welches Unionsorgan für die Rechtsetzung zuständig ist (Organkompetenz). **216**

Die Union hat Hoheitsbefugnisse (hierzu zählt insbesondere auch die Befugnis verbindliches Recht zu setzen) nur in dem Umfang, in dem die Mitgliedstaaten sie unter Aufgabe ihrer entsprechenden nationalen Zuständigkeiten in den Gründungsverträgen und späteren Vertragsänderungen an die Union übertragen haben. Die Union hat deshalb **nur Kompetenzen**, wenn sie ihr in den Verträgen **ausdrücklich zugestanden** sind. Man spricht hier vom **„Grundsatz der enumerativen (begrenzten) Einzelermächtigung"**. Dieser Grundsatz wird ausdrücklich in Art. 5 Abs. 1 EUV festgeschrieben. Er besagt nach Art. 5 Abs. 2 EUV: **217**

„Nach dem Grundsatz der begrenzten Einzelermächtigung wird die Union nur innerhalb der Grenzen der Zuständigkeiten tätig, die die Mitgliedstaaten ihr in den Verträgen zur Verwirklichung der darin niedergelegten Ziele übertragen haben. Alle der Union nicht in den Verträgen übertragenen Zuständigkeiten verbleiben bei den Mitgliedstaaten".

218   Der Grundsatz der enumerativen Einzelermächtigung hat Bedeutung auch für die Organkompetenz: So darf innerhalb einer der Union in den Verträgen übertragenen Materie auch nur das in der entsprechenden Vertragsbestimmung genannte Organ rechtsetzend tätig werden, und das auch nur in der genannten Rechtsform. Zu beachten ist dabei, dass für die rechtliche Einordnung einer Maßnahme nicht deren formale Bezeichnung durch das erlassende Organ, sondern ihr objektiver Inhalt maßgebend ist. So darf z.B. auf der Grundlage des Art. 115 AEUV auf dem Gebiet der Angleichung der Rechtsvorschriften nur der Rat durch den Erlass von Richtlinien handeln.

219   Art. 5 EUV enthält neben dem Prinzip der enumerativen Einzelermächtigung zusätzlich **Kompetenzausübungsschranken**: das Subsidiaritätsprinzip und den Verhältnismäßigkeitsgrundsatz.

220   Der **allgemeine Subsidiaritätsgrundsatz** in Art. 5 Abs. 3 EUV beschränkt die Kompetenz der Union in Bereichen sog. „geteilter Zuständigkeit" (Art. 2 Abs. 2 AEUV). Während die Union in Bereichen, die in ihre ausschließliche Zuständigkeit fallen (das sind die in Art. 3 AEUV aufgeführten, z.B. der Bereich der Zollunion), nach Art. 2 Abs. 1 AEUV grundsätzlich ohne Weiteres gesetzgeberisch tätig werden kann, darf sie dies in den Bereichen der geteilten Zuständigkeit nur, „sofern und soweit die Ziele der in Betracht gezogenen Maßnahmen von den Mitgliedstaaten weder auf zentraler noch auf regionaler oder lokaler Ebene ausreichend verwirklicht werden können, sondern vielmehr wegen ihres Umfangs oder ihrer Wirkung auf Unionsebene besser zu verwirklichen sind". Seit seiner Einführung in das Unionsrecht hat sich allerdings gezeigt, dass namentlich wegen der unbestimmten Rechtsbegriffe „ausreichend" und „besser" erhebliche Unsicherheiten bei der Anwendung dieser Klausel bestehen. Diesen Schwierigkeiten versucht der Vertrag von Amsterdam durch die Verabschiedung eines Protokolls „über die Anwendung der Grundsätze der Subsidiarität und der Verhältnismäßigkeit" zu begegnen, das selbst Bestandteil des primären Unionsrechts ist (Art. 51 EUV) und das die Organe der Union gemäß Art. 5 Abs. 3 UAbs. 2 EUV anzuwenden haben.

221   Nach dem in Art. 5 Abs. 4 EUV niedergelegten **Verhältnismäßigkeitsgrundsatz** muss ein Unionsrechtsakt ein legitimes Ziel (der Verträge) verfolgen sowie den Geboten der Geeignetheit und Erforderlichkeit genügen. Während die Rechtsetzung in Deutschland insbesondere vom Bundesverfassungsgericht einer strengen Verhältnismäßigkeitsprüfung unterzogen wird, gesteht der Gerichtshof dem Unionsgesetzgeber insoweit ein weites Ermessen zu. Begründet wird das damit, dass die Union sich bei der Rechtsetzung politisch, wirtschaftlich und sozial komplexen Entscheidungen stellen muss. Ein Rechtsakt der Union ist deshalb erst dann unverhältnismäßig, wenn die Maßnahme zur Erreichung des verfolgten Zwecks „offensichtlich ungeeignet" ist (vgl. etwa *EuGH*, ECLI:EU:C:2005:449 Tz. 52 ff. – „Alliance for Natural Health"). Damit weicht der Gerichtshof von der gerade bei mitgliedstaatlichen Beschränkungen der Marktfreiheiten praktizierten strengen Verhältnismäßigkeitskontrolle ab. Rechtfertigen lässt sich diese Differenzierung zugunsten der Union durch die den am Rechtsetzungsverfahren be-

teiligten Unionsorganen zukommende weitreichende politische Gestaltungskompetenz. Die Zurücknahme der Kontrolldichte durch den Gerichtshof ist letztlich Ausfluss des institutionellen Gleichgewichts zwischen den verschiedenen Organen der Union.

Im Unionsrecht muss zwischen solchen Normen unterschieden werden, die der Union **222** ein **Ziel** vorgeben bzw. deren Organen eine dementsprechende **Aufgabe** zuweisen, und solchen, die den Unionsorganen die zur Erfüllung der Aufgabe erforderlichen **Kompetenzen** verleihen. Von der oftmals nur generalklauselartig umschriebenen Aufgabe oder Zielbestimmung darf nicht automatisch auf eine entsprechende Befugnis oder Kompetenz geschlossen werden.

Die mit Abstand wichtigsten (ausschließlichen) Aufgaben der Union liegen nach Art. 3 **223** EUV vor allem im **wirtschaftlichen Bereich**. Dies gilt auch nach der durch den Vertrag von Lissabon bewirkten Relativierung des Binnenmarktziels, das, wie sich aus Art. 3 Abs. 3 EUV ergibt, nicht mehr wie bisher eines der vorrangigsten Ziele der Union darstellt. Die Aufgabenzuweisungen allein begründen jedoch noch keine Kompetenzen für die Organe der Union zum Tätigwerden. Dies geschieht erst durch spezielle Regelungen, in denen den Organen der Union ausdrücklich eine Befugnis zum Erlass bestimmter Rechtsakte eingeräumt wird (z.B. Art. 114 AEUV).

Das Prinzip der enumerativen Einzelermächtigung und die Trennung von Zielvorgaben **224** und Kompetenznormen wird durch die **Vertragsabrundungskompetenz des Art. 352 AEUV** zum Teil modifiziert. Danach kann der Rat mit Zustimmung des Parlaments, sofern ein Tätigwerden der Union erforderlich ist, um im Rahmen der im Vertrag festgelegten Politikbereiche ein Vertragsziel zu erreichen, geeignete Vorschriften erlassen, wenn in den Verträgen die erforderlichen Befugnisse nicht vorgesehen sind. Art. 352 AEUV darf jedoch nicht isoliert betrachtet werden, sondern muss im Lichte des Art. 48 EUV ausgelegt werden. Diese Norm schreibt für die Änderung der Verträge den Weg der völkerrechtlichen Vereinbarung und nachfolgenden Ratifizierung durch die Mitgliedstaaten vor. Da sich Kompetenzen nur aus den Verträgen ergeben können, ist die Zuweisung einer neuen Kompetenz an die Union eine Vertragsänderung im Sinne des Art. 48 EUV und kann deshalb nicht über Art. 352 AEUV erreicht werden. Art. 352 AEUV kann daher nur dann Bedeutung erlangen, wenn die Verträge im Grundsatz bereits eine Unionszuständigkeit vorsehen, es jedoch noch an ausreichenden Handlungskompetenzen fehlt. Somit begründet Art. 352 AEUV keine „Kompetenz-Kompetenz".

Um trotz fehlender „Kompetenz-Kompetenz" der Union eine effektive Rechtsetzung zu **225** ermöglichen, interpretierte der Gerichtshof die im Unionsrecht niedergelegten Kompetenzen in der Vergangenheit recht extensiv. Diese extensiven Auslegungen sind zwar zum Teil auf scharfe Kritik gestoßen, waren jedoch oftmals Anlass für Änderungen des EG-Vertrages, durch die diese Auslegungen letztlich kodifiziert wurden.

Beispiel: *Nach der früheren Fassung des Vertrages (Art. 128 EWG) hatte der Rat nur die Be-* **226** *fugnis, allgemeine Grundsätze für eine gemeinsame Berufsausbildungspolitik aufzustellen, die zu einer harmonischen Entwicklung sowohl der einzelnen Volkswirtschaften als auch des Gemeinsamen Marktes beitragen können. Der EuGH (EuGH, ECLI:EU:C:1989:217 – „ERASMUS"; EuGH, Slg. 1989, 1615 – „PETRA") hat aber Art. 128 EWG erweiternd dahingehend ausgelegt, dass der Rat befugt sei, Rechtsakte für Gemeinschaftsmaßnahmen auf dem Gebiet der Berufsausbildung zu erlassen, die den Mitgliedstaaten entsprechende Mitwirkungsverpflichtungen* *auferlegen. Die Priorität einer solchen Maßnahmeninitiative liege beim Rat und nicht bei den Mitgliedstaaten. Später wurde der Bereich der allgemeinen beruflichen Bildung in Art. 149, 150 EG (heute: Art. 165 f. AEUV) neu gefasst.*

2. Rechtsetzungsverfahren

227   Beim Erlass von Sekundärrecht haben die Unionsorgane die in den Verträgen vorge-schriebenen Vorgaben an das **Rechtsetzungsverfahren** zu beachten. Werden die Ver-fahrensvorschriften nicht eingehalten, so sind die Rechtsvorschriften rechtsfehlerhaft erlassen, was im Regelfall zu einer **Nichtigerklärung** durch den Gerichtshof führt. Re-gelungen über das Rechtsetzungsverfahren finden sich zunächst in den Kompetenz-normen selbst, die zum Erlass des Sekundärrechts ermächtigen. Darüber hinaus ent-halten die Art. 288 ff. AEUV allgemeine Vorschriften über das Rechtsetzungsverfahren.

228   Das Rechtsetzungsverfahren wurde durch den Vertrag von Lissabon neu gefasst. So wird durch den Vertrag von Lissabon der bisher nicht verwandte Begriff des „Gesetz-gebungsverfahrens" eingeführt. Zukünftig ist daher zu unterscheiden zwischen Rechts-akten, die in einem Gesetzgebungsverfahren erlassen werden und sonstigen Rechtsak-ten. Erstere werden dabei gemäß Art. 289 Abs. 3 AEUV auch als „Gesetzgebungsakte" bezeichnet.

229   Der AEUV kennt zwei Formen von Gesetzgebungsverfahren: das ordentliche Gesetzge-bungsverfahren nach Art. 289 Abs. 1 AEUV und das besondere Gesetzgebungsverfahren nach Art. 289 Abs. 2 AEUV. Welches der beiden Verfahren im Einzelfall Anwendung findet, richtet sich nach der jeweiligen Kompetenznorm, wobei in der überwiegenden Zahl der Fälle auf das ordentliche Gesetzgebungsverfahren verwiesen wird.

230   Gemeinsam ist beiden Verfahren, dass das Initiativrecht für Gesetzgebungsakte regel-mäßig bei der Kommission liegt (Art. 17 Abs. 2 EUV). Relativiert wird dies allerdings dadurch, dass sowohl Rat als auch Parlament die Kommission zur Unterbreitung eines Gesetzgebungsvorschlags verpflichten können (Art. 225 bzw. Art. 241 AEUV). Als ge-meinsame Formvorschriften enthält Art. 296 UAbs. 2 AEUV eine **Begründungspflicht** beim Erlass von Rechtsakten; Art. 297 AEUV regelt die **Veröffentlichung** und **Bekannt-gabe** von Rechtsakten.

231   **(1)** Das **ordentliche Gesetzgebungsverfahren** kommt gemäß Art. 289 Abs. 1 AEUV immer dann zur Anwendung, wenn die Verträge darauf verweisen (Art. 294 Abs. 1 AEUV). Dies ist zum Beispiel in Art. 46 AEUV der Fall, der den Erlass von Maßnahmen zur Herstellung der Arbeitnehmerfreizügigkeit betrifft. Art. 294 AEUV enthält ein kom-pliziertes Verfahren des Zusammenwirkens der einzelnen Unionsorgane bei der Recht-setzung. So kann das ordentliche Gesetzgebungsverfahren bis zu drei Lesungen sowie die Einschaltung eines Vermittlungsausschusses beinhalten, sofern Rat und Parlament sich im Verfahren nicht auf einen gemeinsamen Standpunkt einigen können. Kenn-zeichnendes Merkmal des Verfahrens ist jedoch, dass das **Parlament** bei diesem Ver-fahren **verhindern** kann, dass ein Rechtsakt erlassen wird.

232   **(2)** Neben dem ordentlichen Gesetzgebungsverfahren sieht Art. 289 Abs. 2 AEUV – ausnahmsweise – die Durchführung eines **besonderen Gesetzgebungsverfahrens**

vor. Für das besondere Gesetzgebungsverfahren gibt es keine dem Art. 294 AEUV vergleichbare Verfahrensvorschrift. Soweit die Verträge auf das besondere Gesetzgebungsverfahren verweisen, finden sich in der einzelnen Kompetenznorm auch die Vorgaben über das einzuhaltende Verfahren (vgl. etwa Art. 22 Abs. 2 AEUV für die Regelung des Wahlrechts der Unionsbürger zum Europäischen Parlament).

Zu beachten ist noch, dass nach Art. 48 Abs. 7 UAbs. 2 EUV der Rat in Fällen, in denen   **233**
in den Verträgen die Durchführung eines besonderen Gesetzgebungsverfahrens vorgesehen ist, durch Beschluss zum ordentlichen Gesetzgebungsverfahren übergehen kann, ohne dass es hierfür einer Änderung der Verträge bedarf. Da sich durch einen solchen Beschluss die Beteiligungsrechte der Organe im Gesetzgebungsverfahren verschieben, hat das Bundesverfassungsgericht in seinem „Lissabon"-Urteil verlangt, dass vor einer Zustimmung des deutschen Vertreters im Rat eine entsprechende gesetzliche Ermächtigung von Bundestag und Bundesrat erforderlich ist (*BVerfGE* 123, 267, 432).

Grundsätzlich können sowohl im ordentlichen als auch im besonderen Gesetzge-   **234**
bungsverfahren Verordnungen, Richtlinien und Beschlüsse erlassen werden. Oftmals ergibt sich jedoch bereits aus der jeweiligen Kompetenznorm, welche Handlungsform konkret einschlägig ist. Ist eine solche Bestimmung nicht erfolgt, können die handelnden Organe dies nach Art. 296 UAbs. 1 AEUV für den Einzelfall selbst festlegen, wobei sie hierbei den Grundsatz der Verhältnismäßigkeit zu beachten haben. So ist etwa die Wahl des Instruments einer Richtlinie, die den Mitgliedstaaten einen Umsetzungsspielraum belässt, gegenüber einer Verordnung vorzuziehen, wenn das angestrebte Ziel mit beiden Handlungsformen gleich gut erreicht werden kann.

Beispiel: *Um die Gastronomie in den einzelnen Mitgliedstaaten vielfältiger und internationa-*   **235**
ler zu gestalten, will die Kommission den Austausch und die Mobilität der selbstständig tätigen Köche in Europa fördern. Hierzu unterbreitet die Kommission dem Rat einen Richtlinienentwurf, der eine gegenseitige Anerkennung der nationalen Befähigungsnachweise für Köche vorsieht. Die britische Regierung befürchtet einen schlechten Einfluss auf ihre Küche und will deshalb im Rat dem Erlass der Richtlinie nicht zustimmen. Können die anderen Staaten, die die Richtlinie für sinnvoll erachten, diese gleichwohl erlassen?

Die Richtlinie kann nur erlassen werden, wenn die Verträge eine Rechtsgrundlage hierfür vorsehen und die Richtlinie nach dem in den Verträgen geregelten Verfahren erlassen wird.

Zunächst ist die zutreffende Rechtsgrundlage herauszufinden. Stützt sich die Union beim Erlass der Richtlinie auf eine falsche Rechtsgrundlage und werden damit auch die im Vertrag vorausgesetzten Verfahrensregelungen nicht eingehalten, so wird die Richtlinie vom Gerichtshof für nichtig erklärt. Als Rechtsgrundlagen kommen für die Richtlinie Art. 165 f. AEUV (berufliche Bildung), Art. 53 AEUV (Niederlassungsfreiheit) und Art. 352 AEUV (Vertragsabrundungskompetenz) in Betracht.

Vorrangig ist an Art. 165, 166 AEUV zu denken. Es geht um die Abschlussprüfungen und die Befähigungsnachweise von Köchen und damit um die berufliche Bildung i.S.d. Art. 165, 166 AEUV. Art. 165 AEUV enthält allerdings keine Ermächtigungsgrundlage für den Erlass von Richtlinien; Abs. 4 gilt nur für Fördermaßnahmen und Empfehlungen. Dagegen erscheint Art. 166 AEUV einschlägig, dessen Abs. 4 jedoch den Erlass von Harmonisierungsrichtlinien gerade nicht zulässt.

Es könnte jedoch Art. 53 Abs. 1 AEUV als vorrangige Rechtsgrundlage eingreifen. Art. 53 Abs. 1 AEUV enthält eine besondere Regelung über den Erlass von Richtlinien für die gegenseitige Anerkennung der Diplome, Prüfungszeugnisse und sonstigen Befähigungsnachweise. Insofern verbietet sich auch ein Rückgriff auf Art. 352 AEUV, welcher nur anwendbar ist, wenn keine andere Bestimmung der Verträge die notwendige Kompetenzgrundlage bietet (Subsidiarität des Art. 352 AEUV).

Für den Erlass der Richtlinie gemäß Art. 53 Abs. 1 AEUV ist das ordentliche Gesetzgebungsverfahren (Art. 289 Abs. 1, 294 AEUV) einzuhalten. Im Gesetzgebungsverfahren nach Art. 294 AEUV ist keine einstimmige Zustimmung des Rates erforderlich, vielmehr genügt – selbst bei Durchlaufen eines Vermittlungsverfahrens – ein Beschluss mit doppelter Mehrheit. Ohne die Stimmen Großbritanniens und mit Zustimmung aller übrigen Vertragsstaaten des AEUV wird jedenfalls eine qualifizierte Mehrheit gemäß Art. 16 EUV erreicht, so dass die Richtlinie von Rat und Parlament auch ohne Zustimmung Großbritanniens erlassen werden kann.

Großbritannien könnte den Ratsbeschluss nur dann noch verhindern, wenn es sich auf den **Luxemburger Kompromiss** beriefe, indem es eine internationale Beeinflussung als Gefahr für das besonders wichtige nationale Interesse an einer unverfälschten englischen Kochkultur geltend machen würde. Alternativ könnte sich Großbritannien auf den **Kompromiss von Ioannina** berufen, um eine weitere Verhandlung über die Richtlinie durchzusetzen.

D. Der Vollzug des Unionsrechts

236 Der Vollzug des Unionsrechts erfolgt entweder durch die **Organe der Union** oder durch **Verwaltungsträger der Mitgliedstaaten**. Grundsätzlich haben dabei die Mitgliedstaaten und die Organe der Union nunmehr auch ausdrücklich nach Art. 197 AEUV auf eine effektive Durchführung des Unionsrechts gemeinsam hinzuwirken.

I.   Der Vollzug von Unionsrecht durch Organe der Union

237 Der unionsunmittelbare Vollzug stellt den **Ausnahmefall** dar und kommt nur dann zur Anwendung, wenn das Unionsrecht dies ausdrücklich vorsieht. Für den unionsunmittelbaren Vollzug gegenüber Mitgliedstaaten und Marktbürgern ist die **Kommission** zuständig. Erfasst werden vor allem das Wettbewerbsrecht (Art. 101 ff. AEUV) und andere Politikfelder, die im Dritten Teil des AEUV geregelt sind. Auf diesen Gebieten kann die Kommission Beschlüsse gemäß Art. 288 UAbs. 4 AEUV auch gegenüber einzelnen Marktbürgern erlassen oder aber sie steuert die jeweilige Politik durch den Einsatz finanzieller Mittel. Für das **Verwaltungsverfahren** enthält das primäre Unionsrecht nur wenige Regeln in Art. 298 f. AEUV. Auch das sekundäre Unionsrecht ist insoweit sehr unvollständig. Die erheblichen verfahrensrechtlichen Lücken hat der Gerichtshof durch Heranziehung der **allgemeinen Rechtsgrundsätze** geschlossen. Diese entsprechen in etwa den deutschen verfassungsrechtlichen (z.B. Verhältnismäßigkeit, Vertrauensschutz) und verwaltungsverfahrensrechtlichen Grundsätzen. Sie bilden das **allgemeine Verwaltungsrecht** der Union. Werden diese Grundsätze verletzt, ist eine Entscheidung im Rahmen einer Klage nach Art. 263 AEUV für nichtig zu erklären, sofern nicht nur ein unwesentlicher Formfehler vorliegt.

II. Der Vollzug von Unionsrecht durch Verwaltungsträger der Mitgliedstaaten

In der weitaus überwiegenden Zahl der Fälle vollziehen die Mitgliedstaaten das Unions-   **238** recht (Grundsatz der Vollzugs- und Verfahrensautonomie). Zu unterscheiden ist der Vollzug **unmittelbar anwendbaren Unionsrechts**, d.h. insbesondere von Verordnungen und unmittelbar wirkenden Richtlinien, und **mittelbar anwendbaren Unionsrechts**, d.h. von Richtlinien, die in Normen des nationalen Rechts umgesetzt wurden. Problematisch ist vor allem der Vollzug des unmittelbar anwendbaren Unionsrechts.

In der Bundesrepublik Deutschland wird **unmittelbar anwendbares Unionsrecht** in   **239** analoger Anwendung der Art. 83 ff. GG vollzogen, da es nicht um Bundesrecht, sondern um Unionsrecht geht. Das Verwaltungsverfahren richtet sich damit grundsätzlich nach nationalem Recht; in Deutschland also vor allem nach dem Verwaltungsverfahrensgesetz, soweit nicht ausnahmsweise vorrangige Normen des Unionsrechts spezielle Verfahrensvorschriften enthalten. An Normen des Verwaltungsverfahrensgesetzes sind deutsche Verwaltungsorgane mithin auch dann gebunden, wenn sie materielles Unionsrecht vollziehen. Dadurch kann es innerhalb der Union zur unterschiedlichen Anwendung von Unionsrecht kommen, da sich die verwaltungsverfahrensrechtlichen Vorschriften der Mitgliedstaaten voneinander unterscheiden. Zwischen dem Prinzip der gleichmäßigen Anwendung von Unionsrecht und dem unterschiedlichen **Verwaltungsverfahrensrecht in den Mitgliedstaaten** kann dabei ein **Spannungsverhältnis** entstehen.

Dieses Spannungsverhältnis will der EuGH durch das Äquivalenzgebot bzw. Diskri-   **240** nierungsverbot einerseits und das Effektivitätsgebot andererseits auflösen (u.a. *EuGH*, ECLI:EU:C:1983:233 – „Deutsches Milchkontor"). Während das Äquivalenzgebot bzw. **Diskriminierungsverbot** besagt, dass bei der Anwendung nationalen Rechts im Vollzug des Unionsrechts keine Unterschiede im Vergleich zu Verfahren gemacht werden dürfen, in denen über gleichartige, rein nationale Sachverhalte entschieden wird, fordert das **Effektivitätsgebot**, dass nationale Regelungen die Verwirklichung des Unionsrechts nicht praktisch unmöglich machen oder übermäßig erschweren dürfen. Daneben bemüht der Gerichtshof den in Art. 4 Abs. 3 EUV niedergelegten Grundsatz der loyalen Zusammenarbeit bzw. das **Gebot der Unionstreue** (*EuGH*, ECLI:EU:C:2004:17 – „Kühne & Heitz"; *EuGH*, ECLI:EU:C:2008:78 – „Kempter").

So haben die innerstaatlichen Verwaltungsbehörden etwa einen auf unionsrechtlichen   **241** Grundlagen beruhenden Verwaltungsakt auf einen entsprechenden Antrag nach § 48 VwVfG zu überprüfen und ggf. aufzuheben, sofern der Gerichtshof zwischenzeitlich eine Auslegung der unionsrechtlichen Grundlagen vorgenommen hat, aus der sich die (Unions-)Rechtswidrigkeit des Verwaltungsaktes ergibt. Im Ausgangspunkt gilt damit, dass sich der Anwendungsvorrang des Unionsrechts im Grundsatz auch auf **bestandskräftige mitgliedstaatliche Verwaltungsakte** erstrecken kann (so bereits *EuGH*, ECLI: EU:C:1999:212 – „Ciola"; kritisch: *BVerwG*, DÖV 2005, 651). Dies gilt nicht nur, wenn sich die Unionsrechtswidrigkeit zugunsten des Bürgers auswirkt, sondern auch, wenn ihm dadurch eine Begünstigung – z.B. eine Subvention – wieder aberkannt werden muss. Die Rückforderung einer unter Verstoß gegen Unionsrecht gewährten staatlichen

Beihilfe, deren Unionsrechtswidrigkeit von der Kommission mittels einer bestandskräftigen Entscheidung festgestellt wurde, ist auch möglich, wenn nationale Bestandskraftvorschriften entgegenstehen (*EuGH*, ECLI:EU:C:2007:434 – „Lucchini", bestätigt in der Rechtssache *EuGH*, ECLI:EU.C:2015:742 – Klausner Holz Niedersachsen).

242 Dagegen hat der Gerichtshof die Aufhebung eines unionsrechtswidrigen, **rechtskräftigen nationalen Urteils** abgelehnt (*EuGH*, ECLI:EU:C:2006:178 – „Kapferer").

243 Das Unionsrecht wirkt indes nicht nur auf das Verwaltungsrecht als solches, sondern daneben in zunehmendem Maße auf das **innerstaatliche Verwaltungsprozessrecht** ein. Auch hier haben die Mitgliedstaaten bei der Durchführung von Unionsrecht dem Diskriminierungsverbot, dem Effektivitätsgebot und der Unionstreue sowie darüber hinaus aber vor allem auch **rechtsstaatlichen Grundsätzen** Rechnung zu tragen. So kann es unionsrechtlich geboten sein, die Klagebefugnis gemäß § 42 Abs. 2 VwGO auch zu bejahen, wenn sich das subjektive Recht, dessen Verletzung geltend gemacht wird, unmittelbar aus Unionsrecht ergibt (bereits *EuGH*, ECLI:EU:C:2011:125 – „Slowakischer Braunbär"). So hat der Gerichtshof der Europäischen Union auf eine Vorlagefrage des OVG Münster (NVwZ 2009, 987) hin entschieden, dass Umweltverbänden unmittelbar aufgrund entsprechender unionsrechtlicher Regelungen eine Beteiligung in (vorliegend Umweltverträglichkeits-) Genehmigungsverfahren dergestalt möglich sein muss, dass sie Entscheidungen einer Genehmigungsbehörde auch gerichtlich angreifen können, da nur so eine effektive Durchsetzung des Unionsrechts gewährleistet sei (*EuGH*, ECLI:EU:C:2011:289 – „Trianel"). Dies widerspricht dem deutschen verwaltungsprozessualen Grundsatz, wonach verwaltungsgerichtlicher Rechtsschutz grundsätzlich nur bei der Verletzung eigener subjektiver Rechte erlangt werden kann, sofern es keine spezialgesetzliche Erweiterung der Klagebefugnis auf Dritte gibt. Darüber hinaus ist nach Auffassung des Gerichtshofs auch bei der Frage, unter welchen Voraussetzungen eine die Klagebefugnis begründende subjektive Rechtsverletzung vorliegt, stets der unionsrechtliche Effektivitätsgrundsatz zu beachten, der eine zu restriktive Handhabung des Kriteriums verbietet (*EuGH*, ECLI:EU:C:2013:712 – „Altrip").

244 Besondere Probleme treten auch im **Verfahren des vorläufigen Rechtsschutzes** auf. So sind Fallkonstellationen denkbar, in denen deutsche Behörden bei der Umsetzung von Unionsrecht entgegen der Grundregel des § 80 Abs. 1 VwGO durch das Effektivitätsgebot verpflichtet sind, die sofortige Vollziehung gemäß § 80 Abs. 2 S. 1 Nr. 4 VwGO anzuordnen. Auch kann es zu einem Spannungsverhältnis zwischen der Vollzugsautonomie der Mitgliedstaaten und dem Verwerfungsmonopol des Gerichtshofs für sekundäres Gemeinschaftsrecht (arg. e. Art. 267 AEUV) kommen, sofern nationale Gerichte in Fällen um Rechtsschutz ersucht werden, in denen eine nationale Behörde durch den Erlass eines Verwaltungsaktes i.S.v. § 35 VwVfG eine Verordnung vollzieht, deren Vereinbarkeit mit Primärrecht zweifelhaft ist. Nach Ansicht des Gerichtshofs (*EuGH*, ECLI:EU:C:1991:65 – „Zuckerfabriken Süderdithmarschen") kommt in diesem Fall vorläufiger Rechtsschutz gemäß Art. 278 f. AEUV analog – i.V.m. §§ 80 Abs. 5, 80a Abs. 3 oder § 123 Abs. 1 VwGO – nur in Betracht, wenn erhebliche rechtliche Zweifel an der Gültigkeit der Verordnung bestehen und ein Vorabentscheidungsverfahren nach Art. 267 UAbs. 1 lit. b) AEUV eingeleitet wird. Zugleich muss für den Antragsteller ein

schwerer irreparabler Schaden drohen und das Interesse der Union bei der Beurteilung der Dringlichkeit der Entscheidung angemessen berücksichtigt werden.

Der Vollzug von **mittelbar anwendbarem Unionsrecht**, d.h. von nationalen Normen, **245** die Richtlinien umgesetzt haben, richtet sich ausschließlich nach nationalem Recht. Dieses ist freilich von den nationalen Behörden **richtlinienkonform** anzuwenden und auszulegen.

Weiterführende Literatur: *Fischer/Fetzer*, Fälle zum Europarecht, 9. Auflage 2019, Fall 1 – Bananensplit, Fall 3 – Starker Tobak; *Auer*, Neues zu Umfang und Grenzen der richtlinienkonformen Auslegung, NJW 2007, 2531 ff.; *Britz/Richter*, Die Aufhebung eines gemeinschaftsrechtswidrigen nicht begünstigenden Verwaltungsaktes, JuS 2005, 198 ff.; *Gärditz*, Europäisches Verwaltungsprozessrecht, JuS 2009, 387 ff.; *Grosche/Höft*, Richtlinienkonforme Rechtsfortbildung ohne Grenzen?, NJW 2009, 2416 ff.; *Hermann/Michl*, Wirkungen von EU-Richtlinien, JuS 2009, 1065; *Jarass/Beljin*, Die Bedeutung von Vorrang und Durchführung des EG-Rechts für die nationale Rechtsetzung und Rechtsanwendung, NVwZ 2004, 1 ff.; *Kubitza*, Die Vorwirkung von Richtlinien – die richtlinienbezogene Auslegung und ihre Grenzen, EuZW 2016, 691; *Kühling*, Die richtlinienkonforme und verfassungskonforme Auslegung im Öffentlichen Recht, JuS 2014, 481; *Lindner*, Individualrechtsschutz im europäischen Gemeinschaftsrecht – Ein systematischer Überblick, JuS 2008, 1 ff.; *Mangar-Nestler/Noak*, Europäische Grundfreiheiten und Grundrechte, JuS 2013, 503; *Polzin*, Das Rangverhältnis von Verfassungs- und Unionsrecht nach der neuesten Rechtsprechung des BVerfG, JuS 2012, 1; *Seifert*, Die horizontale Wirkung von Grundrechten, Europarechtliche und rechtsvergleichende Überlegungen, EuZW 2011, 696 ff.; *Schlacke*, Die fortschreitende Europäisierung des (Umwelt-)Rechtschutzes, NVwZ 2014, 11; *Streinz*, Auswirkungen des Vorrangs des EG-Rechts auf Bestandskraft, JuS 2004, 516 ff.; *Sydow*, Europäisierte Verwaltungsverfahren, JuS 2005, 97 ff., 202 ff.; *Walzel/Becker*, Grundzüge der Richtlinienrechtsprechung des EuGH, Jura 2007, 653 ff.

Fünfter Teil

Der Rechtsschutz vor dem Gerichtshof der Europäischen Union

246 Der Gerichtshof der Europäischen Union sichert gemäß Art. 19 Abs. 1 S. 2 EUV die Wahrung des Rechts bei der Auslegung und Anwendung der Verträge. Seine **zentrale Aufgabe** besteht in der Kontrolle der Rechtmäßigkeit des Handelns der Unionsorgane und der Mitgliedstaaten im Sinne des Unionsrechts.

247 Der Gerichtshof der Europäischen Union folgt bei der **Auslegung des Unionsrechts** eher pragmatischen und integrationsfreundlichen Grundsätzen. Wie im nationalen Recht kennt und verwendet man indes aber auch im Unionsrecht die klassischen Interpretationselemente: den Wortlaut, die Entstehungsgeschichte, die Systematik und den Normzweck. Ausgangspunkt für die Auslegung ist auch im Europarecht die **grammatikalische Interpretation**. Soweit zwischen den verschiedenen Sprachfassungen der Verträge Abweichungen bestehen sollten, ist zu beachten, dass der Wortlaut jeder Fassung gleichermaßen verbindlich ist (vgl. Art. 55 EUV). Ebenfalls von wichtiger Bedeutung sind die systematische und die teleologische Auslegungsmethode. Die **systematische Interpretation** bestimmt die Reichweite einer Norm insbesondere nach ihrer Stellung im Gefüge der Verträge. Eine Ausprägung hiervon ist der immer wiederkehrende Satz, dass Grundsatzvorschriften weit und Ausnahmen eng zu verstehen sind. Die **teleologische Auslegung** konkretisiert die oftmals unbestimmten und wertausfüllungsbedürftigen Bestimmungen im Lichte der Ziele der Verträge. Ein Unterfall der normzweckorientierten Betrachtung ist die Auslegung von Unionsnormen nach dem Gedanken der praktischen Wirksamkeit (**effet utile**), d.h., es ist möglichst die Auslegung zu wählen, die das Ziel einer Vorschrift am effektivsten verwirklicht. Bedeutsam ist ebenfalls noch die Überlegung, dass das Unionsrecht stets einheitlich anzuwenden ist. Durch seine Rechtsprechung hat der Gerichthof in der Vergangenheit das Gemeinschaftsrecht integrationsfreundlich fortentwickelt und sich damit als eigentlicher „Motor der Integration" erwiesen. Der **historischen Interpretation** kommt hingegen kein besonderer Stellenwert zu, da der europäische Rechtsetzungsprozess regelmäßig von einem besonderen Kompromisscharakter geprägt ist.

248 Seine Aufgabe nimmt der Gerichtshof der Europäischen Union in verschiedenen Verfahrensarten wahr, die ihm durch Spezialvorschriften **enumerativ** und **abschließend** zugewiesen sind. Der Rechtsweg zum Gerichtshof der Europäischen Union ist daher nicht durch eine Generalklausel eröffnet, sondern nur dann, wenn eine der im AEUV vorgesehenen Verfahrensarten einschlägig ist.

249 Im Folgenden wird – unterteilt nach Zulässigkeit und Begründetheit des Antrags – auf die **fünf wichtigsten Verfahrensarten** eingegangen:
- das Vertragsverletzungsverfahren – Art. 258 AEUV (dazu A.);
- die Nichtigkeitsklage – Art. 263 AEUV (dazu B.);
- die Untätigkeitsklage – Art. 265 AEUV (dazu C.);

– die Amtshaftungsklage – Art. 268 i.V.m. Art. 340 Abs. 2, 3 AEUV (dazu D.);
– das Vorabentscheidungsverfahren – Art. 267 AEUV (dazu E.).

Ergänzt werden die genannten Hauptsacheverfahren durch das **Instrument des vor-** **250**
läufigen Rechtsschutzes. So sieht Art. 279 AEUV zur Gewährung zeitlich effektiven
Rechtsgüterschutzes den Erlass einstweiliger Anordnungen vor (dazu F.). Daneben begründet der AEUV noch eine Reihe weiterer Zuständigkeiten, so z.B. in Art. 270 AEUV
(Streitigkeiten zwischen der Union und ihren Bediensteten), Art. 271 AEUV (Streitigkeiten betreffend die Europäische Investitionsbank und die Europäische Zentralbank)
und Art. 272, 273 AEUV (Streitigkeiten aufgrund Schiedsklauseln und Schiedsverträ-
gen). Die Vollstreckung von Urteilen richtet sich im Regelfall (aber z.B. nicht beim Vertragsverletzungsverfahren) nach Art. 280 i.V.m. Art. 299 AEUV.

A. Das Vertragsverletzungsverfahren

Das Vertragsverletzungsverfahren gemäß Art. 258 ff. AEUV dient der Beseitigung von   **251**
Vertragsverletzungen seitens der Mitgliedstaaten. Es handelt sich dabei um ein Verfahren der **objektiven Rechtskontrolle** mit dem Ziel der Durchsetzung des Unionsrechts. Es bietet keinen Individualschutz, gleichwohl können einzelne Unionsbürger
durch Anzeige oder Petition die Kommission auf etwaige Vertragsverletzungen eines
Staates hinweisen und sie auf indirektem Wege zur Einleitung des Verfahrens gemäß
Art. 258 AEUV bewegen.

Das Vertragsverletzungsverfahren ist **zweistufig** konzipiert. Die erste administrative   **252**
Stufe dient der Kommunikation und Anhörung zwischen der Kommission und dem
Mitgliedstaat. Sie ist auf eine außergerichtliche Lösung gerichtet und soll dem beschul-
digten Mitgliedstaat sowohl Anreiz als auch Gelegenheit zur Beseitigung der Verlet-
zungsklage geben. Erst nach erfolglosem Ablauf dieses obligatorischen Vorverfahrens
treten die Parteien durch die Klageerhebung vor dem Gerichtshof in die zweite – gerichtliche – Verfahrensstufe ein.

I. Zulässigkeit

■ **Zuständigkeit:**   Für das Vertragsverletzungsverfahren ist allein der Gerichtshof zu-   **253**
ständig; Art. 258 AEUV wird in Art. 256 AEUV nicht aufgeführt.

■ **Antragsteller:**   Berechtigt zur Einleitung des Vertragsverletzungsverfahrens ist ge-   **254**
mäß Art. 258 Abs. 1 AEUV die Kommission. Neben der Kommission ist jeder Mitgliedstaat zur Erhebung der Klage berechtigt (Art. 259 AEUV). In der Praxis freilich tritt
nahezu ausschließlich die Kommission als Kläger auf, da ein Mitgliedstaat stets die
Gefährdung der politischen Beziehungen zum vertragsbrechenden Staat als Konsequenz einer Klage in Betracht ziehen muss.

■ **Antragsgegner:**   Die Klage kann sich nur gegen einen Mitgliedstaat richten (Art. 258,   **255**
259 AEUV). Auch wenn innerstaatlich ein Bundesland das Unionsrecht verletzt hätte,

wäre die Klage der Kommission gegen den Gesamtstaat Bundesrepublik Deutschland gerichtet.

256 ■ **Antragsgegenstand:** Klagegegenstand ist die Verletzung der Verträge durch einen Mitgliedstaat (Art. 258 AEUV). Es können Verstöße gegen primäres und sekundäres Unionsrecht sowie gegen die allgemeinen Rechtsgrundsätze des Unionsrechts gerügt werden. In Betracht kommt hier die Nichtanwendung von Verordnungen oder die unzureichende bzw. unterlassene Umsetzung einer Richtlinie in nationales Recht. Fraglich ist, wann ein Verhalten als (mitglied-)staatlich qualifiziert werden kann. Das ist immer dann der Fall, wenn ein mit Hoheitsgewalt ausgestattetes Organ handelt oder wenn das Handeln eines anderen Subjekts einem solchen Organ zugerechnet werden kann. Unter Art. 258 AEUV fallen daher z.B. Handlungen des Bundestags, der Gerichte oder der Gemeinden, aber auch Handlungen Privater, wenn diese unter überwiegendem staatlichen Einfluss stehen.

257 ■ **Überzeugung von der Vertragsverletzung:** Zur Erhebung der Klage sind die Kommission und die Mitgliedstaaten nur dann berechtigt, wenn sie von der Existenz der Vertragsverletzung überzeugt sind. Zweifel reichen nicht aus.

258 ■ **Vorverfahren:** Die Durchführung des bereits erwähnten Vorverfahrens ist eine Zulässigkeitsvoraussetzung für das Vertragsverletzungsverfahren gemäß Art. 258, 259 AEUV. Die Kommission leitet das Vorverfahren ein, indem sie dem betroffenen Mitgliedstaat ein förmliches Mahnschreiben sendet, welches ihn auf die bestehende Verletzungssituation hinweist und ihm Gelegenheit zur Äußerung binnen einer angemessenen Frist bzw. zur Beseitigung der Verletzung gibt. Erfolgt keine angemessene Reaktion des Mitgliedstaates, gibt die Kommission eine begründete Stellungnahme ab, welche die Grundlage für das darauffolgende gerichtliche Verfahren bildet. Allein der Inhalt dieser Stellungnahme wird zum Streitgegenstand des Verfahrens vor dem Gerichtshof. Will ein Mitgliedstaat das Verfahren vor dem Gerichtshof einleiten, so hat dieser zunächst die Kommission mit der Angelegenheit zu „befassen". Die Kommission führt daraufhin das dargelegte Vorverfahren durch; der klagende Staat muss dessen erfolglosen Ablauf abwarten, bevor er den Antrag beim Gerichtshof stellen kann.

259 ■ **Rechtsschutzbedürfnis:** Problematisch ist die Situation, wenn der Mitgliedstaat die Vertragsverletzung zwar noch nicht beim Abschluss des Vorverfahrens, wohl aber zum Zeitpunkt der gerichtlichen Verhandlung endgültig beseitigt hat. Ein Rechtsschutzinteresse besteht trotz allem, denn der Zweck des Verfahrens erschöpft sich nicht allein in der Veranlassung eines Staates zur Befolgung des Unionsrechts, sondern hat auch gewisse moralische sowie negative Öffentlichkeitswirkung. Darüber hinaus besteht ein Interesse an der Feststellung eines vergangenen Vertragsbruchs im Rahmen von Schadensersatzklagen Geschädigter.

II. Begründetheit

Die Klage ist begründet, wenn der Gerichtshof feststellt, dass der betreffende Mitglied- **260**
staat gegen seine Verpflichtung aus den Verträgen verstoßen hat. Gemäß **Art. 260
Abs. 1 AEUV** ist der Mitgliedstaat dann verpflichtet, alle Maßnahmen zu ergreifen, um
die Vertragsverletzung zu beseitigen. Obgleich die Vertragsvorschrift keine Frist nennt,
hat der betreffende Mitgliedstaat nach einhelliger Auffassung innerhalb kürzester Zeit
die zur Umsetzung des Urteils notwendigen Maßnahmen zu ergreifen und durchzu-
führen. Manche wollen Art. 260 Abs. 1 AEUV darüber hinaus einen selbstständigen
Folgenbeseitigungsanspruch des Einzelnen entnehmen. Dies ist aber abzulehnen,
denn Art. 260 Abs. 1 AEUV dient allein dem objektiven Interesse der Durchsetzung des
Unionsrechts und nicht dem Individualschutz.

III. Vollstreckung

In **Art. 260 Abs. 2 AEUV** ist ein **besonderes gerichtliches Verfahren der Urteils-** **261**
vollstreckung niedergelegt: Verletzt ein Mitgliedstaat seine Verpflichtung aus Art. 260
Abs. 1 AEUV, kommt er also dem Urteil des Gerichtshofs nicht nach, kann die Kommission erneut den Gerichtshof anrufen, nachdem sie dem Staat zuvor Gelegenheit zur
Äußerung gegeben hat. Dabei benennt sie die Höhe des von dem rechtsbrüchigen
Mitgliedstaat zu zahlenden Pauschalbetrags oder Zwangsgelds, die sie den Umständen
nach für angemessen hält. Der Gerichtshof „kann" im Falle der Begründetheit der noch-
maligen Aufsichtsklage einen Pauschalbetrag oder ein Zwangsgeld gegen den säumigen Mitgliedstaat verhängen.

Die in Art. 260 Abs. 2 AEUV vorgesehenen finanziellen Sanktionen beruhen auf zwei **262**
Überlegungen: In der Nichtbefolgung eines Urteils des Gerichtshofs der Europäischen
Union liegt erstens eine grundsätzliche Missachtung der Funktion der Union als Rechtsgemeinschaft und zweitens eine Untergrabung der einheitlichen Geltung des Unionsrechts. Die in Art. 260 Abs. 2 AEUV vorgesehenen finanziellen Sanktionen dienen somit
dazu, den Mitgliedstaat von der Aufrechterhaltung eines bestehenden Vertragsverstoßes sowie der Begehung weiterer Zuwiderhandlungen gegen Unionsrecht abzuschre-
cken und dadurch die Autorität des Unionsrechts zu sichern (**Präventionsfunktion**)
sowie auf den rechtsbrüchigen Mitgliedstaat wirtschaftlichen Zwang auszuüben, der
ihn dazu veranlasst, die festgestellte Vertragsverletzung abzustellen, wodurch in der
Anwendungspraxis die einheitliche Geltung und praktische Wirksamkeit des Unionsrechts gewährleistet wird (**Steuerungsfunktion**).

Beide Funktionen der Vorschrift sind auch maßgeblich zur Abgrenzung und Konkre- **263**
tisierung der Rechtsfolgenanordnungen des Zwangsgelds und des Pauschalbetrags:
Eine Größenordnung für die Höhe des Zwangsgeldes oder des Pauschalbetrages gibt
Art. 260 AEUV nicht vor. Allerdings hat die Kommission ein Verfahren für die Berechnung des Zwangsgeldes nach Art. 260 AEUV entwickelt, bei dem insbesondere auf die
Zahlungsfähigkeit des Mitgliedstaates, die Dauer und Schwere des Vertragsverstoßes
sowie die Dringlichkeit der Erfüllung der Pflichten abgestellt wird (zu einem Beispiels-

fall siehe *EuGH*, ECLI:EU:C:2008:695 – „Kommission/Frankreich": Pauschal 10 Mio. Euro). Nach Ansicht des Gerichtshofes sind jeweils die Umstände des Einzelfalles maßgeblich, auch wenn er letztlich die von der Kommission entwickelten Grundsätze akzeptiert.

264   Zweifelhaft ist, ob Pauschalbetrag und Zwangsgeld nur alternativ oder auch kumulativ als Sanktion verhängt werden können. Hier vertritt der Gerichtshof (*EuGH*, ECLI:EU: C:2005:444 – „Kommission/Frankreich") – im Anschluss an die lesenswerten Schlussanträge von Generalanwalt *Geelhoed* vom 29.4. und 18.11.2004 – die Auffassung, **beide Rechtsfolgen von Art. 260 Abs. 2 AEUV können auch kumulativ angeordnet** werden. Denn nur ein solcher Ansatz leistet einen wirksamen Beitrag zur Sicherung der Autorität des Unionsrechts und damit der Verwirklichung der Präventionsfunktion. Dem steht auch nicht der Wortlaut von Art. 260 Abs. 2 AEUV („Pauschalbetrag oder Zwangsgeld") entgegen. Denn diese Konjunktion kann in sprachlicher Hinsicht sowohl kumulative als auch alternative Bedeutung haben; womit der Normtext zumindest entscheidungsoffen ist.

265   Fraglich ist des Weiteren, ob ein Urteil des Gerichtshofs, in dem er gegenüber einem Mitgliedstaat nach Art. 260 Abs. 2 AEUV einen Pauschalbetrag oder ein Zwangsgeld verhängt, gegenüber Letzterem nach Art. 280 i.V.m. Art. 299 AEUV **überhaupt zwangsweise vollstreckbar** ist. Die ablehnende Meinung beruft sich dabei auf den Wortlaut von Art. 280 i.V.m. Art. 299 UAbs. 1 AEUV, wonach die Mitgliedstaaten von der Zwangsvollstreckung ausgenommen sind („gilt nicht gegenüber Staaten"). Der Verweis auf den Vertragstext verkennt aber, dass das Vollstreckungsprivileg für Staaten innerhalb des Art. 299 AEUV nicht als eigenständiger Absatz, sondern direkt nach UAbs. 1, 1. Hs. als zweiter Halbsatz eingefügt ist. Daraus folgt, dass das staatliche Vollstreckungsprivileg in engem Zusammenhang mit dem Inhalt von Art. 299 UAbs. 1, 1. Hs. AEUV zu lesen ist und sich demgemäß nur auf Zahlungsentscheidungen des Rates oder der Kommission gegenüber Mitgliedstaaten bezieht. Zudem dient das Zwangsgeldverfahren gemäß Art. 260 Abs. 2 AEUV dazu, die Mitgliedstaaten durch die Setzung eines finanziellen Anreizes zur Befolgung des Unionsrechts anzuhalten. Dieses Ziel würde bei einer Anwendung des Art. 299 Abs. 1, 2. Hs. AEUV zugunsten vertragsbrüchiger Mitgliedstaaten konterkariert werden, weil sie von vornherein wüssten, dass Art. 260 Abs. 2 AEUV eben doch nur ein stumpfes Schwert ist. Deshalb ist der Ansicht zu folgen, die Pauschalbeträge und Zwangsgelder auch gegenüber Mitgliedstaaten nach Art. 280 i.V.m. Art. 299 AEUV für zwangsweise vollstreckbar hält.

B. Die Nichtigkeitsklage

266   Art. 263 AEUV bietet ein Verfahren, um die **Rechtmäßigkeit von Handlungen der Unionsorgane** vom Gerichtshof der Europäischen Union **überprüfen zu lassen**. Die Rechtmäßigkeitskontrolle kann **zwei verschiedene Zielrichtungen** haben: Sie kann einerseits den objektiven Schutz der Rechtsordnung bezwecken; andererseits kann sie auch dem Individualschutz dienen, wenn sich ein Einzelner gegen einen ihn unmittelbar und individuell betreffenden Unionsrechtsakt wehren möchte.

I. Zulässigkeit

■ **Zuständigkeit:** Ausgehend von Art. 256 Abs. 1 UAbs. 1 AEUV ist das Gericht für   **267**
Klagen gemäß Art. 263 AEUV zuständig, falls die Satzung des Gerichtshofes der Euro-
päischen Union nicht etwas anderes bestimmt. Art. 51 GHS weist die Zuständigkeit für
Klagen der Unionsorgane und der Mitgliedstaaten – zumindest im Grundsatz – dem
Gerichtshof zu. Erhebt eine natürliche oder juristische Person eine Nichtigkeitsklage, so
ist hingegen das Gericht zuständig.

■ **Kläger:** Zur Klageerhebung berechtigt sind gemäß Art. 263 UAbs. 2 AEUV zunächst   **268**
die Mitgliedstaaten, das Europäische Parlament, der Rat und die Kommission, weiterhin die Europäische Zentralbank, der Rechnungshof und der Ausschuss der Regionen
(UAbs. 3) sowie natürliche und juristische Personen (UAbs. 4). Diese Unterteilung in
Gruppen bzw. Kategorien von Klägern deutet bereits an, dass je nach Art des Klägers
unterschiedliche Anforderungen gelten.

■ **Klagegegner:** Nach Art. 263 UAbs. 1 AEUV kommen als Antragsgegner einer Nich-   **269**
tigkeitsklage der Rat, der Europäische Rat, die Kommission, das Parlament und die
Europäische Zentralbank in Betracht. Zudem werden mittlerweile auch Einrichtungen
und sonstige Stellen der Union aufgeführt.

■ **Klagegegenstand:** Möglicher Gegenstand einer Nichtigkeitsklage können Gesetz-   **270**
gebungsakte sowie alle weiteren rechtlich verbindlichen Handlungen der Unionsorgane und weiteren Einrichtungen und Stellen der Union sein. Art. 263 UAbs. 1 AEUV
formuliert den Antragsgegenstand insoweit negativ, als er Empfehlungen und Stellungnahmen – zwei Formen rechtlich unverbindlicher Maßnahmen – als Gegenstand
einer Klage ausschließt. Die übrigen in Art. 288 AEUV genannten Arten von Rechtsakten
(Verordnungen, Richtlinien und Beschlüsse) sowie sonstige Akte mit Bindungswirkung
können mit Hilfe des Art. 263 AEUV überprüft werden. Soweit es um Nichtigkeitsklagen natürlicher und juristischer Personen geht, finden sich Besonderheiten in Art. 263
UAbs. 4 AEUV, die zum Teil auch mit der Klagebefugnis zusammenspielen. Zulässige
Klagegegenstände sind: (1) die an die betreffende Person gerichteten Handlungen, mit
der die adressatenbezogenen Beschlüsse gemäß Art. 288 UAbs. 4 S. 2 AEUV erfasst
werden; (2) Handlungen, die einen anderen oder keinen Adressaten haben, soweit die
Klagebefugnis in Form der unmittelbaren und individuellen Betroffenheit vorliegt;
(3) Rechtsakte mit Verordnungscharakter, die keine Durchführungsmaßnahmen nach
sich ziehen, soweit eine Klagebefugnis in Form einer unmittelbaren Betroffenheit vorliegt. Die zuletzt genannte Kategorie wurde durch den Vertrag von Lissabon neu eingefügt, um den Individualrechtsschutz gegen Unionsrechtsakte zu verbessern. Es ist
aber bislang keineswegs eindeutig, in welchem Maße hierdurch Rechtsschutz gegen
Verordnungen oder verordnungsgleiche Rechtsakte eröffnet wird.

■ **Klagebefugnis:** Im Rahmen der Klagebefugnis muss zwischen privilegierten und   **271**
nicht privilegierten Klägern unterschieden werden:

Die Mitgliedstaaten und die Unionsorgane gelten als **privilegierte Kläger**, da für sie   **272**
eine besondere Klagebefugnis nicht vorausgesetzt wird. Eine Ausnahme gilt insoweit
aber für den Rechnungshof, den Ausschuss der Regionen und die Europäische Zentral-

bank; diese Organe können nur die Wahrung ihrer eigenen Rechte geltend machen (Art. 263 UAbs. 3 AEUV).

273   Natürliche und juristische Personen sind sog. **nicht privilegierte Kläger**, weil an sie höhere Anforderungen hinsichtlich der Klagebefugnis gestellt werden. Es sind drei Fälle zu unterscheiden: Uneingeschränkt klagebefugt ist eine Privatperson nur, sofern sich die Klage gegen einen Beschluss richtet, welcher an den Kläger als Adressaten ergangen ist **(Art. 263 UAbs. 4, 1. Alt. AEUV)**. War der Beschluss nicht an den Kläger adressiert **(Art. 263 UAbs. 4, 2. Alt. AEUV)**, hängt die Klagebefugnis im Grundsatz davon ab, dass der Kläger unmittelbar und individuell betroffen ist. **Unmittelbare Betroffenheit** erfordert, dass sich der Beschluss zwangsläufig und ohne zwischengeschaltete (nationale) Maßnahmen – deren Eintreten regelmäßig ungewiss ist – auf die rechtliche Position des Klägers auswirkt. Eine Definition für das Merkmal der **individuellen Betroffenheit** hat der Gerichtshof in seiner **„Plaumann"-Entscheidung** (*EuGH*, ECLI:EU:C:1963:17) entwickelt. Sie liegt immer dann vor, wenn die Entscheidung den Kläger wegen bestimmter persönlicher Eigenschaften oder besonderer, ihn aus dem Kreis aller übrigen Personen heraushebenden Umstände berührt und ihn daher in ähnlicher Weise individualisiert wie einen Adressaten. In der genannten Entscheidung hat der Gerichtshof ein individuelles Betroffensein der Klägerin abgelehnt, weil sie

> *„[. . .] im vorliegenden Fall [. . .] durch die umstrittene Entscheidung in ihrer Eigenschaft als Importeur von Clementinen betroffen [sei], also im Hinblick auf eine kaufmännische Tätigkeit, die jederzeit durch jedermann ausgeübt werden kann und daher nicht geeignet ist, die Klägerin gegenüber der angefochtenen Entscheidung in gleicher Weise zu individualisieren wie den Adressaten."*

274   Nach dieser Formel ist der Rechtsschutz gegen Handlungen der Unionsorgane vor den europäischen Gerichten nur unter sehr engen Voraussetzungen möglich, wie gerade das Beispiel der sich selbst vollziehenden Verordnungen belegt. Im Grundsatz kann ein Bürger auf dieser rechtlichen Basis nicht gegen Verordnungen vorgehen, da sie genereller Natur sind und daher – zumindest im Ansatz – nicht nur für einen bestimmten Personenkreis, sondern für jedermann in der Union gelten. Nur ausnahmsweise hatte der Gerichtshof eine individuelle Betroffenheit bejaht (z.B. *EuGH*, ECLI:EU:C:1994:197 – „Cordoniú"), etwa wenn die betroffenen Bürger in der Verordnung genannt wurden. Um den Rechtsschutz des Einzelnen zu verbessern, hatte das Gericht im Fall „Jégo Quéré" (*EuG*, EuZW 2002, 412) einen weiter gefassten Ansatz zur individuellen Betroffenheit entwickelt; was der Gerichtshof jedoch in seinem Urteil zum Fall „Unión de Pequeños Agricultores" (*EuGH*, ECLI:EU:C:2002:462; ferner *EuGH*, ECLI:EU:C:2004:210 – „Jégo Quéré") zurückgewiesen hat. Vor diesem Hintergrund wurde in **Art. 263 UAbs. 4, 3. Alt. AEUV** eine **Erweiterung der Klagemöglichkeiten** Einzelner vorgesehen, indem bei Klagen gegen Rechtsakte mit Verordnungscharakter nur noch eine unmittelbare, aber keine individuelle Betroffenheit gefordert wird. Nicht ohne Weiteres ersichtlich ist, welche Bedeutung dem Tatbestandsmerkmal „Rechtsakt mit Verordnungscharakter" zukommt. Nach der Rechtsprechung des Gerichtshofs der Europäischen Union sind hierunter „Handlungen mit allgemeiner Geltung unter Ausschluss von Gesetzgebungsakten" zu verstehen (*EuGH*, ECLI:EU:C:2013:625 – „Inuit"; zuvor bereits *EuG*, EuZW 2012, 395 – „Inuit"). Mit Ausnahme der Gesetzgebungsakte wird also jede Handlung mit allgemeiner Geltung erfasst. Gegen Gesetzgebungsakte kann eine natürliche oder juristische Person daher nur dann Nichtigkeitsklage erheben,

wenn sie von ihm unmittelbar und individuell betroffen ist. Es ist daher jeweils für den konkreten Fall zu prüfen, ob eine Regelung als Gesetzgebungsakt oder als Rechtsakt mit Verordnungscharakter einzustufen ist. Aus Art. 289 Abs. 2 und 3 AEUV ergibt sich insoweit, dass Rechtsakte, die nach dem in Art. 294 AEUV festgelegten „ordentlichen Gesetzgebungsverfahren" angenommen wurden, Gesetzgebungsakte sind. In den o.g. Urteilen ging es um die Nichtigerklärung der Verordnung (EG) Nr. 1007/2009 über den Handel mit Robbenerzeugnissen. Da diese als „Gesetzgebungsakte" qualifiziert wurden, war eine Klagebefugnis nach Art. 263 UAbs. 4, 3. Alt. AEUV nicht gegeben.

- **Frist:** Die Nichtigkeitsklage ist binnen zwei Monaten ab Bekanntgabe oder Mitteilung an den Kläger bzw. Kenntnis durch den Kläger zu erheben (Art. 263 UAbs. 6 AEUV). Das Fristerfordernis ist neben der Klagebefugnis ein Mittel der Einschränkung des Zugangs zu den Gerichten, getragen vom Effizienzgedanken und der Notwendigkeit der Begrenzung der Zahl der Nichtigkeitsklagen zur Erhaltung der Funktionsfähigkeit der Gerichte. Nach Fristablauf ist es dem Kläger verwehrt, die Rechtswidrigkeit des europäischen Rechtsaktes geltend zu machen. Mit dem Versäumnis, die Klage im vorgegebenen Zeitraum zu erheben, verliert der Kläger das Recht, die fragliche Maßnahme anzugreifen. Es tritt die sog. „Bestandskraft" ein, was bedeutet, dass der Rechtsakt wirksam und für den Einzelnen unangreifbar bestehen bleibt, selbst wenn er unionsrechtswidrig ist.   **275**

- **Rechtsschutzbedürfnis:** Eine Nichtigkeitsklage einer natürlichen oder juristischen Person ist nur insoweit zulässig, als der Kläger ein Interesse an der Nichtigerklärung der angefochtenen Handlung hat. Es muss sich dabei um ein bestehendes und gegenwärtiges Interesse handeln, wofür auf den Tag der Klageerhebung abzustellen ist.   **276**

> **Beispiel:** *EuG*, Urt. vom 14.4.2005, Rs. T-141/03 – „Sniace"   **277**
> *Die staatliche C-Bank (C) gewährte Sniace (S) einen zinsgünstigen Kredit. Die EU-Kommission sah darin eine teilweise unzulässige Beihilfe nach Art. 87 EG (heute: Art. 107 AEUV); so dass sie die Darlehensgewährung nur teilweise in einer Entscheidung (jetzt: Beschluss) genehmigte. Im Übrigen musste das Darlehen von S an C zurückgezahlt werden. S erhob daraufhin eine Nichtigkeitsklage gegen die Entscheidung der Kommission, ohne zuvor bei den innerstaatlichen Gerichten Rechtsschutz gegen das Rückzahlungsverlangen der C begehrt zu haben.*

Das Gericht wies die Nichtigkeitsklage gemäß Art. 230 UAbs. 4 EG (heute: Art. 263 UAbs. 4 AEUV) mangels Rechtsschutzbedürfnis als unzulässig ab. Zwar berufe sich die Klägerin im Ausgangspunkt zutreffend auf ihr europäisches Grundrecht auf effektiven Rechtsschutz. Gleichwohl werde S keineswegs jeder Rechtsschutz versagt, wenn trotz Zeitablaufs seit Erlass der angefochtenen Entscheidung noch Klagen vor den innerstaatlichen Gerichten erhoben würden. Zum einen könne sie sämtliche ihr nach dem innerstaatlichen Recht zur Verfügung stehenden Verteidigungsmittel geltend machen, um sich gegen das Rückforderungsverlangen zur Wehr zu setzen. Zum anderen wäre S, würde die vorliegende Klage für unzulässig erklärt, nicht daran gehindert, beim nationalen Gericht im Rahmen eines dort anhängigen Rechtsstreits ein Vorabentscheidungsverfahren nach Art. 234 EG (heute: Art. 267 AEUV) zu beantragen, um die Gültigkeit der Entscheidung der Kommission überprüfen zu lassen, soweit sie feststellt, dass es sich bei der Maßnahme um eine Beihilfe handelt. Daher fehle es am Rechtsschutzbedürfnis.

Der Entscheidung des Gerichts dürfte somit die allgemeine Aussage zu entnehmen sein, dass das Rechtsschutzbedürfnis für eine Nichtigkeitsklage nach Art. 263 UAbs. 4 AEUV gegen eine Maßnahme der Union solange fehlt, wie vor nationalen Gerichten gegen auf der Maßnahme der Union beruhende Ausführungsrechtsakte Rechtsschutz begehrt werden kann (**Subsidiarität der Individualnichtigkeitsklage**). Diese Auffassung ist systematisch konsequent, wenn man in den Blick nimmt, dass die mitgliedstaatlichen Gerichte als Folge des Subsidiaritätsprinzips und der Vollzugsautonomie der Mitgliedstaaten ein effektives und diskriminierungsfreies System von Rechtsbehelfen zur Lösung der beim dezentralen Vollzug von Unionsrecht auftretenden Rechtsprobleme bereithalten müssen. Die innerstaatlichen Rechtsprechungsinstanzen agieren insofern als funktionelle Unionsgerichte.

II. Begründetheit

278   Die Klage ist begründet, wenn die angegriffene Maßnahme wegen Unzuständigkeit, Verletzung wesentlicher Formvorschriften, Rechtsverletzung oder Ermessensmissbrauchs rechtswidrig ist. Der Rechtsakt wird vom Gerichtshof als von vornherein nichtig erklärt („ex tunc"-Wirkung); das Urteil des Gerichtshofs ist allgemeinverbindlich (Geltung „erga omnes"). Im Falle der Nichtigerklärung einer Verordnung kann der Gerichtshof gemäß Art. 264 UAbs. 2 AEUV die Fortgeltung bestimmter Wirkungen der Verordnung aussprechen.

C. Die Untätigkeitsklage

279   Unterlässt es eines der Unionsorgane (Europäisches Parlament, Europäischer Rat, Rat, Kommission oder EZB) unter Verletzung der Verträge, einen Beschluss zu fassen, kann gemäß Art. 265 AEUV eine Untätigkeitsklage erhoben werden. Ebenso wie die Nichtigkeitsklage dient diese Klageart sowohl der objektiven Legalitätskontrolle des Verhaltens der Unionsorgane als auch dem Individualrechtsschutz. Während im Rahmen von Art. 263 AEUV unionsrechtswidriges Handeln überprüft werden kann, ist das Unterlassen der Unionsorgane Gegenstand der Untätigkeitsklage. Die Struktur beider Klagearten ist sehr ähnlich.

I. Zulässigkeit

280   ▪ **Zuständigkeit:** Parallel zur Nichtigkeitsklage ergibt sich die Zuständigkeit für eine Untätigkeitsklage aus dem systematischen Zusammenspiel von Art. 256 Abs. 1 UAbs. 1 AEUV und Art. 51 GHS. Wird die Untätigkeitsklage von den Mitgliedstaaten oder einem der Unionsorgane angestrengt, ist im Grundsatz der Gerichtshof zuständig; Individualkläger müssen sich an das Gericht wenden.

281   ▪ **Kläger:** Nach Art. 265 UAbs. 1 AEUV aktiv beteiligtenfähig sind die Mitgliedstaaten sowie die anderen Organe der Union. Art. 265 UAbs. 3 AEUV erweitert den Kreis der Antragsteller auf jede natürliche oder juristische Person. Es findet auch hier eine Unterscheidung von privilegierten und nicht privilegierten Klägern statt.

282   ▪ **Klagegegner:** Art. 265 UAbs. 1 AEUV nennt als mögliche Klagegegner den Rat, den Europäischen Rat, das Parlament, die Kommission, die EZB sowie Einrichtungen und sonstige Stellen der Union, die es unterlassen, tätig zu werden.

- **Klagegegenstand:** Klagegegenstand einer Untätigkeitsklage ist gemäß Art. 265   **283**
UAbs. 1 AEUV das „Unterlassen einer Beschlussfassung". Die Klage ist demnach nur
zulässig, wenn es nach dem Vorbringen des Klägers um ein Unterlassen eines Organs
geht. Haben Rat, Kommission oder Parlament bereits einen Rechtsakt erlassen, ist die
Nichtigkeitsklage die richtige Rechtsschutzform. Gemäß dem Wortlaut des Art. 265
UAbs. 1 AEUV muss das Unterlassen in der Nichtfassung eines Beschlusses liegen. Da
die Norm im Gegensatz zu Art. 263 AEUV Stellungnahmen und Empfehlungen gemäß
Art. 288 UAbs. 5 AEUV nicht von einer Untätigkeitsklage ausschließt, können sowohl
verbindliche als auch unverbindliche Maßnahmen Klagegegenstand sein. Die Rechtsprechung stellt darauf ab, ob die eingeklagte Maßnahme konkret genug ist, um vollzogen werden zu können.

Ein Mitgliedstaat oder ein Unionsorgan kann jede Art von unterlassenem Beschluss   **284**
zum Klagegegenstand machen. Besonderheiten sieht Art. 265 UAbs. 3 AEUV für die
von juristischen und natürlichen Personen erhobenen Untätigkeitsklagen vor. Diese
sind nur zulässig, wenn das betreffende Organ (bzw. eine Einrichtung oder sonstige
Stelle der Union) es unterlassen hat, einen anderen Akt als eine Empfehlung oder
Stellungnahme **an die Person zu richten**. Somit ist auf die Rechtsverbindlichkeit des
Rechtsaktes abzustellen sowie auf die Adressierung der potenziellen Maßnahme. Da
Verordnungen oder Richtlinien nie an einen einzelnen Bürger gerichtet sind, kommt
die Untätigkeitsklage einer natürlichen oder juristischen Person nur gegen unterlas-
sene Beschlüsse in Betracht. Zumindest fraglich ist, ob von Art. 265 AEUV auch die
Konstellation der **positiven Konkurrentenklage** erfasst ist. Damit sind die Fälle gekennzeichnet, in denen der Kläger den Erlass eines gegen einen Dritten gerichteten
Beschlusses begehrt, z.B. gegen einen Wettbewerber. Der Text von Art. 265 UAbs. 3
AEUV („an sie zu richten") spricht zwar gegen ein solches Verständnis, doch legen der
systematische Vergleich mit Art. 263 UAbs. 4 AEUV, der eine negative Konkurrentenklage erlaubt, und der Gedanke des effektiven Rechtsschutzes eine extensive Auslegung nahe. Deshalb geht auch der Gerichtshof davon aus, dass die positive Konkurrentenklage auf Art. 265 UAbs. 3 AEUV gestützt werden kann (*EuGH*, ECLI:EU:C:1996:
452 Tz. 59 – „T. Port").

Wichtig ist, dass sich die Klage nur auf solche Gegenstände beziehen darf, die bereits   **285**
Gegenstand des erforderlichen Vorverfahrens gewesen sind. Der Klagegegenstand
wird demnach bereits durch das Vorverfahren festgelegt.

- **Antragsbefugnis:** Weder für privilegierte noch für nicht privilegierte Kläger besteht   **286**
das Erfordernis einer speziellen Klagebefugnis. Die Einschränkungen, die für Untätigkeitsklagen natürlicher und juristischer Personen gemäß Art. 265 UAbs. 3 AEUV gelten,
beziehen sich auf den Klagegegenstand und sind dort zu erörtern.

- **Vorverfahren:** Voraussetzung für die Erhebung einer Untätigkeitsklage ist gemäß   **287**
Art. 265 UAbs. 2 AEUV schließlich, dass das Organ durch den Kläger zuvor aufgefordert
worden ist, tätig zu werden. Hat das Organ nicht innerhalb von zwei Monaten Stellung
genommen, kann innerhalb von weiteren zwei Monaten Klage erhoben werden. Die
Zweimonatsfrist nach Ablauf der Stellungnahmefrist kann somit auch als **Klagefrist**
bezeichnet werden.

288 ■ **Rechtsschutzbedürfnis:** Das Rechtsschutzbedürfnis für eine Untätigkeitsklage entfällt, wenn die Untätigkeit bei Klageerhebung beseitigt war. Daneben wird ein Rechtsstreit in der Hauptsache für erledigt erklärt, wenn die Untätigkeit zwar nach Klageerhebung, aber vor Urteilsverkündung beendigt wurde.

II. Begründetheit

289 Die Untätigkeitsklage ist begründet, wenn das Organ (bzw. die Einrichtung oder sonstige Stelle der Union) aus den Verträgen oder aus sekundärem Unionsrecht verpflichtet war, den unterlassenen Beschluss zu fassen. Das Urteil hat allerdings nur feststellende Wirkung. Eine Verpflichtung zum Tätigwerden ergibt sich dann aus Art. 266 AEUV, wonach auf die Feststellung des Gerichtshofs der Europäischen Union, dass eine Untätigkeit vorliegt, das Organ verpflichtet wird, die nötigen Maßnahmen zu ergreifen.

D. Die Amtshaftungsklage

290 Mit der Amtshaftungsklage gemäß Art. 268 i.V.m. Art. 340 UAbs. 2, 3 AEUV kann ein Schaden aus dem Bereich der außervertraglichen – also deliktischen – Haftung (für die vertragliche Haftung gilt gemäß Art. 340 UAbs. 1 AEUV das auf den jeweiligen Vertrag anwendbare Recht) vor den europäischen Gerichten eingeklagt werden. Die Schadensersatzklage ist eine Leistungsklage und dient allein dem individuellen Rechtsschutz gegen rechtswidrige Akte der europäischen Hoheitsgewalt.

I. Zulässigkeit

291 ■ **Zuständigkeit:** Im Rahmen der Zuständigkeit ist für die Amtshaftungsklage nicht nur eine Abgrenzung zwischen Gerichtshof und Gericht (innerhalb des Gerichtshofes der Europäischen Union), sondern auch zwischen der europäischen und der nationalen Gerichtsbarkeit zu treffen.

292 Das Gericht der Europäischen Union kann nur entscheiden, wenn es sich bei dem schädigenden Verhalten um das eines Unionsorgans handelt. Da die Union und die mitgliedstaatlichen Behörden bei der Anwendung des Unionsrechts oft zusammenwirken, ist in jedem Einzelfall zu prüfen, wem das schädigende Verhalten zuzurechnen ist. Es sind zwei Konstellationen zu unterscheiden: Einerseits ist denkbar, dass eine rechtmäßige Norm des Unionsrechts rechtswidrig vollzogen wird. War ein Unionsorgan das Vollzugsorgan, sind die europäischen Gerichte für die Amtshaftungsklage zuständig. Wurde die Norm hingegen von einer nationalen Behörde rechtswidrig vollzogen, muss sich der verletzte Bürger an ein nationales Gericht wenden. Nur in Fällen, in denen die nationale Behörde aufgrund einer bindenden Weisung eines Unionsorgans und somit ohne eigenen Ermessensspielraum gehandelt hat, ist der Vollzugsakt dem anweisenden Unionsorgan zuzurechnen. Die zweite Konstellation, in der bereits rechtswidriges Unionsrecht von einer nationalen Behörde – zwingend rechtswidrig – vollzo-

gen wird, ist schwieriger zu beurteilen. Die nationale Durchführungsmaßnahme ist stets – wegen fehlerhafter Rechtsgrundlage – rechtswidrig und kann vor dem nationalen Gericht angefochten werden. Nur wenn dieser Weg erfolglos bleibt, ist dem Geschädigten – subsidiär – die Amtshaftungsklage vor den europäischen Gerichten gegen legislatives Unrecht eröffnet.

Für die sachliche Zuständigkeit auf Gemeinschaftsebene stellt Art. 268 AEUV auf den Gerichtshof der Europäischen Union ab. Für die interne Zuständigkeitsverteilung weist Art. 256 AEUV die Klage nach Art. 268 AEUV dem Gericht zu.   **293**

▪ **Kläger:**   Ein möglicher Kläger ist jede natürliche oder juristische Person, die nach materiellem Recht anspruchsberechtigt sein kann.   **294**

▪ **Klagegegner:**   Eine Klage nach Art. 268 AEUV kann nur gegen die Union gerichtet werden; ihr wird das jeweilige Organverhalten zugerechnet. Besonderheiten bestehen für Klagen gegen die EZB (vgl. Art. 340 UAbs. 3 AEUV).   **295**

▪ **Klagegegenstand:**   Mit der Amtshaftungsklage können Ansprüche gegen die Union geltend gemacht werden, wenn die Organe oder Bediensteten der Union (bzw. der EZB im Falle des Art. 340 UAbs. 3 AEUV) in Ausübung ihrer Amtstätigkeit einen Schaden verursacht haben. Es kann sowohl administratives als auch legislatives Unrecht geltend gemacht werden. Für die Zulässigkeit der Klage genügt ein entsprechendes Vorbringen des Klägers; ob die Voraussetzungen tatsächlich gegeben sind, ist eine Frage der Begründetheit.   **296**

> **Beispiel:** *EuGH*, ECLI:EU:C:1990:133 – „Le Pen"   **297**
>
> *Die Sozialistische Fraktion des EP hat eine Broschüre mit dem Titel „Erklärung gegen Rassismus und Fremdenhass" verfasst und diese in den Räumen des Parlaments verteilt. Der französische Nationalistenführer Le Pen und dessen „Front national" sind der Ansicht, dass die Broschüre verleumderische Behauptungen enthält und wollen daher Schadensersatz. Ist die gegen die Union erhobene Amtshaftungsklage zulässig?*
>
> Sowohl die „Front national" als auch ihr Führer Le Pen sind im Rahmen einer Amtshaftungsklage antragsberechtigt. Die verklagte Union ist auch der richtige Antragsgegner.
>
> Um einen im Rahmen der Amtshaftungsklage zulässigen Klagegegenstand würde es sich aber nur dann handeln, wenn nach dem Vorbringen der Kläger ein Organ oder ein Bediensteter der Union in Ausübung seines Amtes gehandelt hätte. Hier hat die Sozialistische Fraktion des Parlaments Broschüren im Parlament verteilt. Nach der Geschäftsordnung des Europäischen Parlaments können die Mitglieder ihrer politischen Zugehörigkeit entsprechende Fraktionen bilden; die Fraktionen haben gewisse Befugnisse bei der Vorbereitung von Entscheidungen und Stellungnahmen dieses Organs. Die Geschäftsordnung des Europäischen Parlaments ermächtigt die Fraktionen aber nicht dazu, im Namen des Parlaments gegenüber anderen Organen oder gegenüber Dritten tätig zu werden. Auch sonst enthält das Unionsrecht keine Bestimmung, wonach Handlungen einer Fraktion dem Europäischen Parlament als Unionsorgan zugerechnet werden könnten.
>
> Da also das Handeln der Sozialistischen Fraktion des Europäischen Parlaments diesem nicht zugerechnet werden kann, liegt kein Handeln eines Unionsorgans vor, das Gegenstand einer Amtshaftungsklage sein könnte. Die Klage ist daher unzulässig.

▪ **Klagefrist:**   Art. 268 i.V.m. Art. 340 UAbs. 2, 3 AEUV enthalten nicht das Erfordernis einer Klagefrist. Jedoch bestimmt Art. 46 GHS, dass Schadensersatzansprüche gegen   **298** die Union innerhalb von fünf Jahren verjähren. Der Gerichtshof ordnet dies als Klagefrist ein, wobei diese Zulässigkeitsvoraussetzung nicht von Amts wegen zu beachten ist. Die Frist kann nicht nur durch Klageerhebung, sondern auch durch Geltendmachung der Ansprüche beim zuständigen Organ unterbrochen werden.

299   ■ **Rechtsschutzbedürfnis:**   Problematisch ist, ob eine Amtshaftungsklage unzulässig ist, wenn es andere, vorrangig in Anspruch zu nehmende Rechtsschutzmöglichkeiten gibt. Die Frage stellt sich im Hinblick auf andere EU-Rechtsbehelfe sowie auf Klagen auf nationaler Ebene.

300   Früher war vor allem das Verhältnis zur Nichtigkeitsklage umstritten. Der Gerichtshof war ursprünglich der Ansicht, dass Schadensersatz nur dann verlangt werden konnte, wenn der fehlerhafte Rechtsakt der Union zuvor mittels einer Nichtigkeitsklage angefochten und aufgehoben worden war. Dies galt nur, wenn die Möglichkeit einer Nichtigkeitsklage bestand. Als Begründung wurde angeführt, andernfalls würden die Zulässigkeitsvoraussetzungen der Nichtigkeitsklage umgangen und das Rechtsschutzsystem des Vertrages ausgehebelt. Später hat der Gerichtshof die Amtshaftungsklage „als selbstständigen Rechtsbehelf mit eigener Funktion im System der Klagemöglichkeiten" anerkannt, so dass die vorausgehende Erhebung einer Nichtigkeitsklage nicht erforderlich ist (*EuGH*, ECLI:EU:C:1971:116 – „Schöppenstedt"). Dennoch kann das Rechtsschutzbedürfnis fehlen, wenn die rechtzeitige Erhebung der Nichtigkeitsklage den Schadenseintritt verhindert hätte. Waren dem Kläger diese Umstände bewusst, handelt er verfahrensmissbräuchlich.

301   Im Verhältnis zu den nationalen Rechtsschutzformen ist die Amtshaftungsklage **subsidiär**. Sie ist daher unzulässig, wenn der Kläger vor nationalen Gerichten Rechtsmittel einlegen kann oder – weil er eine Anfechtungsfrist versäumt hat – hätte einlegen können (*EuGH*, ECLI:EU:C:1984:165 – „Unifrex").

II. Begründetheit

302   Nach Art. 340 UAbs. 2, 3 AEUV richtet sich der Schadensersatz nach den allgemeinen Rechtsgrundsätzen, die den Rechtsordnungen der Mitgliedstaaten gemeinsam sind. Da das europäische Recht kein eigenständiges Staatshaftungsrecht besitzt, sucht man nach einem gemeinsamen Nenner, der sich aus den einzelnen nationalen Rechtsordnungen ergeben muss. Nach einer umfassenden Prüfung aller nationalen Rechtsordnungen findet sodann eine komplizierte Wertung statt, die auf rechtsvergleichendem Weg die Haftungsprinzipien ermittelt, die in den einzelnen Mitgliedstaaten in ähnlicher Form existieren. Hiernach bestimmt sich der mögliche Schadensersatz.

303   Ein Amtshaftungsanspruch hat die folgenden **Voraussetzungen**:
   – Handeln eines Organs oder eines Bediensteten der Union (bzw. der EZB) in Ausübung der Amtstätigkeit;
   – Rechtswidrigkeit bzw. Fehlerhaftigkeit der (nicht unbedingt schuldhaft ausgeführten) Amtstätigkeit;
   – Schaden bei dem Kläger;
   – Kausalität zwischen dem fehlerhaften Handeln und dem Schaden.

Wird die Schadensersatzklage auf die Rechtswidrigkeit eines Rechtsakts gestützt, muss **304** diese einen hinreichend qualifizierten Verstoß gegen eine Rechtsnorm darstellen, die bezweckt, dem Einzelnen Rechte zu verleihen. Maßgeblich ist, ob ein Unionsorgan die Grenzen, die seinem Ermessen gesetzt sind, offenkundig und erheblich überschritten hat (*EuGH*, ECLI:EU:C:2007:226 – „Holcim").

E. Das Vorabentscheidungsverfahren

Das Vorabentscheidungsverfahren gemäß Art. 267 AEUV bietet jedem nationalen Ge- **305** richt die Möglichkeit, im Rahmen eines anhängigen Rechtsstreits dem Gerichtshof eine Frage vorzulegen, welche die Auslegung oder die Gültigkeit des Unionsrechts berührt. Es handelt sich dabei nicht um eine Klage, sondern um ein Antragsverfahren. Sinn und Zweck des Vorabentscheidungsverfahrens ist es, im Sinne der Rechtssicherheit die **einheitliche Anwendung** und Interpretation **des Unionsrechts** im gesamten Unionsgebiet durch den Gerichtshof **sicherzustellen**. Der Gerichtshof fungiert dabei als oberste Aufsichtsinstanz über die Wahrung des Unionsrechts.

Diese Aufgabe kann der Gerichtshof nur dann erfüllen, wenn die letztverbindliche Ent- **306** scheidung über Auslegungs- und Gültigkeitsfragen für Normen des Unionsrechts bei ihm liegt und alle nationalen Gerichte seiner Entscheidung Folge leisten. Das Vorabentscheidungsverfahren gibt dem Gerichtshof das dafür notwendige Instrument an die Hand: Als höchste gerichtliche Instanz in der Union hat der Gerichtshof allein das Recht, letztverbindlich über die Auslegung oder Gültigkeit einer Unionsrechtsnorm zu entscheiden (**Auslegungs-** und **Verwerfungsmonopol**). Hält ein nationales Gericht eine Unionsrechtsnorm für nichtig und will sie deshalb unangewendet lassen, so darf es diese Entscheidung nicht eigenständig treffen, sondern ist zur Vorlage an den Gerichtshof verpflichtet (*EuGH*, ECLI:EU:C:1987:452 – „Foto Frost"). Der Gerichtshof entscheidet dann – für das vorlegende Gericht verbindlich – über die Vereinbarkeit der Norm mit dem übrigen Unionsrecht. Auf diesem Wege wird gleichzeitig eine Kohärenz zwischen der Rechtsprechung der nationalen und der europäischen Gerichte hergestellt. Der Gerichtshof betont in diesem Zusammenhang häufig, dass zwischen den nationalen Gerichten und dem Gerichtshof der Europäischen Union ein Kooperationsverhältnis besteht, welches der schon betonten einheitlichen Anwendung des Unionsrechts dient (*EuGH*, ECLI:EU:C:2002:329 Tz. 14 – „Lyckeskog"). Das Verwerfungsmonopol des Gerichtshofs für Unionsrecht ist vergleichbar mit dem des Bundesverfassungsgerichts. Das Bundesverfassungsgericht ist allein befugt, ein deutsches Parlamentsgesetz für rechtswidrig und somit nichtig zu erklären; das Vorabentscheidungsverfahren ist damit auf nationaler Ebene mit der konkreten Normenkontrolle des Art. 100 Abs. 1 GG vergleichbar.

Darüber hinaus kommt Art. 267 AEUV in begrenztem Maße auch eine **Rechtsschutz-** **307** **funktion** zu. Insbesondere die Vorlagepflicht letztinstanzlicher Gerichte nach Art. 267 UAbs. 3 AEUV dient dazu, zu verhindern, dass dem Einzelnen durch das Unionsrecht verliehene Rechte verletzt werden.

I. Zulässigkeit

308 ■ **Zuständigkeit:** Für das Vorlageverfahren ist nach Art. 267 UAbs. 1 i.V.m. Art. 256 Abs. 1 und Abs. 3 AEUV ausschließlich der Gerichtshof (und nicht das Gericht) zuständig.

309 ■ **Vorlageberechtigung:** Gemäß Art. 267 AEUV vorlageberechtigt sind die Gerichte der Mitgliedstaaten. Die unionsrechtliche Definition des Begriffs Gericht umfasst jeden Spruchkörper, der zur rechtsverbindlichen Entscheidung in Rechtsstreitigkeiten berufen ist, sachlich unabhängig entscheidet und ein rechtsstaatlich geordnetes Verfahren anwendet. Die Parteien eines Rechtsstreits oder mitgliedstaatliche Behörden, die das Unionsrecht vollziehen, sind nicht vorlageberechtigt.

310 ■ **Vorlagegegenstand:** Welche Fragen eines nationalen Gerichts dem Gerichtshof zur Vorabentscheidung vorgelegt werden können, ergibt sich aus Art. 267 Abs. 1 AEUV. Nach Art. 267 UAbs. 1 lit. a) AEUV entscheidet der Gerichtshof über die **Auslegung der Verträge**. Der Begriff „Vertrag" bezieht sich auf das Primärrecht einschließlich der allgemeinen Rechtsgrundsätze. Aufgabe des Gerichtshofs bei der „Auslegung" ist insoweit allein die Beantwortung der Rechtsfrage, wie der Inhalt einer Norm der Verträge zu deuten ist. Der Gerichtshof entscheidet daher nicht über die Anwendung einer nationalen oder europäischen Norm auf einen konkreten Sachverhalt. Wird dem Gerichtshof vom vorlegenden Gericht eine falsch formulierte Vorlagefrage gestellt, weist er diese nicht zurück, sondern formuliert sie in eine allgemein gehaltene Frage zur Auslegung des Unionsrechts um.

311 Gemäß Art. 267 UAbs. 1 lit. b) AEUV ist dem Gerichtshof die Entscheidung über die **Gültigkeit und Auslegung der Handlungen der Organe, Einrichtungen oder sonstigen Stellen der Union** zugewiesen. Hierunter fallen insbesondere die von den Organen erlassenen Rechtsakte des Art. 288 AEUV (Verordnungen, Richtlinien, Beschlüsse, Stellungnahmen und Empfehlungen). Im Vergleich zu lit. a) enthält lit. b) über die Auslegung (Inhaltsdeutung) hinaus die Alternative der Entscheidung über die Gültigkeit einer Sekundärrechtsnorm. Aus dem systematischen Zusammenhang mit lit. a) ergibt sich also, dass **nur Sekundärrecht Gegenstand einer Gültigkeitskontrolle** im Rahmen des Art. 267 AEUV sein kann, dass aber kein Gericht dem Gerichtshof eine Frage zur Gültigkeit einer Vertragsnorm vorlegen kann.

312 ■ **Entscheidungserheblichkeit:** Gemäß Art. 267 UAbs. 2 AEUV ist ein nationales Gericht nur dann vorlageberechtigt, wenn es die Entscheidung über die Vorlagefrage zum Erlass seines Urteils für erforderlich hält. Ob eine Vorabentscheidung des Gerichtshofs notwendig ist, beurteilt allein das vorlegende nationale Gericht. Der Gerichtshof prüft die Frage der Entscheidungserheblichkeit grundsätzlich nicht nach. Eine Frage kann dann nicht mehr entscheidungserheblich sein, wenn das nationale Verfahren bereits abgeschlossen, der Rechtsstreit also nicht mehr anhängig ist. Die dem Gerichtshof vorgelegte Rechtsfrage darf zudem **keine** rein **hypothetische** sein, sondern muss auf dem Sachverhalt eines tatsächlich anhängigen und nicht nur fingierten Rechtsstreits vor dem nationalen Gericht beruhen.

313 ■ **Vorlagerecht und Vorlagepflicht:** Im Regelfall besteht für die nationalen Gerichte keine Pflicht, sondern lediglich das Recht, eine Zweifelsfrage aus dem Bereich des

europäischen Rechts dem Gerichtshof vorzulegen. Allerdings gibt es drei Fälle, in denen ein nationaler Richter verpflichtet ist, ein Vorabentscheidungsverfahren vor dem Gerichtshof anzustrengen:

(1) Zunächst besteht diese Pflicht gemäß Art. 267 UAbs. 3 AEUV, wenn das Urteil des   **314** nationalen Gerichts nicht mehr mit Rechtsmitteln des innerstaatlichen Rechts angefochten werden kann, wie das z.B. bei den obersten Bundesgerichten (BGH, BFH, BVerwG, BAG, BSG) der Fall ist. Außerordentliche Rechtsmittel – wie die Verfassungsbeschwerde gemäß Art. 93 Abs. 1 Nr. 4a GG – bleiben bei der Frage der Angriffsmöglichkeiten außer Betracht. Beantragt z.B. ein französischer Steuerberater eine Niederlassung in Deutschland und verweigert ihm die deutsche Steuerberaterkammer die Zulassung, wäre im Rahmen einer Klage vor einem deutschen Finanzgericht entscheidend, ob die Versagung der Zulassung gegen die Niederlassungsfreiheit des AEUV verstößt. Das Instanzgericht **könnte** dem Gerichtshof die Frage vorlegen; der BFH (als letzte Instanz) **müsste** sie vorlegen. Als Folgeproblem stellt sich die Frage, ob bei der Betrachtung der Eröffnung von Rechtsmitteln auf die allgemeine Regelung des Mitgliedstaates abgestellt werden soll (**abstrakte Betrachtungsweise**) oder ob der konkrete Einzelfall ausschlaggebend ist (**konkrete Betrachtungsweise**). So ist in Deutschland im Rahmen der ordentlichen Gerichtsbarkeit die Revision nur dann möglich, wenn diese vom Berufungsgericht ausdrücklich zugelassen wird (§ 543 Abs. 1 ZPO). Legt man den abstrakten Maßstab an, ist grundsätzlich ein Rechtsmittel gegen die Berufungsentscheidung gegeben, eine Vorlagepflicht des Gerichts bestünde nicht. Es ist jedoch denkbar, dass dem Betroffenen die Revisionszulassung versagt wird und auch seine Zulassungsbeschwerde beim Revisionsgericht ohne Erfolg bleibt. Bei einer konkreten Betrachtungsweise in einem solchen Fall wäre das Berufungsgericht vor seiner Entscheidung in der Sache zur Vorlage an den Gerichtshof verpflichtet gewesen. Der Gerichtshof hat sich im Fall „Hoffmann-La Roche/Centrafarm I" (*EuGH*, ECLI:EU:C:1977:89) für die konkrete Betrachtungsweise entschieden.

(2) Obwohl es der Wortlaut des Art. 267 AEUV nicht verlangt, besteht eine **Vorlage-**   **315** **pflicht** zum zweiten immer dann, wenn es um die **Gültigkeit** einer Unionsrechtsnorm geht. Ein nationales Gericht, welches Zweifel an der Gültigkeit einer europäischen Norm hegt, ist nicht befugt, die Ungültigkeit dieser Norm festzustellen und sie unangewendet zu lassen. Vielmehr muss es diese Entscheidung dem Gerichtshof überlassen (Verwerfungsmonopol des Gerichtshofs).

(3) Ein dritter Fall, in dem eine Vorlagepflicht in Betracht kommt, ist die Aussetzung   **316** des Vollzugs eines Unionsrechtsaktes im Eilverfahren vor einem nationalen Gericht (z.B. §§ 80 Abs. 5, 123 VwGO). Regelmäßig wird im Eilverfahren noch keine letztverbindliche Entscheidung getroffen, weil sich daran das Hauptsacheverfahren mit einer erneuten Überprüfung der Sache anschließt. Geht es im vorläufigen Rechtsschutzverfahren lediglich um die Auslegung einer EU-Rechtsnorm, ist der Richter nicht zur Vorlage an den Gerichtshof verpflichtet. Anders verhält es sich jedoch, wenn der Richter eine Unionsrechtsnorm für ungültig hält und ihre Wirksamkeit deshalb aussetzt. Mit der Aussetzung fällt der Richter bereits seine Entscheidung über die Gültigkeit dieser Norm, wodurch das Verwerfungsmonopol des Gerichtshofs in Frage gestellt wird. Eine

Aussetzung durch den nationalen Richter ist zwar möglich, unterliegt aber strengen Anforderungen. In jedem Fall besteht die Vorlagepflicht gemäß Art. 267 AEUV.

317 Die aus Art. 267 AEUV hergeleitete **Vorlagepflicht entfällt,** wenn der Zweck der Norm, eine einheitliche Anwendung des Unionsrechts sicherzustellen, nicht mehr eingreift. Nach der **„acte-claire"-Doktrin** des Gerichtshofs (*EuGH*, ECLI:EU:C:1982:335 – „CILFIT", bestätigt durch *EuGH*, ECLI:EU:C:2018:811, Rn. 110 – „Kommission/Frankreich") ist das Vorabentscheidungsverfahren in drei Fällen außer Anwendung zu lassen: (1) wenn die zu beantwortende Frage bereits in einem gleichgelagerten Fall Gegenstand einer Vorabentscheidung war; (2) wenn zu der zu beantwortenden Frage bereits eine gesicherte Rechtsprechung des Gerichtshofes vorliegt; oder (3) wenn keinerlei vernünftige Zweifel an der Beantwortung der Frage existieren, d.h. wenn das nationale Gericht überzeugt ist, dass auch die Gerichte der übrigen Mitgliedstaaten und der Gerichtshof die gleiche Gewissheit hätten.

318 Verstößt ein deutsches Gericht gegen seine Vorlagepflicht, liegt darin nicht nur eine Missachtung des Unionsrechts, welche mit dem Vertragsverletzungsverfahren gemäß Art. 258 f. AEUV geahndet werden kann. In der Unterlassung der Vorlage liegt darüber hinaus eine Verletzung der **Garantie des gesetzlichen Richters** gemäß **Art. 101 Abs. 1 S. 2 GG.** Der Gerichtshof ist gesetzlicher Richter im Sinne dieser Vorschrift, was zur Folge hat, dass die Nichtvorlage ein Verfahrensfehler ist, der mit der Verfassungsbeschwerde geltend gemacht werden kann. Die Nichtvorlage ist allerdings nur dann fehlerhaft, wenn sie willkürlich erfolgte. Willkürlich ist die Nichtvorlage einer entscheidungserheblichen Frage nach der Rechtsprechung des Bundesverfassungsgerichts (instruktiv *BVerfG*, EuZW 2001, 255) insbesondere, wenn das nationale Gericht seine Vorlagepflicht grundsätzlich verkannt hat oder wenn es bewusst von der Rechtsprechung des Gerichtshofs abweicht. Willkürlich ist die Nichtvorlage auch, wenn nur eine unvollständige Rechtsprechung des Gerichtshofs zur Streitfrage existiert und Aussicht besteht, dass diese im Rahmen der Vorlage fortentwickelt werden könnte. Ein nationales Gericht sieht sich also stets in der Pflicht, sich mit der Rechtsprechung des Gerichtshofs auseinanderzusetzen und eine Nichtvorlage ausführlich zu begründen, wenn es nicht dem Willkürvorwurf ausgesetzt sein will (dazu *BVerfG*, NJW 2011, 288).

319 ■ **Rechtsschutzbedürfnis:** Nicht unproblematisch ist das Verhältnis des Art. 267 AEUV zur Nichtigkeitsklage gemäß Art. 263 AEUV. Das europäische Rechtsschutzsystem gewährt dem Einzelnen eine Direktklagemöglichkeit gegen Unionsrechtsakte nur im Rahmen des Art. 263 UAbs. 4 AEUV, sofern die Klage innerhalb von zwei Monaten erhoben wird (Art. 263 UAbs. 6 AEUV). Hat der Kläger die Frist für die Nichtigkeitsklage versäumt und bemüht er sich nun im Rahmen einer Klage gegen den nationalen Umsetzungsakt vor seinem heimatstaatlichen Gericht um eine Vorlage der Frage der Gültigkeit des inzwischen bestandskräftig gewordenen Unionsrechtsaktes an den Gerichtshof, so besteht die Gefahr der Umgehung der Voraussetzungen des Art. 263 AEUV und somit der Aushebelung des Rechtsschutzsystems der Gründungsverträge. In einem solchen Fall wäre die Vorlage des nationalen Gerichts unstatthaft, sofern eine Individualnichtigkeitsklage offenkundig zulässig gewesen wäre (*EuGH*, ECLI:EU:C:1997:532 – „Eurotunnel"; *EuGH*, ECLI:EU:C:2018:582 - Georgsmarienhütte). Anders ist die Situation, wenn die Möglichkeit einer Nichtigkeitsklage für den Betroffenen gar nicht bestand, weil er durch den europäischen Rechtsakt nicht individuell und unmittelbar betroffen war. In einem solchen Fall ist die Vorlage an den Gerichtshof unabhängig vom Verstreichen der Zweimonatsfrist zulässig.

II. Entscheidung des Gerichtshofs und Bindungswirkung für die nationalen Gerichte

Ist ein Vorabentscheidungsverfahren zulässig, beantwortet der Gerichtshof die ihm vorgelegte Frage. Im Falle des Art. 267 UAbs. 1 lit. a) AEUV legt der Gerichtshof die Verträge aus; bei lit. b) entscheidet der Gerichtshof über die Rechtmäßigkeit einer Handlung eines Organs, einer Einrichtung oder einer sonstigen Stelle der Union oder er legt die betreffende Handlung aus. Wichtig ist, dass der Gerichtshof nur eine Antwort auf allgemeine Fragen zum europäischen Unionsrecht gibt, dass er aber **weder nationales Recht auslegt, noch eine Entscheidung in der Sache selbst trifft**. Das Urteil in dem Rechtsstreit, welcher der Vorlagefrage zugrunde liegt, fällt das nationale Gericht. **320**

Für das vorlegende Gericht ist die Entscheidung des Gerichtshofs bindend, ebenso für die anderen Instanzen in dem Rechtsstreit. Problematisch ist jedoch, ob die Entscheidung des Gerichtshofs eine Bindungswirkung über den konkreten Rechtsstreit hinaus – d.h. auch für künftige Verfahren – entwickeln kann. Hier sind folgende Grundsätze zu beachten: Nationale Gerichte sind berechtigt, das Unionsrecht ebenso wie in einem vom Gerichtshof entschiedenen Vorabentscheidungsverfahren auszulegen. Hat der Gerichtshof eine Norm des Unionsrechts für ungültig erklärt, so können nationale Gerichte in einem anderen Rechtsstreit ebenfalls von der Ungültigkeit der Norm ausgehen. Will ein nationales Gericht jedoch von einer Vorabentscheidung des Gerichthofs abweichen, muss es die Frage dem Gerichtshof erneut vorlegen. **321**

Die Entscheidungen des Gerichtshofs wirken ex tunc; im Rahmen der Vorabentscheidung wird lediglich die bereits bestehende Rechtslage klargestellt. Auch andere, im Entscheidungszeitraum bereits anhängige Verfahren müssen die Entscheidung des Gerichtshofs beachten. Ein Vorabentscheidungsverfahren kann sogar **Vorwirkung** in der Form entfalten, dass solche Verfahren, die vom Vorlageverfahren unabhängig sind, die aber bei Einreichung der Vorlagefrage bereits entstanden waren und die gleiche Rechtsfrage behandeln, nicht so entschieden werden dürfen, dass die Wirksamkeit der (zukünftigen) Entscheidung des Gerichtshofs beeinträchtigt werden könnte. Dies führt meist dazu, dass derartige Verfahren für den Zeitraum des Vorabentscheidungsverfahrens **ausgesetzt** werden. Aufgrund der oft weitreichenden Folgen einer Entscheidung im Rahmen des Art. 267 AEUV kann der Gerichtshof die Wirkungen ausdrücklich auf die Zukunft beschränken (Art. 264 UAbs. 2 AEUV analog). **322**

Unter den bisher dargestellten Verfahrensarten nimmt das Vorabentscheidungsverfahren mittlerweile eine **herausgehobene Stellung** ein. Ursache hierfür ist, dass das Unionsrecht inzwischen auf die verschiedensten innerstaatlichen Rechtsgebiete ein- **323** wirkt und von den nationalen Gerichtsinstanzen bei ihrer Entscheidungsfindung beachtet werden muss.

324   **Beispiel:** *EuGH*, ECLI:EU:C:1982:335 – „CILFIT"; *BVerfG*, EuR 1988, 190 – „Denkavit"; *BVerfG*E 82, 159

Die Firma Denkavit vertreibt in der Bundesrepublik ein aus den Niederlanden eingeführtes Mischfuttermittel, das einen Zusatzstoff enthält, für den ein anderes Unternehmen in der Bundesrepublik ein Patent besitzt. Dieses Unternehmen klagt vor dem LG Hamburg gegen Denkavit wegen Verletzung seiner gewerblichen Schutzrechte. Denkavit ist demgegenüber der Auffassung, die Geltendmachung des patentrechtlichen Schutzanspruchs sei ein Verstoß gegen die Warenverkehrsfreiheit. Das LG Hamburg, das in dem Verfahren letztinstanzlich zu entscheiden hat, ist zu Recht der festen Überzeugung, dass kein Verstoß vorliegt. Muss das LG Hamburg gleichwohl ein Vorabentscheidungsverfahren vor dem EuGH einleiten? Was kann die Firma Denkavit unternehmen, wenn das LG Hamburg zu Unrecht eine Vorlage zum Gerichtshof unterlässt?

Der Gerichtshof ist für das Vorabentscheidungsverfahren zuständig (Art. 267 AEUV). Das LG Hamburg ist ein mitgliedstaatliches Gericht und somit vorlageberechtigt. Es handelt sich um eine streitentscheidende Frage in einem noch anhängigen Rechtsstreit, die noch nicht entschieden worden ist. Ob das LG Hamburg zur Vorlage verpflichtet ist, richtet sich nach Art. 267 AEUV. Gemäß UAbs. 2 dieses Artikels kann jedes Gericht eines Mitgliedstaats dem Gerichtshof eine Auslegungsfrage zur Entscheidung vorlegen, wenn es eine solche Entscheidung zum Erlass seines Urteils für erforderlich hält. Wird eine Auslegungsfrage in einem Verfahren bei einem Gericht gestellt, dessen Entscheidungen selbst nicht mehr mit Rechtsmitteln des innerstaatlichen Rechts angefochten werden können, ist dieses Gericht nach Abs. 3 zur Anrufung des Gerichtshofes verpflichtet. Nicht eindeutig ist zunächst, ob die Formulierung „Gericht, dessen Entscheidung nicht mehr angefochten werden kann" abstrakt oder konkret zu verstehen ist. Unter Zugrundelegung der abstrakten Betrachtungsweise wäre eine Anwendung des Art. 267 UAbs. 3 AEUV abzulehnen, denn Entscheidungen des Landgerichts sind im Regelfall noch anfechtbar. Nach der überwiegenden Meinung ist jedoch entscheidend, ob im konkreten Fall noch die Möglichkeit besteht, Rechtsmittel einzulegen. Da das LG Hamburg hier letztinstanzlich entschieden hat, kommt Art. 267 UAbs. 3 AEUV zur Anwendung.

Die Frage ist nun, ob das LG Hamburg als letztinstanzliches Gericht auch dann zur Vorlage verpflichtet ist, wenn es eine fehlerhafte Anwendung des AEUV für ausgeschlossen hält. Der Gerichtshof hat drei Ausnahmen anerkannt, in denen keine Vorlage an ihn zu erfolgen hat:

– Die zu beantwortende Frage war bereits in einem gleich gelagerten Fall Gegenstand einer Vorabentscheidung,

– zu der zu beantwortenden Frage liegt bereits eine gesicherte Rechtsprechung des Gerichtshofes vor, oder

– es bestehen keinerlei vernünftige Zweifel an der Beantwortung der Frage, d.h., wenn das nationale Gericht überzeugt ist, dass auch die Gerichte der übrigen Mitgliedstaaten und der Gerichtshof die gleiche Gewissheit hätten.

Da das LG Hamburg von der Vereinbarkeit mit dem Unionsrecht überzeugt ist, besteht im vorliegenden Fall keine Vorlagepflicht gemäß Art. 267 UAbs. 3 AEUV.

Angenommen, das LG Hamburg hätte seine Vorlagepflicht zu Unrecht verneint, hätte die Firma Denkavit Verfassungsbeschwerde vor dem BVerfG erheben können, sofern sie zuvor eine Anhörungsrüge nach § 321a ZPO erhoben hat; denn es ist anerkannt, dass der Gerichtshof als gesetzlicher Richter i.S.d. Art. 101 Abs. 1 S. 2 GG anzusehen ist.

Allerdings ist nach Auffassung des Bundesverfassungsgerichts selbst dann nicht jede Nichtvorlage an den Gerichtshof zugleich ein Verstoß gegen Art. 101 Abs. 1 S. 2 GG, sondern nur eine willkürlich erscheinende Nichtvorlage (*BVerfG*E 126, 286 – „Mangold"; *BVerfG*, NJW 2011, 288 – „Urheberrechtsabgabe").

F. Der Erlass einstweiliger Anordnungen

Soweit der Gerichtshof der Europäischen Union zuständig ist, kann er einstweiligen **325** bzw. vorläufigen Rechtsschutz gewähren. Der AEUV erwähnt das Eilverfahren in Art. 278 und Art. 279 AEUV. Art. 278 AEUV bestimmt, dass Klagen bei dem Gerichtshof der Europäischen Union keine aufschiebende Wirkung haben, dass der Gerichtshof jedoch die Durchführung der „angefochtenen Handlung" aussetzen kann. Diese Norm entspricht in etwa § 80 Abs. 5 VwGO und findet im Rahmen einer Nichtigkeitsklage Anwendung. Darüber hinaus kann der Gerichtshof der Europäischen Union in jedem bei ihm anhängigen Verfahren – unabhängig vom Verfahrenstyp – eine einstweilige Anordnung erlassen (Art. 279 AEUV).

Die **Zulässigkeit** eines Antrags auf einstweiligen Rechtsschutz setzt voraus, dass das **326** Hauptsacheverfahren beim Gerichtshof der Europäischen Union zulässig und anhängig ist (strenge Akzessorietät). Eine vorherige Ausschöpfung nationaler Rechtsschutzmöglichkeiten ist nicht erforderlich. Gegenstand des Antrags kann eine Vollzugsaussetzung (Art. 278 AEUV) oder eine einstweilige Anordnung gemäß Art. 279 AEUV sein. Antragsberechtigt ist der Klageberechtigte in der Hauptsache. Der Antrag ist mangels Rechtsschutzbedürfnis unzulässig, wenn die einstweilige Anordnung weder geeignet noch erforderlich ist, um die Rechtsposition des Antragstellers zu wahren.

Der Antrag auf Erlass einer einstweiligen Anordnung ist **begründet**, wenn drei Vor- **327** aussetzungen erfüllt sind: Erstens muss das Vorbringen des Antragstellers bei **summarischer Prüfung** offensichtlich Aussicht auf Erfolg haben. Zweitens muss **Dringlichkeit** gegeben sein. Das ist der Fall, wenn dem Antragsteller ohne den Erlass der einstweiligen Anordnung ein schwerer, irreparabler Nachteil entstünde. Drittens ist eine **Abwägung** zwischen dem Interesse des Antragstellers (z.B. an der Vollzugsaussetzung einer Maßnahme des Unionsrechts) und dem Interesse der Union (z.B. am sofortigen Vollzug der streitigen Maßnahme) vorzunehmen.

Weiterführende Literatur: *Fischer/Fetzer*, Fälle zum Europarecht, 9. Auflage 2019, Fall 1 – Bananensplit, Fall 6 – Ausländerklauseln im Profisport, Fall 9 – Zwangsmitgliedschaft IHK, Fall 11 – Grundstückskauf mit Hindernissen, Fall 12 – Reise mit Hindernissen, Fall 13 – Cold calling, Fall 14 – Laserdrome, Fall 15 – Phil Collins), Fall 16 – Unternehmenssubventionierung, Fall 18 – Arbeitsvermittlung durch staatliche Monopole, Fall 19 – Spanisches Schaffleisch und nationale Gesundheitsvorsorge, Fall 20 – Dienstleistungsfreiheit und föderale Rundfunkordnung, Fall 21 – Maut und Mindestlohn bei Transitfahrten; *Bäcker*, Altes und neues zum EuGH als gesetzlichem Richter, NJW 2011, 270 ff.; *Cremer*, Zum Rechtsschutz des Einzelnen gegen abgeleitetes Unionsrecht nach dem Vertrag von Lissabon, DÖV 2010, 58 ff.; *Ehlers*, Der Rechtsschutz in Bezug auf das Europäische Unions- und Gemeinschaftsrecht, Jura 2007, 505 ff.; *ders.*, Vertragsverletzungsklage des Europäischen Gemeinschaftsrechts, Jura 2007, 684 ff.; *Gärditz*, Europäisches Verwaltungsprozessrecht, JuS 2009, 385 ff.; *Hummel*, Verfassungs- und europarechtliche Rahmenbedingungen des vorläufigen Rechtsschutzes im Verwaltungsprozess, EuZW 2011, 704 ff.; *Jarass*, Bedeutung der EU-Rechtsschutzgewährleistung für nationale und EU-Gerichte, NJW 2011, 1393 ff.; *Lindner*, Individualrechtsschutz im europäischen Gemeinschaftsrecht – Ein systematischer Überblick, JuS 2008, 1 ff.; *Rapp*, Das neue Zulassungsverfahren für Rechtsmittel am EuGH, EuZW 2019, 587 ff; *Richter*, Der Maßstab der Dringlichkeit im Verkehr einstweiligen Rechtsschutzes – gerechtfertigte Strenge?, EuZW 2014, 416 ff.; *Schroeder*, Die Auslegung des EU-Rechts, JuS 2004, 180 ff.; *Seyr*, Der verfahrensrechtliche Ablauf vor dem EuGH am Beispiel der Rechtssache „Prosciutto di Parma", JuS 2005, 315 ff.

Sechster Teil

Das Verhältnis zwischen den Mitgliedstaaten und der Union

A. Die Mitgliedstaaten als „Herren der Verträge"

328   Ausgangspunkt des Verhältnisses zwischen den Mitgliedstaaten und der Union ist die Tatsache, dass die Union auf dem **freien Entschluss** der Mitgliedstaaten zum Abschluss der Gründungsverträge oder zum späteren Beitritt zu den Gemeinschaften bzw. der Union beruht. Die Mitgliedstaaten werden deshalb oftmals als „Herren der Verträge" tituliert (*BVerfGE* 123, 267, 349 – „Lissabon"). Vertragsänderungen sind ohne ihre Mitwirkung bzw. die der mitgliedstaatlichen Organteile in der Union nicht möglich (Art. 48 EUV).

329   Ebenso wie der Beitritt eines Staates zur Union auf seinem freien Entschluss beruht, steht den Mitgliedstaaten auch der Weg zum Austritt aus der Union frei. Durch den Vertrag von Lissabon wurde ein solches Austrittsrecht nun erstmals auch ausdrücklich in Art. 50 EUV in die Verträge aufgenommen. Demnach ist ein Austritt eines Mitgliedstaates jederzeit und ohne Weiteres möglich. Erforderlich ist allein, dass die Verfahrensvorschriften des Art. 50 EUV eingehalten werden, die einen geordneten Übergang, insbesondere im Hinblick auf die Geltung der Verträge im austretenden Staat, sicherstellen sollen.

B. Die Übertragung staatlicher Kompetenzen auf die Union

I.   Art. 23, 24 GG

330   Eine Übertragung von Hoheitsrechten auf eine zwischenstaatliche bzw. supranationale Organisation bedarf in der Bundesrepublik Deutschland einer Ermächtigungsgrundlage. Nachdem die Übertragung von Hoheitsrechten auf die EU in der Bundesrepublik früher auf **Art. 24 Abs. 1 GG** gestützt wurde (diese auch als **„Integrationshebel"** bezeichnete Norm erlaubt es dem Bund, durch einfaches Gesetz Kompetenzen auf zwischenstaatliche Einrichtungen zu übertragen), hatte sich spätestens mit dem Abschluss des Vertrages von Maastricht die Frage gestellt, ob für die Vertragsumsetzung Art. 24 Abs. 1 GG als alleinige Kompetenzgrundlage ausreichen würde. Da dies wegen der erweiterten Übertragung von Hoheitsrechten fraglich erschien, wurde in das Grundgesetz ein neu geschaffener **Art. 23 GG** eingefügt, der die Grundlagen der Mitwirkung der Bundesrepublik bei der Entwicklung der Europäischen Union regelt. Demnach ist Art. 23 GG in Bezug auf die Übertragung von Hoheitsrechten an die Union als **lex specialis** zu Art. 24 Abs. 1 GG anzusehen.

331   Von besonderer Bedeutung ist Art. 23 Abs. 1 GG. **Art. 23 Abs. 1 S. 1 GG** enthält zum einen das Bekenntnis, dass die Bundesrepublik Deutschland bereit ist, an der Verwirklichung der Europäischen Union mitzuwirken; zum anderen stellt er auch **strukturelle Anforderungen an die Europäische Union**. So fordert die Vorschrift weiterhin, dass die Europäische Union einen dem Grundgesetz im Wesentlichen vergleichbaren Grundrechtsschutz gewährleistet. Ferner erklärt Art. 23 Abs. 1 S. 1 GG es für erforderlich, dass die Europäische Union dem Grundsatz der Subsidiarität (vgl. Art. 5 Abs. 3 EUV) und auch den für die Bundesrepublik geltenden Staatszielbestimmungen des Art. 20 GG („demokratische, rechtsstaatliche, soziale und föderative Grundsätze") verpflichtet ist. Durch diese materiellen Anforderungen soll gewährleistet werden, dass die wesentlichen Wertvorstellungen des Grundgesetzes nicht dadurch verloren gehen, dass die Bundesrepublik Hoheitsrechte an die Union abtritt. Die Wertvorstellungen der Europäischen Union und der Bundesrepublik sollen insofern gleichgerichtet sein.

Art. 23 Abs. 1 S. 2 GG macht die Übertragung von Hoheitsrechten auf die Union von besonderen Voraussetzungen abhängig: Es ist immer ein **Gesetzesbeschluss** erforderlich, der auch der Zustimmung des Bundesrats bedarf. Noch strenger sind die Anforderungen, falls durch die Einräumung von Hoheitsbefugnissen das Grundgesetz geändert wird. Nach Art. 23 Abs. 1 S. 2 GG i.V.m. Art. 79 Abs. 2 GG bedarf es hierfür der Zustimmung von zwei Dritteln der Mitglieder des Bundestages sowie von zwei Dritteln der Stimmen des Bundesrates. Zudem verweist **Art. 23 Abs. 1 S. 3 GG** ausdrücklich auf die Geltung des Art. 79 Abs. 3 GG. Bei der Verwirklichung der Europäischen Union dürfen daher nach der **„Ewigkeitsgarantie"** des Art. 79 Abs. 3 GG die Gliederung des Bundes in Länder, die grundsätzliche Mitwirkung der Länder bei der Gesetzgebung oder die in den Art. 1 und Art. 20 GG niedergeschriebenen Grundsätze nicht berührt werden. **332**

Ob der Vertrag über die Europäische Union vom 7. 2. 1992 (Maastricht) mit den Normen von Art. 23 Abs. 1 S. 3 GG i.V.m. Art. 79 Abs. 3 GG in Einklang steht, wurde nach Abschluss des Vertrages teilweise angezweifelt: Gegen das **Demokratieprinzip** werde verstoßen, wenn dem Bundestag – infolge der Übertragung der Hoheitsbefugnisse auf die EG – keine wesentliche Kompetenz mehr verbleibe und folglich das **Wahlrecht** der Staatsbürger (Art. 38 Abs. 1 S. 1 GG) – welches die eigentliche Verwirklichung des Demokratieprinzips darstelle – leerlaufe. Das **Gewaltenteilungsprinzip** sei verletzt, weil im Rahmen der EU die Legislativaufgaben nicht vom demokratisch legitimierten Parlament wahrgenommen würden, sondern von der Kommission und dem Rat. Mit einer zunehmenden Übertragung von Kompetenzen auf die EU würden ferner die Rechte der Länder mehr und mehr ausgehöhlt, was mit dem **Bundesstaatsprinzip** nicht mehr zu vereinbaren sei. Schließlich sei auch die Übertragung der Hoheitsbefugnisse auf die EU nicht in hinreichend vorhersehbarer Weise festgelegt (Stichwort: „Kompetenz-Kompetenz"). **333**

Im Rahmen des **„Maastricht-Urteils"** vom 12.10.1993 (*BVerfGE* 89, 155) hat das BVerfG, soweit es im Rahmen der Verfassungsbeschwerde darüber zu entscheiden hatte, zu den geltend gemachten Bedenken Stellung genommen: Eine Verletzung des **Demokratieprinzips** hat das Bundesverfassungsgericht abgelehnt. Zu seinem unantastbaren Gehalt gehöre, dass sich die Wahrnehmung staatlicher Aufgaben und die Ausübung staatlicher Befugnisse auf das Staatsvolk zurückführen lasse (sog. **ununterbrochene Legitimationskette** vom Volk hin zu den Staatsorganen). Werden im Rah- **334** men der europäischen Integration Hoheitsrechte auf eine zwischenstaatliche Organisation übertragen, so sei es eine zwangsläufige Folge, dass der Deutsche Bundestag – und mit ihm der wahlberechtigte Bürger – an Einfluss verliere. Dies sei grundsätzlich nicht zu beanstanden, zumal die Übertragung von Hoheitsrechten gemäß Art. 23 Abs. 1 S. 2 GG von einem Gesetzesbeschluss des Bundestages selbst abhängig sei, wodurch eine demokratische Legitimation vermittelt werde. Gleichwohl müssen – so fordert das Bundesverfassungsgericht – dem Deutschen Bundestag stets noch hinreichende Aufgaben und Befugnisse **von substanziellem Gewicht** verbleiben. Auch wenn insofern das – durchaus bestehende – Demokratiedefizit nicht den nach Art. 79 Abs. 3 GG geschützten unantastbaren Gehalt des Demokratieprinzips berührt, stellt das Bundesverfassungsgericht klar, dass im Rahmen einer fortschreitenden Integration die demokratischen Grundlagen der Union ausgebaut werden müssen, insbesondere dadurch, dass die Rechte des Europäischen Parlaments gestärkt werden.

335   Einen Großteil der „Maastricht"-Entscheidung nimmt außerdem die Beantwortung der Frage ein, ob die Übertragung von Hoheitsrechten auf die EU durch den Unionsvertrag bzw. das deutsche Zustimmungsgesetz **hinreichend bestimmt und vorhersehbar normiert** wurde. Dies hatte das BVerfG im Hinblick auf den Vertrag von Maastricht bzw. das deutsche Zustimmungsgesetz bejaht.

336   Im Jahr 2009 hat sich das Bundesverfassungsgericht schließlich mit der verfassungsrechtlichen Zulässigkeit des nächsten Integrationsschritts durch den Vertrag von Lissabon beschäftigt. Es hat diesen im Grundsatz als verfassungsrechtlich zulässig erachtet und lediglich ein deutsches Begleitgesetz, durch das insbesondere der Einfluss der Bundesländer auf den Integrationsprozess geregelt wird, für verfassungswidrig erachtet. Zugleich hat das Bundesverfassungsgericht jedoch in seinem **„Lissabon"-Urteil** auch Leitsätze für Grenzen und Formen zukünftiger Integrationsschritte formuliert (*BVerfGE* 123, 267). Demnach ist die Union nach wie vor eine supranationale Organisation, die ihre Legitimation und damit ihre Befugnis zum Handeln daraus gewinnt, dass die Mitgliedstaaten Hoheitsbefugnisse auf die Union übertragen. Dementsprechend kommt dem Grundsatz der enumerativen Einzelermächtigung zentrale Bedeutung zu, der sicherstellt, dass die Union tatsächlich nur tätig wird, wenn die Mitgliedstaaten ihr – in einem auf mitgliedstaatlicher Ebene demokratisch legitimierten Verfahren – entsprechende Befugnisse übertragen haben. Das Bundesverfassungsgericht ist befugt zu überprüfen, ob der Union bestimmte Hoheitsbefugnisse überhaupt übertragen werden dürfen (sog. „Identitätsprüfung") und ob sich die Rechtsakte der Organe der Union in den Grenzen der ihnen eingeräumten Hoheitsbefugnisse halten (sog. „ultra-vires-Prüfung") (*BVerfGE* 126, 286 – Honeywell).

337   Wie das Bundesverfassungsgericht in seiner Entscheidung zum Euro-Rettungsschirm nochmals ausdrücklich betont hat, wäre die Einräumung einer Kompetenz-Kompetenz der Union, d.h. die Befugnis zur eigenständigen Begründung und Inanspruchnahme von Handlungskompetenzen hiernach ebenso wenig zulässig wie die Einräumung einer Blankettermächtigung an die Europäische Union bzw. ihre Organe (*BVerfG*, NJW 2014, 1505, 1509). Dem steht zum einen entgegen, dass es auf europäischer Ebene nach wie vor keine demokratische Legitimation des Handelns der Union gibt, die allgemeinen demokratischen Grundsätzen entspricht. Entscheidend ist hierfür nach Auf-

fassung des Gerichts, dass im Verfahren zur Wahl des Parlaments nicht alle Stimmen denselben Erfolgswert haben, so dass die Bürger einwohnerstarker Staaten in Relation zur Einwohnerzahl geringeren Einfluss auf die Zusammensetzung des Parlaments haben als Bürger kleiner Mitgliedstaaten. Zum anderen ist die Kompetenz-Kompetenz ein Kerncharakteristikum selbstständiger Staaten. Dieses Stadium hat die Union jedoch nach wie vor nicht erreicht, vielmehr besteht die Staatlichkeit auch nach dem Vertrag von Lissabon allein auf Ebene der Mitgliedstaaten fort. Dementsprechend nennt das Gericht auch bestimmte Bereiche, die wesentlich für einen Staat sind, und bei denen eine Übertragung weiterer Befugnisse auf die Union daher allenfalls mit großer Zurückhaltung zulässig ist. Das Gericht nennt hierbei das Strafrecht, das Polizeirecht, das Haushaltsrecht – sowohl auf der Einnahmen- als auch der Ausgabenseite –, die sozialstaatliche Gestaltung von Lebensverhältnissen und kulturell besonders bedeutsame Entscheidungen – etwa im Familienrecht, Schul- und Bildungssystem sowie im Umgang mit Religionsgemeinschaften. Insbesondere das Haushaltsrecht – als eines der vornehmsten Rechte eines demokratisch gewählten Parlaments – muss demnach in effektiver Weise beim Bundestag verbleiben (*BVerfG*, NJW 2014, 1505 – „Euro-Rettungsschirm"). In allen Bereichen ist eine weitere europäische Integration daher zukünftig nur noch beschränkt möglich – jedenfalls solange bis die Union den Status eines Bundesstaates erlangt, was in Deutschland aber wohl einer neuen Verfassung nach Art. 146 GG bedürfte.

II. Die bundesstaatliche Ordnung und die Union

Zwischen der fortschreitenden **europäischen Einigung** und dem Prinzip des **Föderalismus** kann ein **Spannungsfeld** entstehen. Dies ist insbesondere dann der Fall, wenn ausschließliche Länderkompetenzen, vor allem solche auf dem Gebiet der **Kultur-, Polizei-** und **Kommunalhoheit**, von der Union in Anspruch genommen werden. Es ist nicht verwunderlich, dass die **Länder**, **Regionen** und **Kommunen** der Mitgliedstaaten entsprechende Beteiligungsrechte in einem geeinten Europa fordern. Gerade auch in der Bundesrepublik, in der der Föderalismus stark ausgeprägt ist, sind diese Forderungen besonders groß. Schwierigkeiten bereitet jedoch die Art und Weise der Beteiligung. Dies ist nicht zuletzt darauf zurückzuführen, dass das Staatsgebiet in den einzelnen Mitgliedstaaten sehr unterschiedlich aufgegliedert ist. Die italienischen Regionen, die Provinzen in Belgien und die deutschen Bundesländer beispielsweise haben unterschiedliche Funktionen und Aufgaben und ein ebenso unterschiedliches geschichtliches Selbstverständnis.

338

Für die Bundesrepublik regelt **Art. 23 Abs. 2 und 4 bis 6 GG**, in welcher Form die **Länder bei Angelegenheiten der Europäischen Union mitwirken können**: Die Länder wirken im Wesentlichen über den **Bundesrat** mit, der an der Willensbildung des Bundes zu beteiligen ist (Art. 23 Abs. 2 und 4 GG). Von besonderer Bedeutung ist Art. 23 Abs. 6 GG: Sind im Schwerpunkt ausschließliche Gesetzgebungsbefugnisse der Länder betroffen, so soll ein vom Bundesrat benannter Vertreter der Länder die Rechte der Bundesrepublik im Rahmen der Union wahrnehmen. Darüber hinaus gilt nach Art. 23 Abs. 1 S. 3 GG, dass die absolute Grenze für die Übertragung von Länderrechten

339

an die Union die **Ewigkeitsgarantie** des Art. 79 Abs. 3 GG ist. Auf dem Wege der Übertragung von Kompetenzen an supranationale Organisationen darf also nicht das föderalistische Prinzip ausgehöhlt werden. Bereits vor der Einführung des Art. 23 GG hatte das Bundesverfassungsgericht in einem Bund-Länder-Streit entschieden, dass es im Falle einer Rechtsetzungstätigkeit der Union bei Angelegenheiten, die innerstaatlich dem Landesgesetzgeber zugewiesen sind, Sache des Bundes ist, als Sachwalter der Länder deren verfassungsmäßige Rechte bei der Unionsrechtsetzung zu vertreten (**Verfassungsgrundsatz des bundesfreundlichen Verhaltens**; vgl. *BVerfG*, EuGRZ 1995, 125). Dies hat das Bundesverfassungsgericht auch im Lissabon-Urteil bestätigt: Demnach wurde das nationale Begleitgesetz gerade auch deshalb für verfassungswidrig erklärt, weil für bestimmte Fälle eine verfassungsrechtlich gebotene Beteiligung der Länder an Handlungen der Bundesrepublik auf Ebene der Union nicht sichergestellt war (*BVerfGE* 123, 267). Weiter ist zu beachten, dass bei Änderungen der Verträge die Regelungen des **Lindauer Abkommens** zur Anwendung kommen. Danach sind die Länder an allen völkerrechtlichen Verträgen, die ihre wesentlichen Interessen berühren, zu beteiligen. Sofern ihre ausschließliche Gesetzgebungskompetenz betroffen ist, ist die Zustimmung aller Länder zu solchen Verträgen erforderlich.

340   **Auf der Ebene der Union** können regionale Belange über den **Ausschuss der Regionen** berücksichtigt werden. Nach Art. 300 Abs. 3 AEUV wird ein beratender Ausschuss aus Vertretern der regionalen und lokalen Gebietskörperschaften der einzelnen Mitgliedstaaten errichtet. Der Ausschuss wird gemäß Art. 307 AEUV vom Rat oder von der Kommission in den im Vertrag vorgesehenen Fällen und immer dann, wenn eines dieser beiden Organe dies für zweckmäßig erachtet, gehört. Außerdem kann der Ausschuss, wenn er der Auffassung ist, dass spezifische regionale Interessen berührt werden, von sich aus eine entsprechende Stellungnahme abgeben. Mitentscheidungsoder Klagerechte sind dem Ausschuss bislang nicht eingeräumt worden. Man wird aber davon ausgehen können, dass es sich bei der Anhörung des Ausschusses um eine wesentliche Verfahrensvorschrift handelt, deren Nichteinhaltung zur Unwirksamkeit des Rechtsaktes führt.

341   Für die Vertretung regionaler Interessen der Bundesländer ist ferner **Art. 5 Abs. 3 EUV** von Bedeutung, der das sog. **Subsidiaritätsprinzip** kodifiziert. Hiernach wird die Union in Bereichen, die nicht ihrer ausschließlichen Zuständigkeit angehören, nur tätig, sofern und soweit die Ziele der in Betracht gezogenen Maßnahmen auf Ebene der Mitgliedstaaten nicht ausreichend erreicht und daher wegen ihres Umfanges oder ihrer Wirkungen besser auf Unionsebene verwirklicht werden können. Dieses Bekenntnis zu möglichst bürgernahen Problemlösungen stärkt zwar die Stellung der Bundesländer, garantiert ihnen aber keinen gesicherten Kompetenzbereich. Schon vor Inkrafttreten des Vertrages über die Europäische Union wurde das Subsidiaritätsprinzip als kaum justiziabel bezeichnet. Jedoch greift der Gerichtshof bei der **Auslegung** des Unionsrechts auf das Subsidiaritätsprinzip zurück. Schließlich sind föderative Untergliederungen der Mitgliedstaaten (wie z.B. die deutschen Bundesländer) als juristische Personen im Sinne des Art. 263 UAbs. 4 AEUV anzusehen und damit dann vor dem Gerichtshof der Europäischen Union klagebefugt, wenn sie durch eine Handlung der Union unmittelbar und individuell betroffen werden.

C. Das Verhältnis des Unionsrechts zum nationalen Recht

I. Der Grundsatz vom Vorrang des Unionsrechts

Es ist allgemein anerkannt, dass das Unionsrecht im Grundsatz **Vorrang** gegenüber al-   **342**
len nationalen Rechtsnormen genießt. Allerdings gibt es in der Rechtsprechung des
Gerichtshofs der Europäischen Union und des Bundesverfassungsgerichts **divergierende Auffassungen** über die **dogmatische Herleitung** des unionsrechtlichen
Vorrangprinzips.

1. Rechtsprechung des Gerichtshofs der Europäischen Union

Der Gerichtshof gibt einem **autonomen** europarechtlichen Ansatz den Vorzug und be-   **343**
gründet den Vorrang des Unionsrechts vor allem mit der **Funktion der Union als
Rechtsgemeinschaft**, die einen effektiven Schutz der subjektiven Unionsrechte verlangt. Grundlegend hierzu sind die Ausführungen des Gerichtshofs im Urteil zur
Rechtssache „Costa/ENEL" vom 15. Juli 1964 (*EuGH*, ECLI:EU:C:1964:66):

*„Zum Unterschied von gewöhnlichen internationalen Verträgen hat der EWG-Vertrag eine eigene
Rechtsordnung geschaffen, die bei seinem Inkrafttreten in die Rechtsordnungen der Mitgliedstaaten
aufgenommen worden ist und von ihren Gerichten anzuwenden ist. Denn durch die Gründung einer
Gemeinschaft für unbegrenzte Zeit, die mit eigenen Organen, mit der Rechts- und Geschäftsfähig-
keit, mit internationaler Handlungsfähigkeit und insbesondere mit echten, aus der Beschränkung der
Zuständigkeit der Mitgliedstaaten oder der Übertragung von Hoheitsrechten der Mitgliedstaaten auf
die Gemeinschaft herrührenden Hoheitsrechten ausgestattet ist, haben die Mitgliedstaaten, wenn
auch auf einem begrenzten Gebiet, ihre Souveränitätsrechte beschränkt und so einen Rechtskörper
geschaffen, der für ihre Angehörigen und sie selbst verbindlich ist. [. . .]*

*Die Verpflichtungen, die die Mitgliedstaaten im Vertrag zur Gründung der Gemeinschaft eingegan-
gen sind, wären keine unbedingten mehr, sondern nur noch eventuelle, wenn sie durch spätere
Gesetzgebungsakte der Signatur-Staaten in Frage gestellt werden könnten. [. . .]*

*Der Vorrang des Unionsrechts wird auch durch Art. 189 EG [jetzt: Art. 288 AEUV] bestätigt; ihm zufol-
ge ist die Verordnung ‚verbindlich' und ‚gilt unmittelbar in jedem Mitgliedstaat'. Diese Bestimmung,
die durch nichts eingeschränkt wird, wäre ohne Bedeutung, wenn die Mitgliedstaaten sie durch
Gesetzgebungsakte, die den gemeinschaftsrechtlichen Normen vorgingen, einseitig ihrer Wirksamkeit berauben könnten.*

*Aus alledem folgt, dass dem vom Vertrag geschaffenen, somit aus einer autonomen Rechtsquelle
fließenden Recht wegen dieser seiner Eigenständigkeit keine wie immer gearteten innerstaatlichen
Rechtsvorschriften vorgehen können, wenn ihm nicht sein Charakter als Gemeinschaftsrecht aberkannt und wenn nicht die Rechtsgrundlage der Gemeinschaft selbst in Frage gestellt werden soll.*

*Die Staaten haben somit dadurch, daß sie nach Maßgabe der Bestimmungen des Vertrages Rechte
und Pflichten, die bis dahin ihren inneren Rechtsordnungen unterworfen waren, der Regelung durch
die Unionsrechtsordnung vorbehalten haben, eine endgültige Beschränkung ihrer Hoheitsrechte bewirkt, die durch spätere einseitige, mit dem Gemeinschaftsbegriff unvereinbare Maßnahmen nicht
rückgängig gemacht werden kann."*

2. Rechtsprechung des Bundesverfassungsgerichts

Das BVerfG folgert das Vorrangprinzip im Gegensatz zum Gerichtshof nicht aus dem   **344**
Wesen des Unionsrechts, sondern in Anlehnung an die völkerrechtliche Vollzugstheorie
aus den **innerstaatlichen Zustimmungsgesetzen**, die insoweit einen **Rechtsanwen-**

dungsbefehl (Art. 23 Abs. 1 S. 2 GG) enthalten, der sich auf die Verträge und das Sekundärrecht bezieht. Besonders deutlich tritt dieses Verständnis im **„Solange II"-Beschluss** des Bundesverfassungsgerichts zutage (*BVerfG*E 73, 339, 374 f.):

> *„Art. 24 Abs. 1 [jetzt: Art. 23 Abs. 1 S. 2] GG ermöglicht es, die Rechtsordnung der Bundesrepublik Deutschland derart zu öffnen, daß der ausschließliche Herrschaftsanspruch der Bundesrepublik Deutschland für ihren Hoheitsbereich zurückgenommen und der unmittelbaren Geltung und Anwendbarkeit eines Rechts aus anderer Quelle innerhalb dieses Hoheitsbereichs Raum gelassen wird […]. Art. 24 Abs. 1 GG ordnet zwar nicht schon selbst die unmittelbare Geltung und Anwendbarkeit des von der zwischenstaatlichen Einrichtung gesetzten Rechts an, noch regelt er unmittelbar das Verhältnis zwischen diesem Recht und dem innerstaatlichen Recht, etwa die Frage des Anwendungsvorrangs. […] Ein innerstaatlicher Geltungs- oder Anwendungsvorrang ergibt sich allein aus einem dahingehenden innerstaatlichen Rechtsanwendungsbefehl […]. Art. 24 Abs. 1 GG ermöglicht es indessen von Verfassungs wegen, Verträgen, die Hoheitsrechte auf zwischenstaatliche Einrichtungen übertragen, und dem von solchen Einrichtungen gesetzten Recht Geltungs- und Anwendungsvorrang vor dem innerstaatlichen Recht der Bundesrepublik Deutschland durch einen entsprechenden innerstaatlichen Anwendungsbefehl beizulegen. Dies ist für die europäischen Gemeinschaftsverträge und das auf ihrer Grundlage von den Gemeinschaftsorganen gesetzte Recht durch die Zustimmungsgesetze zu den Verträgen gemäß Art. 24 Abs. 1, 59 Abs. 2 Satz 1 GG geschehen."*

345   In seinem **„Maastricht"-Urteil** (*BVerfG*E 89, 155) hat das Bundesverfassungsgericht seine Rechtsprechung präzisiert und die **Grenzen des unionsrechtlichen Anwendungsvorrangs** aufgezeigt. Es hat sich nämlich vorbehalten, im Hinblick auf das grundgesetzliche Demokratiegebot zu prüfen, ob **Rechtsakte der europäischen Einrichtungen und Organe sich in den Grenzen der ihnen durch das deutsche Zustimmungsgesetz zum Unionsvertrag eingeräumten Hoheitsrechte halten oder aus ihnen ausbrechen.** Im letzteren Fall seien die fraglichen Rechtsakte im deutschen Hoheitsbereich nicht verbindlich und die deutschen Staatsorgane aus verfassungsrechtlichen Gründen an ihrer Anwendung gehindert. Diese Schlussfolgerung ergibt sich, weil das Unionsrecht in Deutschland nur aufgrund der deutschen Zustimmungsgesetze gilt. Sind die Zustimmungsgesetze somit gleichsam die „Brücke", über die das Unionsrecht nach Deutschland einwirkt, kann in Deutschland keine Rechtsverbindlichkeit erlangen, was diese Brücke nicht trägt (z.B. ein Rechtsakt der Union ohne entsprechende Handlungsermächtigung oder eine Rechtsprechung des Gerichtshofs der Europäischen Union, die die Grenzen der richterlichen Rechtsfortbildung überschreitet). Vor diesem Hintergrund ist zu verstehen, warum das Bundesverwaltungsgericht im Rahmen eines Verfahrens über die Rücknahme einer unionsrechtswidrigen Subventionsbewilligung prüfte, ob der Gerichtshof bei der Auslegung der Art. 87 f. EG (heute: Art. 107 AEUV) die ihm im Unionsrecht zugewiesenen Kompetenzen überschritten hat, ob also ein sog. „ausbrechender Unionsrechtsakt" vorliegt (vgl. näher *BVerwG*, NJW 1998, 3728). Das BVerfG hat die vom BVerwG vorgenommene Auslegung gebilligt (*BVerfG*, NJW 2000, 2015).

346   Diese Grundsätze des „Maastricht"-Urteils hat das Bundesverfassungsgericht auch im **„Lissabon"-Urteil** nochmals eindrücklich bestätigt und klargestellt, dass es sich auch weiterhin für befugt hält zu überprüfen, ob sich die Union innerhalb der ihr durch das deutsche Zustimmungsgesetz übertragenen Befugnisse hält (sog. **„ultra-vires-Kontrolle"**, *BVerfG*E 123, 267 – „Lissabon"). Das Bundesverfassungsgericht versteht auch diese ultra-vires-Kontrolle allerdings „europarechtsfreundlich" und sieht eine Befugnis hierzu nur dann, wenn „ersichtlich ist, dass Handlungen der europäischen Organe und

Einrichtungen außerhalb der übertragenen Kompetenzen ergangen sind (*BVerfGE* 126, 286 – „Honeywell"). Bevor das Bundesverfassungsgericht einen ultra-vires-Akt annimmt, ist nach Auffassung des Gerichts zudem dem Gerichtshof im Rahmen eines Vorabentscheidungsverfahrens nach Art. 267 AEUV die Gelegenheit zu geben, die europäischen Vorschriften auszulegen sowie über deren Gültigkeit zu entscheiden.

In Klausuren ist das Problem der „ausbrechenden Rechtsakte" und auch die Frage nach   **347** der Zulässigkeit einer Hoheitsübertragung auf die Union, zumindest soweit es um Verfassungsbeschwerden geht, im Rahmen von Art. 38 Abs. 1 S. 1 GG abzuhandeln (vgl. *BVerfGE* 89, 155, 187 f.; *BVerfGE* 123, 267, 340 ff. – „Lissabon"). Das Bundesverfassungsgericht leitet aus dem grundrechtsgleichen Recht des Art. 38 GG das Recht ab, dass zum einen dem demokratisch gewählten Gesetzgeber Bundestag bestimmte Kompetenzen verbleiben müssen und zum anderen die Union nur Kompetenzen wahrnehmen darf, die ihr vom Bundestag in verfassungsgemäßer Weise übertragen worden sind.

II. Ausgestaltung und Reichweite des unionsrechtlichen Vorrangprinzips

Es sind zwei Ansätze denkbar, wie das Vorrangverhältnis inhaltlich ausgestaltet werden   **348** kann: Vorrang kann zum einen bedeuten, dass dem Unionsrecht zuwiderlaufendes nationales Recht **nichtig** ist. Diesem Ansatz sind der Gerichtshof, der Großteil des Schrifttums und das Bundesverfassungsgericht nicht gefolgt. Vielmehr bedeutet Vorrang des Unionsrechts nur einen **Anwendungsvorrang** vor nationalem Recht: Nationales Recht ist im Falle einer Kollision mit dem Unionsrecht nicht als unwirksam, sondern als insoweit unanwendbar anzusehen. Das Unionsrecht genießt damit Vorrang gegenüber nationalem Recht in der Weise, dass nationales Recht unanwendbar ist, soweit und solange es dem Unionsrecht entgegensteht. Diese Unterscheidung zwischen Unanwendbarkeit und Nichtigkeit ist von großer Bedeutung: Wird eine nationale Rechtsnorm wegen Verstoßes gegen das Unionsrecht vom Gerichtshof im **grenzüberschreitenden Verkehr für unanwendbar** erklärt, so kann sie gleichwohl für rein **innerstaatliche** Sachverhalte **anwendbar** bleiben; anders wäre es dagegen im Falle der Nichtigkeit der Norm. Diesem Anwendungsvorrang als Teil des primären Unionsrechts wurde durch das deutsche Zustimmungsgesetz zu den Verträgen der innerstaatliche Rechtsanwendungsbefehl erteilt (*BVerfGE* 123, 267, 398 – „Lissabon"). Somit ist jedes deutsche Gericht gehalten, erforderlichenfalls unionsrechtswidrige Bestimmungen des nationalen Rechts unangewendet zu lassen (*EuGH*, ECLI:EU:C:1978:49 – „Simmenthal II").

Bezüglich der Reichweite des Vorrangprinzips gilt, dass sich der Anwendungsvorrang   **349** aus Sicht des Unionsrechts grundsätzlich auf die gesamte mitgliedstaatliche Rechtsordnung einschließlich des Verfassungsrechts, seien es Strukturprinzipien oder Grundrechte, bezieht (*EuGH*, ECLI:EU:C:1970:114 – „Internationale Handelsgesellschaft"). Weiterhin ist der Gerichtshof sogar befugt, **vor** einer Entscheidung in der Hauptsache die Geltung des nationalen Rechts **auszusetzen**.

350   Beispiel: *EuGH*, ECLI:EU:C:1990:314 – „Straßenbenutzungsgebühr"
Die Kommission hat gemäß Art. 226 EG (heute: Art. 258 AEUV) Klage gegen die Bundes-republik Deutschland erhoben, weil sie der Auffassung ist, dass das Gesetz über die Straßen-benutzungsgebühr für Lkw vom 30.4.1990 (BGBl. I, 826) nicht mit Art. 30, 36, 95 EG (heute: Art. 34, 36, 114 AEUV) in Einklang zu bringen ist.

Der Gerichtshof gab dem Antrag der Kommission auf Erlass einer einstweiligen Anordnung gemäß Art. 279 AEUV statt und setzte die Erhebung der Straßenbenutzungsgebühr bis zur Ent-scheidung in der Hauptsache mit der Begründung aus, eine einstweilige Entscheidung sei not-wendig, um zu verhindern, dass durch den sofortigen Vollzug der mit der Klage angefochtenen Maßnahmen, d.h. das Inkrafttreten des nationalen Gesetzes, ein nicht wiedergutzumachender Schaden für die europäischen Verkehrsunternehmen entstünde. Die Hauptsache wurde vom EuGH dann im Mai 1992 (*EuGH*, ECLI:EU:C:1992:219) entschieden.

351   Schließlich ist noch zwischen den verschiedenen Rechtsquellen des Unionsrechts zu differenzieren. **Primäres unmittelbar wirkendes Unionsrecht** genießt uneinge-schränkt Vorrang vor dem nationalen Recht. Das Gleiche gilt auch für das sekundäre Unionsrecht in Form von **Verordnungen**. Dagegen ist das Verhältnis von nationalem Recht zu den Richtlinien und zu den europäischen Grundrechten nicht einfach zu bestimmen.

352   Für die **Richtlinie** gilt das **Vorrangprinzip nicht uneingeschränkt**, was auf die bereits geschilderte, besondere rechtliche Struktur der Richtlinie zurückzuführen ist: Nach der Regelung des Art. 288 UAbs. 3 AEUV ist die Rechtsetzung mittels Richtlinie als **zwei-stufiges** Verfahren ausgestaltet: Zunächst erlässt die Union eine Richtlinie, die dann von jedem Mitgliedstaat, an den sie gerichtet ist, innerhalb einer bestimmten Frist um-gesetzt werden muss. Hieraus folgt im Grundsatz, dass die Richtlinienwidrigkeit einer nationalen Norm zunächst keinen Einfluss auf die Anwendbarkeit der Norm hat. Etwas Anderes gilt aber dann, wenn eine Richtlinie ausnahmsweise **unmittelbar im inner-staatlichen** Recht gilt. Dann verdrängt die Richtlinie das nationale Recht.

353   In Bezug auf das Verhältnis von **europäischen Grundrechten** zu nationalem Recht stellt sich das Problem, ob nationales Recht überhaupt an den europäischen Grund-rechten gemessen werden kann. Die Stellungnahmen in der Literatur hierzu sind kon-trovers. Einer Ansicht zufolge erstreckt sich die Kontrollfunktion der Unionsgrundrechte nicht auf nationales Recht. Dagegen wird z. T. eine umfassende Bindung der nationalen Rechtsetzungsorgane an die Unionsgrundrechte vertreten. Durch den Vertrag von Lissabon und den damit einhergehenden verbindlichen Charakter der Grundrechte-Charta (Art. 6 Abs. 1 EUV) ist hier eine Klärung eingetreten: Nach Art. 51 GRCh gelten die Unionsgrundrechte zum einen für alle Organe, Einrichtungen und sonstigen Stellen der Union. Folgerichtig sind aber auch die Mitgliedstaaten an die europäischen Grund-rechte gebunden, soweit sie das Unionsrecht, insbesondere das Sekundärrecht, durch-führen (vgl. bereits *EuGH*, ECLI:EU:C:2000:202 Tz. 37 – „Karlsson"). Die Mitgliedstaaten übertragen insoweit nur die unionsrechtlichen Vorgaben in den innerstaatlichen Be-reich. Verstößt ein Mitgliedstaat bei der Umsetzung von Sekundärrecht in innerstaatli-ches Recht gegen europäische Grundrechte, ist die nationale Umsetzungsmaßnahme unanwendbar (*EuGH*, ECLI:EU:C:2005:709 – „Mangold").

III. Das Verhältnis von Unionsrecht und nationalen Grundrechten

Gerade im nationalen Verfassungsrecht der Bundesrepublik Deutschland gab es lange   **354**
Auseinandersetzungen über die Frage, ob der Grundsatz vom Vorrang des Unionsrechts auch gegenüber den nationalen Grundrechten gelten soll. Praktische Bedeutung
gewinnt dieses Problem insbesondere bei der Frage, ob **abgeleitetes Unionsrecht** von
den **nationalen Verfassungsgerichten überprüfbar ist**, also beispielsweise das Bundesverfassungsgericht eine Verordnung an den nationalen Grundrechten messen darf.

1974 erklärte das Bundesverfassungsgericht in der sog. **„Solange I"-Entscheidung**   **355**
(*BVerfGE* 37, 271 ff.) in einem Verfahren nach Art. 100 Abs. 1 GG analog die Vorlage
einer Verordnung für zulässig, deren Gültigkeit der EuGH zuvor in einem Verfahren
nach Art. 234 EG (heute: Art. 267 AEUV) bestätigt hatte. Zur Zulässigkeit des Normen-
kontrollverfahrens führte das Bundesverfassungsgericht aus:

*„Solange der Integrationsprozeß der Gemeinschaft nicht soweit fortgeschritten ist, daß das Gemein-
schaftsrecht auch einen von einem Parlament beschlossenen und in Geltung stehenden formulierten Katalog von Grundrechten enthält, der dem Grundrechtskatalog des Grundgesetzes adäquat
ist, ist nach Einholung der in Art. 177 (heute: Art. 267 AEUV) des Vertrages geforderten Entscheidung des Europäischen Gerichtshofes die Vorlage eines Gerichts der Bundesrepublik Deutschland
an das BVerfG im Normenkontrollverfahren zulässig und geboten, wenn das Gericht die für es
entscheidungserhebliche Vorschrift des Gemeinschaftsrechts in der vom Europäischen Gerichtshof
gegebenen Auslegung für unanwendbar hält, weil und soweit sie mit einem der Grundrechte des
Grundgesetzes kollidiert."*

Es ist nicht verwunderlich, dass diese Entscheidung schärfster Kritik ausgesetzt war.   **356**
Aus heutiger Sicht war sie jedoch auch eine „Initialzündung" für die Entwicklung europäischer Grundrechte. Das BVerfG stand mit seiner restriktiven Auffassung nicht allein.
So hatte sich das italienische Verfassungsgericht in einem Urteil aus dem Jahre 1973
ebenfalls ausdrücklich eine letzte Rechtskontrolle in Bezug auf gewisse Grundprin-
zipien der italienischen Verfassung vorbehalten.

Im Lichte der immer weitergehenden Judikatur des EuGH zum Grundrechtsschutz im   **357**
europäischen Recht kehrte das Bundesverfassungsgericht 1986 in der sog. **„Solange
II"-Entscheidung** (*BVerfGE* 73, 339, 340) die bisherige „Solange"-Formel wie folgt um:

*„Solange die Europäischen Gemeinschaften, insbesondere die Rechtsprechung des Gerichtshofs der
Gemeinschaften einen wirksamen Schutz der Grundrechte gegenüber der Hoheitsgewalt der Gemeinschaften generell gewährleisten, der dem vom Grundgesetz als unabdingbar gebotenen
Grundrechtschutz im wesentlichen gleichzuachten ist, zumal den Wesensgehalt der Grundrechte
generell verbürgt, wird das Bundesverfassungsgericht seine Gerichtsbarkeit über die Anwendbarkeit
von abgeleitetem Gemeinschaftsrecht, das als Rechtsgrundlage für ein Verhalten deutscher Gerichte oder Behörden im Hoheitsbereich der Bundesrepublik Deutschland in Anspruch genommen wird,
nicht mehr ausüben und dieses Recht mithin nicht mehr am Maßstab der Grundrechte des Grundgesetzes überprüfen; entsprechende Vorlagen nach Art. 100 Abs. 1 GG sind somit unzulässig."*

In Bezug auf die Zulässigkeit einer Verfassungsbeschwerde hat die „Solange II"-Ent-   **358**
scheidung folgende Auswirkungen: Wendet sich ein Bürger im Rahmen einer Verfassungsbeschwerde direkt gegen eine Verordnung, so fehlt es bereits an einem zulässigen **Beschwerdegegenstand** i.S.d. Art. 93 Abs. 1 Nr. 4a GG, § 90 BVerfGG; denn es
können nur Akte der deutschen Staatsgewalt angegriffen werden. Soll dagegen ein

unmittelbar auf einer europäischen Verordnung beruhender deutscher Rechtsakt (z.B. einem Verwaltungsakt liegt eine Verordnung zugrunde) angegriffen werden, liegt zwar ein zulässiger Beschwerdegegenstand vor; es fehlt dann aber an der **Beschwerdebefugnis**, denn eine Grundrechtsverletzung ist wegen der fehlenden Überprüfungsmöglichkeit ausgeschlossen.

359   Im **„Maastricht"-Urteil** hat das Bundesverfassungsgericht im Rahmen von Verfassungsbeschwerden gegen das Gesetz zum Vertrag über die Europäische Union zu der Frage des Grundrechtsschutzes erneut Stellung genommen. Dabei führte es im Zusammenhang mit der Beschwerdebefugnis aus (*BVerfGE* 89, 155, 174 f.):

> *„Das Bundesverfassungsgericht gewährleistet durch seine Zuständigkeit (vgl. BVerfGE 37, 271 [280 ff.]; 73, 339 [376 f.]), daß ein wirksamer Schutz der Grundrechte für die Einwohner Deutschlands auch gegenüber der Hoheitsgewalt der Gemeinschaften generell sichergestellt und dieser dem vom Grundgesetz als unabdingbar gebotenen Grundrechtsschutz im Wesentlichen gleich zu achten ist, zumal den Wesensgehalt der Grundrechte generell verbürgt. Das Bundesverfassungsgericht sichert so diesen Wesensgehalt auch gegenüber der Hoheitsgewalt der Gemeinschaft (vgl. BVerfGE 73, 339 [386]). Auch Akte einer besonderen, von der Staatsgewalt der Mitgliedstaaten geschiedenen öffentlichen Gewalt einer supranationalen Organisation betreffen die Grundrechtsberechtigten in Deutschland. Sie berühren damit die Gewährleistungen des Grundgesetzes und die Aufgaben des Bundesverfassungsgerichts, die den Grundrechtsschutz in Deutschland und insoweit nicht nur gegenüber deutschen Staatsorganen zum Gegenstand haben (Abweichung von BVerfGE 58, 1 [27]). Allerdings übt das Bundesverfassungsgericht seine Gerichtsbarkeit über die Anwendbarkeit von abgeleitetem Gemeinschaftsrecht in Deutschland in einem Kooperationsverhältnis zum Europäischen Gerichtshof aus, in dem der Europäische Gerichtshof den Grundrechtsschutz in jedem Einzelfall für das gesamte Gebiet der Europäischen Gemeinschaften garantiert, das Bundesverfassungsgericht sich deshalb auf eine generelle Gewährleistung der unabdingbaren Grundrechtsstandards (vgl. BVerfGE 73, 339 [387]) beschränken kann."*

360   Im Anschluss an diese Entscheidung entbrannte in der Lehre eine Kontroverse, wie diese Passage zu verstehen sei. Die herrschende Meinung interpretierte das „Maastricht"-Urteil dahingehend, dass das BVerfG zwar im Grundsatz an der „Solange II"-Rechtsprechung festgehalten, sie jedoch um die Feststellung modifiziert habe, dass es seine Gerichtsbarkeit über die Anwendbarkeit von abgeleitetem Unionsrecht in Deutschland wieder – wenn auch in einem **Kooperationsverhältnis** zum Gerichtshof der Europäischen Union – ausübe.

361   In seiner „Maastricht"-Entscheidung hat das BVerfG jedoch offengelassen, welche **Auswirkungen** diese Rechtsprechung auf die Zulässigkeit einer Verfassungsbeschwerde oder einer Vorlage nach Art. 100 Abs. 1 S. 1 GG analog hat. Auch dem „Lissabon"-Urteil lässt sich insofern nur entnehmen, dass das BVerfG eine Überprüfung europäischer Rechtsakte daraufhin vornimmt, ob sie sich in den Grenzen der übertragenen Hoheitsbefugnisse halten und ob die Übertragung der Hoheitsbefugnisse zulässig war. Im Hinblick auf die Geltung der nationalen Grundrechte für Rechtsakte der Union enthält das Urteil hingegen keine neuen Erkenntnisse. Aus dem Umstand, dass das BVerfG seine Aufgabe aber traditionell nicht nur in der Gewährleistung des Grundrechtsschutzes gegenüber Akten der deutschen Hoheitsgewalt, sondern auch gegenüber den sich in Deutschland auswirkenden Rechtsakten der Union, die sich nicht im Rahmen der nationalen Zustimmungsgesetze halten bzw. nicht dem nach dem Grundgesetz unabdingbar gebotenen Grundrechtsstandard generell entsprechen, sieht, wird die Schlussfolgerung gezogen, dass eine Verfassungsbeschwerde nicht daran scheitere, dass es an einem zulässigen Beschwerdegegenstand fehle. Vielmehr sei eine Verfassungsbeschwerde in Übereinstimmung mit der „Solange II"-Rechtsprechung mangels **Beschwerdebefugnis** solange unzulässig, wie die Union den vom Grundgesetz als unabdingbar gebotenen Grundrechtsschutz generell gewährleistet. Die Unzulässigkeit von Richtervorlagen analog Art. 100 Abs. 1 S. 1 GG dürfte sich bei einer dogmatisch korrekten Betrachtungsweise regelmäßig aus dem Fehlen der **„Überzeugung von der Verfassungswidrigkeit"** ergeben. Denn solange ein Absinken des europäischen Grundrechtsstandards unter den durch das Grundgesetz als unabdingbar gebotenen Grundrechtsschutz nicht zu verzeichnen ist, kann der Rechtsanwender das Sekundärrecht nicht für „verfassungswidrig" i. S. d. Art. 100 Abs. 1 S. 1 GG halten.

Aus dem Vorstehenden folgt, dass das Bundesverfassungsgericht – unabhängig von der im Einzelfall in Betracht kommenden Verfahrensart – nur tätig wird, wenn der vom Grundgesetz als **(1) unabdingbar gebotene Grundrechtsschutz (2) generell** nicht gewährleistet ist (vgl. Art. 23 Abs. 1 S. 1 GG: „einen diesem Grundgesetz im wesentlichen vergleichbaren Grundrechtsschutz"):   **362**

(1) Der **unabdingbar gebotene Grundrechtsschutz** erfasst dabei nach dem „Maastricht"-Urteil lediglich den Wesensgehalt der Grundrechte des Grundgesetzes (vgl. auch *BVerfG*E 73, 339, 386 a. E.): Damit dürfte als Grenze Art. 19 Abs. 2 GG angesprochen sein.   **363**

(2) Das **Generalitätsmerkmal** wird zum Teil im Sinne einer kontinuierlichen **Einzelfallkontrolle** verstanden. Die herrschende Lehre legt jedoch einen engeren Maßstab an und verlangt eine **Serie von Grundrechtsbeeinträchtigungen** durch die Union. Demzufolge ist das Generalitätsmerkmal erst bei mehreren evidenten Verstößen der europäischen Organe gegen die vom Bundesverfassungsgericht formulierten Grenzen oder bei strukturellen Defiziten des europäischen Grundrechtsschutzes einschlägig. In diesem Sinne hatte das BVerfG bereits in dem **„Bananenmarktordnung"-Beschluss** eine neuerliche Konfrontation mit der europäischen Gerichtsbarkeit vermieden und einen Normenkontrollantrag des VG Frankfurt im Hinblick auf eine europäische Verordnung als unzulässig zurückgewiesen (*BVerfG*, EuZW 2000, 702). Die Verwerfung des Normenkontrollantrags hat es dabei auf folgende Gründe gestützt: **364**

„Sonach sind auch nach der Entscheidung des Senats in BVerfGE 89, 155 Verfassungsbeschwerden und Vorlagen von Gerichten von vornherein unzulässig, wenn ihre Begründung nicht darlegt, dass die europäische Rechtsentwicklung einschließlich der Rechtsprechung des Europäischen Gerichtshofs nach Ergehen der Solange II-Entscheidung (BVerfGE 73, 339 [378 bis 381]) unter den erforderlichen Grundrechtsstandard abgesunken sei. Deshalb muss die Begründung der Vorlage eines nationalen Gerichts oder einer Verfassungsbeschwerde, die eine Verletzung in Grundrechten [...] geltend macht, im Einzelnen darlegen, dass der jeweils als unabdingbar gebotene Grundrechtsschutz generell nicht gewährleistet ist. Dies erfordert eine Gegenüberstellung des Grundrechtsschutzes auf nationaler und auf Gemeinschaftsebene in der Art und Weise, wie das Bundesverfassungsgericht sie in BVerfGE 73, 339 (378 bis 381) geleistet hat."

Damit legte das Bundesverfassungsgericht die Tatbestandsvoraussetzung noch enger als die herrschende Lehre aus, die strukturelle Defizite genügen lässt. Angesichts der Verbindlichkeit der Europäischen Grundrechte-Charta (Art. 6 Abs. 1 EUV) dürfte zukünftig mit einem generellen Absinken des Grundrechtsstandards kaum noch zu rechnen sein.   **365**

IV. Die Bindung der nationalen Organe an ihr Verfassungsrecht bei der Umsetzung von europäischen Richtlinien

366   Nachdem die „Solange II"-Entscheidung bezüglich der Überprüfbarkeit von europäischen Verordnungen durch das Bundesverfassungsgericht (relative) Klarheit geschaffen hatte, verlagerte sich die Diskussion auf das Problemfeld, inwieweit nationale Organe bei der Umsetzung von europäischem Recht in nationales Recht durch ihr nationales Verfassungsrecht gebunden sind. Diese Frage stellt sich insbesondere bei der Umsetzung von Richtlinien. Im Ansatz kommen **drei Grundlösungen** in Betracht. Es sind dies eine ausschließliche Überprüfung des Vollzugsgesetzes am Maßstab der europäischen Grundrechte, eine ausschließliche Überprüfung anhand der nationalen Grundrechte sowie eine auf den Umsetzungsspielraum des Gesetzgebers beschränkte Überprüfung am Maßstab der nationalen Grundrechte.

367   Das Bundesverfassungsgericht (vgl. *BVerfG*, NVwZ 2007, 937 – „Emissionshandel") spricht sich für den zuletzt genannten Ansatz aus: Zum einen überträgt das Bundesverfassungsgericht seine „Solange II"-Rechtsprechung des grundsätzlichen Verzichts einer Grundrechtskontrolle auf Richtlinien und das hierzu ergangene innerstaatliche Umsetzungsrecht; zum anderen behält sich das Gericht eine Kontrolle vor, soweit der nationale Umsetzungsakt lediglich einen von der Richtlinie eröffneten Gestaltungsspielraum betrifft: „Auch eine innerstaatliche Rechtsvorschrift, die eine Richtlinie in deutsches Recht umsetzt, wird insoweit nicht an den Grundrechten des Grundgesetzes gemessen, als das Gemeinschaftsrecht keinen Umsetzungsspielraum lässt, sondern zwingende Vorgaben macht". Ob eine Richtlinie die Voraussetzungen für ihre unmittelbare Anwendbarkeit erfülle, sei in diesem Zusammenhang nicht entscheidend: „Denn auch zwingende Vorgaben einer Richtlinie, der nach der Rechtsprechung des Gerichtshofs der Europäischen Gemeinschaften keine unmittelbare Wirkung zukommt, müssen nach Art. 249 Abs. 3 EG (heute: Art. 288 UAbs. 3 AEUV) vom Mitgliedstaat umgesetzt werden". Folglich können Richtlinien und auch nationale Umsetzungsakte, die ausschließlich auf Unionsrecht beruhen, nur anhand der Unionsgrundrechte gemessen werden. Soweit aber eine Richtlinie die Regelung einer Frage ausdrücklich in das Gestaltungsermessen der Mitgliedstaaten stellt, will das BVerfG die Ausfüllung des verbleibenden Gestaltungsspielraums auf eine Konformität mit den nationalen Grundrechten überprüfen.

Weiterführende Literatur: *Fischer/Fetzer*, Fälle zum Europarecht, 9. Auflage 2019, Fall 1 – Banensplit, Fall 3 – Starker Tobak, Fall 19 – Spanisches Schaffleisch und nationale Gesundheitsvorsorge, Fall 20 – Dienstleistungsfreiheit und föderale Rundfunkordnung; *Ehlers*, Der Rechtsschutz in Bezug auf das Europäische Unions- und Gemeinschaftsrecht, JURA 2007, 505; *Fischer*, Die „van Gend & Loos"-Entscheidung, JA 2000, 113 ff.; *Masing*, Vorrang des Europarechts bei umsetzungsgebundenen Rechtsakten, NJW 2006, 264 ff.; *Möller*, Verfassungsgerichtlicher Grundrechtsschutz gegen Gemeinschaftsrecht, JURA 2006, 91 ff.; *Nettesheim*, Ein Individualrecht auf Staatlichkeit?, Die Lissabon-Entscheidung des BVerfG, NJW 2009, 2867 ff.; *Rabe*, Grundrechtsbindung der Mitgliedstaaten, NJW 2013, 1407 ff.; *Schroeder*, Neues zur Grundrechtekontrolle der Europäischen Union, EuZW 2011, 462 ff.; *Terhechte*, Grundwissen – Öffentliches Recht: Der Vorrang des Unionsrechts, JuS 2008, 403 ff.; *Weiß*, Grundrechtsschutz durch den EuGH: Tendenzen seit Lissabon, EuZW 2013, 287 ff.

Siebter Teil
Haftung der Mitgliedstaaten für Verstöße gegen Unionsrecht

A. Grundlagen

Wenn gegen primäres oder sekundäres Unionsrecht verstoßen wurde und dadurch dem Unionsbürger ein Schaden entsteht, kann diesem ein Schadensersatzanspruch zustehen. Hierbei sind **zwei Fallkonstellationen** zu unterscheiden: Wenn **Amtswalter der Union** gegen Unionsrecht verstoßen haben, kann gegen die Union eine Schadensersatzklage nach Art. 268 i.V.m. Art. 340 UAbs. 2 AEUV (Amtshaftungsklage) erhoben werden. Ein Unionsbürger kann aber auch von einem **Mitgliedstaat** Schadensersatz wegen Verletzung von EU-Recht geltend machen (z.B. bei Nichtumsetzung einer Richtlinie trotz Ablauf der Umsetzungsfrist oder bei einem Verstoß gegen eine der Marktfreiheiten). Allein dies soll im Folgenden näher betrachtet werden. **368**

Auffällig ist zunächst, dass der AEUV in Bezug auf eine Haftung der Mitgliedstaaten für Verstöße gegen Unionsrecht keine mit Art. 340 UAbs. 2 AEUV vergleichbare Anspruchsgrundlage enthält. Zur Beseitigung von mitgliedstaatlichen Verstößen gegen Unionsrecht durch finanzielle Sanktionen sieht der AEUV lediglich in Art. 260 Abs. 2 und Abs. 3 AEUV ein besonderes gerichtliches Verfahren der Urteilsvollstreckung vor. Diese Bestimmungen enthalten aber keine abschließende Regelung zur Sanktionierung von Verstößen gegen Unionsrecht, so dass der EuGH in den grundlegenden Entscheidungen „Francovich" (*EuGH*, ECLI:EU:C:1991:428) und „Brasserie du Pêcheur" (*EuGH*, ECLI:EU:C:1996:79) im Wege der Rechtsfortbildung eine **Haftung der Mitgliedstaaten für Verstöße gegen** primäres und sekundäres **Unionsrecht** als **allgemeinen Grundsatz des Unionsrechts** anerkennen konnte. **369**

Der mitgliedstaatliche Staatshaftungsanspruch wurzelt dogmatisch vor allem in den im AEUV verwirklichten **rechtsstaatlichen Grundsätzen**: Die Staatshaftung ergänzt den effektiven Schutz der vom Unionsrecht begründeten Rechte der Unionsbürger. Diese Rechte entstehen aus den Regeln des Unionsrechts, sie setzen sich gegen widersprechende Regeln des innerstaatlichen Rechts durch, und müssen, falls sie durch die Mitgliedstaaten verletzt werden, durch eine Sanktion in Gestalt einer Entschädigung kompensiert werden. Daneben verweist der Gerichtshof zur dogmatischen Absicherung noch auf den allgemeinen **Auslegungsgrundsatz der praktischen Wirksamkeit (effet utile)**, das **Gebot der Unionstreue bzw. der loyalen Zusammenarbeit** (Art. 4 Abs. 3 EUV) sowie auf **Art. 340 UAbs. 2 AEUV**, weil der Schutz der Unionsrechte nicht unterschiedlich sein darf, je nachdem, ob die Stelle, die den Schaden verursacht hat, nationalen oder Unionscharakter hat. **370**

B. Haftungsvoraussetzungen

371 Nach der Rechtsprechung des Gerichtshofs muss ein Mitgliedstaat Schäden, die dem Einzelnen durch Verstöße gegen primäres oder sekundäres Unionsrecht entstehen, ersetzen, wenn **drei Voraussetzungen** erfüllt sind: Die von einem Mitgliedstaat verletzte EU-Rechtsnorm bezweckt, dem Einzelnen Rechte zu verleihen (dazu I.), der Verstoß ist hinreichend qualifiziert (dazu II.), und zwischen dem Verstoß gegen EU-Recht und dem bei dem Rechtsträger entstandenen Schaden besteht ein unmittelbarer Kausalzusammenhang (dazu III.).

I. Mitgliedstaatliche Verletzung einer individualschützenden Unionsrechtsnorm

372 Zunächst muss ein **Mitgliedstaat** durch sein **Handeln oder Unterlassen gegen Unionsrecht** verstoßen haben. Dies gilt unabhängig davon, ob die Zuwiderhandlung gegen Unionsrecht von der Legislative, der Exekutive oder der Judikative herrührt.

373 *Beispiel: Die mitgliedstaatliche Verletzungshandlung kann in der zeitlich verspäteten oder inhaltlich fehlerhaften Umsetzung einer Richtlinie in nationales Recht durch den innerstaatlichen Gesetzgeber oder auch in dem Erlass eines grundfreiheitswidrigen Gesetzes bestehen (legislatives Unrecht). Denkbar ist ferner eine dem Mitgliedstaat zurechenbare öffentliche Warnung eines Beamten (vgl. EuGH, ECLI:EU:C:2007:213 Tz. 75 ff. – „A.G.M.-COS. MET") oder der Erlass eines EU-rechtswidrigen Verwaltungsaktes, wie etwa die Gewährung einer gegen Art. 107 ff. AEUV verstoßenden Subvention an ein Unternehmen (administratives Unrecht). Auch der Erlass eines EU-rechtlich unzulässigen Gerichtsurteils kann eine Staatshaftung begründen (judikatives Unrecht).*

374 Ferner muss die verletzte **EU-Rechtsnorm bezwecken, dem Einzelnen ein subjektives Recht zu verleihen**. Ein solches subjektives Unionsrecht kann sich aus dem Primärrecht, einer Verordnung, einer Richtlinie oder einem Beschluss ergeben. Das Vorliegen eines subjektiven Unionsrechts hängt grundsätzlich davon ab, dass die verletzte Unionsrechtsnorm inhaltlich unbedingt und hinreichend bestimmt ist sowie darauf zielt, den Einzelnen zu begünstigen.

375 Bei der **Haftung der Mitgliedstaaten wegen der (teilweisen) Nichtumsetzung von Richtlinien** ist eine **Besonderheit** zu beachten: In dieser Fallkonstellation ist im Rahmen der Prüfung des Bestehens eines subjektiven Rechtes aus einer Richtlinie ausnahmsweise das Kriterium der **inhaltlichen Unbedingtheit keine Voraussetzung** für die Einräumung eines subjektiven Rechts (*EuGH*, ECLI:EU:C:1991:428 – „Francovich"). Vielmehr ist es ausreichend, wenn die verletzte Unionsrechtsnorm auf die künftige Verleihung eines subjektiven Rechtes zielt. Diese Abweichung von dem – im Übrigen selbstverständlich beizubehaltenden Prüfungsprogramm – erklärt sich daraus, dass die Haftung der Mitgliedstaaten für die (teilweise) Nichtumsetzung von Richtlinien gerade dann eingreift, wenn die richtlinienkonforme Auslegung nationalen Rechts und die Direktwirkung der Richtlinie als Sanktionskategorien für den Verstoß des betreffenden Mitgliedstaates gegen das Umsetzungsgebot aus Art. 288 UAbs. 3 AEUV im Einzelfall ausscheiden.

Gerade die Haftung der Mitgliedstaaten für die (teilweise) **Nichtumsetzung von Richt-**   376
linien stellt einen **praktisch außerordentlich relevanten Anwendungsfall** der europarechtlichen Staatshaftung dar, wenn der Rechtsverstoß gegen Art. 288 UAbs. 3 AEUV
– wegen des Verbots der horizontalen Direktwirkung von Richtlinien – nicht mit einer
unmittelbaren Wirkung der Richtlinie im Verhältnis zwischen Privaten sanktioniert werden kann.

> **Beispiel:** *Die Richtlinie 90/314/EWG bezweckt den Schutz der Verbraucher bei Konkurs von*   377
> *Reiseveranstaltern. Die Mitgliedstaaten waren verpflichtet, die Richtlinie, die u.a. die Erstattung*
> *gezahlter Beträge und die Rückreise im Fall des Konkurses des Reiseveranstalters sicherstellt,*
> *bis zum 31.12.1992 in nationales Recht umzusetzen. Die Bundesrepublik war dieser Pflicht nicht*
> *nachgekommen; mit der Folge, dass im Sommer 1993 viele deutsche Reisende aufgrund des*
> *Konkurses eines Reiseveranstalters einen Schaden erlitten. Mit Blick auf das Verbot der horizon-*
> *talen Direktwirkung von Richtlinien konnten die geschädigten Touristen auf der Grundlage der*
> *Richtlinie keine Schadensersatzansprüche gegen den ohnehin insolventen Reiseveranstalter*
> *geltend machen. Zahlreiche Geschädigte erhoben jedoch eine auf § 839 BGB i.V.m. Art. 34 S. 1*
> *GG gestützte Amtshaftungsklage gegen die Bundesrepublik. Das LG Bonn, bei dem die Rechts-*
> *streitigkeiten anhängig waren, strengte ein Vorabentscheidungsverfahren beim EuGH an*
> *(LG Bonn, EuZW 1994, 442). Der EuGH bestätigte in seinem Urteil vom 8.10.1996 (EuGH,*
> *ECLI:EU:C:1996:375 – „Dillenkofer") die Voraussetzungen für das Eingreifen des unionsrechtli-*
> *chen Staatshaftungsanspruches. So stellte er zunächst fest, dass die Nichtumsetzung der Richt-*
> *linie einen hinreichend qualifizierten Verstoß gegen das Unionsrecht darstelle. Des Weiteren*
> *legte der Gerichtshof Art. 7 der Richtlinie dahingehend aus, dass dieser auf die Verleihung eines*
> *Rechts des Pauschalreisenden auf Erstattung gezahlter Beträge und auf Sicherstellung der*
> *Rückreise im Falle des Konkurses des Reiseveranstalters abziele. Auch weise die Richtlinien-*
> *bestimmung einen inhaltlich unbedingten Charakter auf, und Inhaber sowie Inhalt dieses*
> *Rechts seien hinreichend bestimmt. Schließlich hat der EuGH auch das Vorliegen eines Kausal-*
> *zusammenhangs als Voraussetzung für eine Haftung des Mitgliedstaates bestätigt, ohne je-*
> *doch im vorliegenden Fall inhaltlich zur Kausalitätsfrage Stellung nehmen zu müssen. Insofern*
> *war es Sache des vorlegenden nationalen Gerichts, die Kausalität zu prüfen und nach Beja-*
> *hung dieser letzten Anspruchsvoraussetzung den Amtshaftungsklagen geschädigter Reisender*
> *stattzugeben (vgl. zur Haftung der Bundesrepublik wegen der verspäteten Umsetzung der*
> *EG-Pauschalreiserichtlinie auch OLG Köln, EuZW 1998, 95 und LG Bonn, NJW 2000, 815).*

II. Hinreichend qualifizierter Normverstoß

Der von einem Mitgliedstaat ausgehende Verstoß gegen eine individualschützende   378
Unionsrechtsnorm muss weiterhin **hinreichend qualifiziert** sein. Das haftungsbegren-
zende Merkmal dient dazu, berechtigte Interessen der Mitgliedstaaten in die Prüfung
des unionsrechtlichen Staatshaftungsanspruches einfließen zu lassen.

Ein Normverstoß ist hinreichend qualifiziert, wenn der Mitgliedstaat sein Ermessen   379
offenkundig und erheblich überschreitet. Zu den Gesichtspunkten, die das innerstaatliche Gericht an dieser Stelle zu prüfen hat, gehören das Maß an Klarheit und Genauigkeit der verletzten Vorschrift, der Umfang des Ermessensspielraums, den die verletzte
Bestimmung den nationalen Behörden belässt (vgl. *EuGH,* ECLI:EU:C:2007:56 – „Ro-
bins"), die Frage, ob der Verstoß vorsätzlich oder unvorsätzlich begangen wurde, die
Entschuldbarkeit oder Unentschuldbarkeit eines Rechtsirrtums sowie der Umstand, ob
die Organe der Union durch ihr Verhalten dazu beigetragen haben, dass mitgliedstaatliche Maßnahmen in EU-rechtswidriger Weise eingeführt, unterlassen oder beibehalten
wurden.

380   Diese Kriterien sind im Ausgangspunkt bei jedem Verstoß gegen Unionsrecht durch eine nationale Gesetzgebung, Verwaltung oder Judikatur heranzuziehen. Gleichwohl sind bei der Anwendung im Einzelfall die **Funktionen der jeweiligen Staatsgewalt** zu berücksichtigten. Dies gilt vor allem für die Legislative und die Judikative.

381   Bei der **Gesetzgebung** ist in Rechnung zu stellen, dass ein innerstaatlicher Normgeber als durch Wahlen unmittelbar demokratisch legitimiertes Staatsorgan im Gefüge der Staatsgewalten eine herausgehobene Position einnimmt. Zudem sieht sich der Normgeber bei der Rechtsetzung oftmals mit der Regelung komplexer Sachverhalte sowie mit Auslegungsschwierigkeiten hinsichtlich des Unionsrechts konfrontiert. Deshalb steht dem Normgeber regelmäßig ein weites Ermessen bei der Rechtsetzung zu. Freilich ist das Ermessen des Gesetzgebers nicht schrankenlos. So können sich gerade aus dem Unionsrecht erhebliche Beschränkungen des Gestaltungsspielraums ergeben. Gar eine Ermessensreduzierung auf Null liegt dann vor, wenn eine Richtlinie bis zu einem bestimmten Zeitpunkt in nationales Recht umzusetzen ist.

382   Beispiel: *Nach dem deutschen § 9 Abs. 1 Biersteuergesetz dürfen für die Zubereitung von untergärigem Bier nur Gerstenmalz, Hopfen, Hefe und Wasser verwendet werden. Enthält ein ausländisches Bier künstliche Zusatzstoffe, steht seiner Einfuhr ein absolutes Verkehrsverbot entgegen. Deshalb konnte die französische Brauerei B von 1981 bis 1987 kein Bier nach Deutschland einführen. Der Gerichtshof qualifizierte § 9 Abs. 1 Biersteuergesetz als Verstoß gegen Art. 34 AEUV (EuGH, ECLI:EU:C:1987:126 – „Reinheitsgebot"). Daraufhin verklagte B die Bundesrepublik auf Schadensersatz wegen der durch das Einfuhrverbot in den Jahren 1981 bis 1987 erlittenen Umsatzeinbußen. Der BGH (BGH, NJW 1997, 123) sah in der unterlassenen Abschaffung des Einfuhrverbotes durch den nationalen Gesetzgeber keinen hinreichend qualifizierten Normverstoß und wies die Klage daher ab. Denn der deutsche Gesetzgeber verfügte für die Beurteilung der Frage, ob das deutsche Reinheitsgebot gegen Art. 34 AEUV verstößt, über keinerlei einschlägige Rechtsprechung des Gerichtshofs. Zudem war die Europarechtswidrigkeit des Einfuhrverbotes nicht evident, denn eine Beschränkung des freien Warenverkehrs ist nur verboten, wenn sie nicht gerechtfertigt werden kann. Auf der Rechtfertigungsebene sind jedoch der Grundsatz des freien Warenverkehrs und die zwingenden Allgemeininteressen des Mitgliedstaates Deutschland im Rahmen einer Verhältnismäßigkeitsprüfung gegeneinander abzuwägen. Bei einer solchen Verhältnismäßigkeitskontrolle sind durchaus unterschiedliche Ergebnisse rechtlich vertretbar. Aus der neueren Rechtsprechung siehe BGH, EuZW 2009, 787 – „Dosenpfand".*

383   Bei der **Rechtsprechung** sind die aus dem Prinzip der Rechtssicherheit folgenden Besonderheiten der richterlichen Funktion zu berücksichtigen. Zu diesen Besonderheiten zählen namentlich die sachliche und persönliche Unabhängigkeit der Richter sowie der Grundsatz der Rechtskraft von Urteilen, der der Gewährleistung des Rechtsfriedens, der Beständigkeit rechtlicher Beziehungen sowie einer geordneten Rechtspflege dient (siehe daher die Haftungsbeschränkung des § 839 Abs. 2 BGB im deutschen Recht). Daraus ergibt sich, dass der Mitgliedstaat nur in dem Ausnahmefall, dass ein nationales Gericht offenkundig gegen Unionsrecht verstoßen hat, zum Schadensersatz verpflichtet ist. Ein solcher offenkundiger und erheblicher Verstoß ist jedenfalls dann zu bejahen, wenn eine Gerichtsentscheidung die einschlägige Rechtsprechung des Gerichtshofs evident verkennt (ebenso *BGH*, NJW 2005, 747). Jedenfalls dürfen nationale Rechtsvorschriften nicht allgemein die Haftung des Mitgliedstaats für Schäden ausschließen, die dem Einzelnen durch einen einem letztinstanzlichen Gericht zuzurechnenden Verstoß gegen das Unionsrecht entstanden sind (*EuGH*, ECLI:EU:C:2006:391 – „Traghetti del Mediterraneo SpA").

Beispiel: *EuGH,* **ECLI:EU:C:2003:513 – „Köbler"**   **382**

Professor P beantragte eine Dienstalterszulage für seine Dienstzeit an der Universität Innsbruck. Die Zulage wurde ihm mit der Begründung verweigert, er weise nur unter Einbeziehung seiner Dienstzeiten an deutschen Universitäten die für die Gewährung der Zulage notwendige Gesamtdienstzeit auf. Diese könnten aber bei der Berechnung nicht berücksichtigt werden. P klagte daraufhin gegen Österreich auf Zahlung der Dienstaltersprämie. Die Klage wurde in allen Instanzen abgewiesen. Der österreichische Verwaltungsgerichtshof (VwGH) machte eine Vorlage nach Art. 267 AEUV an den EuGH, um die Vereinbarkeit des Ausschlusses der an deutschen Universitäten geleisteten Dienstzeiten mit Art. 45 AEUV klären zu lassen. Denn der EuGH hatte in seiner Rechtsprechung noch nicht zur Vereinbarkeit einer solchen Dienstalterszulage mit Art. 45 AEUV Stellung genommen. Das Gericht hatte bislang nur entschieden, dass eine mitgliedstaatliche Treueprämienregelung, die jede Möglichkeit einer Berücksichtigung von im öffentlichen Dienst eines anderen Mitgliedstaates zurückgelegten vergleichbaren Beschäftigungszeiten ausschließt, gegen Art. 45 AEUV verstößt, weil sie zur Förderung der Treue von Arbeitnehmern ungeeignet sei. Der VwGH nahm, nachdem er vom EuGH von dieser Rechtsprechung in Kenntnis gesetzt worden war, das Vorabentscheidungsersuchen zurück. Der VwGH entschied unter Auseinandersetzung mit der EuGH-Judikatur, dass eine Alterszulage zumindest dann nicht Art. 45 AEUV verletze, wenn sie zur Förderung der Treue des Arbeitnehmers geeignet sei. Dies treffe auf die streitige Dienstalterszulagenregelung zu; so dass kein Anspruch des P auf Gewährung der Zulage bestehe. Die Klage wurde abgewiesen. Daraufhin erhob P eine Amtshaftungsklage gegen Österreich vor dem zuständigen Zivilgericht und machte einen unionsrechtlichen Staatshaftungsanspruch geltend. Das Zivilgericht legte die Rechtssache dem EuGH nach Art. 267 AEUV vor. Wie wird der EuGH entscheiden?

Zunächst liegt ein Verstoß gegen Unionsrecht vor. Der Gerichtshof hat sich in seiner bisherigen Rechtsprechung nicht zur Frage, ob eine mit einer Dienstalterszulage einhergehende Beschränkung der Arbeitnehmerfreizügigkeit gerechtfertigt sein könnte, geäußert. Der VwGH hätte daher sein Vorabentscheidungsersuchen gemäß Art. 267 AEUV aufrechterhalten müssen. Der VwGH durfte nämlich nicht davon ausgehen, dass sich die Lösung der Rechtsfrage einer gesicherten Rechtsprechung des Gerichtshofes entnehmen oder keinerlei Raum für eine vernünftigen Zweifel lässt. Zudem verstößt die Nichtberücksichtigung der von P an deutschen Universitäten geleisteten Dienstzeiten bei der Entscheidung über die Gewährung der Dienstalterszulage in unzulässiger Weise gegen die individualschützende Arbeitnehmerfreizügigkeit. Infolgedessen hat der VwGH mit seinem Urteil gegen Unionsrecht verstoßen.

Es ist somit weiter zu prüfen, ob dieser Verstoß gegen Unionsrecht offenkundig ist. Hierzu ist festzustellen, dass der Verstoß gegen die unionsrechtlichen Vorschriften an sich nicht als offenkundig eingestuft werden kann. Die Beantwortung der entscheidungserheblichen Frage ergibt sich nicht unmittelbar aus dem geschriebenen Unionsrecht und auch nicht aus der Rechtsprechung des Gerichtshofes. Da die Antwort auch nicht auf der Hand lag, hätte der VwGH sein Vorabentscheidungsersuchen aufrechterhalten müssen. Aufgrund der irrigen Auslegung der EuGH-Judikatur hielt es der VwGH aber nicht mehr für erforderlich, dem Gerichtshof diese Auslegungsfrage vorzulegen. Allerdings hat der VwGH – unter Berücksichtigung der Besonderheiten der richterlichen Funktion – seinen Ermessensspielraum nicht offenkundig überschritten. Daher fehlt es an einem hinreichend qualifizierten Normverstoß.

III. Kausalität zwischen Normverstoß und Schaden

Die Verletzung des subjektiven Unionsrechts muss beim Rechtsträger zu einem kausa-   **385**
len Schaden führen. Der Schadensbegriff wie auch das Kausalitätserfordernis sind in
Anlehnung an Art. 340 UAbs. 2 AEUV zu konkretisieren.

Unter den **Schadensbegriff** fällt jede Einbuße am Vermögen oder einem sonstigen   **386**
rechtlich geschützten Gut wie etwa dem Eigentum oder der Gesundheit. Selbst imma-

terielle Schäden dürften ersatzfähig sein, z.B. Beeinträchtigungen wegen Aufregungen, Verwirrungen und Ungewissheit. Im Sinne der Differenzhypothese ist zu fragen, wie der Geschädigte stünde, wenn das schadensstiftende Ereignis nicht eingetreten wäre.

387   Schließlich ist das **Vorliegen eines unmittelbaren Kausalzusammenhangs** zwischen der Beeinträchtigung des Unionsrechts und dem eingetretenen Schaden zu prüfen. Die Kausalität liegt vor, wenn der eingetretene Schaden aus der Sicht eines objektiven Dritten adäquat vorhersehbar war. Die Kausalität entfällt, wenn der Schaden auch bei rechtmäßigem Verhalten des Mitgliedstaats eingetreten wäre. Zudem wird der Kausalzusammenhang unterbrochen, wenn eine nicht umgesetzte Richtlinie von der Verwaltung im Wege der vertikalen Direktwirkung angewendet wird. Schließlich sind nur solche Schäden ersatzfähig, die vom Schutzzweck der jeweiligen Unionsrechtsnorm erfasst sind.

C. Haftungsfolgen

I. Das Verhältnis zwischen europarechtlicher und nationaler Staatshaftung

388   Mit der Anerkennung einer europarechtlichen Staatshaftung ist noch nicht geklärt, wie sich diese zu den innerstaatlichen Staatshaftungsregeln verhält. Zum einen kann man vertreten, der unionsrechtliche Staatshaftungsanspruch bilde eine eigenständige ungeschriebene Anspruchsgrundlage (so *BGH*, NJW 1997, 123; DÖV 2005, 384, 385 f.). Zum anderen kann man den Standpunkt einnehmen, dass der Vollzug des europarechtlichen Staatshaftungsanspruches den Mitgliedstaaten überlassen ist. Eigentliche Anspruchsgrundlage sind dann die innerstaatlichen Tatbestände wie etwa § 839 BGB i.V.m. Art. 34 S. 1 GG oder der enteignungsgleiche Eingriff. Allerdings dürfen die Mitgliedstaaten bei der Ausgestaltung des nationalen Staatshaftungsrechts weder gegen das Diskriminierungsverbot noch den Auslegungsgrundsatz der praktischen Wirksamkeit (effet utile) verstoßen. Das nationale Staatshaftungsrecht ist im Lichte der europarechtlichen Vorgaben auszulegen und anzuwenden.

389   Den Vorzug verdient die letztgenannte Ansicht, zu der sich auch der Gerichtshof der Europäischen Union bekannt hat (vgl. *EuGH*, ECLI:EU:C:2009:178 Tz. 31 – „Danske Slagterier"). Zwar bringt der erstgenannte Ansatz einen Zugewinn an Rechtsklarheit, weil man die innerstaatlichen Staatshaftungsansprüche nicht erst unionsrechtskonform auslegen muss. Darüber hinaus trägt er zur Sicherstellung einer einheitlichen Geltung des Unionsrechts bei. Diese Erwägungen sind jedoch nicht durchschlagend. Denn aus dem Prinzip der enumerativen Einzelermächtigung gemäß Art. 5 Abs. 1 EUV folgt, dass die Union nur tätig wird, wenn ihr in den Verträgen eine Kompetenz zugewiesen ist. Aus dieser Systematik folgt, dass die Mitgliedstaaten für den Vollzug des unionsrechtlichen Staatshaftungsanspruches zuständig sind. Daher – so der Gerichtshof in der o.g. Entscheidung – hat „der Staat die Folgen des entstandenen Schadens im Rahmen des nationalen Haftungsrechts zu beheben". Zudem kann man die Notwendigkeit der Integration der unionsrechtlichen Staatshaftung in die nationalen Staatshaftungsregime auch als Vorteil begreifen: Den Mitgliedstaaten bleibt Raum für subsidiäre

Regelungs- und Anpassungsmöglichkeiten. Die einheitliche Geltung des Unionsrechts schließlich wird – was der Gerichtshof ebenfalls hervorhebt – durch den Grundsatz der Gleichwertigkeit und den Grundsatz der Effektivität sichergestellt.

II. Art und Umfang der Haftung

Die **Art der Haftung** ist weitgehend ungeklärt. In Betracht kommen Naturalrestitution **390** und/oder Entschädigung in Geld. Geklärt ist nur, dass ein Mitgliedstaat einen durch eine verspätet umgesetzte Richtlinie eingetretenen Schaden grundsätzlich auch durch die rückwirkende und vollständige Umsetzung der Richtlinie wiedergutmachen kann (*EuGH*, ECLI:EU:C:1997:348 – „Bonifaci"). Aus Art. 340 UAbs. 2 AEUV dürfte aber folgen, dass die Naturalrestitution durch die Mitgliedstaaten nicht ausgeschlossen werden darf. Denn der Text von Art. 340 UAbs. 2 AEUV enthält keine Anhaltspunkte, die einen Ausschluss der Naturalrestitution nahelegen.

Hinsichtlich des **Haftungsumfangs** fordert der Gerichtshof, dass die Entschädigung für **391** den erlittenen Schaden so angemessen sein muss, dass ein effektiver Schutz der subjektiven Unionsrechte gewährleistet ist. Der unbestimmte Rechtsbegriff der Angemessenheit ist mit Blick auf Art. 340 UAbs. 2 AEUV zu konkretisieren. Demnach ist – unter Zugrundelegung der Differenzhypothese – der Geschädigte so zu stellen, als wäre das schadensstiftende Ereignis nicht eingetreten. Deshalb darf auch der entgangene Gewinn durch die Mitgliedstaaten nicht vom Haftungsumfang ausgenommen werden (*EuGH*, ECLI:EU:C:1996:79 Tz. 87 – „Brasserie du Pêcheur").

III. Mitverschulden und Vorrang des Primärrechtsschutzes

Der Träger eines subjektiven Unionsrechts hat die Obliegenheit, sich in angemessener **392** Form um die Verhinderung des Schadenseintritts oder um die Begrenzung des Schadensumfangs zu bemühen. Dies schließt die rechtzeitige Ergreifung aller zur Verfügung stehenden Rechtsbehelfe ein (**Vorrang des Primärrechtsschutzes**; § 839 Abs. 3 BGB). Der Gerichtshof (*EuGH*, ECLI:EU:C:2009:178 Tz. 58 ff. – „Danske Slagterier") hat die Unionsrechtskonformität einer solchen nationalen Präklusionsnorm anerkannt: Das nationale Recht könne eine Regelung vorsehen, nach der ein Einzelner keinen Ersatz für einen Schaden verlangen kann, bei dem er es vorsätzlich oder fahrlässig unterlassen hat, ihn durch Gebrauch eines Rechtsmittels abzuwenden; vorausgesetzt, dass der Gebrauch dieses Rechtsmittels dem Geschädigten zumutbar sei (siehe auch *BGH*, EuZW 2009, 865).

IV. Verjährung

Aufbauend auf den Ansatz des Gerichtshofs, der davon ausgeht, dass sich der Vollzug **393** des unionsrechtlichen Staatshaftungsanspruches grundsätzlich nach innerstaatlichem Recht richtet, ist für den Amtshaftungsanspruch nach § 839 BGB i.V.m. Art. 34 S. 1 GG auf die Anspruchsverjährung nach dem BGB abzustellen. Dies hat der Gerichtshof (*EuGH*, ECLI:EU:C:2009:178 Tz. 32 ff. – „Danske Slagterier") anerkannt und zugleich zu § 852 BGB a.F. festgestellt, dass eine nationale Verjährungsfrist von drei Jahren angemessen erscheint und die Verjährung nicht durch ein von der Kommission nach Art. 258 AEUV anhängig gemachtes Vertragsverletzungsverfahren unterbrochen wird (zur Übergangsproblematik nach deutschem Recht: *BGH*, EuZW 2009, 865).

V. Passivlegitimation

394 **Haftungsadressat** ist nach Ansicht des Gerichtshofs der handelnde innerstaatliche Rechtsträger, wenn dies im nationalen Recht so vorgesehen ist. Steht allerdings kein anderer Rechtsträger zur Verfügung, haftet subsidiär weiter der EU-Mitgliedstaat als solcher (*EuGH*, ECLI:EU:C:1999:271 Tz. 61 ff. – „Konle").

Weiterführende Literatur: *Fischer/Fetzer*, Fälle zum Europarecht, 9. Auflage 2019, Fall 2 – Italienisch für Anfänger; *Armbrüster/Kämmerer*, Verjährung von Staatshaftungsansprüchen wegen fehlerhafter Richtlinienumsetzung, NJW 2009, 3601 ff.; *Kling*, Die Haftung der Mitgliedstaaten der EG bei Verstößen gegen Gemeinschaftsrecht, Jura 2005, 298 ff.; *Kremer*, Staatshaftung für Verstöße gegen Gemeinschaftsrecht durch letztinstanzliche Gerichte, NJW 2004, 480 ff.

Achter Teil

Die europäischen Grundrechte

A. Notwendigkeit und Entwicklung des europäischen Grundrechtsschutzes

Weder der EUV noch der AEUV enthalten einen kodifizierten Grundrechtskatalog, wie **395** er etwa im Grundgesetz zu finden ist. Die Schlussfolgerung, dass die Grundrechte deshalb auf der Ebene der Europäischen Union keine Bedeutung haben, wäre jedoch ebenso voreilig wie falsch. Durch die Rechtsprechung des Gerichtshofs wurde vielmehr in den letzten Jahrzehnten ein europäischer Grundrechtsschutz entwickelt, der dem deutschen im Grundsatz nahezu ebenbürtig ist. Dies hat auch das BVerfG in seiner „Solange II"-Entscheidung (*BVerfG*E 73, 339, 378) ausdrücklich festgestellt.

Die Notwendigkeit einer eigenständigen europäischen Grundrechtsgewährleistung folgt **396** aus dem **Konzept der EU als politische Union.** Denn im Mittelpunkt allen unionsrechtlichen Handelns steht die Person, die im Rahmen der Unionsbürgerschaft mit einem allgemeinen Freizügigkeitsrecht innerhalb der Union ausgestattet ist und damit im Ausgangspunkt umfassende Freiheit genießt. Der effektive Schutz der Freiheit der Unionsbürger setzt eine Bindung der europäischen Hoheitsgewalt an gewisse Mindestgarantien und eine Verbürgung bestimmter Grundwerte voraus.

Theoretisch kann eine Begrenzung der europäischen Hoheitsgewalt durch verbindliche **397** Festlegung auf mitgliedstaatliche oder europäische Grundrechte erfolgen. Bei einer Heranziehung der mitgliedstaatlichen Grundrechte würde jedoch das aus der Funktion der Union als Rechtsgemeinschaft abgeleitete **europarechtliche Vorrangprinzip sinnentleert.** Wegen dieses Vorrangs kann die Frage einer etwaigen Verletzung der Grundrechte durch eine Handlung der Unionsorgane demnach nicht anders als im Rahmen des europäischen Rechts selbst beurteilt werden.

Zur **Herleitung des europäischen Grundrechtsschutzes** rekurrierte der Gerichtshof **398** der Europäischen Union in der Vergangenheit auf verschiedene Ansatzpunkte. So konnte der Gerichtshof zur Entwicklung des europäischen Grundrechtsschutzes auf den in den Mitgliedstaaten etablierten Grundrechtsschutz zurückgreifen. Z.B. führte der Gerichtshof in der Rechtssache „Nold" (*EuGH*, ECLI:EU:C:1974:51) an, dass er keine Maßnahmen als rechtens anerkennen könne, die mit den von den Verfassungen der Mitgliedstaaten anerkannten und geschützten Grundrechten unvereinbar seien. Der Gerichtshof arbeitete insoweit mit einer Gesamtschau der nationalen Verfassungen. Zudem bediente er sich mit der Heranziehung der Europäischen Menschenrechtskonvention (EMRK) eines völkerrechtlichen Regelwerkes: Obwohl die EMRK nicht Bestandteil des Unionsrechts ist, diente sie dem Gerichtshof als Quelle des Grundrechtsschutzes im Unionsrecht (vgl. etwa *EuGH*, ECLI:EU:C:2006:429 – „EP/Rat"). Insbesondere die Rechtsprechung des Gerichtshofs zum Eigentumsschutz wurde von der betreffenden Regelung der Menschenrechtskonvention (Art. 1 des Ersten Zusatzprotokolls zur EMRK) stark beeinflusst. Ferner konnte der Gerichtshof mitunter auch geschriebenes Unionsrecht als Erkenntnisquelle fruchtbar machen, so z.B. die Nicht-diskriminierungsklauseln, die spezielle Aspekte des Gleichbehandlungsgebots gewähr-leisten. Ein zusätzlicher Ansatzpunkt für die Statuierung eines europäischen Grund-rechtsschutzes waren schließlich die betreffenden Erklärungen der Organe (vgl. insbe-sondere die Gemeinsame Erklärung des Europäischen Parlaments, des Rates und der Kommission vom 5.4.1977 zum Grundrechtsschutz in der EG, ABl. EG 1997, C 109/77).

399 Einen weiteren Impuls hat der europäische Grundrechtsschutz dann durch die am 7.12.2000 vom Europäischen Rat in Nizza proklamierte **Charta der Grundrechte der Europäischen Union** (GRCh) erfahren. Auch wenn die Charta (zunächst) nicht rechtsverbindlich war, wurde sie in der europäischen Gerichtsbarkeit zunehmend als Rechterkenntnisquelle herangezogen (vgl. etwa *EuG*, EuZW 2002, 186, 187 Tz. 48 – „max.mobil"; *EuGH*, ECLI:EU:C:2006:429 Tz. 38 – „Parlament/Rat"). Zudem nahm der europäische Gesetzgeber in den Präambeln von Sekundärrechtsakten, wie etwa der Freizügigkeitsrichtlinie für Unionsbürger (ABl. EG 2004, L 229/35), der Kartellverfah-rens- (ABl. EG 2003, L 1/1) oder der Fusionskontrollverordnung (ABl. EG 2004, L 24/1), jeweils darauf Bezug, dass die „Gemeinschaft [...] die Grundrechte und Grundsätze [achtet], die insbesondere mit der Charta der Grundrechte der Europäischen Union anerkannt wurden".

B. Der europäische Grundrechtsschutz nach Inkrafttreten des Vertrages von Lissabon

I.   Systematik des europäischen Grundrechtsschutzes

400 Mit Inkrafttreten des Vertrages von Lissabon hat der Grundrechtsschutz in der Union eine weitere Aufwertung erfahren. Damit ist insbesondere Art. 6 EUV angesprochen, der diese Aufwertung in dreifacher Weise widerspiegelt: Erstens erkennt Art. 6 Abs. 1 EUV die in der Grundrechte-Charta (i.d.F. vom 12.12.2007) niedergelegten Rechte, Frei-heiten und Grundsätze als rechtsverbindlich an, und zwar gleichrangig mit dem EUV und dem AEUV (Ausnahmen gelten für Großbritannien und Polen). Durch den Verweis in Art. 6 Abs. 1 EUV auf die Grundrechte-Charta können deren Gewährleistungen un-mittelbar als Grundrechtsquelle herangezogen werden. Zweitens sieht Art. 6 Abs. 2 EUV einen Beitritt der Union zur EMRK vor. Art. 6 Abs. 2 EUV enthält eine – in den frü-heren Verträgen nicht vorhandene (*EuGH*, Slg. 1996-I, 1759) – Ermächtigung zum Bei-tritt und zugleich auch eine Verpflichtung zum Beitritt. Drittens stellt Art. 6 Abs. 3 EUV fest, dass die Grundrechte, wie sie in der EMRK gewährleistet sind und sich aus den gemeinsamen Verfassungsüberlieferungen der Mitgliedstaaten ergeben, als allgemei-ne Grundsätze Teil des Unionsrechts sind. Dies ist bereits in der historischen Recht-sprechung des EuGH angelegt; schon in der „Stauder"-Entscheidung (*EuGH*, ECLI:EU: C:1969:57) stellte der EuGH in einem obiter dictum fest, dass auch die Grundrechte in den allgemeinen Grundsätzen der Gemeinschaftsrechtsordnung enthalten seien, de-ren Wahrung der Gerichtshof zu sichern habe. Dieser Ansatz erlaubt eine weiterhin dynamische Entwicklung des europäischen Grundrechtsschutzes durch den Gerichts-hof, auch neben den einzelnen Gewährleistungen der Grundrechte-Charta.

Aus dem Vorstehenden folgt für die Gewährleistung einzelner Grundrechte, dass   **401**
zum einen unmittelbar auf die Bestimmungen der Grundrechte-Charta abzustellen
ist; und dass zum anderen – aufbauend auf die Rechtsprechung des Gerichtshofs – die
Grundrechte als allgemeine Grundsätze wirken. Sie gelten nach Art. 51 Abs. 1 der
Grundrechte-Charta für die Organe, Einrichtungen und sonstigen Stellen der Europäischen Union unmittelbar. Für die Mitgliedstaaten gelten sie ausschließlich bei der
Durchführung von Unionsrecht. Was hierunter zu verstehen ist, ist nach wie vor nicht
abschließend geklärt; jedenfalls fällt die Anwendung unmittelbar geltenden Unionsrechts sowie die Umsetzung von Richtlinien in nationales Recht darunter. In einer
jüngeren Entscheidung hat der EuGH darüber hinaus in etwas unschärfer Weise eine
Bindung der Mitgliedstaaten an die Europäischen Grundrechte in „allen unionsrechtlich geregelten Fallgestaltungen" bejaht (*EuGH*, ECLI:EU:C:2013:105 – „Fransson").

Die Grundrechte-Charta ist in sieben Kapitel unterteilt: An der Spitze stehen Grund-   **402**
rechte, die von der Würde des Menschen handeln (Kapitel 1); Kapitel 2 enthält die
klassischen Freiheitsgrundrechte der Eigentumsfreiheit, der Religionsfreiheit oder der
Versammlungsfreiheit, aber auch „moderne" Ausprägungen wie den Schutz personenbezogener Daten. Kapitel 3 behandelt die Gleichheitsrechte in Form von allgemeinen
und besonderen Diskriminierungsverboten, Kapitel 4 die Solidaritätsrechte (z.B. soziale Sicherheit, Gesundheitsschutz, Verbraucherschutz, Umweltschutz), Kapitel 5 die Bür-
gerrechte (z.B. das Recht auf gute Verwaltung) und Kapitel 6 die Justizrechte, zu denen
u.a. die Unschuldsvermutung und das Verbot der Doppelbestrafung gehören. Kapitel 7
schließlich enthält allgemeine Bestimmungen: Art. 51 GRCh legt den Geltungsbereich
in der Weise fest, dass die Charta für die Organe, Einrichtungen und sonstigen Stellen
der Union gilt, und für die Mitgliedstaaten nur insoweit, wie sie das Recht der Union
durchführen, d.h. *„in allen unionsrechtlich geregelten Fallgestaltungen" (dazu EuGH*,
ECLI:EU:C:2013:105, Tz. 19 f. – „Åkerberg Fransson"). Art. 52 GRCh enthält einen generellen Schrankentatbestand dergestalt, dass Einschränkungen gesetzlich vorgesehen
sein müssen, den Wesensgehalt der Grundrechte achten und nur unter Wahrung des
Grundsatzes der Verhältnismäßigkeit vorgenommen werden dürfen. Art. 53 GRCh bestimmt, in welchen Fällen sich die GRCh und das nationale Verfassungsrecht parallel zur
Anwendung kommen können (dazu EuGH, ECLI:EU:C:2013:107, Tz. 55 ff. – „Melloni").

II. Das Eigentumsgrundrecht

Der Grundsatz, dass das Eigentum auch auf der Ebene des Unionsrechts geschützt   **403**
wird, ist vom EuGH schon früher mehrfach bejaht worden. In der **Rechtssache „Hauer"**
(*EuGH*, ECLI:EU:C:1979:290) führte der EuGH aus, dass das Eigentumsgrundrecht in
der Gemeinschaftsrechtsordnung gemäß den gemeinsamen Verfassungstraditionen
der Mitgliedstaaten gewährleistet werde, die sich auch in Art. 1 des Ersten Zusatzprotokolls zur Europäischen Menschenrechtskonvention widerspiegeln.

In der Grundrechte-Charta wird das Eigentumsgrundrecht durch **Art. 17 GRCh** ge-   **404**
schützt. Bei der Ausgestaltung des eigentumsrechtlichen Schutzes sind Parallelen zu
Art. 14 GG feststellbar. So umfasst auch auf der europäischen Ebene der **Schutzbereich** (Art. 17 Abs. 1 S. 1, Abs. 2 GRCh) des Eigentumsgrundrechts alle vermögenswer-

ten Rechte, wobei explizit auch das geistige Eigentum genannt wird. Weiterhin wird in Art. 17 Abs. 1 S. 2 und 3 GRCh zwischen dem Eigentumsentzug und der Regelung der Eigentumsnutzung unterschieden. Zu den Schranken hat der EuGH ausgeführt, dass die Ausübung des Eigentumsgrundrechts Beschränkungen unterworfen werden können, sofern diese Beschränkungen tatsächlich dem Gemeinwohl dienenden Zielen der Union entsprechen und nicht einen im Hinblick auf den verfolgten Zweck unverhältnismäßigen, nicht tragbaren Eingriff darstellen, der das Eigentumsgrundrecht in seinem Wesensgehalt antastet (vgl. z.B. *EuGH*, ECLI:EU:C:2010:127).

III. Die Berufsfreiheit

405   Der Gerichtshof sieht die Berufsfreiheit unter Bezugnahme auf die Verfassungsordnungen verschiedener Mitgliedstaaten als im Unionsrecht garantiert an. In der Grundrechte-Charta ist die Berufsfreiheit auf zwei Bestimmungen aufgeteilt: Art. 15 GRCh garantiert jeder Person das Recht zu arbeiten und einen frei gewählten oder angenommenen Beruf auszuüben. Zudem schützt Art. 16 GRCh die unternehmerische Freiheit, die nach dem Unionsrecht und den einzelstaatlichen Rechtsvorschriften und Gepflogenheiten anerkannt wird. Mit der Berufsfreiheit einschließlich der unternehmerischen Freiheit werden die freie wirtschaftliche Betätigung in allen ihren Ausprägungen (z.B. Handelsfreiheit, Wettbewerbsfreiheit, erwerbsbezogene Vertragsfreiheit) erfasst. Bei der Frage nach der Zulässigkeit eines Eingriffs kann im Rahmen der Verhältnismäßigkeitsprüfung – ähnlich wie bei Art. 12 Abs. 1 GG – zwischen unterschiedlich stark belastenden Eingriffen in die Berufsausübung und in die Berufswahl differenziert werden. Indes unterliegt die Berufsfreiheit namentlich im Bereich einer durch hoheitliche Regulierung geprägten gemeinsamen Marktorganisation wie etwa der Gemeinsamen Agrarpolitik (Art. 38 ff. AEUV) weitgehenden Beschränkungen, damit deren Zielsetzungen nicht unterlaufen werden.

IV. Die Unverletzlichkeit der Wohnung

406   Art. 7 GRCh betrifft die Achtung des Privat- und Familienlebens und garantiert dabei explizit auch die Unverletzlichkeit der Wohnung. Dieses Freiheitsrecht mag als Beispiel dafür dienen, dass der **europäische Grundrechtsschutz** nicht notwendig mit dem des Grundgesetzes identisch ist oder über ihn hinausgeht, sondern teilweise auch dahinter **zurückbleibt**. Übereinstimmung besteht noch in der Frage, dass die Unverletzlichkeit der Wohnung für **Privatpersonen** grundrechtlich gewährleistet ist. Der EuGH lehnt jedoch eine Ausdehnung des Schutzbereichs auf **Geschäftsräume** – wie dies zu Art. 13 GG vom Bundesverfassungsgericht und der herrschenden Meinung im deutschen Schrifttum vertreten wird – ab.

407   Beispiel: *EuGH*, ECLI:EU:C:1989:337 – „Hoechst"
In dem dieser Entscheidung zugrundeliegenden Sachverhalt wollte die Kommission im Rahmen eines Kartellverfahrens eine Durchsuchung in den Geschäftsräumen der Hoechst AG vornehmen. Das Unternehmen weigerte sich jedoch, die Nachprüfungen zu dulden. Zur Begründung

machte es geltend, dass es sich bei dem Nachprüfungsvorhaben um eine Durchsuchung handele, die, jedenfalls mangels einer vorherigen richterlichen Anordnung, rechtswidrig sei. Die Kommission setzte ein Zwangsgeld fest. Gegen diese Entscheidung rief die Hoechst AG den EuGH an.

Der EuGH wies die Klage ab. Bezüglich des Vorbringens der Klägerin, dass die Durchsuchungsmaßnahmen sie in ihrem Grundrecht der Unverletzlichkeit der Wohnung verletzten, stellte der EuGH fest, dass dieses Grundrecht für Unternehmen nicht anzuerkennen sei. Die Rechtsordnungen der Mitgliedstaaten würden in Bezug auf Art und Umfang des Schutzes von Geschäftsräumen gegen behördliche Eingriffe nicht unerhebliche Unterschiede aufweisen, weshalb aus dem rechtsvergleichenden Ansatz kein Grundrechtsschutz hergeleitet werden könne. Auch aus Art. 8 EMRK ließe sich nichts Anderes herleiten, da der Schutzbereich dieses Artikels die freie Entfaltung der Persönlichkeit betreffe und sich daher nicht auf Geschäftsräume ausdehnen lasse.

In der Folgezeit ist Art. 8 EMRK vom Europäischen Gerichtshof für Menschenrechte im entgegengesetzten Sinne ausgelegt worden (*EGMR*, NJW 1993, 718 – „Niemitz"). Von daher hätte es sich angeboten, dass der EuGH seine in der Leitentscheidung „Hoechst" eingenommene restriktive Haltung überdenkt. Dies ist jedoch nicht geschehen, denn in dem Urteil des Gerichtshofes im Fall „Roquette Frères", der ebenfalls eine Durchsuchung von Geschäftsräumen eines Unternehmens betraf, wurde lediglich das Grundrecht auf ungestörte private Betätigung von natürlichen und juristischen Personen angeprüft und damit der in der „Hoechst"-Entscheidung aufgestellte Prüfungsmaßstab implizit bekräftigt (*EuGH*, ECLI:EU:C:2002:603 Tz. 27, 59 – „Roquette Frères").

V. Der allgemeine Gleichheitssatz

Art. 20 GRCh regelt als allgemeinen Gleichheitssatz die Gleichheit vor dem Gesetz: **408** „Alle Personen sind vor dem Gesetz gleich". Damit greift die Grundrechte-Charta die Rechtsprechung des EuGH auf, dass der allgemeine Gleichheitssatz als Grundrecht anerkannt wird. Sowohl nach Art. 20 GRCh als auch für die Entwicklung des allgemeinen Gleichheitssatzes durch den Gerichtshof gilt, dass nicht jede Ungleichbehandlung unzulässig ist, sondern aus sachlichen Gründen gerechtfertigt werden kann. Dabei gebraucht der Gerichtshof zur Umschreibung des Prüfungsmaßstabs die zu Art. 3 Abs. 1 GG gängige Formel des Bundesverfassungsgerichts. Folglich fordert der europarechtliche allgemeine Gleichheitssatz, „daß vergleichbare Sachverhalte nicht unterschiedlich und unterschiedliche Sachverhalte nicht gleich behandelt werden dürfen, es sei denn, daß eine unterschiedliche Behandlung objektiv gerechtfertigt wäre" (*EuGH*, ECLI:EU:C: 2000:202 Tz. 39 – „Karlsson"). Die Prüfung des allgemeinen europarechtlichen Gleichheitssatzes erfolgt somit anhand eines **dreistufigen Schemas**: Nach Feststellung der Vergleichbarkeit der fraglichen Sachverhalte und Bejahung einer Diskriminierung ist zu untersuchen, ob die Ungleichbehandlung gerechtfertigt werden kann.

Bei der Feststellung der rechtfertigungsbedürftigen **Ungleichbehandlung** subsumiert **409** der Gerichtshof unter den Diskriminierungsbegriff nicht nur offene (d.h. sich unmittelbar aus der Regelung ergebende), sondern ebenso versteckte Ungleichbehandlungen. Dies bedeutet: Sofern die Anwendung einer an sich neutral formulierten Rechtsnorm faktisch zu Ungleichbehandlungen führt, unterliegt diese gleichfalls einem Rechtfertigungszwang. Eine solche mittelbare Ungleichbehandlung ist etwa gegeben, wenn eine Rechtsvorschrift auf ein anderes Differenzierungskriterium als das Geschlecht abstellt, faktisch aber dennoch überwiegend Angehörige eines Geschlechts ohne sachlichen Grund benachteiligt.

410   Auf der **Rechtfertigungsebene** ist eine grundsätzlich verbotene Ungleichbehandlung nach dem Ansatz des Gerichtshofs noch daraufhin zu untersuchen, ob sie ausnahmsweise durch objektive Gründe gerechtfertigt werden kann und somit nicht willkürlich erscheint.

VI. Weitere Grundrechte und grundrechtsgleiche Gewährleistungen

411   Neben den zuvor dargestellten Grundrechten hat der Gerichtshof noch weitere anerkannt wie z.B. die **Menschenwürde** (*EuGH*, ECLI:EU:C:2001:523 Tz. 77 – „Biopatentrichtlinie", vgl. auch Art. 1 GRCh), die **Achtung der Privatsphäre** (*EuGH*, ECLI:EU:C: 2014:317 – „Google"; EuGH, ECLI:EU:C:2014:238 – „Vorratsdatenspeicherung", jeweils zu Art. 7 und Art. 8 GRCh;), die **Religionsfreiheit** (*EuGH*, ECLI:EU:C:1976:142 – „Prais/ Rat", vgl. auch Art. 10 GRCh), ein **Streikrecht** (*EuGH*, ECLI:EU:C:2007:772 – „Viking Line", vgl. auch Art. 12 Abs. 1 GRCh), die **Versammlungsfreiheit** (*EuGH*, ECLI:EU:C: 2003:333 – „Schmidberger", vgl. wiederum Art. 12 Abs. 1 GRCh), das **Recht auf Familienzusammenführung** (*EuGH*, ECLI:EU:C:2006:429 Tz. 35 ff. – „EP/Rat", vgl. auch Art. 7 GRCh) sowie die **Meinungs- und Veröffentlichungsfreiheit** (*EuGH*, ECLI:EU:C: 1984:9 – „VBVB und VBBB/Kommission", vgl. auch Art. 11 GRCh).

412   Neben den „klassischen Grundrechten" lassen sich der Rechtsprechung des Gerichtshofs eine Reihe von grundrechtsgleichen Gewährleistungen entnehmen. Zu den wichtigsten zählen der **Grundsatz des rechtlichen Gehörs** (*EuGH*, ECLI:EU:C:1986:302 – „Königreich Belgien/Kommission"), der Anspruch auf **effektiven gerichtlichen Rechtsschutz** (*EuGH*, ECLI:EU:C:2007:163 – „Unibet") sowie der Grundsatz **„ne bis in idem"** (vgl. *EuGH*, ECLI:EU:C:2003:87 – „Gözütok und Brügge"; *EuGH*, ECLI:EU:C:2005: 156 – „Miraglia"; EuGH, ECLI:EU:C:2013:105 – „Åkerberg Fransson")). Diese haben nunmehr ihre Kodifikation in Kapitel 6 der Grundrechte-Charta (Justizielle Rechte) gefunden. Insbesondere hat der Gerichtshof der Europäischen Union auch den **Verhältnismäßigkeitsgrundsatz** anerkannt. Allerdings reduziert der Gerichtshof bei der Überprüfung von Rechtsakten der Union am Maßstab europäischer Grundrechte die Verhältnismäßigkeitskontrolle auf eine fehlende offensichtliche Ungeeignetheit oder offensichtliche Erforderlichkeit (dazu z.B. *EuGH*, ECLI:EU:C:2005:741 Tz. 67 ff. – „ABNA").

413   Aus der ratio des Rechtsstaatsprinzips, Rechtssicherheit zu gewährleisten, fließt neben dem **Bestimmtheitsgebot** auch der **Grundsatz des Vertrauensschutzes**. Deshalb garantiert auch der Gerichtshof das berechtigte Vertrauen in die Fortdauer eines bestimmten Sach- und Rechtszustandes. Jedoch ist – wie im nationalen Recht – nicht jede Rücknahme von Verwaltungsakten oder Rückwirkung von Rechtsakten ausgeschlossen. Eine Rückwirkung ist zulässig, wenn das auf diesem Wege angestrebte Ziel das schutzwürdige Vertrauen der Betroffenen auf Fortdauer des bisherigen Zustandes überwiegt (*EuGH*, ECLI:EU:C:2005:251 Tz. 32 ff. – „Stichting, Goed Wonen'"). Weitere wichtige europarechtliche Gewährleistungen sind der Grundsatz der **Gesetzmäßigkeit der Verwaltung** sowie die **Begründungspflicht von Einzelfallentscheidungen**.

Weiterführende Literatur: *Fischer/Fetzer*, Fälle zum Europarecht, 9. Auflage 2019, Fall 1 – Bananensplit, Fall 6 – Ausländerklauseln im Profisport; *Dorf*, Zur Interpretation der Grundrechtecharta, JZ 2005, 126 ff.; *Ehlers*, Die Grundrechte des europäischen Gemeinschaftsrechts, Jura 2002, 468 ff.; *Lenaerts*, Die Grundrechtecharta: Anwendbarkeit und Auslegung, EuR 2012, 3 ff.; *Manger-Nestler/ Noak*, Europäische Grundfreiheiten und Grundrechte, JuS 2013, 503 ff.; *Odendahl*, Die „Hauer-Entscheidung", JA 1999, 460 ff.; *Rau/Schorkopf*, Der EuGH und die Menschenwürde, NJW 2002, 2448 f.; *Ziegenhorn*, Kontrolle von mitgliedstaatlichen Gesetzen „im Anwendungsbereich des Unionsrechts" am Maßstab der Unionsgrundrechte, NVwZ 2010, 803 ff.

Neunter Teil

Die Grundfreiheiten des Europarechts

A. Allgemeine Grundfreiheitslehren

I. Funktionen und systematischer Überblick

414 Die Mitgliedstaaten der Union haben es sich zur Aufgabe gemacht, durch die Errichtung eines Binnenmarktes in der ganzen Union eine harmonische, ausgewogene und nachhaltige Entwicklung des Wirtschaftslebens zu fördern. Zur Erreichung dieses Ziels sieht Art. 26 AEUV die **Errichtung eines Binnenmarktes** vor, der einen Raum ohne Binnengrenzen umfasst, in dem der freie Verkehr von Waren, Personen, Dienstleistungen und Kapital gewährleistet ist.

415 Der Binnenmarkt als institutioneller Ordnungsrahmen fordert keinen unbedingten Freihandel; vielmehr soll auf den Märkten der EU-Mitgliedstaaten für alle Wirtschaftsgüter unabhängig von ihrer Herkunft eine faire Wettbewerbslage geschaffen werden (**Liberalisierung der Märkte**). Eine faire Wettbewerbslage für sämtliche Wirtschaftsgüter setzt zunächst voraus, dass die Produkte eines EU-Mitgliedstaates ungehinderten Zugang zu den Märkten der übrigen EU-Staaten haben, damit überhaupt eine Wettbewerbssituation entstehen kann (**Freiheit des Marktzugangs**). Ist der Marktzugang gesichert, kann es nur darauf ankommen, zwischen den EU-ausländischen und den inländischen Wirtschaftsgütern gleiche Wettbewerbsbedingungen zu gewährleisten (**Prinzip der Wettbewerbsgleichheit**).

416 Der Verwirklichung des **institutionellen Binnenmarktziels** dienen die im AEUV statuierten Grundfreiheiten: der freie Warenverkehr, der freie Personenverkehr, der freie Dienstleistungsverkehr, der freie Kapitalverkehr sowie als Annexfreiheit der freie Zahlungsverkehr. Sämtliche Grundfreiheiten sind zugleich grundrechtsähnlich ausgestaltet, d.h., sie verbürgen **subjektive Rechte**, auf die sich der einzelne Marktbürger berufen kann. Da es sich bei den Grundfreiheiten um unmittelbar anwendbare Rechtsnormen handelt, kann jeder Unionsbürger vortragen, bei einem grenzüberschreitenden Rechtsakt, durch den er betroffen ist, sei eine nationale Rechtsnorm nicht anzuwenden, weil sie gegen eine Grundfreiheit des AEUV verstoße. Dies verdeutlicht zugleich, dass die Einordnung der Marktfreiheiten als subjektive Rechte die Durchsetzung des Binnenmarktes effektuiert.

417 Die Grundfreiheiten lassen sich – in Anlehnung an den Normtext von Art. 26 Abs. 2 AEUV – systematisch in **vier Gruppen** einteilen:
– freier Warenverkehr: Art. 28 bis Art. 37 AEUV;
– freier Personenverkehr: Art. 45 bis Art. 55 AEUV;
– freier Dienstleistungsverkehr: Art. 56 bis Art. 62 AEUV;
– freier Kapitalverkehr (und freier Zahlungsverkehr): Art. 63 bis Art. 66 AEUV.

Der freie Warenverkehr ist seinerseits weiter unterteilt in die Zollunion (Art. 28 ff. AEUV)   **418**
und die Warenverkehrsfreiheit im engeren Sinne (Art. 34 ff. AEUV). Die Freiheiten des
Personenverkehrs lassen sich in die Arbeitnehmerfreizügigkeit (Freiheit der Unselbstständigen, Art. 45 ff. AEUV) und das Niederlassungsrecht (Freiheit der Selbstständigen,
Art. 49 ff. AEUV) untergliedern. Die Arbeitnehmerfreizügigkeit sowie die Niederlassungsfreiheit stehen dabei nach der Konzeption des AEUV in einem Exklusivitätsverhältnis zueinander. Nicht eindeutig geklärt ist dagegen das Verhältnis des Niederlassungsrechts zur Kapitalverkehrsfreiheit. Die Dienstleistungsfreiheit schließlich ist gemäß
Art. 57 Abs. 1 AEUV gegenüber den übrigen Marktfreiheiten grundsätzlich nur subsidiär
anwendbar (instruktiv zur Abgrenzung der Dienstleistungsfreiheit zur Niederlassungs-
und Kapitalverkehrsfreiheit: *EuGH*, ECLI:EU:C:2009:401 – „Kommission/Österreich").

II. Anwendungsbereich

Bei der Prüfung einer Grundfreiheit ist in einem ersten Schritt zu untersuchen, ob die   **419**
Grundfreiheiten im Einzelfall durch EU-Sekundärrecht verdrängt werden (1.). Ist dies zu
verneinen, ist weiterhin die Eröffnung des Anwendungsbereichs der Grundfreiheiten
zu prüfen. Dabei sind der persönliche, der sachliche und der räumliche Geltungsbereich zu unterscheiden (2. bis 4.). Abschließend ist die Einschlägigkeit von Bereichsausnahmen zu untersuchen (5.).

1. Verhältnis der Grundfreiheiten zum Sekundärrecht

Zur Herstellung des Binnenmarktes sieht der AEUV zwei Strategien vor. Erstens gibt es   **420**
die Grundfreiheiten, die auf den Abbau der zwischenstaatlichen Handelshindernisse
zielen. Zweitens ist dem Unionsgesetzgeber mit den Rechtsangleichungskompetenzen
(z.B. Art. 114 AEUV) ein Instrumentarium an die Hand gegeben, durch den Erlass von
EU-Sekundärrecht (Richtlinien oder Verordnungen) mitgliedstaatliche Rechtsvorschriften zu vereinheitlichen. Es stellt sich daher bei der **Kontrolle mitgliedstaatlicher Bestimmungen** am Maßstab des Unionsrechts die Frage nach dem **Konkurrenzverhältnis von Grundfreiheiten und EU-Sekundärrecht.**

> **Beispiel:** *EuGH*, **ECLI:EU:C:2004:445 – „Douwe Egberts"**   **421**
> *Eine deutsche Rechtsvorschrift verbietet Bezugnahmen auf „Schlankerwerden" sowie auf „ärzt-
> liche Empfehlungen" in der Etikettierung und Aufmachung von Lebensmitteln sowie der Wer-
> bung hierfür. Der belgische Lebensmittelhändler B führt Lebensmittel nach Deutschland ein,
> die mit ärztlichen Empfehlungen beschriftet sind. Zugleich möchte er seine Produkte in Deutsch-
> land mit entsprechenden Hinweisen bewerben. B hält die deutsche Bestimmung für unverein-
> bar mit der Warenverkehrsfreiheit gemäß Art. 34 AEUV. Daneben hat die EU eine Richtlinie zur
> Angleichung von Rechtsvorschriften erlassen, die festlegt, dass mitgliedstaatliche Etikettie-
> rungsverbote grundsätzlich untersagt sind; mit Ausnahme solcher, die dem Schutz der öffentli-
> chen Gesundheit oder Ordnung dienen. Kann die deutsche Rechtsvorschrift an Art. 34 AEUV
> überprüft werden?*

Die Überprüfung des deutschen Etikettierungsverbotes für Lebensmittel am Maßstab von Art. 34
AEUV setzt die Anwendbarkeit der Warenverkehrsfreiheit voraus. Bei Lebensmitteln, die von
Belgien nach Deutschland eingeführt werden, handelt es sich um Waren im grenzüberschreiten-
den Güteraustausch; damit ist der Geltungsbereich der Warenverkehrsfreiheit eröffnet. Im vor-

liegenden Fall existiert jedoch bereits eine Harmonisierungsrichtlinie, die ein Verbot für mitgliedstaatliche Etikettierungsregelungen enthält. Diese ist nach ihrem Wortlaut ebenso einschlägig. Daher ist das Konkurrenzverhältnis beider EU-Bestimmungen zu klären. Dabei gilt, dass **abschließendes EU-Sekundärrecht als speziellere Regelung die Grundfreiheiten auf der Konkurrenzebene verdrängt**. Im Anwendungsbereich der Harmonisierungsrichtlinie, in den auch die deutsche Vorschrift hinsichtlich des Etikettierungsverbotes fällt, ist eine Heranziehung von Art. 34 AEUV daher ausgeschlossen. Das deutsche Etikettierungsverbot ist nach den Vorgaben der Richtlinie grundsätzlich verboten, sofern es nicht durch Erwägungen der öffentlichen Gesundheit oder Ordnung gerechtfertigt werden kann.

Anders verhält es sich bezüglich des Werbeverbotes, das in der deutschen Bestimmung ebenfalls niedergelegt ist. Insoweit enthält die Harmonisierungsrichtlinie, die sich nur auf die Etikettierung bezieht, keinerlei Vorgaben. Daher wird Art. 34 AEUV hier nicht durch eine speziellere Vorschrift verdrängt. Das Werbeverbot stellt eine unzulässige Maßnahme gleicher Wirkung gemäß Art. 34 AEUV dar, die jedoch unter Umständen aus einem der in Art. 36 AEUV genannten Gründe oder durch ein sonstiges zwingendes Allgemeininteresse wie etwa eine wahrheitsgemäße Verbraucherinformation gerechtfertigt werden kann.

422 Soweit also EU-Sekundärrecht eine **abschließende Regelung** enthält, ist in dessen Geltungsbereich eine Anwendung der Grundfreiheiten als Prüfungsmaßstab für mitgliedstaatliche Bestimmungen ausgeschlossen (*EuGH*, ECLI:EU:C:2004:799 Tz. 51 ff. – „Radlberger"). Die **Spezialität beruht** dabei **auf folgenden Erwägungen**:

423 Ausgangspunkt ist das Spannungsverhältnis zwischen dem auf eine Liberalisierung der mitgliedstaatlichen Märkte zielenden Binnenmarktprinzip und nationalen Handelshindernissen, die dem Schutz berechtigter Belange der Mitgliedstaaten dienen (z.B. Gesundheitsschutz, Verbraucherschutz, Umweltschutz). In diesem Rahmen dienen die Marktfreiheiten der Durchsetzung des Binnenmarktzieles, wogegen die Mitgliedstaaten ihre berechtigten Interessen ausnahmsweise auf der Rechtfertigungsebene durch das Vorbringen geschriebener und ungeschriebener Rechtfertigungsgründe geltend machen. Die Kompetenz zur Auflösung dieses Interessenwiderstreits liegt beim Gerichtshof sowie den innerstaatlichen Gerichten in ihrer Funktion als funktionelle Unionsgerichte. Die Gerichte können den Interessenkonflikt jedoch immer nur einzelfallbezogen auflösen und das Binnenmarktziel damit nur schrittweise verwirklichen.

424 Bei der Rechtsangleichung hingegen erlässt die Union eine Richtlinie oder Verordnung, mit der für ein bestimmtes Teilgebiet die gegenläufigen Belange unionsweit rechtsverbindlich zum Ausgleich gebracht werden. Dadurch wird für die Unternehmer im Interesse der **Rechtssicherheit** ein verlässlicher Ordnungsrahmen geschaffen, der ihnen bei der Abwicklung ihrer innergemeinschaftlichen Geschäfte Planungssicherheit verschafft. Der Ausgleich zwischen Binnenmarktprinzip und kollidierenden nationalen Belangen vollzieht sich zudem auf der Grundlage der im AEUV vorgesehenen Gesetzgebungsverfahren unter Einbeziehung der Unionsorgane im Wege komplexer Abwägungsprozesse. Das in den Sekundärrechtsakten jeweils kodifizierte **Abwägungsergebnis** ist durch das vorangegangene Gesetzgebungsverfahren somit **besonders legitimiert**.

425 Anzumerken ist, dass die Spezialität des EU-Sekundärrechts vor den Grundfreiheiten nur bei der Kontrolle mitgliedstaatlicher Vorschriften gilt. Dadurch wird jedoch nicht die **Überprüfung der Vereinbarkeit von Richtlinien oder Verordnungen mit den höherrangigen Grundfreiheiten ausgeschlossen**. Die besondere verfahrensmäßige Legitimation des EU-Sekundärrechts führt nicht dazu, dass sich die Unionsorgane unter Missachtung des Normenhierarchieprinzips über Primärrecht hinwegsetzen dürfen. Daher muss z.B. die obige Harmonisierungsrichtlinie für nationale Etikettierungsbestimmungen ihrerseits mit der Warenverkehrsfreiheit gemäß Art. 34 AEUV vereinbar sein.

2. Persönlicher Anwendungsbereich

Im Hinblick auf den persönlichen Anwendungsbereich ist zwischen den Personenverkehrsfreiheiten und der Dienstleistungsfreiheit auf der einen sowie der Warenverkehrsfreiheit und der Kapitalverkehrsfreiheit auf der anderen Seite zu differenzieren.   **426**

Träger der personenbezogenen Grundfreiheiten **(Art. 45, 49 und 56 AEUV)** sind ausweislich des Normtextes zunächst alle **natürlichen Personen**, die die **Staatsangehörigkeit eines EU-Mitgliedstaates** besitzen und die von einer Marktfreiheit Gebrauch machen. Ob jemand die deutsche Staatsangehörigkeit besitzt, richtet sich nach Art. 116 GG. In diesem Zusammenhang stellt sich die Frage, ob sich aus den Marktfreiheiten der originär Berechtigten auch **derivative Rechte zugunsten von Familienangehörigen** (z.B. Einreise- und Aufenthaltsrechte für Ehegatten) herleiten lassen.   **427**

> **Beispiel:** *EuGH*, ECLI:EU:C:2002:434 – „Carpenter"   **428**
> *Frau C, eine philippinische Staatsangehörige, die ordnungsgemäß ins Vereinigte Königreich einreiste, ist mit einem britischen Staatsangehörigen (A) verheiratet. Sie soll aus Großbritannien ausgewiesen werden. Dagegen wehrt sich C unter Hinweis darauf, dass sie für die Kinder des A aus erster Ehe sorge. Diesem werde dadurch die Ausübung seines Berufes – der grenzüberschreitende Verkauf von Werbeflächen für Zeitschriften – erleichtert. Kann C für sich ein Aufenthaltsrecht aus der Dienstleistungsfreiheit ableiten?*

Mangels anderer Anspruchsgrundlagen könnte sich ein Aufenthaltsrecht der C nur aus der Dienstleistungsfreiheit gemäß Art. 56 AEUV ergeben. Nach dem Wortlaut der Marktfreiheit sind zunächst ausschließlich die Personen vom Anwendungsbereich erfasst, die selbst Erbringer einer Dienstleistung sind. Allerdings führt nur der britische Staatsangehörige A durch den Verkauf von Werbeflächen für Zeitschriften grenzüberschreitende Dienstleistungen aus, nicht hingegen seine philippinische Ehegattin. Nach dem Normtext des freien Dienstleistungsverkehrs besitzt C daher kein eigenes primärrechtlich abgesichertes Aufenthaltsrecht.

Der Gerichtshof sieht sich indessen durch den Wortlaut von Art. 56 UAbs. 1 AEUV nicht daran gehindert, den persönlichen Geltungsbereich auf Familienangehörige des originären Grundfreiheitsträgers auszudehnen: Dazu legt der Gerichtshof Art. 56 AEUV insbesondere im Lichte des **europäischen Grundrechts auf Achtung des Familienlebens**, wie es sich aus Art. 7 GRCh und Art. 8 EMRK ergibt, erweiternd dahin aus, dass für Familienangehörige eines Dienstleistungserbringers gegenüber dessen Herkunfts- und Aufenthaltsstaat ein abgeleitetes Einreise- und Aufenthaltsrecht besteht. Unterfüttert wird diese Sichtweise durch den **effet utile** der Dienstleistungsfreiheit, denn diese könnte nicht ihre volle Wirksamkeit entfalten, wenn A durch Hindernisse von ihrer Wahrnehmung abgehalten würde, die in seinem Heimatland für die Einreise und den Aufenthalt seiner Ehegattin bestünden.

Daraus folgt, dass für **Familienangehörige eines Dienstleistungserbringers**, unabhängig von ihrer Staatsangehörigkeit, unmittelbar aus Art. 56 AEUV ein von der Dienstleistungsfreiheit des eigentlichen Berechtigten **abgeleitetes Aufenthaltsrecht** besteht. Auf dieses subjektive Recht kann sich C gegenüber den britischen Behörden berufen.

Die im Bereich der **Dienstleistungsfreiheit** praktizierte weite Auslegung des persönlichen Geltungsbereichs, wonach Familienangehörige der originären Grundfreiheitsträ-   **429** ger ein derivatives Aufenthaltsrecht haben, wird man aus systematischen Erwägungen zumindest auch auf die **Freiheiten des Personenverkehrs** übertragen können.

430   Neben den genannten natürlichen Personen können sich schließlich auch die **Gesellschaften gemäß Art. 54 AEUV**, die nach den Vorschriften eines Mitgliedstaats gegründet sind und ihren satzungsmäßigen Sitz, ihre Hauptverwaltung oder ihre Hauptniederlassung innerhalb der Union haben, auf die Niederlassungsfreiheit berufen. Gleiches gilt wegen der Verweisungsvorschrift des Art. 62 AEUV zudem für den Bereich der Dienstleistungsfreiheit. Nach Ansicht des Gerichtshofes können auch Arbeitgeber, die als Gesellschaft organisiert sind, die Arbeitnehmerfreizügigkeit als eigenes Recht geltend machen (*EuGH*, ECLI:EU:C:1998:205 Tz. 19 ff. – „Clean Car").

431   Im Gegensatz zu den Freiheiten des Personenverkehrs lassen sich dem Wortlaut der **Warenverkehrsfreiheit** keine Hinweise auf ihren persönlichen Anwendungsbereich entnehmen. Geht man von der Funktion der Warenverkehrsfreiheit aus, zwischenstaatliche Hindernisse für den freien Warenverkehr zu beseitigen, ist es unerheblich, ob der Erbringer bzw. Inhaber eines Wirtschaftsgutes die Staatsangehörigkeit eines EU-Mitgliedstaates besitzt oder ob er zumindest innerhalb der Europäischen Union ansässig ist. Entscheidend ist für die Bejahung des persönlichen Geltungsbereichs allein, ob der Begünstigte Anbieter oder Empfänger einer Ware i.S.v. Art. 28 Abs. 2 AEUV ist. Auch bei der Kapitalverkehrsfreiheit ist denkbar, dass sich Angehörige von Drittstaaten auf die Grundfreiheit berufen können (näher dazu Rn. 580).

3.   Sachlicher Anwendungsbereich

432   Innerhalb des sachlichen Anwendungsbereichs der Grundfreiheiten sind zwei Prüfungsschritte zu beachten. Erstens muss die **Verbandskompetenz** der Union gegeben sein; d.h., der Streitgegenstand muss als **Teil des Wirtschaftslebens** anzusehen sein. Zweitens ist zu untersuchen, ob neben der Verbandskompetenz auch der **spezifische Regelungsbereich** einer der Grundfreiheiten betroffen ist.

433   Damit von einem Bezug zum Wirtschaftsleben der Union ausgegangen werden kann, muss es sich um tatsächliche und echte entgeltliche Arbeits- oder Dienstleistungen handeln, die keinen so geringen Umfang haben, dass sie sich als völlig untergeordnet darstellen. Problematisch ist das Tatbestandsmerkmal namentlich in solchen Fällen, in denen Bereiche der Kultur oder des Sports betroffen sind.

434   **Beispiel: *EuGH*, ECLI:EU:C:2000:201 – „Lehtonen"**
Herr L, ein finnischer Basketballspieler, schloss im April 1996 einen Arbeitsvertrag mit einem belgischen Basketballverein ab und wurde von diesem bei Spielen eingesetzt. Der Verein wurde deshalb mit Sanktionen belegt, da es die einschlägige Regelung des belgischen Basketballverbandes verbietet, europäische Spieler, die nach dem 28. Februar eines Jahres Mitglied eines belgischen Vereins werden, von diesem in der laufenden Saison einzusetzen. Das Tribunal de première instance Brüssel strengte ein Vorabentscheidungsverfahren beim Gerichtshof an, der ausführte, dass die Ausübung von Sport insoweit unter das Unionsrecht fällt, als sie zum Wirtschaftsleben gehört. Allerdings – so der Gerichtshof – stehen die Bestimmungen des AEUV über die Freizügigkeit nicht Regelungen oder Praktiken entgegen, die ausländische Spieler von bestimmten Begegnungen aus nicht wirtschaftlichen Gründen ausschließen, die mit dem spezifischen Charakter und Rahmen dieser Begegnungen zusammenhängen und deshalb nur den

Sport als solchen betreffen, wie es bei Spielen zwischen den Nationalmannschaften verschiedener Länder der Fall ist.

Diese Bereichsausnahme für den Sport führt dazu, dass nationale Spielregeln im engeren Sinne wie z.B. diejenigen, die die Dauer der Spiele oder die Anzahl der Spieler auf dem Spielfeld festlegen, nicht in den Anwendungsbereich des Unionsrechts fallen (*EuG*, ECLI:EU:T:2004:282 Tz. 40 f. – „Meca-Medina"). **435**

4. Räumlicher Anwendungsbereich

Nach überwiegender Auffassung muss ein **grenzüberschreitender Sachverhalt** vorliegen, damit der Anwendungsbereich der Grundfreiheiten eröffnet ist. Manche Autoren wollen indes völlig auf die Zwischenstaatlichkeitsklausel verzichten. Dies hätte zur Folge, dass zum Beispiel mit der Warenverkehrsfreiheit nicht nur staatliche Maßnahmen angreifbar wären, die sich als Ein- bzw. Ausfuhrhemmnis darstellen, wie z.B. ein nationales Werbeverbot für alkoholische Getränke. Auch Sachverhalte ohne jeglichen zwischenstaatlichen Bezug könnten dann an der Warenverkehrsfreiheit des Art. 34 AEUV gemessen werden. Das wäre beispielsweise der Fall, wenn sich der nur in der Bundesrepublik tätig werdende deutsche Bierbrauer gegen das deutsche Reinheitsgebot für Bier wendet. Die Grundfreiheiten hätten dann den Charakter von allgemeinen Wirtschaftsfreiheiten. Dieser Ansatz hätte die Konsequenz, dass sich die Problematik der **Inländerdiskriminierung** auflösen würde, da sich jeder Inländer wie ein EU-Ausländer auf die jeweilige Grundfreiheit berufen könnte. Allerdings steht diesem Vorteil die Gefahr gegenüber, dass die Kompetenzen des nationalen Gesetzgebers im Wirtschaftsrecht erheblich beschnitten würden. Vor diesem Hintergrund lässt sich eine extensive, auch rein innerstaatliche Sachverhalte erfassende Auslegung der Grundfreiheiten wohl kaum mit dem Grundsatz der Subsidiarität (Art. 5 Abs. 3 EUV) in Einklang bringen und dürfte daher im Ergebnis abzulehnen sein. **436**

Der Gerichtshof hat zu dieser Problematik eine differenzierte Rechtsprechung entwickelt, mit der er einen **Mittelweg** zwischen den beiden zuvor geschilderten Extrempositionen einschlägt: Bei den **Personenverkehrsfreiheiten** und der **Dienstleistungsfreiheit** fehlt es danach an einem zwischenstaatlichen Bezug, wenn im konkreten Fall keines der Merkmale einer wirtschaftlich relevanten Betätigung über die Grenzen des Mitgliedstaates hinausweist (z.B. *EuGH*, ECLI:EU:C:2000:199 Tz. 58 – „Deliège"). Anders liegen die Dinge bei der **Warenverkehrsfreiheit**: Ausreichend ist nach der Rechtsprechung des Gerichtshofs, dass die Anwendung einer nationalen Bestimmung in einem **hypothetischen Fall** zumindest potenziell Auswirkungen auf den Handel innerhalb der Union hat. Eine Behinderung im konkreten Einzelfall ist nicht notwendig. Die Vorschrift kann daher auch bei **rein innerstaatlichen Hoheitsakten** zum Zuge kommen. Eine Aufgabe der Zwischenstaatlichkeitsklausel des Art. 34 AEUV ist damit nach Ansicht des Gerichtshofs jedoch nicht verbunden (vgl. *EuGH*, ECLI:EU:C:2000:663 – „Guimont"; *EuGH*, ECLI:EU:C:1997:229 Tz. 44 f. – „Pistre"). Für eine solche Sichtweise lässt sich anführen, dass die Grundfreiheiten primär dem institutionellen Ziel der Beseitigung zwischenstaatlicher Handelshindernisse dienen; so dass konsequenterweise ein grenzüberschreitender Bezug in einem gedachten Fall ausreicht, damit der räumliche Anwendungsbereich der Warenverkehrsfreiheit einschlägig ist. Diese teleologisch **437** extensive Lesart der Zwischenstaatlichkeitsklausel hat der Gerichtshof auch auf die **Kapitalverkehrsfreiheit** ausgedehnt (*EuGH*, ECLI:EU:C:2002:135 Tz. 23 ff. – „Reisch").

5. Bereichsausnahmen

438   Unter Bereichsausnahmen versteht man diejenigen Normen, die eine Heranziehung einer Grundfreiheit schon auf der Schutzbereichsebene ausschließen. Deshalb handelt es sich dabei um **keine Schrankenregelungen im eigentlichen Sinne**. Vielmehr werden aufgrund der Bestimmungen von Art. 45 Abs. 4, Art. 51 UAbs. 1, Art. 62 i.V.m. Art. 51 UAbs. 1 AEUV Tätigkeiten, die eng mit der Ausübung öffentlicher Gewalt verbunden sind, vom Geltungsbereich der Grundfreiheiten ausgenommen. Die Tatbestandsmerkmale der Bereichsausnahmen werden vom Gerichtshof als unionsrechtliche Begriffe einheitlich und restriktiv ausgelegt. Ausgenommen von den Grundfreiheiten sind danach im Prinzip nur **Tätigkeiten hoheitlichen Charakters** (Polizei, Streitkräfte, Rechtspflege, Steuerverwaltung), während staatliche Einrichtungen, die mit der Verwaltung und Erbringung von Dienstleistungen betraut sind, nicht den Bereichsausnahmen unterfallen. Z.B. fällt nach der Rechtsprechung des Gerichtshofs die hauptsächlich auf die Beurkundung von Rechtsgeschäften zugeschnittene Tätigkeit eines deutschen Notars nicht unter Art. 51 Abs. 1 AEUV, da es sich nicht um eine unmittelbare und spezifische Ausübung öffentlicher Gewalt handele (*EuGH*, ECLI:EU:C:2011:339 – „Kommission/Deutschland"). Damit gilt ein Staatsangehörigkeitsvorbehalt im Notarrecht als europarechtswidrig. Als europarechtskonform wurde hingegen der Notarvorbehalt im Grundstücksverkehrsrecht eingestuft (*EuGH*, ECLI:EU:C:2017:196 – „Piringer").

439   Beispiel: *EuGH*, ECLI:EU:C:1986:284 Tz. 26 ff. – „Lawrie-Blum"
So verneinte der Gerichtshof im Fall einer britischen Staatsangehörigen, die in Freiburg die erste Staatsprüfung für das Lehramt an Gymnasien erfolgreich abgelegt hatte und zum Vorbereitungsdienst für das Lehramt zugelassen werden wollte, den hoheitlichen Charakter der Tätigkeit: Die Tätigkeit bringe keine unmittelbare oder mittelbare Teilnahme an der Ausübung hoheitlicher Befugnisse und an der Wahrnehmung solcher Aufgaben mit sich, die auf die Wahrung der allgemeinen Belange des Staates oder anderer öffentlicher Körperschaften gerichtet seien und die deshalb ein Verhältnis besonderer Verbundenheit des jeweiligen Stelleninhabers zum Staat voraussetzten.

III. Gewährleistungsumfang

1. Vom Diskriminierungs- zum Beschränkungsverbot

440   Ein Verstoß gegen eine Grundfreiheit liegt vor, wenn eine nationale Maßnahme EU-Ausländer im Schutzbereich einer Grundfreiheit benachteiligt. Werden EU-Ausländern von einer inländischen Rechtsordnung Auflagen gemacht, die ihre inländischen Konkurrenten nicht zu erfüllen haben, liegt darin eine EU-rechtswidrige Diskriminierung aufgrund der Staatsangehörigkeit. Dies zu verhindern ist die ursprüngliche Funktion der Grundfreiheiten. Insoweit spricht man auch vom **Gebot der Inländergleichbehandlung** bzw. vom **Diskriminierungsverbot**, das das **Prinzip der Wettbewerbsgleichheit** garantiert. Gleichzeitig konkretisieren die Grundfreiheiten in dieser Beziehung das allgemeine Diskriminierungsverbot des Art. 18 AEUV. Ein Sonderfall der

Diskriminierung ist die sog. versteckte oder indirekte Diskriminierung. Hier wird formal nicht an die Herkunft aus einem anderen Mitgliedstaat, sondern an ein Kriterium angeknüpft, das im Ergebnis inländische Waren, Personen oder Dienstleistungen besserstellt als solche aus anderen Mitgliedstaaten.

Inzwischen sind sich die ganz herrschende Lehre und der Gerichtshof jedoch darin einig, dass die Grundfreiheiten über das Inländergleichbehandlungsgebot hinaus auch ein **Beschränkungsverbot** statuieren. In der „Gebhard"-Entscheidung (*EuGH*, ECLI:EU:C:1995:411) hat der Gerichtshof den Begriff der Beschränkung als jede „nationale Maßnahme, die die Ausübung der durch den Vertrag garantierten Freiheiten behindern oder weniger attraktiv machen kann", definiert. Denn die Ausübung der Marktfreiheiten kann in gleicher Weise durch Diskriminierungen und durch unterschiedslos wirkende Maßnahmen vereitelt werden, zumal ein allgemeines Diskriminierungsverbot schon in Art. 18 AEUV enthalten ist. Um den Grundfreiheiten eine darüberhinausgehende eigenständige Bedeutung zu verleihen, sind daher grundsätzlich auch nichtdiskriminierende Rechtsakte zu erfassen. **441**

Nimmt man die Rechtsprechung des Gerichtshofs in der „Gebhard"-Entscheidung allerdings beim Wort, hat dies zur Konsequenz, dass große Teile der mitgliedstaatlichen Wirtschaftsordnungen dem Beschränkungsverbot unterfallen, denn es ist kaum eine Vorschrift denkbar, die nicht in irgendeiner Weise EU-Ausländer bei ihrer Tätigkeit einschränkt (so halten etwa auch Regelungen zu Ladenschlusszeiten eines Mitgliedstates einen EU-Ausländer davon ab, seine Waren zu diesen Zeiten in dem betreffenden Mitgliedstaat zu verkaufen). Der hieraus folgende **mitgliedstaatliche Kompetenzverlust** wäre mit Blick auf das Subsidiaritätsprinzip nicht unbedenklich. Daher erscheint bei allen Grundfreiheiten eine **partielle Zurücknahme** des Beschränkungsverbotes geboten; und zwar dergestalt, dass die Reichweite des Beschränkungsverbotes auf innerstaatliche Hindernisse zu begrenzen ist, die einer Ware oder einer Person gerade deshalb auferlegt werden, weil sie die Grenze zwischen zwei EU-Mitgliedstaaten überschreiten. Das Beschränkungsverbot sichert demnach lediglich die **Freiheit des Marktzugangs**. Damit verbleiben im Wesentlichen **zwei Fallgruppen** von unterschiedslos wirkenden Maßnahmen, die als Beschränkungen des Marktzugangs (**Ebene des „Ob"**) weiterhin rechtfertigungsbedürftig sind: **442**

In eine erste Gruppe von mitgliedstaatlichen Hoheitsakten fallen solche, die in den **Kernbereich** einer Grundfreiheit eingreifen und daher den grenzüberschreitenden Marktzugang unmittelbar beeinflussen. Gemeint sind damit mitgliedstaatliche Maßnahmen, die den ungehinderten zwischenstaatlichen Zuzug/Zugang oder Wegzug/Weggang eines Wirtschaftsgutes beeinträchtigen. Ein Beispiel ist eine nationale Bestimmung, der zufolge ein Handwerksberuf erst nach der Eintragung in eine Handwerksrolle ausgeübt werden darf. **443**

Als zweite Kategorie von nichtdiskriminierenden Beschränkungen, die unmittelbar den grenzüberschreitenden Marktzugang behindern, lassen sich solche ausmachen, die zu einer **Doppelbelastung** führen. Das Verbot der Doppelbelastung besagt, dass der grenzüberschreitend tätig werdende Marktbürger vor potenziell unterschiedlichen Regelungen des Herkunfts- und des Aufnahmemitgliedstaates, die aufgrund doppelter **444**

Anforderungen die Ausübung der Grundfreiheiten vereiteln, geschützt werden muss. Eine derartige Doppelbelastung liegt etwa vor, wenn ein Arbeitgeber verpflichtet wird, für seine Arbeiter, die in einen anderen EU-Staat entsandt werden, zusätzlich zu den bereits von ihm an den Schlechtwettergeld-Fonds des Mitgliedstaats, in dem er ansässig ist, abgeführten Beiträgen Arbeitgeberbeiträge an einen einem ähnlichen Zweck dienenden Fonds im Aufnahmemitgliedstaat zu entrichten.

445   Für Rechtsvorschriften hingegen, die nicht den Marktzugang, sondern bloß das **Marktverhalten** regeln bzw. als Bestandteil eines offenen wirtschaftlichen Ordnungsrahmens einzuordnen sind (**Ebene des „Wie"**), greift dagegen als Schutzstandard grundsätzlich nur das Diskriminierungsverbot aufgrund der Staatsangehörigkeit ein. Beispiele hierfür sind innerstaatliche Rechtsvorschriften zu den Ladenschlusszeiten, Arbeitszeit- oder Mindestlohnbestimmungen.

2. Inländerdiskriminierung

446   Verstößt ein Staat durch das Handeln seiner nationalen Organe gegen eine Grundfreiheit, hat dies nicht – wie im deutschen Verfassungsrecht – die Nichtigkeit der Norm zur Folge. Da die Grundfreiheiten nur den grenzüberschreitenden Verkehr regeln, können ihnen auch nur Rechtsfolgen für den zwischenstaatlichen Bereich zugeordnet werden: Die angegriffene Norm ist daher zwar im **grenzüberschreitenden Verkehr** innerhalb der Union **unanwendbar**; in den übrigen – innerstaatlichen und außereuropäischen – Bereichen bleibt sie jedoch in Kraft.

447   Beispiel: *EuGH*, ECLI:EU:C:1990:355; *EuGH*, ECLI:EU:C:1990:357 – „Französischer Käse"
Ein französischer Käsehersteller exportiert Käse mit einem Fettgehalt von 30 % nach Italien, wo der Vertrieb von Käse mit einem geringeren Fettgehalt als 45 % verboten ist.

In diesem Fall behindert die italienische Norm den grenzüberschreitenden Handel mit Käse. Dies ist gemäß Art. 34 AEUV unzulässig. Für Produkte aus dem EU-Ausland ist diese Norm unanwendbar. Der französische Hersteller darf den Käse in Italien vertreiben. Allerdings bleibt die Vorschrift für alle italienischen Produzenten anwendbar.

448   An diesem Beispiel zeigt sich das Problem der sog. **Inländerdiskriminierung**. Der französische Hersteller darf seinen Käse nach Italien einführen und dort vertreiben. Italienern ist der Vertrieb hingegen aufgrund nationalen Rechts untersagt. Wie diese unter Gleichheitsaspekten problematische Sachlage zu lösen ist, ist umstritten. Ein Teil der Literatur ist der Ansicht, das allgemeine Diskriminierungsverbot des Art. 18 AEUV verbiete es den Mitgliedstaaten auch, ihre eigenen Bürger wegen der „Staatsangehörigkeit" zu benachteiligen. Der Gerichtshof unterstützt demgegenüber die h.M., die die Inländerdiskriminierung als vom AEUV nicht grundsätzlich verboten ansieht, da die für Inländer nachteilige Situation einen internen Sachverhalt des jeweiligen EU-Staates betreffe (*EuGH*, ECLI:EU:C:1982:368 – „Morson und Jhanjan"). Folgt man dieser Ansicht, kann die Inländerdiskriminierung nur noch von den nationalen Grundrechten, d.h. in Deutschland von Art. 3 Abs. 1 GG, korrigiert werden. Problematisch ist aber, ob Art. 3 Abs. 1 GG überhaupt auf die Sachverhalte der Inländerdiskriminierung anwendbar ist. Das BVerfG (*BVerfG*, NJW 1990, 1033) hat diese Frage offengelassen. Für eine

Anwendbarkeit spricht unter rechtsvergleichenden Aspekten, dass der Österreichische Verfassungsgerichtshof das Problem der Inländerdiskriminierung über den verfassungsrechtlichen Gleichheitssatz löst (vgl. *ÖstVerfGH*, EuZW 2001, 219). Auch das BVerfG scheint in diese Richtung zu tendieren (vgl. *BVerfG*, NVwZ 2001, 187).

3. Schutzpflichten

Eine Erweiterung des Gewährleistungsumfangs stellt die Rechtsprechung des Gerichts-   **449** hofs dar, dass sich aus Art. 34 AEUV i.V.m. Art. 4 Abs. 3 UAbs. 2 EUV auch Schutzpflichten der Mitgliedstaaten dergestalt ableiten lassen, dass sie alle erforderlichen und geeigneten Maßnahmen zu ergreifen haben, um in ihrem Gebiet die Beachtung der Warenverkehrsfreiheit sicherzustellen. Der jeweilige Staat ist daher von Rechts wegen gehalten, **Beeinträchtigungen des Handels innerhalb der Union durch Private zu unterbinden**. Eine grundsätzlich verbotene Beschränkung durch Unterlassen hat der EuGH etwa angenommen, wenn ein EU-Mitgliedstaat nicht gegen inländische Bauern vorgeht, die Obst und Gemüse aus anderen Mitgliedstaaten, das auf Lastwagen transportiert wird, vernichten (*EuGH*, ECLI:EU:C:1997:595 – „Agrarblockade"). Allerdings soll es grundsätzlich im **Ermessen des Mitgliedstaats** stehen, welche Maßnahmen er als geeignet ansieht, um die Hindernisse zu beseitigen. Im Fall „Schmidberger" (*EuGH*, ECLI:EU:C:2003:333) hat der EuGH seine Rechtsprechung fortentwickelt und sogar einen Ermessensspielraum der Mitgliedstaaten bei der Auswahl der Maßnahmen zur Beseitigung privater Hindernisse verneint.

Da die Grundfreiheiten des AEUV im Grundsatz einheitlich auszulegen sind, dürfte   **450** sich die **Rechtsprechung des Gerichtshofs zur Ableitung von mitgliedstaatlichen Schutzpflichten** aus der Warenverkehrsfreiheit auch uneingeschränkt **auf die übrigen Marktfreiheiten übertragen** lassen.

IV. Rechtfertigungstatbestände

Wie die Grundrechte des Grundgesetzes benötigen auch die Grundfreiheiten des AEUV   **451** immer dann, wenn ein Eingriff in den Schutzbereich zu bejahen ist, d.h. eine Diskriminierung oder Beschränkung vorliegt, eine Rechtfertigung. Ohne eine solche Rechtfertigung ist die in den Schutzbereich einer Grundfreiheit eingreifende nationale Norm im grenzüberschreitenden Verkehr unanwendbar.

1. Schrankenregelungen

Der AEUV enthält diverse kodifizierte Rechtfertigungstatbestände, mit denen Verstöße   **452** gegen die Grundfreiheiten gerechtfertigt werden können. Dabei gilt als Grundsatz, dass der Gerichtshof die **Schutzbereiche weit** und die **Schrankenregelungen** als Ausnahmetatbestände **eng** auslegt. Im Einzelnen enthält der AEUV in Art. 36 für Beschränkungen der Warenverkehrsfreiheit eine enumerative Aufzählung möglicher Rechtfertigungsgründe. Danach sind z.B. mengenmäßige Ein- oder Ausfuhrbeschränkungen zum Schutz der Gesundheit und des Lebens von Menschen, von Tieren oder Pflanzen oder des gewerblichen oder kommerziellen Eigentums zulässig. Beschränkungen der Arbeitnehmerfreizügigkeit können nach Art. 45 Abs. 3 AEUV aus Gründen der öffentlichen Ordnung, Sicherheit oder Gesundheit gerechtfertigt werden. Eingriffe in die Niederlassungsfreiheit sind auf Art. 52 Abs. 1 AEUV zu stützen, wobei dessen Rechtfertigungsgründe mit denen des Art. 45 AEUV übereinstimmen. Auf Art. 52 Abs. 1 AEUV verweist auch Art. 62 AEUV, soweit es um die Rechtfertigung von Diskriminierungen des freien Dienstleistungsverkehrs geht. Schließlich enthalten Art. 64 f. AEUV Rechtfertigungsgründe für Beschränkungen der Kapital- und der Zahlungsverkehrsfreiheit, wobei Art. 65 Abs. 1 lit. b) AEUV wiederum auf Gründe der öffentlichen Ordnung oder Sicherheit abstellt.

453 Der – insbesondere in Art. 45 Abs. 3 und Art. 52 Abs. 1 AEUV enthaltene – Schutz der öffentlichen Ordnung, Sicherheit und Gesundheit wird als **ordre public-Vorbehalt** bezeichnet. Auch wenn es sich hierbei um unionsrechtliche Begriffe handelt, die innerhalb der Union einheitlich und restriktiv auszulegen und anzuwenden sind, kann den Mitgliedstaaten in gewissem Maße ein Spielraum zustehen. Dabei ist der Verhältnismäßigkeitsgrundsatz zu beachten. Die **öffentliche Sicherheit** umfasst die innere und äußere Sicherheit der Mitgliedstaaten; wobei die Bezugnahme auf diesen Grund dem Schutz des Mitgliedstaates bzw. den für erforderlich gehaltenen Einrichtungen und wichtigen öffentlichen Diensten (z.B. Sicherung der Energieversorgung) dienen muss. Die **öffentliche Gesundheit** betrifft im Kern übertragbare Krankheiten (z.B. Cholera, Tuberkulose). Dabei ist es jedoch Sache der Mitgliedstaaten zu entscheiden, auf welchem Niveau sie den Schutz der öffentlichen Gesundheit sicherstellen wollen und wie dieses Niveau erreicht werden soll (*EuGH*, ECLI:EU:C:2004:432 Tz. 33 – „Bacardi"; *EuGH*, ECLI:EU:C:2015:845 Tz. 52 – „Scotch Whisky Association"). Unter den Begriff der **öffentlichen Ordnung** sind alle tatsächlichen und hinreichend schweren Gefährdungen, die ein Grundinteresse der Gesellschaft des jeweiligen Mitgliedstaates berühren, zu subsumieren. Bei der Durchführung dieser Wertung kommt den nationalen Behörden ein Beurteilungsspielraum zu.

454 Als Maßnahmen aufgrund des Vorbehalts der öffentlichen Ordnung spielen in der Praxis vor allem räumliche Begrenzungen des Aufenthaltsrechts innerhalb eines Mitgliedstaates sowie Ausweisungen eine Rolle. Hinsichtlich der **Ausweisung** von EU-Ausländern gilt, dass eine solche Maßnahme nur verhältnismäßig ist, wenn sie ausschließlich mit dem persönlichen Verhalten begründet wird und nur unter Berücksichtigung der persönlichen Gesamtsituation des Betroffenen (z.B. Dauer des Aufenthalts des Betroffenen im Hoheitsgebiet, sein Alter, sein Gesundheitszustand, seine familiäre und wirtschaftliche Lage, seine soziale und kulturelle Integration und das Ausmaß seiner Bindungen zum Herkunftsstaat) erfolgt. Das persönliche Verhalten muss eine tatsächliche, gegenwärtige Gefahr darstellen, die ein Grundinteresse der Gesellschaft berührt. Vom Einzelfall losgelöste oder auf Generalprävention verweisende Begründungen sind nicht zulässig. Gemessen an diesen Vorgaben ist eine automatische Ausweisung auf Lebenszeit wegen einer strafrechtlichen Verurteilung nicht durch die öffentliche Ordnung gedeckt (*EuGH*, ECLI:EU:C:1999:6 – „Calfa"). Nicht gefolgt ist der Gerichtshof hingegen der Auffassung, dass die im Aufnahmemitgliedstaat geborenen oder aufgewachsenen EU-Ausländer einen absoluten Ausweisungsschutz genießen (*EuGH*, ECLI:EU:C:2004:262 – „Orfanopoulos und Oliveri"; dazu *BVerwG*, NVwZ 2005, 220).

2. Immanente Schranken

Nach und nach „erfand" der Gerichtshof zusätzlich zu den Rechtfertigungstatbeständen und Bereichsausnahmen ungeschriebene Einschränkungen der Grundfreiheiten, die sog. **immanenten Schranken**. Wenn man nach Gründen für diese Rechtsentwicklung sucht, so kristallisieren sich vor allem drei Gesichtspunkte heraus: Zum einen passten manche Schrankenregelungen nicht mehr auf die erweiterten Schutzbereiche, wie das Beispiel des Art. 52 Abs. 1 AEUV belegt, der sich nur auf Sonderregelungen für EU-Ausländer und damit Diskriminierungen bezieht. Zum anderen hat sich der Gerichtshof durch sein methodisches Vorgehen – restriktive Interpretation von Ausnahmeregelungen – selbst den Weg der Rechtfertigung von Eingriffen über die geschriebenen Schranken versperrt. Drittens schließlich waren bestimmte, heute als überaus bedeutsam angesehene Rechtfertigungsgründe bei Inkrafttreten der Römischen Verträge 1957 noch nahezu unbekannt. Dies trifft vor allem auf den **Umwelt- und den Verbraucherschutz** zu, die bei den geschriebenen Rechtfertigungstatbeständen nicht ausdrücklich genannt sind.

455

Die immanenten Schranken greifen als Freistellungstatbestand ein, sofern **folgende Voraussetzungen** erfüllt sind: kein Eingreifen einer kodifizierten Freistellungsnorm (1), Vorliegen eines zwingenden Erfordernisses (2), unterschiedslose Wirkung der Maßnahme (3) sowie Wahrung des Verhältnismäßigkeitsprinzips (4).

456

(1) Erstens ist die lückenfüllende Funktion des ungeschriebenen Rechtfertigungsgrundes zu berücksichtigen. Danach ist ein Rückgriff erst zulässig, sofern keine der **kodifizierten Freistellungsnormen** (z.B. Art. 36, Art. 45 Abs. 3, Art. 52 Abs. 1, Art. 64 f., Art. 106 Abs. 2 AEUV) herangezogen werden kann.

457

(2) Zweitens muss ein **zwingendes Erfordernis** vorliegen, das einen **nicht-wirtschaftlichen** Charakter aufweist (vgl. *EuGH*, ECLI:EU:C:2002:326 Tz. 52 – „Goldene Aktie III"). Dazu zählen z.B. der Verbraucherschutz, der Umweltschutz, der Arbeitnehmerschutz, die Lauterkeit des Handelsverkehrs. Ausgeschlossen ist dagegen grundsätzlich eine Berufung auf den Schutz finanzieller Interessen, auf die Stärkung der Wettbewerbsstruktur eines Marktes oder auf wirtschaftspolitische Erwägungen. Etwas Anderes kann ausnahmsweise in den Fällen gelten, in denen der Gerichtshof Regelwerke am Maßstab der Grundfreiheiten überprüft, deren **Erlass vorwiegend im Zuständigkeitsbereich der Mitgliedstaaten** liegt, die sich aber gleichzeitig auf den Binnenmarkt auswirken, z.B. das nationale Steuerrecht oder die mitgliedstaatlichen Systeme der sozialen Sicherheit. Hier akzeptiert die Rechtsprechung auch wirtschaftliche Belange wie die Wahrung der Kohärenz des Steuersystems (*EuGH*, ECLI:EU:C:2002:749 Tz. 40 ff. – „Lankhorst-Hohorst") oder die Wahrung des finanziellen Gleichgewichts der Sozialsysteme (*EuGH*, ECLI:EU:C:1998:171 Tz. 41 ff. – „Kohll").

458

(3) Drittens geht die noch herrschende Ansicht davon aus, dass die immanenten Schranken **ausschließlich bei unterschiedslos wirkenden Maßnahmen** als Rechtfer-

459

tigungsgrund eingreifen. Direkte wie indirekte Diskriminierungen aufgrund der Staatsangehörigkeit können dagegen nur über die geschriebenen Ausnahmetatbestände für zulässig erklärt werden. Diese Sichtweise stößt in der letzten Zeit jedoch zunehmend auf Widerspruch: Viele plädieren für eine Ausdehnung des Anwendungsbereichs der immanenten Schranken auf **sämtliche** diskriminierende Maßnahmen. Entgegen früherer Unklarheiten lässt sich aus der jüngeren Rechtsprechung des EuGH die Tendenz entnehmen, dass eine Rechtfertigung diskriminierender Regelungen nur aufgrund der geschriebenen Rechtfertigungsgründe und nicht mittels zwingender Allgemeinwohlgründe möglich ist (vgl. zur Warenverkehrsfreiheit *EuGH*, ECLI:EU:C:2017:431 Tz. 80 – Medisanus; zur Niederlassungs- bzw. Dienstleistungsfreiheit *EuGH*, ECLI:EU:C:2016:60 Tz. 25 – Laezza; *EuGH*, ECLI:EU:C:2014:2311 Tz. 37 – Blanco und Fabretti). **Faktische** bzw. **indirekte Diskriminierungen** sind aber über die immanenten Schranken zu rechtfertigen (vgl. *EuGH*, ECLI:EU:C:2003:30 Tz. 19 und 21 – „Italienische Museen").

460   **(4)** Viertens ist eine Beschränkung nur zulässig, sofern der **Verhältnismäßigkeitsgrundsatz** gewahrt ist: Der Gerichtshof legt in diesem Kontext regelmäßig ein zweistufiges Prüfungsschema zugrunde, indem er untersucht, ob eine Maßnahme **geeignet** ist, die Verwirklichung des mit ihr verfolgten Zieles zu gewährleisten, und ob sie nicht über das hinausgeht, was zur Erreichung des Ziels **erforderlich** ist.

3.   Europäische Grundrechte

461   Der Gerichtshof zieht europäische Grundrechte nicht nur zur Auslegung der immanenten Schranken heran, sondern er entnimmt ihnen sogar – ohne die Zwischenschaltung der immanenten Schranken – eigenständige Rechtfertigungsgründe. Die **Anerkennung europäischer Grundrechte als neue Rechtfertigungskategorie** ist letztlich konsequent, denn Grundfreiheiten und europäische Grundrechte – die in Gestalt der Grundrechte-Charta über Art. 6 Abs. 1 EUV rechtsverbindlich sind – stehen grundsätzlich gleichrangig nebeneinander und sind daher im Kollisionsfall mit Blick auf das Kohärenzgebot des Art. 7 AEUV zum Ausgleich zu bringen. Dieser **Ausgleich zwischen kollidierenden Grundfreiheiten und europäischen Grundrechten** vollzieht sich – in den Worten des EuGH (*EuGH*, ECLI:EU:C:2003:333 Tz. 81 f. – „Schmidberger") – dadurch, dass

„[...] die bestehenden Interessen abzuwägen [sind], und es ist anhand sämtlicher Umstände des jeweiligen Einzelfalls festzustellen, ob das rechte Gleichgewicht zwischen diesen Interessen gewahrt worden ist. In dieser Hinsicht verfügen die zuständigen Stellen über ein weites Ermessen."

462   Ein mit einer Grundfreiheit kollidierendes **europäisches Grundrecht** ist damit im Rahmen einer **Verhältnismäßigkeitsprüfung** mit der einschlägigen Grundfreiheit in Ausgleich zu bringen (vgl. *EuGH*, ECLI:EU:C:2007:772 Tz. 46 – „Viking Line"). Bei der anzustellenden Verhältnismäßigkeitskontrolle überprüft der Gerichtshof insbesondere die **Angemessenheit** der Beschränkung. Wann genau die Grenzen der Angemessenheit im Einzelfall überschritten sind, hängt von Zweck, Art und Dauer der grundrechtlich geschützten Handlung ebenso ab wie von den Möglichkeiten, die Folgen für diejenigen abzumildern, die durch eine grundrechtlich geschützte Handlung in ihrer Grundfreiheit behindert werden. Der Gerichtshof prüft, ob diese Abwägung zwischen Grundfreiheit und europäischem Grundrecht **vertretbar** war. Vertretbar dürfte eine Abwägung der

innerstaatlichen Stellen sein, wenn sie alle relevanten Faktoren ausreichend berücksichtigt und von ihrem Einschätzungsspielraum in schlüssiger Weise Gebrauch gemacht haben.

> **Beispiel:** *EuGH,* **ECLI:EU:C:2003:333 – „Schmidberger"** 463
>
> *Im Fall Schmidberger war zu entscheiden, ob der Umstand, dass die österreichischen Behörden eine friedliche Versammlung von beschränkter Dauer auf der Brenner-Autobahn nicht untersagten, eine Verletzung der Warenverkehrsfreiheit darstellte. Der Gerichtshof bejahte zwar eine Beschränkung der Warenverkehrsfreiheit durch mitgliedstaatliches Unterlassen. Anschließend führte er aber bei der Rechtfertigungsprüfung aus, dass zwischen der Warenverkehrsfreiheit und dem europäischen Grundrecht auf Versammlungsfreiheit – wie es in Art. 12 GRCh bzw. Art. 11 EMRK niedergelegt ist – ein angemessener Ausgleich herzustellen sei. Die Beschränkung sei im vorliegenden Fall angemessen, weil die Versammlung ordnungsgemäß verlaufen und zeitlich begrenzt gewesen sei und nicht den Zweck gehabt habe, den innergemeinschaftlichen Warenaustausch zu beeinträchtigen.*

V. Adressatenkreis

Unstrittig ist, dass Gesetzgebung, Rechtsprechung und Verwaltung der **Mitgliedstaa-** 464
ten und auch die **Union** selbst an die Grundfreiheiten gebunden sind. Mit Blick auf die Mitgliedstaaten stellt sich die Frage, unter welchen Voraussetzungen das Verhalten eines Beamten dem betreffenden Staat zuzurechnen ist. Nach der Rechtsprechung des Gerichtshofs (*EuGH,* ECLI:EU:C:2007:213 – „A.G.M.-COS.MET") sind Äußerungen eines Beamten dem Staat zurechenbar, wenn aufgrund ihrer Form und der Umstände bei den Empfängern der Eindruck entsteht, dass es sich um offizielle staatliche Verlautbarungen und nicht um die private Meinung eines Beamten handelt.

Im Einzelnen ungeklärt ist die Frage, ob und inwieweit die einzelnen Grundfreiheiten 465
auch **zwischen privaten Dritten** Geltung entfalten (**Drittwirkung**). Dabei ist zwischen den Personenverkehrsfreiheiten und der Dienstleistungsfreiheit auf der einen sowie der Warenverkehrs- und der Kapitalverkehrsfreiheit auf der anderen Seite zu unterscheiden:

Bei den **Personenverkehrsfreiheiten** und der **Dienstleistungsfreiheit** befürworten 466
der Gerichtshof und die ihm folgende herrschende europarechtliche Literatur eine unmittelbare Drittwirkung, wenn es sich um privatrechtliche Vereinigungen handelt, die durch Kollektivvereinbarungen Hindernisse aufbauen (z.B. *EuGH,* EuZW 2002, 172, 179 Tz. 119 ff. – „Wouters"; *EuGH,* ECLI:EU:C:2007:772 Tz. 33 – „Viking Line"). Beispiele für derartige Privatrechtsvereinigungen sind insbesondere die Tarifvertragsparteien und die Sportverbände. Der EuGH begründet seine Ansicht damit, dass andernfalls privatrechtlich autonome Vereinigungen durch Kollektivregelungen Hindernisse für die Freizügigkeit schaffen könnten, die den Mitgliedstaaten gerade verboten seien. Dies gefährde die Gewährleistung der Freizügigkeit zwischen den Mitgliedstaaten in erheblichem Umfang. Ferner gebiete auch die einheitliche Anwendung des Unionsrechts eine Anwendung des Art. 45 AEUV auf Kollektivregelungen in rechtlich-autonomen Vereinigungen, da gleiche Sachverhalte in einigen Mitgliedstaaten durch staatliche Vorschriften, in anderen Mitgliedstaaten dagegen durch Kollektivregelungen geregelt seien. Speziell für die **Arbeitnehmerfreizügigkeit** hat der EuGH den Adressatenkreis

im Fall „Angonese" nochmals erweitert und das Inländergleichbehandlungsgebot auch auf **einzelne Privatpersonen** erstreckt. Bestätigt wurde die „Angonese"-Rechtsprechung in der Rechtssache „Raccanelli" (*EuGH*, ECLI:EU:C:2008:425).

467   Beispiel: *EuGH*, ECLI:EU:C:2000:296 – „Angonese"
Ein italienischer Staatsangehöriger mit Deutsch als Muttersprache hatte in Österreich ein Studium absolviert und sich dann auf die Ausschreibung einer privaten Bank in Bozen beworben. Obwohl er zweisprachig ist, wurde seine Bewerbung abgewiesen, weil er nicht den von der Bank geforderten Zweisprachigkeitsnachweis beibringen konnte. Bei dem Zweisprachigkeitsnachweis handelt es sich um eine von der öffentlichen Verwaltung in Bozen ausgestellte Bescheinigung, mit der man das Beherrschen der deutschen und der italienischen Sprache nachweist. Nach Ansicht des EuGH verstößt die von der Bank verlangte Nachweispflicht gegen die Arbeitnehmerfreizügigkeit. Dabei führt der EuGH aus, dass zumindest das Diskriminierungsverbot des Art. 45 Abs. 2 AEUV neben den Mitgliedstaaten auch einzelne Private binde; was er damit begründet, dass sich das in Art. 45 AEUV enthaltene Prinzip der Nichtdiskriminierung nicht speziell gegen die Mitgliedstaaten richte, sondern allgemein formuliert sei.

468   Dagegen haben die **Warenverkehrsfreiheit** und die **Kapitalverkehrsfreiheit keinerlei Wirkung im Verkehr zwischen privaten Individuen**. Für die Warenverkehrsfreiheit entspricht dies dem Standpunkt des EuGH (*EuGH*, ECLI:EU:C:1987:418 – „Vlaamse Reisbureaus") und folgt daraus, dass Art. 34, 35 AEUV das Verbot von Zöllen und Abgaben gleicher Wirkung nach Art. 30 AEUV ergänzen. Art. 30 AEUV seinerseits ist jedoch nur an Träger von Hoheitsgewalt adressiert (siehe aber *EuGH*, ECLI:EU:C:2012:453 Tz. 26 ff. – „DVGW" zur Anwendbarkeit der Vorschriften über den freien Warenverkehr auf Normungs- und Zertifizierungstätigkeiten privater Einrichtungen). Zur unmittelbaren Drittwirkung der Kapitalverkehrsfreiheit gibt es noch keine Rechtsprechung des Gerichtshofs. Gleichwohl steht Art. 63 Abs. 1 AEUV in einem Auslegungs- und Anwendungszusammenhang mit den Bestimmungen der Wirtschafts- und Währungsunion, die sich inhaltlich ausschließlich an die Mitgliedstaaten sowie die Unionsorgane richten.

Weiterführende Literatur: *Fischer/Fetzer*, Fälle zum Europarecht, 9. Auflage 2019, Fall 4 – Chocolat, Fall 6 – Ausländerklauseln im Profisport, Fall 11 – Grundstückskauf mit Hindernissen; *Bösch*, Die Inländerdiskriminierung, Jura 2009, 91; *Braasch*, Einführung in die Europäische Menschenrechtskonvention, JuS 2013, 602 ff.; *Ehlers*, Die Grundfreiheiten des Europäischen Gemeinschaftsrechts, Jura 2001, 266 ff., 482 ff.; *Kainer*, Grundfreiheiten und staatliche Schutzpflichten – EuGH, NJW 1998, 1931, JuS 2000, 431 ff.; *Lenaerts*, Die Grundrechtecharta: Anwendbarkeit und Auslegung, EuR 2012, 3 ff.; *Remmert*, Grundfreiheiten und Privatrechtsordnung, Jura 2003, 13 ff.; *Ruffert*, Die Grundfreiheiten im Recht der Europäischen Union, JuS 2009, 97 ff.; *Sauer*, Die Grundfreiheiten des Unionsrechts, JuS 2017, 310 ff; *Wollenschläger*, Anwendbarkeit der EU-Grundrechte im Rahmen einer Beschränkung von Grundfreiheiten, EuZW 2014, 577 ff.

B. Die Freiheit des Warenverkehrs

I. Der Anwendungsbereich des freien Warenverkehrs

469   Der Anwendungsbereich des freien Warenverkehrs folgt aus Art. 28 Abs. 2 AEUV: Die Freiheit des Warenverkehrs gilt für die aus den Mitgliedstaaten stammenden Waren sowie für Waren aus Drittstaaten, die sich in den Mitgliedstaaten im freien Verkehr befinden.

Zunächst muss es sich bei dem Wirtschaftsgut somit um eine **Ware** handeln. Darunter   470
versteht man grundsätzlich alle Erzeugnisse, die einen Geldwert haben und deshalb
Gegenstand von Handelsgeschäften sein können. Dazu zählen alle körperlichen Gegenstände, aber z.B. auch Strom, Gas und Abfälle.

Wann eine Ware **aus einem Mitgliedstaat stammt** und somit als Unionsware gelten   471
kann, lässt sich mitunter nur schwer feststellen. Wurde eine Ware vollständig in einem
bestimmten Staat hergestellt, so hat sie ihren Ursprung in diesem Staat. Schwierigkeiten bereitet hingegen die Fallkonstellation, wenn der Herstellungsprozess auf mehrere
Staaten verteilt ist. Dann hat eine Ware ihren Ursprung in dem Land, in dem sie der
letzten wesentlichen und wirtschaftlich gerechtfertigten Be- und Verarbeitung unterzogen worden ist, sofern dies in einem dazu eingerichteten Unternehmen vorgenommen wurde und zur Herstellung eines neuen Erzeugnisses geführt hat oder eine be-
deutende Herstellungsstufe darstellt (vgl. Art. 24 Zollkodex der Union).

Eine Drittlandsware befindet sich dann im freien Verkehr innerhalb der Gemeinschaft,   472
wenn sie gemäß Art. 29 AEUV rechtmäßig und unter Zahlung der erforderlichen Ein-
fuhrabgaben in einen Mitgliedstaat eingeführt wurde. Hieraus folgt, dass eine Ware
nach ihrer rechtmäßigen Einfuhr in das EU-Zollgebiet im gesamten Bereich der Union
„Freizügigkeit" genießt.

> **Beispiel** nach *EuGH*, ECLI:EU:C:1989:637 – „Videorecorder"   473
>
> *Die japanische Firma J liefert fertige Einzelteile für Videorecorder nach Portugal, wo diese durch
> qualifizierte Fachkräfte zusammengebaut werden. Von dort sollen die kompletten Videorecor-
> der nach Deutschland importiert werden. Die deutschen Zollbehörden verweigern die Abferti-
> gung mit dem Argument, die Höchstzahl der jährlich aus Japan eingeführten Videorecorder sei
> erreicht, mehr dürften nach dem Zollrecht nicht eingeführt werden. J behauptet, ihre Video-
> recorder stammten aus Portugal und genössen wegen Art. 34 AEUV volle Verkehrsfähigkeit in
> der EU. Deshalb dürfe J ihre Waren einführen.*

Die Klage der J könnte insofern Erfolg haben, als die Einzelteile der Videorecorder rechtmäßig
nach Portugal eingeführt wurden und daher gemäß Art. 29, 34 AEUV am freien Warenverkehr
in der Gemeinschaft teilnehmen. Bei dieser Argumentation wird allerdings übersehen, dass die
Einzelteile nicht mehr als solche, sondern als neue Ware „Videorecorder" nach Deutschland
eingeführt werden sollen. Als Videorecorder fallen die Produkte der J jedoch nur dann in den
Anwendungsbereich der Art. 28 Abs. 2, 34 AEUV, wenn sie als Waren portugiesischen Ursprungs
anzusehen sind. Dies hängt davon ab, ob die reine Montage der Recorder ausreicht, ihren
Ursprung in Portugal zu begründen.

Eine Ware gilt als aus dem Land stammend, in dem sie die letzte wirtschaftlich gerechtfertigte,
wesentliche Bearbeitung erfahren hat, die zu einer neuen relevanten Herstellungsstufe führte.
Dies ist durch die Montage der Recorder in Portugal geschehen. Einzelteile haben an sich für den
Endverbraucher keinen wirtschaftlichen Wert. Erst der komplette Videorecorder stellt eine neue
Herstellungsstufe dar, die durch Fertigmontage der Einzelteile erreicht wurde. Anders wäre es
nur dann, wenn durch die Montage in der EU europäische Schutznormen gegen Importe aus
Drittländern umgangen werden sollen. Dies wäre dann der Fall, wenn die Montage unkompli-
ziert ist und von ungelernten Hilfskräften ausgeführt werden könnte. Eine solche Vorgehensweise würde nicht wesentlich zur Erreichung einer neuen Herstellungsstufe beitragen. J benötigt
aber zur Montage qualifizierte Fachkräfte, so dass ihre Ware nicht unter den Ausnahmetat-
bestand fällt. Vielmehr ist Art. 28 Abs. 2 AEUV anwendbar.

474   Probleme bereitet mitunter die **Abgrenzung zwischen Warenverkehrsfreiheit und Dienstleistungsfreiheit**, insbesondere wenn eine Tätigkeit mit der Lieferung eines körperlichen Wirtschaftsgutes verbunden ist. Entscheidend für die Zuordnung des zu beurteilenden Sachverhaltes zu einer der beiden Grundfreiheiten ist, wo nach der Verkehrsanschauung aus der Sicht eines objektiven Dritten der **Schwerpunkt** liegt. Hat die Tätigkeit im Hinblick auf die Ware nur eine dienende Funktion, sind Art. 28 ff. AEUV einschlägig, im umgekehrten Fall ist dagegen Art. 56 AEUV maßgebend.

475   **Beispiel:** *Der in Deutschland ansässige Endverbraucher D schließt mit dem niederländischen Stromproduzenten N einen Stromlieferungsvertrag. Nach der Verkehrsanschauung ist Hauptgegenstand des Vertrages die Zurverfügungstellung der Ware Energie. Der grenzüberschreitende Liefervorgang erfüllt hier nur eine dienende Funktion, als er dem Abnehmer lediglich den Verbrauch ermöglicht. Deshalb ist im vorliegenden Fall die Freiheit des Warenverkehrs Prüfungsmaßstab.*

Abweichend ist der Fall zu beurteilen, wenn jemand Werbematerial und Lotterielose an Dritte in einen anderen EU-Mitgliedstaat versendet, um sie zu einer entgeltlichen Teilnahme an einer Lotterieveranstaltung zu bewegen. In dieser Situation könnte man das Werbematerial sowie die Lotterielose bei isolierter Betrachtung zwar durchaus auch als Ware einordnen, die Wirtschaftsgüter erfüllen hier aber nur eine dienende Funktion, denn nach der Verkehrsanschauung haben sie nur den Zweck, den Empfänger zur entgeltlichen Teilnahme an der Lotterieveranstaltung zu bewegen, die ihrerseits die eigentliche Dienstleistung darstellt. Mithin ist Art. 56 AEUV heranzuziehen.

II. Die Zollunion

476   Grundlage der Union ist nach Art. 28 Abs. 1 AEUV eine **Zollunion**, die sich auf den gesamten Warenaustausch erstreckt. Sie umfasst einmal das **Verbot**, zwischen den Mitgliedstaaten Ein- und Ausfuhrzölle sowie Abgaben mit gleicher Wirkung zu erheben. Zum anderen beinhaltet sie die **Einführung** eines gemeinsamen Zolltarifs gegenüber Drittländern.

477   **Beispiel:** *EuGH*, ECLI:EU:C:1988:453 – „Gebühren für Grenzkontrollen"
Die Bundesrepublik erhebt bei der Ein- und Durchfuhr von lebenden Tieren eine Gebühr zur Deckung der Kosten der amtstierärztlichen Kontrolle. Dies gilt auch für den Handel innerhalb der Union, bei dem solche Kontrollen gemäß einer EU-Richtlinie vorgenommen werden müssen.

Die Rechtfertigung für das Verbot von Zöllen und Abgaben gleicher Wirkung liegt darin, dass finanzielle Belastungen, die ihren Grund im Überschreiten der Grenzen haben, eine Behinderung des freien Warenverkehrs darstellen, der durch die damit verbundenen Verwaltungsformalitäten noch zusätzlich erschwert wird. Eine den Waren wegen des Überschreitens der Grenze einseitig auferlegte finanzielle Belastung ist – auch wenn sie kein Zoll im eigentlichen Sinne ist – unabhängig von ihrer Bezeichnung und der Art ihrer Erhebung eine Abgabe zollgleicher Wirkung i.S.d. Art. 28, 30 AEUV.

Nach der Rechtsprechung des Gerichtshofs gilt das Verbot des Art. 30 AEUV jedoch dann nicht, wenn die Belastung sich auf Kontrollen bezieht, die zur Erfüllung von Verpflichtungen, die sich aus dem Gemeinschaftsrecht ergeben, durchgeführt werden.

Diese – teleologisch restriktive – Auslegung des Begriffes der „Abgabe zollgleicher Wirkung" findet immer dann Anwendung, wenn folgende Voraussetzungen erfüllt sind:
– Die Gebühren übersteigen nicht die tatsächlichen Kosten der Kontrollen;
– die Kontrollen sind für alle betroffenen Erzeugnisse in der Gemeinschaft einheitlich;

– sie begünstigen den freien Warenverkehr, weil sie die Wirkung der Hindernisse aufheben, die sich aus einseitigen Kontrollmaßnahmen ergeben können, die im Einklang mit Art. 36 AEUV getroffen werden.

Im vorliegenden Fall erfüllt die streitige Gebühr diese Voraussetzungen und ist daher zulässig.

Seit der Einführung des Gemeinsamen Binnenmarktes zum 1.1.1993 gibt es für den Warenverkehr keine Binnengrenzen mehr. Ein Wegfall der Binnengrenzen bedeutet eine Verlagerung der Zollschranken gegenüber Drittländern an die Außengrenze der Union sowie eine Vereinheitlichung der Zolltarife. Hierin unterscheidet sich die EU von einer **Freihandelszone**. Diese kennt im Verhältnis zu Drittstaaten gerade keinen einheitlichen Zolltarif, sondern wendet ausschließlich nationales Zollrecht an.   **478**

Ersatz für die weggefallenen Binnengrenzen ist die **EU-Außengrenze**. Hier werden nun die abgabenrechtlichen Maßnahmen durchgeführt, die bisher an den Binnengrenzen wahrgenommen wurden. Bereits mit Gründung der EWG wurden stufenweise das Abgabenverfahren an den Grenzen harmonisiert und die Zolltarife vereinheitlicht. Der entwickelte **„Gemeinsame Zolltarif" (GZT)** stellt einen einheitlichen Zollkodex für die gesamten Einfuhren in die Union dar. In einem ausdifferenzierten System von Warengruppen werden Zollsätze in Prozent vom Warenwert festgelegt. Diese werden von Zeit zu Zeit überprüft und vom Rat gemäß Art. 31 AEUV geändert. Diese Norm wird heute überwiegend als Ermächtigungsgrundlage für eine allgemeine EU-Zollhoheit gesehen. Auf sekundärrechtlicher Ebene sind der Zollkodex und die diesbezügliche Durchführungsverordnung von zentraler Bedeutung.   **479**

Vom GZT abzugrenzen sind **zollrechtliche Maßnahmen** gemäß Art. 207 AEUV. Diese haben zwar die gleiche Wirkung wie ein Zolltarif. Während der GZT jedoch einen grundsätzlichen Tarifsatz festlegt, sind Maßnahmen gemäß Art. 207 AEUV Reaktionen auf einzelne handelspolitische Ereignisse. Im Rahmen einer gemeinsamen Handelspolitik kann die Union so z.B. Zolltarifänderungen regeln, um Vereinbarungen des GATT nachzukommen oder Schutzmaßnahmen gegen Dumping-Praktiken von Drittstaaten zu erlassen.   **480**

III. Die Warenverkehrsfreiheit im engeren Sinne – Beseitigung der mengenmäßigen Beschränkungen zwischen den Mitgliedstaaten

1. Struktur der Warenverkehrsfreiheit

Aus den Formulierungen der Art. 34, 36 AEUV ergibt sich die **Struktur** der Warenverkehrsfreiheit: Zunächst werden sämtliche **mengenmäßigen Beschränkungen und Maßnahmen gleicher Wirkung** verboten, die den Handel zwischen den Mitgliedstaaten beeinträchtigen. Da es jedoch Handelsbeschränkungen gibt, die ihren guten Sinn haben, erklärt Art. 36 AEUV Beschränkungen aus den dort genannten Gründen für zulässig. Weitere Voraussetzung ist jedoch, dass sie nicht nur vordergründig die in Art. 36 AEUV angesprochenen Zwecke verfolgen. Wenn es sich in Wirklichkeit um **verschleierte Handelsbeschränkungen** handelt, sind sie **unzulässig**. Art. 34 AEUV richtet sich seinem Sinn und Zweck nach gegen Maßnahmen der Mitgliedstaaten auf dem   **481**

Gebiet des Warenverkehrs. Praktisch bedeutet dies, dass nationale Verwaltungsakte, Rechtsverordnungen, Gesetze sowie sonstiges rechtliches Handeln der Mitgliedstaaten an Art. 34 AEUV zu messen sind.

2. Auslegung des Begriffs „Maßnahmen gleicher Wirkung" – Die Warenverkehrsfreiheit als Beschränkungsverbot

482   Nach dem Wortlaut des Art. 34 AEUV ist es zunächst verboten, mengenmäßige Einfuhrbeschränkungen, d.h. Kontingentierungen einzelner Produkte der Menge oder dem Wert nach, zu errichten. Mehr Schwierigkeiten bereitet die Auslegung des Begriffes „Maßnahmen gleicher Wirkung". Unter diesen Begriff fallen nach der Rechtsprechung des Gerichtshofs **sämtliche Maßnahmen** der Mitgliedstaaten, **die geeignet sind, den innergemeinschaftlichen Handel unmittelbar oder mittelbar, tatsächlich oder potenziell zu behindern** (sog. **„Dassonville"-Formel**; vgl. *EuGH*, ECLI:EU:C:1974:82 – „Dassonville"). Bereits aus der „Dassonville"-Formel folgt, dass Art. 34 AEUV nicht nur für diskriminierende Maßnahmen (eine inländische Norm benachteiligt einen EU-Ausländer) gilt, sondern auch für diskriminierungsfreie Maßnahmen anwendbar sein kann. In seiner Entscheidung „Cassis de Dijon" (*EuGH*, ECLI:EU:C:1979:42) hat der EuGH klargestellt, dass auch solche **unterschiedslos wirkenden Maßnahmen**, die In- und Ausländer gleichermaßen behindern, Maßnahmen gleicher Wirkung i.S.d. Art. 34 AEUV sind. Damit hat der EuGH den **Schutzbereich** des Art. 34 AEUV erheblich **erweitert**. Durch das Urteil **„Keck"** hat der EuGH (*EuGH*, ECLI:EU:C:1993:905) den Schutzbereich des Art. 34 AEUV durch die **grundsätzliche Herausnahme nichtdiskriminierender Verkaufsmodalitäten** wieder **eingeschränkt**:

„(Tz. 16) Demgegenüber ist entgegen der bisherigen Rechtsprechung die Anwendung nationaler Bestimmungen, die Verkaufsmodalitäten beschränken oder verbieten, auf Erzeugnisse aus anderen Mitgliedstaaten nicht geeignet, den Handel zwischen den Mitgliedstaaten im Sinne des Urteils Dassonville (EuGH, Slg. 1974, 837) unmittelbar oder mittelbar, tatsächlich oder potentiell zu behindern, sofern diese Bestimmungen für alle betroffenen Wirtschaftsteilnehmer gelten, die ihre Tätigkeit im Inland ausüben, und sofern sie den Absatz der inländischen Erzeugnisse und der Erzeugnisse aus anderen Mitgliedstaaten rechtlich wie tatsächlich in gleicher Weise berühren."

483   Der Grund für die Ausklammerung nichtdiskriminierender Verkaufsmodalitäten aus dem Anwendungsbereich von Art. 34 AEUV liegt nach Auffassung des Gerichtshofs darin, dass die Anwendung derartiger Regelungen nicht geeignet ist, den **Marktzugang** für diese Erzeugnisse im Einfuhrmitgliedstaat zu versperren oder stärker zu behindern, als sie dies für inländische Erzeugnisse tut (*EuGH*, ECLI:EU:C:1993:905 Tz. 17 – „Keck"). Besonders einsichtig wird diese Rechtsprechung am Beispiel des britischen Verbots für Einzelhändler, sonntags ihre Geschäfte zu öffnen. Dieses Verbot betrifft deutlich nur die Verkaufsmodalitäten und fällt somit nicht in den Schutzbereich des Art. 34 AEUV (*EuGH*, ECLI:EU:C:1992:519 – „B & Q plc"). Aus diesem Grunde fallen auch die deutschen Regelungen zum Ladenschluss nicht unter den Verbotstatbestand des Art. 34 AEUV. Als nicht der „Keck"-Formel unterfallende Maßnahmen gleicher Wirkung wurden dagegen nationale Regelungen angesehen, die die Verwendung eines Warenzeichens wegen Verwechselungsgefahr beschränken (*EuGH*, ECLI:EU:C:1993:908 – „Deutsche Renault AG/Audi AG") oder die die Verleihung eines Gütezeichens für inländische Produkte vorsehen (*EuGH*, ECLI:EU:C:2002:633 – „CMA-Gütezeichen"). Den genannten

Entscheidungen kann entnommen werden, dass Verkaufsbeschränkungen umso eher unter den Tatbestand des Art. 34 AEUV fallen, je mehr sie einen **produktbezogenen Charakter** haben.

Ausnahmsweise sind jedoch auch **reine Verkaufsmodalitäten unter Art. 34 AEUV zu**   **484**
subsumieren, wenn sie eine **Diskriminierung aufgrund der Herkunft** beinhalten. So entschied der EuGH, dass durch das deutsche Verbot des Versandhandels mit Arzneimitteln – die nur in Apotheken verkauft werden dürfen – trotz dessen Einordnung als Verkaufsmodalität in Deutschland ansässige Apotheken, die ihre Produkte vor Ort absetzen können, begünstigt werden. Darin liege eine Benachteiligung EU-ausländischer Apotheken, denen der Marktzugang durch das Versandhandelsverbot versperrt sei. Dies sei eine faktische Diskriminierung aufgrund der Herkunft, die nach Art. 34 AEUV grundsätzlich untersagt ist (*EuGH*, ECLI:EU:C:2003:664 – „Doc Morris"). Ein weiteres Beispiel bietet die Rechtssache „Gourmet International".

> **Beispiel:** *EuGH*, **ECLI:EU:C:2001:135 – „Gourmet International"**   **485**
> *Im EU-Mitgliedstaat Schweden ist es aus Gründen des Gesundheitsschutzes untersagt, für alkoholische Getränke in Zeitungen und Zeitschriften zu werben. Verstößt das Werbeverbot gegen Art. 34 AEUV?*
>
> Bei den alkoholischen Getränken handelt es sich um eine Unionsware. Ferner müsste eine verbotene Maßnahme gleicher Wirkung i.S.d. Art. 34 AEUV vorliegen. Das Werbeverbot für alkoholische Getränke zementiert nationale Verbrauchergewohnheiten und beschränkt daher das Einfuhrvolumen zugunsten der einheimischen Produktion, so dass die staatliche Maßnahme geeignet ist, den innergemeinschaftlichen Handel zumindest potenziell und mittelbar im Sinne der „Dassonville"-Formel zu beeinträchtigen. Nach der „Keck"-Formel fallen jedoch bloße Verkaufsmodalitäten aus dem Anwendungsbereich von Art. 34 AEUV heraus. Lediglich für Diskriminierungen aufgrund der Herkunft der Ware gilt eine Rückausnahme. Wendet man diese Formel auf die schwedische Regelung an, lässt sich das Werbeverbot zunächst mangels Produktbezug nur als Verkaufsmodalität einordnen. Diese kann allerdings allein wegen der sich in tatsächlicher Hinsicht ergebenden Bevorzugung inländischer Alkoholprodukte als faktische Ungleichbehandlung qualifiziert werden. Daher fällt das schwedische Werbeverbot in den Anwendungsbereich von Art. 34 AEUV. Allerdings ist für das Handelshemmnis eine Rechtfertigung nach Art. 36 AEUV (Gesundheitsschutz) möglich. Dagegen hat der EuGH in dem schwedischen Alkohol-Einfuhrverbot für Privatpersonen eine unverhältnismäßige und daher nicht mehr von Art. 36 AEUV gedeckte Maßnahme gesehen (*EuGH*, ECLI:EU:C:2007:313 – „Rosengren").

Der Gerichtshof legte das Merkmal der faktischen Diskriminierung in den zuletzt   **486**
genannten Fällen also sehr weit aus, um eine Maßnahme gleicher Wirkung bejahen zu können. In der folgenden Rechtsprechung hat sich schließlich das Problem gestellt, ob mitgliedstaatliche Regelungen, die die Nutzung bestimmter Waren einschränken, von Art. 34 AEUV erfasst werden. Dies hat der Gerichtshof im Fall des schwedischen Verbots der Benutzung von Wassermotorrädern (*EuGH*, ECLI:EU:C:2009:336 – „Mickelsson"; *EuGH*, ECLI:EU:C:2010:184 – „Sandström") und des italienischen Verbots, wonach Kleinkrafträder auf Italiens Straßen keine Anhänger ziehen dürfen (*EuGH*, ECLI:EU:C:2009:66 – „Kommission/Italien"), jeweils bejaht. Der Gerichtshof stellte in diesen Fällen allein darauf ab, ob die betreffende Verwendungsbeschränkung „den Zugang zum Markt eines Mitgliedstaats für Erzeugnisse aus anderen Mitgliedstaaten behindert". Die Keck-Folgerechtsprechung erfuhr so immer mehr Kritik dahingehend, dass die Keck-Formel **unübersichtlich** sei, da die Annahme faktischer Diskriminierun-

gen zu weit ausgedehnt würde (vgl. z.B. *EuGH*, ECLI:EU:C:2003:664 – „Doc Morris") und die Abgrenzung zwischen produkt- und vertriebsbezogenen Regelungen **konturenlos** sei und die Begriffe nicht auf Nutzungsbeschränkungen passten.

486a   Seit dem grundlegenden Urteil Kommission/Italien bestimmt daher der sog. **Drei-Stufen-Test** die Rechtsprechung des EuGH, der die Keck-Formel ersetzt (vgl. *EuGH*, ECLI:EU:C:2009:66 – „Kommission/Italien"; *EuGH*, ECLI:EU:C:2012:241 – „ANETT"). Ausgehend von der Dassonville-Formel fragt der EuGH,

(1.) ob durch die Maßnahme bezweckt oder bewirkt wird, dass Erzeugnisse aus anderen Mitgliedstaaten weniger günstig behandelt werden als inländische Produkte (**Diskriminierungsverbot** – allgemeiner Grundsatz, umfasst direkte und indirekte Diskriminierungen),

(2.) ob Hemmnisse dahingehend bestehen, dass Waren aus anderen Mitgliedstaaten, die dort rechtmäßig hergestellt und in den Verkehr gebracht worden sind, bestimmten Vorschriften entsprechen müssen, selbst wenn diese Vorschriften unterschiedslos für inländische und ausländische Produkte gelten (**Grundsatz der gegenseitigen Anerkennung**, Verbot der Doppelbelastung, produktbezogene Regelungen);

(3.) ob durch die Maßnahme der Zugang des Produkts zum entsprechenden Markt im betreffenden Mitgliedstaat erschwert wird (**Marktzugangsbeschränkung**).

Werden alle drei Fragen mit „nein" beantwortet, liegt keine tatbestandliche Maßnahme gleicher Wirkung vor.

3.   Art. 36 AEUV und die sog. „Cassis-de-Dijon"-Formel

487   Beeinträchtigt eine Maßnahme den freien Warenverkehr gemäß Art. 34 AEUV, ist weiter zu prüfen, ob sie ausnahmsweise gerechtfertigt ist. Dafür stellt **Art. 36 AEUV** eine Reihe von Rechtfertigungsgründen zur Verfügung. Neben der öffentlichen Sicherheit, Ordnung und Sittlichkeit gehören hierzu auch der Schutz der Gesundheit und des Lebens von Menschen, Tieren und Pflanzen sowie des nationalen Kulturguts und der gewerblichen Schutzrechte. Der Gerichtshof legt Art. 36 AEUV als Ausnahmevorschrift eng aus und sieht dabei die Aufzählung der Gründe als abschließend an. Kann eine handelshemmende Maßnahme eines Mitgliedstaates mit einem dieser Topoi gerechtfertigt werden, so ist sie ausnahmsweise zulässig.

488   Darüber hinaus hat der Gerichtshof diese Systematik bei unterschiedslos wirkenden Maßnahmen durch seine **als immanente Schranke zu qualifizierende „Cassis-de-Dijon"-Formel** durchbrochen (*EuGH*, ECLI:EU:C:1979:42 – „Cassis de Dijon"), an der er seitdem in ständiger Rechtsprechung festhält. Hiernach gilt (z.B. *EuGH*, ECLI:EU:C:1987:126 – „Reinheitsgebot"):

„[...] in Ermangelung einer gemeinschaftsrechtlichen Regelung des Inverkehrbringens der betreffenden Erzeugnisse [sind] Hemmnisse für den freien Binnenhandel der Gemeinschaft, die sich aus den Unterschieden der nationalen Regelungen ergeben, hinzunehmen, soweit eine solche nationale Regelung, die unterschiedslos für einheimische wie für eingeführte Erzeugnisse gilt, dadurch gerechtfertigt werden kann, dass sie notwendig ist, um zwingenden Erfordernissen, unter anderem des Verbraucherschutzes, gerecht zu werden."

Die Implementierung ungeschriebener Schranken hat dazu geführt, dass zuweilen Abgrenzungsschwierigkeiten bezüglich der Einordnung bestimmter Rechtfertigungsgründe auftreten. Ein besonders anschauliches Beispiel bietet in diesem Zusammenhang die Einordnung des **Umweltschutzes**. So wäre es möglich gewesen, den größten Teil des Umweltschutzes dem Schutz von Leben und Gesundheit von Menschen, Tieren und Pflanzen in Art. 36 AEUV zuzuordnen. Die von ihm – vielleicht etwas vorschnell – geforderte enge Auslegung des Art. 36 AEUV hat den Gerichtshof allerdings bewogen, Umweltschutz zu den zwingenden Erfordernissen des Allgemeinwohls im Sinne der „Cassis"-Rechtsprechung zu zählen (*EuGH*, ECLI:EU:C:1988:421 – „Dänische Pfandflaschen"; *EuGH*, ECLI:EU:C:2005:684 Tz. 70 ff. – „LKW-Fahrverbot"). **489**

Konsequenz der Rechtsprechung des Gerichtshofs ist, dass ein in einem Mitgliedstaat rechtmäßig hergestelltes und vermarktetes Erzeugnis grundsätzlich in das Hoheitsgebiet der anderen Vertragsstaaten importiert werden darf, sofern nicht einer der Beschränkungsgründe des Art. 36 AEUV oder der „Cassis-de-Dijon"-Formel eingreift (sog. **Herkunftslandprinzip**). **490**

> **Beispiel:** *EuGH*, ECLI:EU:C:1979:42 – „Cassis de Dijon" **491**
>
> *Firma R will in Deutschland französischen „Cassis de Dijon" (Johannisbeerlikör) vertreiben, der einen Alkoholgehalt von 15–20 Vol.-% hat. § 100 Abs. 3 Branntweinmonopolgesetz erlaubt jedoch in Deutschland nur den Vertrieb von Likör mit über 25 Vol.-% Alkoholgehalt. Folglich untersagt diese Norm es der R, französischen Cassis de Dijon nach Deutschland einzuführen.*

Da hier ein französisches Produkt nach Deutschland eingeführt werden soll, ist der grenzüberschreitende Verkehr betroffen. Damit ist Art. 34 AEUV anwendbar. § 100 Branntweinmonopolgesetz normiert keine mengenmäßige Beschränkung. Da diese Vorschrift aber praktisch ein Einfuhrverbot für Cassis de Dijon bewirkt, ist sie ein Handelshemmnis und damit eine Maßnahme gleicher Wirkung i.S.d. Art. 34 AEUV. Zweifel an der Anwendbarkeit des Art. 34 AEUV könnte man jedoch deswegen haben, weil nicht nur Ausländern die Einfuhr verboten wird, sondern in ganz Deutschland – gleichgültig ob von In- oder Ausländern – der Vertrieb von Cassis de Dijon untersagt ist. Nach der seit dieser Entscheidung ständigen Rechtsprechung des EuGH ist dies jedoch nicht entscheidend; es kommt nur darauf an, ob sich die Norm als Handelshemmnis auswirkt. Dies ist der Fall.

Man könnte nun überlegen, ob § 100 Branntweinmonopolgesetz sich über Art. 36 AEUV rechtfertigen lässt. Dies setzt allerdings voraus, dass die Vorschrift zum Schutz der Gesundheit erlassen wurde. Ebenso ließe sich die Ansicht vertreten, das Vertriebsverbot von Alkoholika über 15 Vol.-% Alkohol diene dem Schutz der Gesundheit. Da das Branntweinmonopolgesetz allerdings den Vertrieb von Alkoholika über 25 Vol.-% Alkohol zulässt, ist diese Argumentation widersinnig. Warum ausgerechnet Alkoholika zwischen 15 und 25 Vol.-% Alkohol besonders schädlich sein sollen, ist nicht einsichtig. Eine Rechtfertigung gemäß Art. 36 AEUV kommt somit nicht in Betracht.

Mit dieser Argumentation hätte der Gerichtshof bereits die Unanwendbarkeit von § 100 Abs. 3 Branntweinmonopolgesetz im grenzüberschreitenden Verkehr feststellen können. Stattdessen entwickelte er – in dieser Entscheidung eigentlich überflüssig – die „Cassis-de-Dijon"-Formel und siedelte den Gesundheitsschutz in ihr an, obgleich er in Art. 36 AEUV ausdrücklich genannt ist. Richtigerweise ist diese Formel nur dann anzuwenden, wenn es um Schutzgüter, wie z.B. um Verbraucher- oder Umweltschutz, geht, die in Art. 36 AEUV nicht ausdrücklich genannt sind. In seiner neueren Rechtsprechung fasst der Gerichtshof nunmehr auch den Gesundheitsschutz unter Art. 36 AEUV.

4. Problematik der Verhältnismäßigkeit

492   Gemäß Art. 36 AEUV reicht es nicht aus, dass sich ein Mitgliedstaat auf diese Norm bzw. auf die „Cassis-de-Dijon"-Formel beruft. Denn die Berufung auf diese Rechtfertigungsgründe darf nicht dazu dienen, willkürlicher Diskriminierung oder einer verschleierten Beschränkung des Handels zwischen den Mitgliedstaaten Vorschub zu leisten. Ob dies der Fall ist, ist vor allem eine Frage der **Verhältnismäßigkeit**. Ist eine Maßnahme unverhältnismäßig, so indiziert dies, dass der Mitgliedstaat ein verschleiertes Handelshemmnis anstrebt. In diesem Fall wird die Norm für den grenzüberschreitenden Verkehr, und auch nur für diesen, für unanwendbar erklärt.

493   Wurde etwa eine die Warenverkehrsfreiheit beschränkende nationale Maßnahme angeblich aufgrund des **Schutzes der öffentlichen Gesundheit** erlassen, ist die Frage, ob die Maßnahme wirklich dem Gesundheitsschutz dient und nicht in Wahrheit ein verschleiertes Handelshemmnis darstellt, am Maßstab des Verhältnismäßigkeitsprinzips zu beantworten. Die Darlegungs- und Beweislast obliegt hierbei dem Mitgliedstaat, der sich auf den Gesundheitsschutz beruft. Er muss den Nachweis führen, dass eine tatsächliche Gefahr besteht, die durch eine wissenschaftliche Risikobewertung belegt ist. Besteht in dieser Beziehung erhebliche wissenschaftliche und praktische Unsicherheit, reicht es mit Blick auf das Vorsorgeprinzip aus, dass der Mitgliedstaat Schutzmaßnahmen trifft, ohne abwarten zu müssen, dass das Vorliegen und die Größe einer Gefahr klar dargelegt sind. Allerdings darf die Risikobewertung nicht auf rein hypothetische Erwägungen gestützt werden. Die korrekte Anwendung des Vorsorgeprinzips erfordert erstens die Bestimmung der möglicherweise negativen Auswirkungen auf die Gesundheit und zweitens eine umfassende Bewertung des Gesundheitsrisikos auf der Grundlage der zuverlässigsten wissenschaftlichen Daten, die zur Verfügung stehen, sowie der neuesten Ergebnisse der internationalen Forschung (*EuGH*, ECLI:EU:C:2004: 762 – „Kommission/Niederlande").

494   Soweit sich der Importstaat bei Handelshemmnissen auf den **Verbraucherschutz** beruft, stellt der Gerichtshof im Rahmen der Verhältnismäßigkeitsprüfung auf das Leitbild eines durchschnittlich informierten, aufmerksamen und verständigen Durchschnittsverbrauchers ab (*EuGH*, ECLI:EU:C:2000:8 Tz. 27 f. – „Esteé Lauder").

495   **Beispiel:** *EuGH*, **ECLI:EU:C:1987:126 – „Reinheitsgebot"**
Nach dem deutschen Biersteuergesetz dürfen für die Zubereitung von untergärigem Bier nur Gerstenmalz, Hopfen, Hefe und Wasser verwendet werden. Enthält ein ausländisches Bier andere Stoffe, darf das Getränk nicht unter der Bezeichnung „Bier" in den Verkehr gebracht werden. Sofern dem Getränk künstliche Zusatzstoffe hinzugefügt werden, besteht ein absolutes Verkehrsverbot. Verstoßen diese Regelungen gegen Art. 34 AEUV?

Die Regelungen des Biersteuergesetzes stellen Handelshemmnisse i.S.d. Art. 34 AEUV dar, da sie den Handel zwischen den Mitgliedstaaten beeinträchtigen. Wer Bier aus anderen Stoffen als den in Deutschland zulässigen gebraut hat und dieses Erzeugnis in Deutschland auf den Markt bringen will, sieht sich einer Bezeichnungsregelung und einem Verkehrsverbot gegenüber. Diese Reglementierungen basieren auf dem Reinheitsgebot, das somit ein Handelshemmnis darstellt. Dies ist als Maßnahme gleicher Wirkung i.S.d. Art. 34 AEUV zu qualifizieren.

Entscheidend ist, ob die Regelungen des Biersteuergesetzes mit Erwägungen des Verbraucher- und Gesundheitsschutzes gerechtfertigt werden können. Ein deutscher Verbraucher verbindet mit dem Begriff Bier ein Getränk, das nach dem Reinheitsgebot gebraut wurde. Enthält ein Bier andere Stoffe, wird der Verbraucher über die Beschaffenheit des Getränkes getäuscht. Folglich dient die Bezeichnungsregelung dem Verbraucherschutz, aber nicht dem Gesundheitsschutz. Eine Rechtfertigung nach der für den Verbraucherschutz einschlägigen „Cassis-de-Dijon"-Formel kommt aber nur in Frage, wenn die Regelung nicht doch ein verschleiertes Handelshemmnis darstellt. Maßstab dafür ist insbesondere der Verhältnismäßigkeitsgrundsatz. Um eine Täuschung der Verbraucher zu vermeiden, würde auch eine Etikettierung des Biers, die in deutlicher Weise die verwendeten Stoffe aufzeigt, ausreichen. Da ein milderes Mittel dem Verbraucherschutz in gleicher Weise gerecht wird, ist ein Verkehrsverbot für Bier mit Zusatzstoffen unverhältnismäßig.

Im Hinblick auf das Verkehrsverbot für „Bier" mit künstlichen Zusatzstoffen könnte zwar im Grundsatz der Gesundheitsschutz gemäß Art. 36 AEUV einschlägig sein. Allerdings würde dies den Nachweis voraussetzen, dass ein einzelner Zusatzstoff im konkreten Fall tatsächlich gesundheitsschädigend ist. Ein pauschales Verbot lässt sich daher nicht, auch nicht mit Erwägungen eines vorbeugenden Gesundheitsschutzes, rechtfertigen und ist somit wegen Verstoßes gegen Art. 34 AEUV im grenzüberschreitenden Verkehr unzulässig.

496 Konsequenz des letzten Beispielfalles ist, dass ausländische Produzenten Biere, die nicht dem Reinheitsgebot entsprechen, in die Bundesrepublik einführen und hier vertreiben dürfen, während deutsche Produzenten nach wie vor an das Reinheitsgebot gebunden sind. Hier zeigt sich das Problem der **Inländerdiskriminierung** erneut in voller Deutlichkeit.

5. Warenverkehrsfreiheit und Rechtsharmonisierung

497 Die bisherigen Ausführungen machen deutlich, dass **Art. 34 AEUV** eine **entscheidende Rolle** bei dem Abbau rechtlicher Hindernisse im Handel zwischen den Mitgliedstaaten spielt. Die Bestimmung ist damit ein wichtiger Faktor der Integration und der Deregulierung im Binnenmarkt. Um den Leistungswettbewerb zwischen den Produkten der Mitgliedstaaten zu verstärken und rechtliche Unterschiede in der Gesetzgebung der Mitgliedstaaten, die zu einem Sozialdumping oder Umweltdumping führen können, abzubauen, wurde durch die Einheitliche Europäische Akte in **Art. 114 AEUV** eine Kompetenz der Union zur Rechtsangleichung geschaffen. Nach dieser Vorschrift erlässt der Rat Maßnahmen zur **Harmonisierung von Rechtsvorschriften** der Mitgliedstaaten mit Bezug zum Binnenmarkt. Diese Maßnahmen sollen rechtliche Hindernisse und rechtliche Unterschiede, die sich störend auf den Handel zwischen den Mitgliedstaaten auswirken, eliminieren. Das Schutzniveau der Harmonisierung kann verschieden ausfallen: So ist vom „kleinsten gemeinsamen Nenner" bis zur Übernahme des strengsten praktizierten Schutzniveaus alles denkbar. Zwar geht Art. 114 Abs. 3 AEUV davon aus, dass im Rahmen der Harmonisierung von Rechtsvorschriften bezüglich Gesundheit, Sicherheit, Umwelt- und Verbraucherschutz ein hohes **Schutzniveau** angestrebt werden muss. Angesichts der unscharfen Formulierung ist in der Praxis allerdings oftmals problematisch, was unter einem hohen Schutzniveau zu verstehen ist. Folge einer Harmonisierung der Rechtsvorschriften ist, dass Handelshemmnisse der Mitgliedstaaten **vorrangig** an der jeweiligen Maßnahme zu messen sind, die die Harmonisierung herbeiführen soll.

498 In diesem Fall sind die von Art. 36 AEUV und der „Cassis-de-Dijon"-Formel erfassten Rechtsgüter bereits durch **Unionsrecht** geschützt. Eine Berufung auf innerstaatliche Gesundheits- und Sicherheitsvorschriften bzw. sonstige unterschiedliche Normen kommt nicht mehr in Frage. Soweit ein Sachverhalt von einer Rechtsharmonisierung nicht betroffen ist, bleiben Art. 34, 36 AEUV anwendbar. Ebenso sind Art. 34, 36 AEUV bedeutsam, wenn ein Staat das Schutzniveau des harmonisierten Rechts **überschreiten** möchte. Solche **nationalen Alleingänge** sind durch Art. 114 Abs. 4 und Abs. 5 AEUV unter den dort genannten Voraussetzungen erlaubt.

499   Beispiel: *Der Rat erlässt eine Richtlinie, in der der Ausstoß von CO_2 durch Pkw ab dem 1.1.1996 nur noch die Hälfte der bisher geltenden Grenzwerte betragen darf. Der Bundesumweltminister hält diesen neuen Grenzwert noch immer für zu hoch. Die Bundesregierung ändert demnach in Umsetzung der genannten Richtlinie die StVZO dergestalt, dass der Grenzwert für den CO_2-Ausstoß von Pkw nur ein Viertel des bisherigen Grenzwerts ausmachen darf. Der französische Pkw-Hersteller F, der seine der EU-Richtlinie entsprechenden Fahrzeuge in der Bundesrepublik vertreiben möchte, sieht seine Exportmöglichkeiten nach Deutschland nachhaltig beeinträchtigt. Er meint, es läge ein Verstoß gegen Art. 34 AEUV vor.*

Da die Verschärfung der Grenzwerte für den CO_2-Ausstoß durch die Änderung der StVZO in Umsetzung der einschlägigen Richtlinie erfolgt, kommt eine Überprüfung der deutschen Regelung an Art. 34 ff. AEUV nicht mehr in Betracht. Die darüberhinausgehende Verschärfung der CO_2-Werte könnte auf Art. 114 Abs. 5 AEUV beruhen. Diese Vorschrift bestimmt aber nur, dass nationale Alleingänge zur Erreichung eines höheren Umweltschutzniveaus nach dem Gemeinschaftsrecht prinzipiell zulässig sind. Ob sie es im Einzelfall sind, kann im Rahmen eines Verfahrens vor dem EuGH überprüft werden, wobei als Maßstab auch im Anwendungsbereich des Art. 114 AEUV die Grundsätze der Art. 34, 36 AEUV heranzuziehen sind. Vorliegend könnte die deutsche Regelung nach Art. 34 AEUV zum Schutze der Gesundheit gerechtfertigt sein. Ebenso könnten zwingende Erfordernisse im Sinne der „Cassis-de-Dijon"-Rechtsprechung in Form des Umweltschutzes eingreifen. Entscheidend ist in beiden Fällen die Verhältnismäßigkeit der Maßnahme.

6. Mengenmäßige Ausfuhrbeschränkungen und staatliche Handelsmonopole

500   Ebenso wie Art. 34 AEUV mengenmäßige **Einfuhrbeschränkungen** zwischen den Mitgliedstaaten verbietet, untersagt Art. 35 AEUV mengenmäßige **Ausfuhrbeschränkungen** sowie alle Maßnahmen gleicher Wirkung im Handelsverkehr zwischen den Mitgliedstaaten. Problematisch ist in dieser Beziehung vor allem die Auslegung des Begriffs „Maßnahmen gleicher Wirkung", der bei der Exportfreiheit – anders als bei Art. 34 2. Alt. AEUV – von der herrschenden Ansicht auf ein **Diskriminierungsverbot** reduziert wird (vgl. *EuGH*, ECLI:EU:C:1979:253 Tz. 7 – „Groenveld"). Es lassen sich jedoch gute Gründe anführen – der Wortsinn von Art. 35 AEUV („alle Maßnahmen"), aber auch systematische und teleologische Gesichtspunkte (insbesondere das Prinzip des ungehinderten Marktzugangs) –, auch **unterschiedslos wirkende Maßnahmen des Ausfuhrstaates** unter den Begriff „Maßnahmen gleicher Wirkung" i.S.d. Art. 35 AEUV zu subsumieren.

501   **Staatliche Handelsmonopole** (z.B. das deutsche Branntweinmonopol) sind ebenfalls Einrichtungen, welche die Einfuhr oder Ausfuhr zwischen den Mitgliedstaaten rechtlich oder tatsächlich beschränken können. Art. 37 AEUV verlangt deshalb von den Mitgliedstaaten, ihre Monopole so auszugestalten, dass Diskriminierungen in den Versorgungs- und Absatzbedingungen zwischen den Angehörigen der Mitgliedstaaten nicht entstehen (siehe *EuGH*, ECLI:EU:C:2007:313 – „Rosengren" zum Begriff des Handelsmonopols).

Weiterführende Literatur: *Arndt*, Warenverkehrsfreiheit innerhalb der Europäischen Union: der Fall „Keck" – EuGH, NJW 1994, 121, JuS 1994, 469 ff.; *Fischer/Fetzer*, Fälle zum Europarecht, 9. Auflage 2019, Fall 3 – Starker Tobak, Fall 4 – Chocolat, Fall 5 – Altautoverwertung, Fall 19 – Spanisches Schaffleisch und nationale Gesundheitsvorsorge; *Brigola*, Die Metamorphose der Keck-Formel in der Rechtsprechung des EuGH, EuZW 2012, 248 ff.; *Cremer/Bothe*, Die Dreistufenprüfung als neuer Baustein der warenverkehrsrechtlichen Dogmatik, EuZW 2015, 413; *Kenntner*, Grundfälle zur Warenverkehrsfreiheit, JuS 2004, 22 ff.; *Lenz*, Warenverkehrsfreiheit nach der DocMorris-Entscheidung zum Versand von Arzneimitteln, NJW 2004, 332 ff.; *Papadileris*, Das Erfordernis des grenzüberschreitenden Bezugs im Recht der Marktfreiheiten, JuS 2011, 123 ff.; *Röhl*, Die Warenverkehrsfreiheit (Art. 28 EGV), Jura 2006, 321 ff.; *Ruffert*, Internet-Apotheke und Dogmatik der Grundfreiheiten: Die Entscheidung DocMorris des EuGH, Jura 2005, 258 ff.; *Streinz*, Europarecht – Freier Warenverkehr, JuS 2005, 548 ff.

C. Die Freiheiten des Personenverkehrs

I. Gemeinsame Strukturmerkmale der Personenverkehrsfreiheiten

In den Art. 45 bis 55 AEUV sind die beiden **Freiheiten des Personenverkehrs** niedergelegt. Sie beinhalten die **Freizügigkeit der Arbeitnehmer** (Art. 45 bis 48 AEUV) und die **freie Niederlassung** (Art. 49 bis 55 AEUV). Unter **ökonomischen Gesichtspunkten** zielen die Freizügigkeitsrechte durch die Gewährleistung der Mobilität der Produktionsfaktoren auf eine möglichst optimale Allokation von wirtschaftlichen Ressourcen. Würde man die Marktfreiheiten unter vornehmlicher Orientierung an ihrem wirtschaftlichen Zweck auslegen, hätte dies zur Konsequenz, dass beispielsweise ein Unionsbürger, der im Aufnahmestaat arbeitslos geworden ist, kein Aufenthaltsrecht aus Art. 45, 49 AEUV mehr hat oder ein sekundärrechtlicher Anspruch auf soziale Vergünstigungen ausschließlich dem Arbeitnehmer selbst, nicht aber seinen Angehörigen zuzuerkennen wäre.   **502**

Ein solch enges, allein auf ökonomische Zwecke ausgerichtetes Verständnis der Personenverkehrsfreiheiten griffe jedoch zu kurz. So deutet bereits der Wortlaut von Art. 26 Abs. 2 AEUV durch sein Abstellen auf den freien **Personen**verkehr an, dass die Freizügigkeitsrechte im Gegensatz zu den übrigen Marktfreiheiten einen engen personenbezogenen Charakter aufweisen. Dass eine enge Korrelation zwischen wirtschaftlicher und sozialer Funktion besteht, zeigt sich auch daran, dass die primärrechtlichen Freizügigkeitsvorschriften in Art. 45 bis 55 AEUV auch und gerade den **Zweck** haben, die „wirtschaftliche und soziale Verflechtung innerhalb der Gemeinschaft" zu fördern (vgl. *EuGH*, ECLI:EU:C:1995:411 Tz. 25 – „Gebhard"). Die vom Schutzbereich der genannten Marktfreiheiten erfassten Personen sollen möglichst **auf Dauer in eine andere mitgliedstaatliche Rechtsordnung integriert werden** und den inländischen Wirtschaftsteilnehmern gleichgestellt werden (vgl. Art. 45 Abs. 3 lit. c) AEUV: „nach den für die Arbeitnehmer dieses Staates geltenden Rechts- und Verwaltungsvorschriften"; Art. 49 Abs. 2 AEUV: „nach den Bestimmungen des Aufnahmestaates für seine eigenen Angehörigen").   **503**

Dieser gerade vom Gerichtshof verfolgte liberale Interpretationsansatz hat Konsequenzen für das Verständnis der Personenverkehrsfreiheiten: Nur eine extensive Auslegung ermöglicht die Ableitung von fortbestehenden Aufenthaltsrechten zugunsten von   **504**

Arbeitnehmern, die gerade ihren Arbeitsplatz im Aufnahmestaat verloren haben, oder die Zuerkennung von derivativen Rechten der Angehörigen der originären Träger der Freizügigkeitsrechte.

505 Die weite Auslegung des Unionsrechts durch den Gerichtshof wird durch das zu den Personenverkehrsfreiheiten ergangene **sekundäre Unionsrecht unterstützt**, das ebenfalls einen integrationsfreundlichen Charakter aufweist. Dies gilt insbesondere für die **Freizügigkeitsrichtlinie für Unionsbürger 2004/38/EG** (ABl. EU 2004, L 158/77 ff., geändert durch VO (EU) Nr. 492/2011, ABl. EU 2011, L 141/1 ff.), in der auch und vor allem die **Freizügigkeitsrechte** (z.B. Einreise- und Aufenthaltsbefugnisse) für Arbeitnehmer und Niederlassungsberechtigte konkretisiert sind. Die Vorschriften des sekundären Unionsrechts sind bei einer Beschäftigung mit den Personenverkehrsfreiheiten regelmäßig hinzuzuziehen.

II. Die Freizügigkeit der Arbeitnehmer

1. Die Auslegung des Arbeitnehmer-Begriffs

506 Die Arbeitnehmereigenschaft eines Unionsbürgers grenzt den **sachlichen Geltungsbereich** der Freizügigkeit der Unselbstständigen ein. Der Begriff des Arbeitnehmers in Art. 45 Abs. 1 AEUV ist ein **unionsrechtlicher**. Den Mitgliedstaaten ist es nicht erlaubt, diesen Begriff selbst zu definieren, um auf diese Weise bestimmte Personengruppen aus dem Schutzbereich des Art. 45 Abs. 1 AEUV herauszunehmen. In der Rechtsprechung des Gerichtshofs wird der Begriff **weit ausgelegt**. Er ist das Produkt einer vorwiegend teleologischen Vertragsinterpretation, wie auch die Begründung im Fall „Levin" (*EuGH*, ECLI:EU:C:1982:105) erhellt, in dem das Gericht die Einbeziehung von Teilzeitbeschäftigten in den persönlichen Schutzbereich der Arbeitnehmerfreizügigkeit bejahte:

„(Tz. 12) [...] Sinn und Tragweite der Begriffe ‚Arbeitnehmer' und ‚Tätigkeit im Lohn- und Gehaltsverhältnis' müssen [...] anhand der Grundsätze der Gemeinschaftsrechtsordnung bestimmt werden [...].

(Tz. 15) Eine Auslegung, die diesen Begriffen ihre volle Wirkungskraft gibt, entspricht auch den Zielen des Vertrages. Dazu gehört nach Artikel 2 und 3 die Beseitigung der Hindernisse für den freien Personenverkehr zwischen den Mitgliedstaaten, damit unter anderem eine harmonische Entwicklung des Wirtschaftslebens innerhalb der Gemeinschaft und eine Hebung der Lebenshaltung gefördert werden. Die Teilzeitbeschäftigung stellt für eine große Anzahl von Personen ein wirksames Mittel zur Verbesserung ihrer Lebensbedingungen dar, auch wenn sie möglicherweise zu Einkünften führt, die unter dem liegen, was als Existenzminimum angesehen wird. Deshalb wäre die praktische Wirksamkeit des Gemeinschaftsrechts beeinträchtigt und die Erreichung der Vertragsziele in Frage gestellt, wenn allein die Personen in den Genuß der mit der Freizügigkeit der Arbeitnehmer zuerkannten Rechte kämen, die einer Vollzeitbeschäftigung nachgehen und daher ein Arbeitseinkommen beziehen, das mindestens dem in der betreffenden Branche garantierten Mindesteinkommen entspricht. [...]

(Tz. 16) Die Begriffe des Arbeitnehmers und der Tätigkeit im Lohn- oder Gehaltsverhältnis sind folglich dahin zu verstehen, daß die Vorschriften über die Freizügigkeit der Arbeitnehmer auch für Personen gelten, die nur eine Teilzeittätigkeit im Lohn- oder Gehaltsverhältnis ausüben oder aufnehmen wollen und daraus nur ein unter dem in der betreffenden Branche garantierten Mindesteinkommen liegendes Einkommen erzielen oder erzielen würden."

Arbeitnehmer ist nach ständiger Rechtsprechung des Gerichtshofs jeder eine wirt-   507
schaftliche Leistung erbringende abhängig Beschäftigte, der für seine Tätigkeit ein Entgelt erhält, das nicht völlig unwesentlich ist. Das Kriterium der **wirtschaftlichen Leistung**, das in enger Wechselbeziehung mit der Verbandskompetenz des AEUV zu sehen
ist, stellt klar, dass die Inanspruchnahme der Arbeitnehmerfreizügigkeit grundsätzlich
das tatsächliche Bestehen eines wirtschaftlichen Austauschverhältnisses voraussetzt.
Der Status des Erwerbstätigen als Beschäftigter in der Privatwirtschaft oder im öffentlichen Dienst ist somit ebenso wie die rechtliche Wirksamkeit eines Beschäftigungs-
vertrages von keinerlei Relevanz. Auch Studien- und Rechtsreferendare erbringen
neben ihrer Ausbildung „eine tatsächliche und echte Tätigkeit im Lohn- und Gehaltsverhältnis" und können daher Arbeitnehmer sein (*EuGH*, ECLI:EU:C:2009:771 Tz. 26 –
„Pesla"). Ob eine Tätigkeit den guten Sitten entspricht, ist – wie ein Gegenschluss zu
der Bereichsausnahme in Art. 45 Abs. 4 AEUV zeigt – unerheblich; so dass ebenso er-
laubte Prostitution in den Anwendungsbereich von Art. 45 AEUV fällt. Andernfalls würde der Arbeitnehmerbegriff zur Disposition der Mitgliedstaaten stehen. Ferner zeigt
Art. 45 Abs. 3 lit. a) AEUV, dass auch solche Unionsbürger geschützt sind, die in einen
anderen Mitgliedstaat einreisen, um dort erst eine abhängige Beschäftigung zu suchen; ein konkretes Jobangebot muss ihnen dazu nicht vorliegen.

Die **Abhängigkeit der Beschäftigung** bezieht sich auf die **persönliche Weisungs-   508
gebundenheit** des Unionsbürgers gegenüber dem Beschäftigungsgeber. Das Merkmal
dient vor allem der **Abgrenzung zu der Niederlassungs-** (Art. 49 AEUV) **und der
Dienstleistungsfreiheit** (Art. 56 AEUV), die sich beide auf selbstständig ausgeübte
wirtschaftliche Tätigkeiten beziehen. Selbstständig ist dabei vor allem jemand, der im
Wesentlichen frei seine Tätigkeit gestalten und seine Arbeitszeit bestimmen kann sowie die geschäftlichen Risiken zu tragen hat. Berufssportler in Mannschaftssportarten
(z.B. Fußball, Handball) sind aufgrund ihrer Weisungsgebundenheit gegenüber dem
Fußballverein abhängig beschäftigt, ohne dass dieser Befund durch ihre sonstigen
Selbstvermarktungsaktivitäten (z.B. Werbeverträge) in Frage gestellt würde. Abgren-
zungsprobleme zur Niederlassungsfreiheit können sich im Fall von Leitungsorganen
von Gesellschaften ergeben. Ein Geschäftsführer ist etwa dann kein Arbeitnehmer,
wenn er zugleich Alleingesellschafter ist (vgl. *EuGH*, ECLI:EU:C:1996:251 Tz. 26 –
„Asscher"; ferner *EuGH*, ECLI:EU:C:1998:205 Tz. 30 – „Clean Car" zur Arbeitnehmereigenschaft eines Managers eines Unternehmens).

Das **Definitionsmerkmal des Entgelts** zeigt, dass der Beschäftigte eine **wirtschaftli-   509
che Gegenleistung** für seine Tätigkeit erhalten muss, die sich zumindest **nicht** als
völlig untergeordnet darstellt. Es ist nicht notwendig, dass ein abhängig Beschäftigter
damit seinen Lebensunterhalt bestreiten kann. Ausreichend ist eine geringfügige Tätigkeit, sofern sie nur dazu beiträgt, die finanziellen Lebensbedingungen zu verbessern.
Dies kann bereits bei einer Beschäftigung mit zwölf Arbeitswochenstunden zutreffen.
Eine wirtschaftliche Tätigkeit zur Berufsausbildung ist schließlich gleichfalls eine Arbeit-
nehmertätigkeit, ein Studium dagegen nicht.

Ausgenommen von der EU-Freizügigkeit sind nach der Bereichsausnahme in Art. 45   510
Abs. 4 AEUV lediglich die **Beschäftigten** in der **öffentlichen Verwaltung**. Wie bereits
dargelegt, werden von Art. 45 Abs. 4 AEUV im Prinzip nur **Tätigkeiten hoheitlichen**

Charakters (Polizei, Streitkräfte, Rechtspflege, Steuerverwaltung) erfasst, nicht aber z.B. die Ableistung eines Vorbereitungsdienstes für das Lehramt, auch wenn dies nach nationalem Recht mit einem Beamtenstatus verbunden sein sollte (*EuGH*, ECLI:EU:C: 1986:284 Tz. 26 ff. – „Lawrie-Blum").

2. Inhalt der Arbeitnehmerfreizügigkeit

a) Überblick

511   Inhaltlich umfasst die Arbeitnehmerfreizügigkeit vor allem das Recht, sich in einen anderen EU-Mitgliedstaat zu begeben, sich dort um tatsächlich angebotene Arbeitsstellen zu bewerben (Art. 45 Abs. 3 lit. a) AEUV), eine berufliche Tätigkeit gegen Entgelt auszuüben und sich zu diesen Zwecken im Aufnahmemitgliedstaat frei zu bewegen (Art. 45 Abs. 3 lit. b) AEUV) sowie dauerhaft aufzuhalten (Art. 45 Abs. 3 lit. c) AEUV). Ferner gilt hinsichtlich der Beschäftigung, Entlohnung und Arbeitsbedingungen ein Inländergleichbehandlungsgebot (Art. 45 Abs. 2 AEUV). Nach Beendigung des Arbeitsverhältnisses haben Arbeitnehmer ein Bleiberecht, dessen Einzelheiten in Durchführungsverordnungen geregelt werden (Art. 45 Abs. 3 lit. d) AEUV; dazu unter b). Der durch die Ausübung der grenzüberschreitenden Arbeitnehmerfreizügigkeit bedingte Verlust von sozialen Rechten wird durch die auf der Basis von Art. 48 AEUV vorgenommene Koordinierung der innerstaatlichen Systeme sozialer Sicherheit verhindert (dazu unter c).

b) Die Rechte im Einzelnen

512   Die in Art. 45 Abs. 2 und Abs. 3 lit. a) bis lit. d) AEUV aufgeführten Rechte konkretisieren nur die Gewährleistungen der Arbeitnehmerfreizügigkeit aus Art. 45 Abs. 1 AEUV. **Art. 45 Abs. 2 und Abs. 3 AEUV** hat daher **zunächst keinen eigenständigen Aussagegehalt**. Ungeachtet dessen sind die Einzelvorschriften von Art. 45 Abs. 3 AEUV – mit Ausnahme von Art. 45 Abs. 3 lit. d) AEUV – unmittelbar anwendbar. Gleichwohl ist zu ihrer Konkretisierung – gestützt auf Art. 46 AEUV – in großem Umfang Sekundärrecht ergangen, dem in der Praxis – neben der allgemeinen Freizügigkeitsrichtlinie für Unionsbürger 2004/38/EG – außerordentliche Bedeutung zukommt. Die **wichtigsten sekundärrechtlichen Regelungen speziell für Arbeitnehmer und Arbeitssuchende** sind die

– VO (EU) Nr. 492/2011 (ABl. EU 2011, L 141/1 ff.) über die Freizügigkeit der Arbeitnehmer innerhalb der Union, welche die VO 1612/68 ersetzt hat. Die VO 492/2011 regelt den Zugang zur Beschäftigung, konkretisiert das Gleichbehandlungsgebot und bezieht die Familienangehörigen der Arbeitnehmer in den Schutz ein.

– RL 2004/38/EG (ABl. EU 2004, L 158/77 ff., geändert durch VO (EU) Nr. 492/2011, ABl. EU 2011, L 141/1 ff.) VO (EG) Nr. 635/2006 (ABl. EU 2006, L 112/9), welche die VO (EWG) Nr. 1251/70 (ABl. EG 1970, L 142/24 ff.) ersetzt hat, beinhaltet auch das Recht der Arbeitnehmer, nach Beendigung einer Beschäftigung im Hoheitsgebiet eines Mitgliedstaates dauerhaft zu verbleiben.

Speziell für Arbeitnehmer und Arbeitssuchende ist das **Recht auf Zugang zu einer Be-** 513
schäftigung und deren **ungehinderte Ausübung** primärrechtlich in Art. 45 Abs. 3
lit. a) AEUV und sekundärrechtlich in Art. 1 bis 6 VO 1612/68 geregelt. Demnach sind
Vorschriften oder Praktiken eines Mitgliedstaates, die den Zugang zu Beschäftigungs-
verhältnissen für EU-Ausländer direkt oder mittelbar beschränken oder die Berufsausübung einschränken, im Grundsatz unzulässig. So hat der Gerichtshof im „Bosman"-
Urteil (*EuGH*, ECLI:EU:C:1995:463) eine Klausel der Berufsfußballverbände, der zufolge
Fußballvereine bei Meisterschaftsspielen höchstens drei ausländische Spieler einsetzen dürfen, als mit der Arbeitnehmerfreizügigkeit unvereinbar angesehen. Ebenso verbietet die Arbeitnehmerfreizügigkeit nationale Maßnahmen, die Rechtsreferendaren,
die Teile ihrer Ausbildung im EU-Ausland absolvieren, Reisekostenerstattung nur bis
zum deutschen Grenzort und nicht darüber hinaus bis zum Ort der ausländischen
Referendarstation gewähren (*EuGH*, ECLI:EU:C:2005:187 – „Kranemann").

Nach Art. 45 Abs. 3 lit. c) AEUV haben Arbeitnehmer und Arbeitssuchende ein **Ein-** 514
reise- und Aufenthaltsrecht gegenüber dem Aufnahmemitgliedstaat. Die genannten
Rechte werden in der Freizügigkeitsrichtlinie für Unionsbürger (RL 2004/38/EG) konkretisiert. Das Aufenthaltsrecht der Arbeitssuchenden kann freilich zeitlich begrenzt
werden (*EuGH*, ECLI:EU:C:1991:80 – „Antonissen"): Weil das Unionsrecht nicht regelt,
wie lange sich Unionsbürger in einem Mitgliedstaat zur Stellensuche aufhalten dürfen,
sind die Mitgliedstaaten berechtigt, hierfür einen angemessenen Zeitraum festzulegen.
Als angemessen hat der Gerichtshof in der Entscheidung „Antonissen" einen Zeitraum
von sechs Monaten akzeptiert. Erbringt der Betroffene jedoch nach Ablauf dieses Zeit-
raums den Nachweis, dass er weiterhin und mit begründeter Aussicht auf Erfolg Arbeit
sucht, so darf er vom Aufnahmemitgliedstaat nicht ausgewiesen werden. Diese Rechtsprechung ist nunmehr in Art. 14 Abs. 4 RL 2004/38/EG kodifiziert worden.

Im Zusammenhang mit der zeitlichen Reichweite der Arbeitnehmerfreizügigkeit erge- 515
ben sich mitunter **Abgrenzungsschwierigkeiten zur allgemeinen Freizügigkeit in**
Art. 21 Abs. 1 AEUV. Die Abgrenzung ist vor allem deshalb von praktischer Relevanz,
weil das Aufenthaltsrecht von nicht erwerbstätigen Unionsbürgern an den Vorbehalt
der sozialen Absicherung geknüpft ist (Art. 21 Abs. 1 AEUV i.V.m. Art. 1 RL 90/364/EWG
bzw. Art. 14, 6 und 7 RL 2004/38/EG). Arbeitssuchende unterliegen dagegen nicht
dieser Beschränkung (arg. e Art. 14 Abs. 3 RL 2004/38/EG) und sind insofern gegenüber sonstigen Unionsbürgern, die keiner erwerbsmäßigen Beschäftigung nachgehen,
privilegiert.

> **Beispiel:** *EuGH*, ECLI:EU:C:2004:172 – „Collins" 516
>
> *Herr C, irischer Staatsbürger, reiste ins Vereinigte Königreich ein, um dort eine Arbeit im Bereich*
> *der Sozialfürsorge zu suchen. Er beantragte eine Beihilfe für Arbeitssuchende, die ihm jedoch*
> *mit der Begründung verweigert wurde, dass er seinen gewöhnlichen Aufenthalt nicht im Ver-*
> *einigten Königreich habe. Auf welches Inländergleichbehandlungsgebot kann sich C berufen?*
>
> Zunächst könnte sich für C ein Anspruch auf Gleichbehandlung beim Zugang zu der sozialen
> Vergünstigung direkt aus Art. 21 Abs. 1 AEUV (ggf. i.V.m. Art. 18 Abs. 1 AEUV) ergeben, der ein
> Diskriminierungsverbot aufgrund der Staatsangehörigkeit enthält. Allerdings könnte auch das
> Inländergleichbehandlungsgebot aus Art. 45 Abs. 2 AEUV anwendbar sein, da dieses gegenüber
> Art. 21 Abs. 1 und Art. 18 Abs. 1 AEUV der speziellere Prüfungsmaßstab ist.

Die Heranziehung von Art. 45 Abs. 2 AEUV setzt jedoch die Eröffnung des Anwendungsbereichs der Arbeitnehmerfreizügigkeit voraus. C ist zwar mangels bestehendem wirtschaftlichem Austauschverhältnis kein Arbeitnehmer. Die Freizügigkeit der Arbeitnehmer verbürgt aber zugleich das Recht, in einen EU-Mitgliedstaat einzureisen und sich dort aufzuhalten, um eine Beschäftigung als Arbeitnehmer zu suchen. C ist gerade ins Vereinigte Königreich eingereist, um sich dort mit begründeter Aussicht auf Erfolg für eine Arbeit im Bereich der Sozialfürsorge zu bewerben. Daher greift zu seinen Gunsten Art. 45 Abs. 2 AEUV ein.

517   Nach Beendigung einer Beschäftigung im Hoheitsgebiet des Aufnahmemitgliedstaates haben Arbeitnehmer nach Art. 45 Abs. 3 lit. d) AEUV i.V.m. den sich aus der VO 1251/70 ergebenden Bedingungen ein **Bleiberecht**. Dieses knüpft tatbestandlich an die Aufgabe einer Beschäftigung wegen Erreichens des Rentenalters oder wegen Eintritts der Erwerbsunfähigkeit an und verlangt zudem eine vorangegangene Beschäftigung von einer bestimmten Dauer. Diesem Bleiberecht wird Art. 17 RL 2004/38/EG an die Seite gestellt, der unter anderem für Arbeitnehmer, die aus dem Erwerbsleben ausgeschieden sind, und deren Familienangehörige ein Daueraufenthaltsrecht vorsieht, das nur im Rahmen eines qualifizierten „ordre public" (Art. 28 RL 2004/38/EG) vom jeweiligen Aufnahmemitgliedstaat beendet werden kann. Mit der Regelung in Art. 17 RL 2004/38/EG sollen die in der VO 1251/70 für Arbeitnehmer und ihre Familienangehörigen vorgesehenen Vergünstigungen aufrechterhalten werden.

518   Das **Recht auf Gleichbehandlung bei Ausübung einer Beschäftigung** verbietet im Kern jede auf der Staatsangehörigkeit beruhende unterschiedliche Behandlung der Arbeitnehmer der Mitgliedstaaten in Bezug auf Beschäftigung, Entlohnung und sonstige Arbeitsbedingungen (Art. 45 Abs. 2 AEUV). Das Inländergleichbehandlungsgebot in Art. 45 Abs. 2 AEUV bezieht sich nach seinem Text ausschließlich auf den Zugang zu einer Beschäftigung sowie die Arbeitsbedingungen. Damit bietet es beispielsweise Schutz vor Arbeitserlaubnispflichten für Wanderarbeitnehmer oder vor Benachteiligungen bei Aufstiegsmöglichkeiten. Vom Tatbestand ausgenommen waren dagegen nach der früheren Rechtsprechung des Gerichtshofs soziale Vergünstigungen. Um aber Schutzlücken bei Arbeitssuchenden, die eine soziale Vergünstigung der Mitgliedstaaten in Anspruch nehmen wollen, zu schließen, hat der Unionsgesetzgeber das in die Freizügigkeitsrichtlinie 2004/38/EG aufgenommene umfassende Gleichbehandlungsgebot auch auf Arbeitsuchende erstreckt (Art. 24 RL 2004/38/EG).

519   Das primärrechtliche Inländergleichbehandlungsgebot wird durch das sekundärrechtliche Diskriminierungsverbot des **Art. 7 VO 492/2011**, welches nach seinem Abs. 4 eine unmittelbare Drittwirkung für Bestimmungen in Tarif- oder Einzelarbeitsverträgen oder sonstigen Kollektivvereinbarungen aufweist, erheblich erweitert. Art. 7 Abs. 1 VO 492/2011 untersagt Diskriminierungen aufgrund der Staatsangehörigkeit über die Arbeitsbedingungen hinaus bezüglich der beruflichen Wiedereingliederung oder Wiedereinstellung. Nach Art. 7 Abs. 2 VO 492/2011 umfasst die Arbeitnehmerfreizügigkeit insbesondere auch ein Diskriminierungsverbot bei **sozialen und steuerlichen Vergünstigungen**. Solche Vergünstigungen enthalten alle innerstaatlichen Normen, die inländischen Arbeitnehmern hauptsächlich wegen ihrer objektiven Arbeitnehmereigenschaft gewährt werden, beispielsweise alle Vorteile, die die berufliche Qualifikation und den sozialen Aufstieg erleichtern sollen. In der Bundesrepublik betrifft dies z.B. Ansprüche auf soziale Hilfe für die Familienangehörigen und Geldleistungen nach dem

Bundesausbildungsförderungsgesetz oder Maßnahmen für die Wiedereingliederung Behinderter.

Solange der Arbeitnehmer seinen zugezogenen **Familienangehörigen** Unterhalt ge-   520
währt, haben diese gemäß Art. 7 Abs. 2 VO 492/2011 zudem einen **abgeleiteten Anspruch auf soziale Vergünstigungen**, insbesondere auf soziale Transferleistungen.
Das abgeleitete Recht der Familienangehörigen umfasst auch Rechte der Kinder auf
Ausbildung. Gemäß Art. 10 VO 492/2011 hat der Staat, in dem der Arbeitnehmer
beschäftigt oder verbleibeberechtigt ist, dessen Kinder vom Kindergarten bis zum
Universitätsstudium in Bezug auf die Ausbildung wie Inländer zu behandeln. Den Ab-
kömmlingen steht in diesem Zusammenhang ein Aufenthaltsrecht im Aufnahmemitgliedstaat bis zum Abschluss der Ausbildung zu (*EuGH*, ECLI:EU:C:2002:493 Tz. 47 ff.
– „Baumbast").

Der Gerichtshof leitet aus dem Ziel der Freizügigkeit, die volle **Mobilität** der Arbeit-   521
nehmer und ihrer Familienangehörigen durch die **Integration im Gastland** zu erreichen, eine Pflicht ab, alle Hindernisse, die dieser Mobilität entgegenstehen könnten, zu
beseitigen. Darunter fallen finanzielle Benachteiligungen jeder Art. Dies gilt namentlich
für Fahrpreisermäßigungen, Stilllegungsprämien für die Aufgabe einer landwirtschaftlichen Betätigung, Vorruhestandsleistungen, Gebührenfreiheit bei Ausbildungseinrich-
tungen, finanzielle Hilfen zur beruflichen Weiterbildung und Umschulung sowie für die
Gewährung von Altersmindesteinkommen.

c) EU-Sozialrecht

Von den soeben genannten **sozialen Vergünstigungen** für Arbeitnehmer und ihre An-   522
gehörigen sind **Sozialversicherungsleistungen** bzw. **Leistungen sozialer Sicherheit**
nach Art. 48 AEUV zu unterscheiden. Ein Blick auf Art. 153 Abs. 4, 1. Spiegelstrich AEUV
zeigt, dass die Mitgliedstaaten die Zuständigkeit zur Ausgestaltung ihrer innerstaatlichen Systeme sozialer Sicherheit haben. Daran können in aller Regel nur die Personen
teilnehmen, die in dem jeweiligen Mitgliedstaat ihren Wohnsitz haben oder dort einer
Beschäftigung nachgehen. Zudem werden Sozialversicherungsleistungen oftmals nur
für Tätigkeiten im Hoheitsgebiet erbracht. Hinter diesen Beschränkungen steht das
Territorialitätsprinzip, das den Geltungsbereich der nationalen Systeme sozialer Sicherheit auf das mitgliedstaatliche Hoheitsgebiet begrenzt.

Für EU-Arbeitnehmer resultieren daraus erhebliche finanzielle Risiken, etwa wenn sie   523
bei erwerbswirtschaftlicher Betätigung in verschiedenen Mitgliedstaaten nur geringe
Rentenanwartschaften erwerben oder ihre familiäre Situation im Herkunftsstaat bei
der Gewährung sozialer Leistungen durch den Aufnahmemitgliedstaat unberücksich-
tigt bleibt. Der Beseitigung solcher aus der Inanspruchnahme der Arbeitnehmerfreizügigkeit resultierenden Nachteile durch den Erlass entsprechender sekundärrechtlicher
Regelungen dient die Kompetenzbestimmung in Art. 48 AEUV. Um die mitgliedstaatlichen Systeme sozialer Sicherheit zu koordinieren, wurde die VO 1408/71 erlassen, die
durch die VO 859/2003 geändert und dann durch die VO 883/2004 ersetzt worden ist.
Ergänzt wird die VO 883/2004 durch den bereits erwähnten Auffangtatbestand des

Art. 7 Abs. 2 VO 492/2011, der ein Inländergleichbehandlungsgebot für „soziale Vergünstigungen" verbürgt.

3. Die Arbeitnehmerfreizügigkeit als Beschränkungsverbot

524   Nach der Rechtsprechung des Gerichtshofs enthält Art. 45 AEUV neben dem **Gebot der Inländergleichbehandlung** auch ein **Beschränkungsverbot**. Problematisch ist die Frage nach dessen **Reichweite**, d.h. ob es sämtliche unterschiedslos wirkenden Maßnahmen erfasst oder lediglich eine Marktzugangsfreiheit verbürgt. Der Gerichtshof stellt darauf ab, ob die unterschiedslos wirkende Maßnahme den grenzüberschreitenden **Zugang zum Arbeitsmarkt** eines anderen Mitgliedstaats unmittelbar beeinflusst. Nur dann liegt eine Beschränkung vor, die gerechtfertigt werden muss, damit sie Bestand hat. So urteilte er im Fall „Bosman", dass Transferregeln, wonach ein Berufsfußballspieler seine Tätigkeit bei einem in einem anderen Mitgliedstaat ansässigen neuen Verein erst ausüben darf, wenn dieser Verein dem bisherigen Verein eine Transferentschädigung gezahlt hat, rechtfertigungsbedürftige unterschiedslos wirkende Maßnahmen darstellen, da infolge des Eingriffs in den Kernbereich der Arbeitnehmerfreizügigkeit der Marktzugang als solcher unmittelbar beeinträchtigt gewesen ist (*EuGH*, ECLI:EU:C:1995:463 Tz. 103). Für bloße **Berufsausübungsregeln** gilt dagegen grundsätzlich nur das Diskriminierungsverbot. Z.B. wurde eine nationale Vorschrift, die dem Arbeitnehmer einen Abfindungsanspruch gegen den Arbeitgeber bei einer Selbstkündigung versagt, nicht als relevante Beschränkung eingestuft (*EuGH*, ECLI:EU:C:2000:49 Tz. 23 ff. – „Graf"). Dies ist nur konsequent, denn bei dem Abfindungsanspruch handelt es sich lediglich um eine den Marktzugang als solche nicht betreffende Berufsausübungsregelung.

4. Schranken der Arbeitnehmerfreizügigkeit

525   Die Freizügigkeit der Arbeitnehmer unterliegt – ähnlich wie die übrigen Grundfreiheiten – dem **Vorbehalt der öffentlichen Ordnung, Sicherheit und Gesundheit** gemäß Art. 45 Abs. 3 AEUV. **Fraglich** ist allerdings, **ob der „ordre public"-Vorbehalt bei direkten Diskriminierungen aufgrund der Staatsangehörigkeit, die unter Art. 45 Abs. 2 AEUV fallen, anwendbar** ist. Die herrschende Ansicht nimmt die systematische Einfügung des ordre public in Art. 45 Abs. 3 AEUV ernst. Er sei daher im Geltungsbereich von Art. 45 Abs. 2 AEUV nicht einschlägig. Direkte Diskriminierungen aufgrund der Staatsangehörigkeit bezüglich der Beschäftigung und Arbeitsbedingungen können somit nicht gerechtfertigt werden. Andere vertreten unter Hinweis auf die einheitliche Auslegung der Marktfreiheiten die gegenläufige These, auch im Bereich von Art. 45 Abs. 2 AEUV beanspruche der ordre public Geltung.

526   Weiter können Beschränkungen der Arbeitsnehmerfreizügigkeit auch über **immanente Schranken** und **europäische Grundrechte** gerechtfertigt werden. Bei der Prüfung der immanenten Schranken fragt der Gerichtshofs, ob die Beschränkung einen berechtigten, mit dem Unionsrecht vereinbaren Zweck verfolgt und aus zwingenden Gründen des Allgemeininteresses gerechtfertigt ist, was eine Geeignetheit und Erforderlichkeit

der nationalen Maßnahme voraussetze (z.B. *EuGH*, ECLI:EU:C:2007:10 Tz. 38 – „Lyyski"; *EuGH*, ECLI:EU:C:2010:143 Tz. 38 ff. – „Olympique Lyonnais").

Weiterführende Literatur: *Fischer/Fetzer*, Fälle zum Europarecht, 9. Auflage 2019, Fall 3 – Starker Tobak, Fall 6 – Ausländerklauseln im Profisport, Fall 7 – Grenzenlose Ausbildung; *Wank*, Neues zum Arbeitnehmerbegriff des EuGH, EuZW 2018, 21 ff.

III. Die Niederlassungsfreiheit

1. Struktur der Niederlassungsfreiheit

Die Niederlassungsfreiheit ist in den Art. 49 bis 55 AEUV normiert. Sie schützt die Auf-   **527**
nahme und Ausübung selbstständiger Erwerbstätigkeiten sowie die Gründung und Leitung von Unternehmen nach den Bestimmungen des Aufnahmestaats. Die **Regelungskonzeption** der Art. 49 ff. AEUV lässt sich dabei wie folgt umreißen: Art. 49 AEUV verbietet Beschränkungen, die der freien Niederlassung von Staatsangehörigen eines EU-Mitgliedstaates im Hoheitsgebiet eines anderen Mitgliedstaates entgegenstehen. Ausnahmsweise zulässig sind die Beschränkungen des Art. 49 AEUV aber dann, wenn sie zum Schutze der öffentlichen Sicherheit und Ordnung ergehen (Art. 52 AEUV) oder die Ausübung öffentlicher Gewalt betreffen (Art. 51 AEUV). Eine Befugnis zum Erlass von Richtlinien enthalten die Art. 50 Abs. 2, Art. 52 Abs. 2 und Art. 53 AEUV.

2. Anwendungsbereich der Niederlassungsfreiheit

Eine Anwendbarkeit der Niederlassungsfreiheit setzt die Einschlägigkeit des persön-   **528**
lichen, räumlichen und sachlichen Geltungsbereichs voraus.

In **persönlicher Hinsicht** stehen die Rechte des Art. 49 AEUV natürlichen Personen zu,   **529**
die Staatsangehörige eines EU-Mitgliedstaates sind. Staatsangehörige aus Drittländern können sich daher – mit Ausnahme von Familienangehörigen, die ein derivatives Aufenthaltsrecht haben – grundsätzlich nicht auf Art. 49 AEUV berufen; dies gilt auch dann, wenn sie sich bereits in einem Mitgliedstaat niedergelassen haben. Den natürlichen Personen gleichgestellt sind nach Art. 54 AEUV auch die nach den Rechtsvorschriften eines Mitgliedstaates gegründeten Gesellschaften, die ihren satzungsmäßigen Sitz, ihre Hauptverwaltung oder ihre Hauptniederlassung innerhalb der Union haben. Zu den eben genannten Gesellschaften zählen Gesellschaften bürgerlichen Rechts und des Handelsrechts und die sonstigen juristischen Personen des öffentlichen und privaten Rechts, mit Ausnahme derjenigen, die keinen Erwerbszweck verfolgen.

In **räumlicher Hinsicht** fordert Art. 49 AEUV die Niederlassung im Hoheitsgebiet eines   **530**
anderen Mitgliedstaates. Es ist daher ein grenzüberschreitendes Element erforderlich; rein interne Sachverhalte, die sich vollständig innerhalb eines Mitgliedstaates abspielen, werden von der Niederlassungsfreiheit nicht erfasst.

In seiner **sachlichen Dimension** erfasst Art. 49 Abs. 1 und Abs. 2 AEUV die dauerhafte   **531**
Aufnahme und Ausübung einer selbstständigen Erwerbstätigkeit. Eine selbstständige Erwerbstätigkeit liegt vor, wenn ein Tätigwerden auf eigene Rechnung und auf eigenes

wirtschaftliches Risiko erfolgt. Dieses Kriterium dient mithin der Abgrenzung zur Arbeit-nehmerfreizügigkeit. Die selbstständige Erwerbstätigkeit umfasst gewerbliche Tätigkei-ten in Industrie, Handel und Handwerk ebenso wie freiberufliche Tätigkeiten. Eine **Niederlassung** erfordert eine auf Dauer angelegte Berufsbetätigung an einem festen Standort. Insofern hat eine Abgrenzung zur Dienstleistungsfreiheit zu erfolgen, die zur Niederlassungsfreiheit in einem Exklusivitätsverhältnis steht (vgl. Art. 57 Abs. 1 AEUV): Während Art. 49 Abs. 1 AEUV die dauerhafte Erwerbstätigkeit in einem anderen Mit-gliedstaat betrifft, bezieht sich Art. 56 AEUV auf Tätigkeiten mit einem vorübergehen-den Charakter (Art. 57 Abs. 3 AEUV). Auch wenn der Vertragstext somit auf den ersten Blick eine einfache Abgrenzung beider Grundfreiheiten zueinander ermöglicht, bereitet die Auslegung des Merkmals „vorübergehend" i.S.v. Art. 57 Abs. 3 AEUV im Einzelfall erhebliche Schwierigkeiten. Im Ergebnis wird man bei der Abgrenzung auf die unter-schiedlichen Schutzrichtungen der Niederlassungs- und der Dienstleistungsfreiheit ab-zustellen haben: Während Art. 49 AEUV auf eine dauerhafte wirtschaftliche und sozia-le Integration des Unionsbürgers in die Rechtsordnung des Aufnahmemitgliedstaates zielt, soll Art. 56 AEUV allein die ungehinderte Zirkulationsfähigkeit von Dienstleistun-gen zwischen den Mitgliedstaaten sicherstellen.

532   Beispiele: *Der deutsche Staatsangehörige G, der in Stuttgart als Rechtsanwalt zugelassen ist, wohnt in Italien und unterhält in Mailand eine Kanzlei. In seinem Briefkopf firmiert er als „avoccato" (Rechtsanwalt). Die italienische Rechtsanwaltskammer untersagt G die weitere Ver-wendung dieses Titels und verhängt als Sanktion ein zeitweiliges Berufsverbot. Nach Ansicht des Gerichtshofs übt G „als Angehöriger eines Mitgliedstaats in stabiler und kontinuierlicher Weise eine Berufstätigkeit in einem anderen Mitgliedstaat aus, in dem er sich von einem Berufsdomizil aus u.a. an die Angehörigen dieses Staates wendet. Dieser Staatsangehöri-ge fällt unter das Niederlassungsrecht und nicht unter die Dienstleistungsfreiheit" (EuGH, ECLI:EU:C:1995:411 Tz. 28 – „Gebhard").*

S wird in einem Bußgeldverfahren zur Last gelegt, einen portugiesischen Handwerksbetrieb beauftragt zu haben, in der Zeit von November 1994 bis Oktober 1997 Verputzarbeiten in erheb-lichem Umfang in Deutschland auszuführen, obwohl der Betrieb nicht in die Handwerksrolle eingetragen war. Der Gerichtshof wendet hier die Dienstleistungsfreiheit als Prüfungsmaßstab für das Eintragungserfordernis in die Handwerksrolle an. Denn der Vertrag enthalte keine Vor-schrift, die eine abstrakte Bestimmung der Dauer oder Häufigkeit ermöglicht, ab der eine Erbrin-gung einer Dienstleistung in einem anderen Mitgliedstaat nicht mehr als eine Dienstleistung im Sinne des Vertrages angesehen werden kann. Folglich reiche allein die Tatsache, „dass ein in einem Mitgliedstaat niedergelassener Wirtschaftsteilnehmer […] Dienstleistungen mehr oder weniger häufig oder regelmäßig in einem anderen Mitgliedstaat erbringt, […] nicht aus, um ihn als in diesem Mitgliedstaat niedergelassen anzusehen". Er verfüge nämlich dort über keine In-frastruktur, „die es ihm erlauben würde, in diesem Mitgliedstaat in stabiler und kontinuierlicher Weise einer Erwerbstätigkeit nachzugehen, und von der aus er sich u.a. an die Angehörigen dieses Mitgliedstaats wendet". Für den portugiesischen Handwerksbetrieb greift daher – man-gels Infrastruktur in Deutschland – die Dienstleistungsfreiheit ein (EuGH, ECLI:EU:C:2003:662 Tz. 31 ff. – „Schnitzer").

533   Beide Beispiele zeigen, dass der Gerichtshof die Niederlassungsfreiheit namentlich in den Fällen heranzieht, wenn ein Marktbürger über eine Infrastruktur verfügt, von der aus er in stabiler und kontinuierlicher Weise am Wirtschaftsleben eines anderen Mit-gliedstaats als seines Herkunftsstaats teilnimmt und daraus Nutzen zieht, wodurch – so der Gerichtshof ausdrücklich in der „Gebhard"-Entscheidung (*EuGH*, ECLI:EU:C: 1995:411 Tz. 25) – „die wirtschaftliche und soziale Verflechtung innerhalb der Gemein-schaft im Bereich der selbständigen Tätigkeiten gefördert wird".

Bei der Infrastruktur bzw. dem festen Standort im Aufnahmemitgliedstaat kann es sich **534** einmal um eine Hauptniederlassung handeln, insbesondere die Gründung und Leitung von Unternehmen nach den Bestimmungen des Aufnahmestaates für seine eigenen Angehörigen (**primäre Niederlassungsfreiheit**). Ebenso umfasst Art. 49 AEUV die Gründung von Agenturen, Zweigniederlassungen oder Tochterunternehmen durch Unionsbürger, die im Hoheitsgebiet eines Mitgliedstaates ansässig sind (**sekundäre Niederlassungsfreiheit**). Vergleichbar der Arbeitnehmerfreizügigkeit haben Unionsbürger ein Einreise-, Aufenthalts- und Verbleiberecht. Dieses wird durch die Freizügigkeitsrichtlinie für Unionsbürger 2004/38/EG konkretisiert.

Eine wichtige **Einschränkung** ergibt sich aus **Art. 51 Abs. 1 AEUV**. Verbindet ein Mit- **535** gliedstaat mit der Ausübung einer Tätigkeit die **Anwendung öffentlicher Gewalt**, so unterfällt diese Tätigkeit nicht den Grundfreiheiten des AEUV.

3. Die Niederlassungsfreiheit als Beschränkungsverbot

Im Grundsatz sind alle **„Beschränkungen"** der Niederlassungsfreiheit durch Art. 49 **536** Abs. 1 AEUV verboten. Wie bereits der Wortsinn des Art. 49 Abs. 2 AEUV nahelegt („nach den Bestimmungen des Aufnahmestaats für seine eigenen Angehörigen"), wird damit ein **Diskriminierungsverbot** aufgestellt: Den Mitgliedstaaten wird eine direkte und indirekte Benachteiligung von EU-Ausländern gegenüber Inländern untersagt. Darüberhinausgehend hat der Gerichtshof (vgl. etwa *EuGH*, ECLI:EU:C:2002:592 Tz. 26 – „Payroll") die Niederlassungsfreiheit zu einem **Beschränkungsverbot** ausgebaut.

> **Beispiel:** *EuGH*, **ECLI:EU:C:2005:242 Tz. 27 f. – „Kommission/Griechenland"** **537**
> *Das griechische Gesetz über die Ausübung des Optikerberufs erlaubt es einem diplomierten Optiker nicht, mehr als ein Optikergeschäft zu betreiben.*
>
> Nach Ansicht des EuGH steht Art. 49 AEUV im Grundsatz „jeder nationalen Regelung entgegen, die zwar ohne Diskriminierung aus Gründen der Staatsangehörigkeit anwendbar ist, die aber geeignet ist, die Ausübung der durch den Vertrag garantierten Niederlassungsfreiheit durch die Gemeinschaftsangehörigen zu behindern oder weniger attraktiv zu machen" (ebenso: *EuGH*, ECLI:EU:C:2009:316 Tz. 22 – „Doc Morris"). Daher stelle das für einen diplomierten Optiker bestehende Verbot, mehr als ein Optikergeschäft zu betreiben, auch bei Fehlen einer Diskriminierung eine Beschränkung der Niederlassungsfreiheit i.S.v. Art. 49 AEUV dar.

Allerdings wird die Reichweite des Beschränkungsverbotes von der überwiegenden **538** Lehre auf solche nichtdiskriminierenden innerstaatlichen Regeln begrenzt, die den grenzüberschreitenden **Marktzugang** als solchen betreffen, d.h., nicht alle unterschiedslos wirkenden Maßnahmen sind grundsätzlich unzulässig. Wie schon bei der Arbeitnehmerfreizügigkeit greift bei **Berufsausübungsregeln** als Schutzstandard grundsätzlich nur das Diskriminierungsverbot. Ob sich der Gerichtshof für den Bereich der Niederlassungsfreiheit diesem restriktiven Ansatz anschließt, hat er noch nicht ausdrücklich entschieden. Jedoch lehnte er es – vergleichbar der „Keck"-Rechtsprechung zur Warenverkehrsfreiheit – ab, eine italienische Regelung, die für Sonn- und Feiertage ein Verkaufsverbot für den Einzelhandel statuierte, als „Beschränkung" i.S.d. Art. 49 Abs. 1 AEUV anzusehen (*EuGH*, ECLI:EU:C:1996:242 Tz. 32 – „Semeraro").

4. Schranken der Niederlassungsfreiheit

539   Die Niederlassungsfreiheit steht unter dem **Vorbehalt**, keine höherwertigen Rechts-güter zu verletzen. Dies wird für Diskriminierungen aufgrund der Staatsangehörigkeit durch **Art. 52 Abs. 1 AEUV** klargestellt, wonach Gründe der öffentlichen Ordnung, Sicherheit oder Gesundheit es rechtfertigen, vom Grundsatz der grenzüberschreiten-den Niederlassungsfreiheit abzuweichen. Daneben können Beschränkungen der Nie-derlassungsfreiheit auch über **immanente Schranken** und **europäische Grundrechte** gerechtfertigt werden. In Bezug auf die immanenten Schranken können Beschränkun-gen der Niederlassungsfreiheit, die ohne Diskriminierung aus Gründen der Staatsange-hörigkeit anwendbar sind, durch zwingende Gründe des Allgemeininteresses gerecht-fertigt sein, sofern sie geeignet sind, die Erreichung des mit ihnen verfolgten Ziels zu gewährleisten, und nicht über das hinausgehen, was zur Erreichung dieses Ziels erfor-derlich ist (*EuGH*, ECLI:EU:C:2009:316 Tz. 25 ff. – „Doc Morris" zur Zulässigkeit des Fremdbesitzverbotes im deutschen Apothekenrecht).

540   Beispiel: *EuGH*, ECLI:EU:C:2005:242 Tz. 34 ff. – „Kommission/Griechenland"
Im o.g. Beispiel des griechischen Mehrbesitzverbotes für Optiker hat der EuGH festgestellt, dass eine diskriminierungsfreie nationale Regelung der Mitgliedstaaten aus zwingenden Gründen des Allgemeininteresses gerechtfertigt sein kann; vorausgesetzt, dass sie geeignet ist, die Ver-wirklichung des mit ihr verfolgten Zweckes zu gewährleisten, und nicht über das hinausgeht, was zur Erreichung dieses Zweckes erforderlich ist. Allerdings könne das von Griechenland angestrebte Ziel des Schutzes der öffentlichen Gesundheit mit Maßnahmen erreicht werden, die die Niederlassungsfreiheit weniger einschränken, z.B. durch das Erfordernis, dass in jedem Optikergeschäft als Arbeitnehmer oder als Gesellschafter diplomierte Optiker anwesend sein müssen, oder durch Haftungsnormen. Mangels Erforderlichkeit sei die Regelung daher nicht gerechtfertigt.

5. Niederlassungsfreiheit und nationales Gesellschaftsrecht

541   Anders als bei der Niederlassungsfreiheit natürlicher Personen sind der Freizügigkeit von Gesellschaften, die nach den Vorschriften einer mitgliedstaatlichen Rechtsordnung gegründet wurden (z.B. GmbH, AG), rechtliche Grenzen gesetzt, weil sie aufgrund der divergierenden nationalen Gesellschaftsrechtsordnungen keine gemeinsame gemein-schaftsrechtliche Grundlage haben. Gleichwohl sieht das EU-Niederlassungsrecht vor, dass sich neben natürlichen Personen auch die ihnen **über Art. 54 AEUV gleich-gestellten Gesellschaften** in vollem Umfang auf die Niederlassungsfreiheit berufen können und dürfen.

542   Beispiel: *EuGH*, ECLI:EU:C:2002:632; *BGH*, EuZW 2000, 412; *BGH*, NJW 2003, 1461 –
„Überseering"
Die niederländische Gesellschaft Ü, die nach niederländischem Gesellschaftsrecht wirksam ge-gründet wurde, verlegt – unter Beibehaltung ihres Satzungssitzes in den Niederlanden – ihren effektiven Hauptverwaltungssitz nach Deutschland. Ü verklagt in Deutschland ein Bauunter-nehmen auf die Beseitigung von Baumängeln. Die Klage wird als unzulässig abgewiesen, da die niederländische Gesellschaft nicht rechtsfähig und damit auch nicht parteifähig sei (§ 50 Abs. 1 ZPO).

Die Nichtanerkennung der Rechtsfähigkeit und damit der Parteifähigkeit von Ü durch die deut-schen Gerichte könnte gegen Art. 49 Abs. 1 AEUV verstoßen. Indem die nach niederländischem

Recht gegründete Gesellschaft ihren effektiven Hauptverwaltungssitz von den Niederlanden nach Deutschland verlegte, ist die Niederlassungsfreiheit in ihrer persönlichen und räumlichen Dimension betroffen.

Problematisch erscheint indessen die Einschlägigkeit des sachlichen Geltungsbereichs der Personenverkehrsfreiheit. Nach weit verbreiteter Auffassung hängt die Anwendbarkeit von Art. 49 Abs. 1 AEUV davon ab, ob eine Gesellschaft nach dem Internationalen Privatrecht sowohl des Wegzugs- als auch des Zuzugsstaates als rechtsfähig anerkannt wird (Vorbehalt des Internationalen Gesellschaftsrechts). Aus der Perspektive des Zuzugsstaates Deutschland richtet sich die Beurteilung der Rechtsfähigkeit der niederländischen Gesellschaft danach, nach welchem Kriterium man ihr Heimatrecht (= Gesellschafts- oder Personalstatut) bestimmt. Das Heimatrecht seinerseits entscheidet nämlich darüber, unter welchen Bedingungen eine juristische Person wirksam entsteht, lebt und untergeht. Ermittelt wird das Personalstatut in der innerstaatlichen Rechtspraxis nach der sog. Sitztheorie (Bestimmung der Staatszugehörigkeit nach dem Recht des Staates, in dem die juristische Person ihren effektiven Hauptverwaltungssitz hat). Legt man diese zugrunde, beurteilt sich die Rechtsfähigkeit von Ü nach deutschem Gesellschaftsrecht. Danach besteht die ursprüngliche niederländische Gesellschaft als solche mangels wirksamer Gründung nicht fort, sondern die Personenmehrheit wird im innerstaatlichen Rechtsverkehr lediglich als identitätsverschiedene teilrechtsfähige Personengesellschaft behandelt. Ü konnte sich daher nicht auf Art. 49, 54 AEUV berufen, da hier der als teleologische Reduktion zu begreifende Vorbehalt des Internationalen Gesellschaftsrechts zugunsten des Sitztheorie-Staates Deutschland eingreift.

Einer solchen von der herrschenden Lehre befürworteten teleologischen Restriktion ist der Gerichtshof jedoch nicht beigetreten. Stattdessen stellt er allein auf den Normtext von Art. 49, 54 AEUV ab und zieht daraus die Schlussfolgerung, dass „die Inanspruchnahme der Niederlassungsfreiheit [...] zwingend die Anerkennung dieser Gesellschaften [als rechtsfähig] durch alle Mitgliedstaaten voraus[setzt], in denen sie sich niederlassen wollen". Die Negation der Rechtsfähigkeit der Gesellschaft niederländischen Rechts durch die deutsche Rechtspraxis stellt daher einen Eingriff in den Kernbereich der Niederlassungsfreiheit dar, der nach Ansicht des EuGH nicht zu rechtfertigen ist. Damit wurde diese wesentliche Rechtsfolge der Sitztheorie für europarechtswidrig erklärt (zur Sitztheorie bei Sitzverlegung einer in der Schweiz gegründeten AG nach Deutschland: *BGH*, NJW 2009, 289 – „Trabrennbahn").

Konsequenz der „Überseering"-Entscheidung des EuGH ist, dass für die **Zuzugsstaaten**   **543** von EU-ausländischen Gesellschaften aus Europarecht grundsätzlich eine **Rechtspflicht** besteht, die **originäre Gesellschaft als rechtsfähig anzuerkennen** und ihr damit eine identitätswahrende Sitzverlegung zu ermöglichen. Nur ausnahmsweise vermögen Gläubiger-, Minderheitsgesellschafter- oder Arbeitnehmerinteressen als zwingende Allgemeininteressen punktuelle Beschränkungen der Niederlassungsfreiheit zu rechtfertigen. Anders ist die Rechtslage dagegen, wenn der **Wegzugsstaat** im Falle der Verlegung des effektiven Hauptverwaltungssitzes einer Gesellschaft den Verlust der Rechtsfähigkeit anordnet: Hier besteht grundsätzlich ein **Auflösungsrecht**, weil eine aufgrund einer nationalen Rechtsordnung gegründete Gesellschaft jenseits dieser Rechtsordnung, die ihre Existenz regelt, keine Realität hat (vgl. *EuGH*, ECLI:EU:C:1988: 456 – „Daily Mail"; *EuGH*, ECLI:EU:C:2008:723 – „Cartesio").

Neben einer mitgliedstaatlichen Pflicht zur rechtlichen Anerkennung zugezogener   **544** Gesellschaften entnimmt der Gerichtshof der Niederlassungsfreiheit ein **Recht zur Durchführung von Unternehmensstrategien, die auf eine Vermeidung von in den nationalen Gesellschaftsrechtsordnungen statuierten Schutzbestimmungen gerichtet** sind. So ist es zulässig, eine Kapitalgesellschaft in einem Mitgliedstaat mit relativ leichten Gründungsvoraussetzungen zu errichten, aber die gesamte Gesellschaftstätigkeit über eine Zweigniederlassung in einem anderen EU-Mitgliedstaat abzuwickeln

(*EuGH*, ECLI:EU:C:1999:126 – „Centros"). Auch hier ermöglichen Verkehrsschutzbelange, schutzwürdige Belange der Minderheitsgesellschafter oder Arbeitnehmerschutzerwägungen nur im Einzelfall – und nicht generell – die Rechtfertigung von Eingriffen in die sekundäre Niederlassungsfreiheit gemäß Art. 49 Abs. 1 S. 2 AEUV (vgl. *EuGH*, ECLI:EU:C:2003:512 – „Inspire Art").

545   Diese Rechtsprechung des Gerichtshofs hat dazu geführt, dass sich vermehrt solche Gesellschaftsformen durchsetzen werden, die den Gesellschaftern mehr Flexibilität bieten und weniger Pflichten auferlegen. Manche sehen durch die potenzielle Zurückdrängung des im deutschen Kapitalgesellschaftsrecht hochgehaltenen Grundsatzes der Kapitalaufbringung und -erhaltung eine Unterminierung tradierter hoher Gläubigerschutzstandards; andere sehen in dieser Entwicklung die Chance, den aus ihrer Sicht im deutschen Rechtskreis überbewerteten Gläubigerschutzgedanken analog zum englischen und französischen Recht vornehmlich im Insolvenzrecht anzusiedeln, z.B. durch die Schaffung einer schärferen Geschäftsführerhaftung.

546   Für das europäische Gesellschaftsrecht von wesentlicher Bedeutung ist auch das Urteil des Gerichtshofs in der Rechtssache „SEVIC Systems" (*EuGH*, ECLI:EU:C:2005:762). Der 2002 zwischen der „SEVIC" – eine Gesellschaft mit Sitz in Deutschland – und der „Security Vision" – eine Gesellschaft mit Sitz in Luxemburg – geschlossene Vertrag sah die Auflösung der „Security Vision" ohne Abwicklung und die Übertragung ihres Vermögens als Ganzes auf die Gesellschaft „SEVIC" (Verschmelzung) ohne Änderung der Firma der Letztgenannten vor. Das zuständige Amtsgericht wies den Antrag auf Eintragung der Verschmelzung in das Handelsregister mit der Begründung zurück, dass § 1 Abs. 1 Nr. 1 Umwandlungsgesetz nur die Verschmelzung von Rechtsträgern vorsehe, die beide ihren Sitz in Deutschland haben. Der Gerichtshof sah hierin einen nicht zu rechtfertigenden Verstoß erstens gegen die primäre Niederlassungsfreiheit der aus dem EU-Ausland zuziehenden Gesellschaft und zweitens gegen die sekundäre Niederlassungsfreiheit des übernehmenden Rechtsträgers, d.h. der deutschen Gesellschaft. Grenzüberschreitende Sitzverlegungen mit Umwandlungen in eine nach nationalem Gesellschaftsrecht mögliche Gesellschaft betrifft schließlich die Rechtssache „Vale" (*EuGH*, ECLI:EU:C:2012:440), in welcher der EuGH das ungarische Umwandlungsrecht insofern als europarechtswidrig beanstandet hat, als dieses allein auf inländische Gesellschaften beschränkt war und Gesellschaften anderer Mitgliedstaaten die Umwandlung in eine ungarische Gesellschaft versagte.

6. Niederlassungsfreiheit und Rechtsharmonisierung

547   Das primäre Niederlassungsrecht wird flankiert durch zahlreiche sekundärrechtliche Maßnahmen. Ein Beispiel sind die insbesondere auf **Art. 50 Abs. 2 lit. g) AEUV** gestützten Richtlinien zur Harmonisierung der nationalen Gesellschaftsrechtsordnungen (**Europäisches Gesellschaftsrecht**). Auf diese Weise sollen die Hindernisse, die den Unternehmen bei grenzüberschreitenden Tätigkeiten im Wege stehen, beseitigt werden. Die Kommission tritt diesen Hemmnissen mit einer Doppelstrategie entgegen: Einmal werden die nationalen Gesellschaftsrechte vereinheitlicht, so dass in jedem Land nahezu gleiche Gründungs-, Verschmelzungs- oder Bilanzierungsvorschriften gelten. Zum anderen verfolgt die Kommission den Ansatz, ein von den nationalen Rechtsordnungen unabhängiges europäisches Gesellschaftsrecht zu formen.

So kann seit dem 1.7.1989 aufgrund der VO 2137/85 (ABl. EG 1985, L 199/1 ff.) supranational eine **Europäische Wirtschaftliche Interessenvereinigung (EWIV)** gegründet werden. Die EWIV soll die grenzüberschreitende Zusammenarbeit von Unternehmen und Angehörigen freier Berufe aus verschiedenen Mitgliedstaaten der Union fördern. Eine wirksam errichtete EWIV hat nach Art. 1 Abs. 2 VO 2137/85 „die Fähigkeit, im eigenen Namen Träger von Rechten und Pflichten jeder Art zu sein, Verträge zu schließen oder andere Rechtshandlungen vorzunehmen und vor Gericht zu stehen". Für die EWIV mit Sitz in Deutschland gilt gemäß § 1 AusführungsG das Recht der OHG. Damit ist die EWIV keine juristische Person, sondern eine Gesamthandsgemeinschaft. Sie macht selbst keine Gewinne, da sie für ein Stammunternehmen nur Hilfstätigkeiten ausübt. Sie darf keine Konzerne führen und nur eine begrenzte Zahl von Arbeitnehmern beschäftigen. Die Mitglieder der Vereinigung haften unbeschränkt und gesamtschuldnerisch. Aus dieser Struktur ergibt sich, dass sich die EWIV insbesondere als Rechtsform für die Errichtung von joint ventures und grenzüberschreitenden Kanzleien eignet. **548**

Auf der Konferenz von Nizza Ende 2000 wurde nach 30 Jahren politischer Auseinandersetzungen auch die **europaweite Aktiengesellschaft** auf den Weg gebracht. Die VO 2157/2001 (ABl. EG 2001, L 294/1 ff.) zur „Societas Europae" (SE) wurde formell am 8.10.2001 vom Rat verabschiedet. Europäische Aktiengesellschaften können seit dem 8.10.2004 gegründet werden, da die Verordnung zu diesem Zeitpunkt in Kraft trat. Ergänzt wird die VO 2157/2001 durch die Richtlinie 2001/86/EG (ABl. EG 2001, L 294/22 ff.) zur Stellung der Arbeitnehmer in der Europa-AG, die in Deutschland durch das Gesetz über die Beteiligung der Arbeitnehmer in der Europäischen Gesellschaft (SEBG) vom 22.12.2004 in nationales Recht überführt wurde. Das SEBG trat am 29.12.2004 gemeinsam mit dem Gesetz zur Ausführung der SE-Verordnung in Kraft. Aufgrund der neu geschaffenen Regeln können Unternehmen, die in mehreren Mitgliedstaaten Niederlassungen haben, als europäische Aktiengesellschaft gemeinschaftsweit nach einheitlichen Regeln arbeiten, ohne ein Netz von Tochtergesellschaften aufbauen zu müssen. Das dazugehörige Mitbestimmungsmodell sieht vor, dass EU-Staaten ohne Mitbestimmungsrecht nicht gezwungen werden können, im Wege eines Gesetzes die Mitentscheidung der Arbeitnehmer in Vorstand oder Aufsichtsrat einzuführen. Deutschen Arbeitnehmern garantiert die Richtlinie 2001/86/EG jedoch eine Übernahme ihrer Mitbestimmungsrechte in eine Europa-AG, wenn sie mindestens 25 % der Arbeitnehmer der neuen Gesellschaft stellen. **549**

In der Gemeinschaftspraxis ebenfalls sehr bedeutsam ist die **Ermächtigung des Art. 53 AEUV**. Nach Art. 53 AEUV kann der Rat Richtlinien erlassen, um die Aufnahme und Ausübung selbstständiger Tätigkeiten zu erleichtern. Die Richtlinien des Art. 53 Abs. 1 AEUV bezwecken eine gegenseitige Anerkennung der Diplome, Prüfungszeugnisse und sonstigen Befähigungsnachweise (**„Anerkennungsrichtlinien"**). Die Richtlinien des Art. 53 Abs. 2 AEUV dienen der Koordinierung der Rechts- und Verwaltungsvorschriften über die Aufnahme und Ausübung selbstständiger Tätigkeiten (**„Koordinierungsrichtlinien"**). **550**

551 Auf der Grundlage dieser Befugnisse hat der Rat ursprünglich **Koordinierungsricht-linien** für **einzelne Berufsgruppen** erlassen, so z.B. für Ärzte, Apotheker und Architek-ten. Eine Harmonisierung mittels solcher berufsspezifischer Richtlinien bewirkt eine – sicherlich im Rahmen der Union erstrebenswerte – weitgehende Übereinstimmung der einzelnen nationalen Berufsordnungen. Es stellte sich jedoch heraus, dass diese sektorale Vorgehensweise auf Dauer zu aufwändig und zeitraubend war. Angesichts dieser Schwierigkeiten setzte sich immer mehr ein **neues Harmonisierungskonzept** durch: Statt einer gesonderten Koordinierung einzelner Berufe wurde über Richtlinien ein **allgemeines**, **berufsübergreifendes Anerkennungssystem** geschaffen, insbeson-dere mittels der Hochschuldiplomanerkennungsrichtlinie 89/48/EWG (ABl. EG 1989, L 19/16 ff.). Neben den Anerkennungsrichtlinien waren weiterhin Koordinierungsricht-linien für Ärzte, Krankenschwestern und Krankenpfleger, Zahnärzte, Tierärzte, Hebam-men, Apotheker sowie Architekten in Kraft.

552 Am 6.6.2005 verabschiedete die EU die **Richtlinie 2005/36/EG über die Anerken-nung von Berufsqualifikationen** (ABl. EG 2005, L 255/22 ff.). Darin werden die zuvor genannten Richtlinien zusammengefasst (einschließlich der Richtlinie 89/48/EWG, de-ren Anerkennungsmechanismus im Grundsatz übernommen wurde), was zu einem einfacheren und klareren Vorschriftenwerk für die betreffenden Berufe führen soll. Die Richtlinie 2005/36/EG beschränkt sich aber nicht nur auf die vorgenannten Berufe, sondern wählt einen generellen Ansatz, um die verschiedensten Berufe (z.B. Steuerbe-rater, Psychologen, Ingenieure, Hebammen, Fußpfleger, Schuster, Immobilienmakler, Elektriker oder Gärtner) einem einheitlichen Rechtsregime zu unterwerfen. Dabei werden Berufsqualifikationen auf der Basis eines zwischen den Mitgliedstaaten abge-stimmten Systems von Mindeststandards anerkannt. Jeder Bürger, der in einem ande-ren EU-Staat einen „regulierten" Beruf ausüben will, muss über dieselben Qualifikatio-nen verfügen wie die in diesem Beruf tätigen Staatsangehörigen des Gastlandes. Ist das Ausbildungsniveau in Heimat- und Gastland nicht identisch, muss der Qualifika-tionslevel mindestens direkt unter dem liegen, der für das Ausüben des Berufes im Gastland benötigt wird. Das allgemeine System zur Anerkennung verwehrt es aber keinem Mitgliedstaat, Berufsregeln vorzuschreiben. Das gilt insbesondere für Regeln hinsichtlich der Organisation des Berufs, beruflichen Standards oder Vorschriften für die Kontrolle und Haftung. Die Richtlinie 2005/36/EG sieht ferner eine Vereinfachung der Bedingungen für die grenzüberschreitende Erbringung von Dienstleistungen ge-genüber den Bedingungen vor, die für die Niederlassungsfreiheit gelten; damit soll ein weiterer Beitrag zur Flexibilität von Arbeits- und Dienstleistungsmärkten geleistet wer-den. Ausgenommen von der Richtlinie 2005/36/EG sind freilich Tätigkeiten, die mit der Ausübung öffentlicher Gewalt i.S.v. Art. 45 Abs. 4, Art. 51 Abs. 1 AEUV verbunden sind.

553 Unberührt von der Richtlinie 2005/36/EG bleiben die **Richtlinien über die Ausübung des Rechtsanwaltsberufs** (RL 98/5/EG; RL 77/249/EWG, je zuletzt geändert durch die RL 2013/25/EU), weil sie nicht auf die Anerkennung der Berufsqualifikationen ausge-richtet sind, sondern auf die Anerkennung der Genehmigung zur Berufsausübung. Dies hat zur Folge, dass sich die Anerkennung von Qualifikationsnachweisen für die Aus-übung des Anwaltsberufes nach der Richtlinie 2005/36/EG richtet; mit der Folge, dass die Mitgliedstaaten trotz grundsätzlicher Anerkennung der Gleichwertigkeit die Möglichkeit haben, von ausländischen Bewerbern einen Anpassungslehrgang oder eine Eignungsprüfung zu verlangen. Zudem eröffnet die 1998 verabschiedete Freizügigkeitsrichtlinie (RL 98/5/EG) Anwälten aus anderen Mitgliedstaaten zwei weitere Wege zu einer Niederlassung im EU-Ausland. Zunächst ist eine Tätigkeit – etwa die uneingeschränkte Rechtsberatung im Recht des Aufnahmestaats, im internationalen Recht und im Recht des Herkunftsstaats – als sog. „registrierter Anwalt" möglich. Alternativ kann ein Anwalt sich auch in die Anwaltschaft des Aufnahmestaats integrieren lassen, indem er die Berufsbezeichnung des Aufnahmestaats erwirbt („vollintegrierter Anwalt"). Luxemburg versuchte, die Freizügigkeitsrichtlinie vor dem Gerichtshof zu Fall zu bringen. Der Gerichtshof wies die Nichtigkeitsklage jedoch ab und bestätigte die Richtlinie 98/5/EG (*EuGH*, ECLI:EU:C:2000:598 – „Luxemburg/Europäisches Parlament und Rat der EU").

Im Zusammenhang mit der Transformation der Richtlinie 98/5/EG hat man es für sinnvoll erachtet, die bisher verstreut geregelten Vorschriften über Rechtsanwälte aus anderen Mitgliedstaaten in einem einheitlichen Regelungswerk, dem **„Gesetz über die Tätigkeit europäischer Rechtsanwälte in Deutschland"** – kurz: EuRAG – (BGBl. 2000 I, 182 ff.), zusammenzufassen. Rechtsanwälte aus dem EU-Ausland können danach in Deutschland als Rechtsanwalt zugelassen werden, wenn sie zuvor eine Eignungsprüfung abgelegt haben. Die Eignungsprüfung stellt im Vergleich zu den Juristischen Staatsprüfungen weitaus **geringere Anforderungen** und soll nur überprüfen, ob ein ausländischer Rechtsanwalt in der Lage ist, den Anwaltsberuf in der Bundesrepublik auszuüben (vgl. zur Rechtsanwaltszulassung in diesem Kontext: *BGH*, NJW 2003, 3706). **554**

Weiterführende Literatur: *Fischer/Fetzer*, Fälle zum Europarecht, 9. Auflage 2019, Fall 9 – Zwangsmitgliedschaft IHK, Fall 10 – Ballermanns Leiden; *Drugola*, Europäische Niederlassungsfreiheit vor der Rolle rückwärts? EuZW 2013, 569 ff.; *Hammen*, Der praktische Fall – Europäisches Gesellschaftsrecht: Vertretung der Europäischen Wirtschaftlichen Interessenvereinigung und Haftung ihrer Mitglieder, JuS 2002, 571 ff.; *Kilian*, Freizügigkeit der Anwälte in der EU, JA 2000, 429 ff.; *Kluth/Rieger*, Die neue EU-Berufsanerkennungsrichtlinie – Regelungsgehalt und Auswirkungen für Berufsangehörige und Berufsorganisationen, EuZW 2005, 486 ff.; *Vetter/Warnecke*, Anerkennung von Diplomen anderer Mitgliedstaaten für Ausbildungszwecke – EuGH, EuZW 2004, 61 (Morgenbesser), JuS 2005, 113 ff.; *Walzel/Becker*, Zu Risiken und Nebenwirkungen der Niederlassungsfreiheit, Jura 2008, 151 ff.

D. Die Dienstleistungsfreiheit

I. Struktur der Dienstleistungsfreiheit

Es ist ein wesentliches Ziel des europäischen Binnenmarktes, Hindernisse für den freien Dienstleistungsverkehr zwischen den Mitgliedstaaten zu beseitigen. Dies erfolgt im Wesentlichen über die **Art. 56 bis 62 AEUV** und ergänzend über den Erlass von sekundärem Unionsrecht. **555**

Von zentraler Bedeutung ist Art. 56 Abs. 1 AEUV, der Beschränkungen des freien Dienstleistungsverkehrs innerhalb der Union für Angehörige der Mitgliedstaaten, die in einem anderen Staat der Union als demjenigen des Leistungsempfängers ansässig sind, verbietet. Der Begriff der Dienstleistung wird in Art. 57 AEUV definiert; Art. 58, Art. 59 und **556**

Art. 61 AEUV enthalten sodann Sonderregelungen. Art. 62 AEUV beinhaltet eine Verweisungsnorm auf Art. 51 bis 54 AEUV, so dass sich aus Art. 62 i.V.m. Art. 51 Abs. 1 sowie Art. 52 Abs. 1 AEUV Freistellungsgründe für bestimmte Beschränkungen der Freiheit des Dienstleistungsverkehrs ergeben. Art. 59 Abs. 1 AEUV und Art. 62 i.V.m. Art. 53 AEUV statuieren Rechtsetzungskompetenzen für die Union auf dem Gebiet der Dienstleistungsfreiheit.

557 Die Dienstleistungsfreiheit hat die Funktion eines **Auffangtatbestandes**. Dies bedeutet: Die Marktfreiheit greift zur Vermeidung von Schutzlücken im Binnenmarktkonzept (Art. 26 Abs. 2 AEUV) ein, soweit nicht die Freiheiten des Waren-, Personen- oder Kapitalverkehrs einschlägig sind (Art. 57 Abs. 1 AEUV). Die grundsätzliche Subsidiarität der Dienstleistungsfreiheit gegenüber den anderen Grundfreiheiten impliziert zugleich, dass sie sowohl zu den Produktverkehrsfreiheiten (Art. 34, Art. 35, Art. 63 Abs. 1 AEUV) als auch zu den Personenverkehrsfreiheiten (Art. 45, Art. 49 AEUV) enge Bezüge aufweist. Der freie Dienstleistungsverkehr hat somit eine Zwitternatur.

557a Hinsichtlich des subsidiären Charakters der Dienstleistungsfreiheit ist zu beachten, dass dieser nicht zum Tragen kommt, wenn sich das geschützte Verhalten eindeutig in separat bewertbare Teilbereiche auspalten lässt oder die Abgrenzung nach dem **Schwerpunkt** der Tätigkeit ergibt, dass die neben der Dienstleistungsfreiheit betroffene Grundfreiheit als nur völlig zweitrangig zu bewerten ist. So hat der EuGH beispielsweise im aktuellen Fall zur Unionswidrigkeit der Einführung einer deutschen **Infrastrukturabgabe** oder **„Maut"** (*EuGH*, ECLI:EU:C:2019: 504 – Österreich/Deutschland) entschieden, dass durch die Erhebung einer solchen Infrastrukturabgabe Fälle denkbar sind, in denen die Warenverkehrsfreiheit schwerpunktmäßig betroffen ist, beispielsweise bei der unentgeltlichen Warenbeförderung mit dem eigenen Kfz, aber auch solche, die die Dienstleistungsfreiheit im Schwerpunkt beinhalten, wenn z.B. der ausländische Leistungserbringer nach Deutschland begibt, um dort eine Dienstleistung zu erbringen. Die Grundfreiheiten sind dann nebeneinander zu prüfen. Zudem kann eine Beschränkung auch nur an der vorrangigen Dienstleistungsfreiheit zu messen sein, wenn innerhalb eines Leistungsbündels die Dienstleistungselemente eindeutig überwiegen und sich die Warenlieferung nur als Modalität der Dienstleistungserbringung ohne Selbstwert oder Eigenzweck darstellt. Dies hat der Gerichtshof für die Darbietung von Speisen und Getränken in einem niederländischen Coffeeshop angenommen, wonach dabei die Bewirtungstätigkeit gegenüber der Warenlieferung eindeutig den Schwerpunkt bilde (vgl. *EuGH*, ECLI:EU:C:2010:774 – Josemans, „Coffeeshop"). Vergleichbar hat der Gerichtshof im Fall „Laserdrome" entschieden, dass bei einem Franchisevertrag, der neben der Überlassung der Durchführung der Spielidee auch die der dafür speziell entwickelten Ausrüstung beinhalte, vordergründig die Überlassung der Spielidee betroffen sei. Untersagt werden würde in einem solchen Fall die Durchführung der Spielidee, während die Lieferung der Ausrüstung völlig in den Hintergrund trete (*EuGH*, ECLI:EU:C:2004:614 – Omega, „Laserdrome").

II. Anwendungsbereich der Dienstleistungsfreiheit

Eine Anwendbarkeit der Dienstleistungsfreiheit setzt die Einschlägigkeit des persönli-   **558**
chen, sachlichen und räumlichen Geltungsbereichs voraus. In **persönlicher** Hinsicht
werden alle Unionsbürger und die ihnen über Art. 62, Art. 54 AEUV gleichgestellten
Gesellschaften erfasst. In **sachlicher** Hinsicht liegt eine Dienstleistung i.S.v. Art. 57
AEUV dann vor, wenn eine nicht-körperliche Leistung selbstständig (in der Regel) gegen Entgelt ausgeführt wird: Das Merkmal der nicht-körperlichen Leistung dient der
Abgrenzung zur Warenverkehrsfreiheit und umfasst Tätigkeiten im gewerblichen, kauf-
männischen, handwerklichen oder freiberuflichen Bereich (Art. 57 Abs. 2 AEUV). Darunter fallen etwa die Ausstrahlung von Fernsehsendungen, die Vornahme von medizinischen Behandlungen oder die Erbringung von Telekommunikationsdiensten. Die
Selbstständigkeit wird wie bei der Niederlassungsfreiheit definiert und dient der
Abgrenzung zur Arbeitnehmerfreizügigkeit. Die Entgeltlichkeit ist weit zu verstehen.
Darunter ist jede geldwerte Gegenleistung für die ursprünglich erbrachte Leistung zu
subsumieren. Zwar kommt es an dieser Stelle nicht auf das Vorliegen eines synallag-
matischen Austauschverhältnisses von Leistung und Gegenleistung an. Gleichwohl ist
erforderlich, dass die geldwerte Gegenleistung zumindest im Hinblick auf die Dienstleistung erfolgt. So hat der EuGH die Entgeltlichkeit unter anderem bejaht, wenn ein
Kabelnetzbetreiber für Programmproduzenten Dienste erbringt und die geldwerte Gegenleistung aus den Gebühren der Teilnehmer und aus Werbeeinnahmen besteht. An
der Entgeltlichkeit fehlt es jedoch, wenn ein Straßenmusikant zwar um die Zahlung
von Geld bittet und gewisse Beträge erhält, deren Höhe jedoch weder bestimmt noch
bestimmbar ist. In **räumlicher** Hinsicht ist ein grenzüberschreitendes Element erforderlich; typischerweise muss der Erbringer der Dienstleistung, der Empfänger der
Dienstleistung oder die Dienstleistung als solche die Grenzen von Mitgliedstaaten
überschreiten.

Es sind daher drei Formen denkbar, in denen eine Dienstleistung i.S.d. Art. 56 AEUV   **559**
erbracht werden kann: Zunächst ist Art. 56 AEUV einschlägig, wenn sich der Leistungserbringer zur Ausführung seiner Tätigkeit vorübergehend in einen anderen Mitgliedstaat begibt (**aktive Dienstleistungsfreiheit**); also z.B., wenn ein französischer Rechtsanwalt für seinen deutschen Mandanten einen Gerichtstermin in der Bundesrepublik
wahrnimmt. Art. 56 Abs. 1 AEUV gilt aber über seinen Wortlaut hinaus auch in den
Fällen, in denen sich der Empfänger der Dienstleistung zu dem Leistenden in dessen
Heimatstaat begibt (**passive Dienstleistungsfreiheit**); so dass etwa der touristische
Aufenthalt in einem Hotel in einem anderen EU-Mitgliedstaat von der Dienstleistungs-
freiheit erfasst wird. In diesem Fall kann sich nicht nur der Erbringer, sondern auch der
Empfänger der Dienstleistung (also etwa der Tourist) auf Art. 56 AEUV berufen (*EuGH*,
ECLI:EU:C:1999:6 – „Calfa"). Schließlich findet Art. 56 AEUV selbst dann Anwendung,
wenn allein die Dienstleistung die Grenze überschreitet, der Leistende und der Emp-
fänger aber in ihrem Heimatstaat verbleiben (sog. **Korrespondenzdienstleistung**).
Beispiele für solche Korrespondenzdienstleistungen sind der grenzüberschreitende
Rundfunk, das Versenden von Lotterielosen von einem Mitgliedstaat in einen anderen
(*EuGH*, EuZW 1994, 311 – „Schindler"), die Durchführung eines Franchisevertrags
zwischen zwei Unternehmen, die in unterschiedlichen Mitgliedstaaten ansässig sind

(*EuGH*, ECLI:EU:C:2004:614 – „Omega", „Laserdrome") oder das grenzüberschreitende Angebot von Glücksspielen über das Internet (*EuGH*, ECLI:EU:C:2009:519 – „Bwin"; zur Konfliktlage zwischen der Dienstleistungsfreiheit und nationalem Glücksspielrecht siehe auch *EuGH*, ECLI:EUC:2014:1756 – „Digibet"; *EuGH*, ECLI:EU:C:2012:454 – „HIT").

560   **Ausgenommen vom Anwendungsbereich** der Dienstleistungsfreiheit sind dagegen gemäß Art. 62 i.V.m. Art. 51 Abs. 1 AEUV solche Tätigkeiten, die dauernd oder zeitweise mit der **Ausübung öffentlicher Gewalt** verbunden sind.

III. Die Dienstleistungsfreiheit als Beschränkungsverbot

561   Ebenso wie im Rahmen des Niederlassungsrechts stellt sich auch bei der Dienstleistungsfreiheit die Frage, wie der Begriff der **„Beschränkung"** i.S.d. Art. 56 Abs. 1 AEUV auszulegen ist. Unbestrittenermaßen sind darunter direkte und indirekte **Diskriminierungen** aufgrund der Staatsangehörigkeit zu subsumieren (Art. 57 Abs. 3 AEUV).

562   Beispiel: *EuGH*, **ECLI:EU:C:1999:212 – „Ciola"**

Der österreichische Staatsangehörige C vermietet gewerbsmäßig Bootsliegeplätze in Bregenz am Bodensee, wobei er eine Genehmigung erhielt, auf seinem Ufergrundstück 200 Liegeplätze einzurichten. Durch das österreichische Bundesland Vorarlberg wird ihm vorgegeben, maximal 60 Liegeplätze an Eigner mit Wohnsitz im Ausland zu vermieten. Kann sich C, der das zulässige Ausländerkontingent von 60 Liegeplätzen überschreiten möchte, zu seinem Schutz auf Art. 56 AEUV berufen?

Die Vermietung der Bootsliegeplätze stellt die Erbringung einer Dienstleistung dar. Einschlägig ist die passive Dienstleistungsfreiheit, da der freie Dienstleistungsverkehr auch die Freiheit eines Leistungsempfängers einschließt, sich zur Inanspruchnahme einer Dienstleistung in einen anderen Mitgliedstaat zu begeben. In diesem Fall kann sich – neben dem Leistungsempfänger – auch der Leistungserbringer gegenüber seinem Heimatstaat auf die Freiheit des Dienstleistungsverkehrs berufen, sofern die Leistung an einen Leistungsempfänger erbracht wird, der in einem anderen Mitgliedstaat ansässig ist. Art. 56 AEUV beinhaltet ein Verbot jeglicher Diskriminierungen. Zwar wird die Beschränkung der Zahl der Liegeplätze, die an gebietsfremde Bootseigner vergeben werden können, nicht auf deren Staatsangehörigkeit gestützt, so dass sie nicht als direkte Diskriminierung angesehen werden kann. Entscheidendes Kriterium für die Beschränkung ist jedoch der Ort, an dem diese Bootseigner ihren Wohnsitz haben. Bei einer nationalen Rechtsvorschrift, die eine Unterscheidung aufgrund des Kriteriums des Wohnsitzes trifft, besteht die Gefahr, dass sie sich hauptsächlich zum Nachteil der Angehörigen anderer Mitgliedstaaten auswirkt, da Gebietsfremde meist Ausländer sind. Es handelt sich daher um eine – von Art. 56 AEUV ebenfalls erfasste – indirekte Diskriminierung. Zu einem weiteren Beispielsfall eines Wohnsitzerfordernisses als Diskriminierung: *EuGH*, ECLI:EU:C:2014:54 – „IPTM".

563   Neben Diskriminierungen umfasst Art. 56 AEUV auch ein Verbot der Errichtung von Hindernissen durch unterschiedslos wirkende Maßnahmen (**Beschränkungsverbot**; vgl. *EuGH*, ECLI:EU:C:1986:463 – „Versicherungsfreiheit"). Hiernach werden alle nationalen Maßnahmen erfasst, die geeignet sind, die Tätigkeiten des Dienstleistenden im Inland, der in einem anderen Mitgliedstaat ansässig ist, zu unterbinden, zu behindern oder weniger attraktiv zu machen (so z.B. *EuGH*, ECLI:EU:C:2006:49– „Kommission/ Deutschland"; *EuGH*, ECLI:EU:C:2009:519 Tz. 51 – „Bwin"; *EuGH*, ECLI:EU:C:2019:504 – „Österreich/Deutschland", „Maut-Urteil"). Allerdings geht die überwiegende Auffassung in der Literatur in Anlehnung an den Grundgedanken der „Keck"-Formel davon aus, dass der Anwendungsbereich des Beschränkungsverbots auf solche nationalen Hindernisse begrenzt ist, die den grenzüberschreitenden Marktzugang als solchen betreffen. Auch in der Rechtsprechung des Gerichtshofs finden sich vergleichbare Ansätze zur Eingrenzung des Beschränkungsbegriffs (vgl. *EuGH*, ECLI:EU:C:2005:518 – „Mobistar"; *EuGH*, ECLI:EU:C:2019:504 – „Österreich/Deutschland", „Maut-Urteil").

Beispiele: *Eine Beschränkung des Marktzugangs hat der EuGH etwa in einer italienischen Regelung zur Festschreibung von Mindesthonoraren für Rechtsanwälte gesehen, da hierdurch ausländischen Anwälten die Möglichkeit genommen werde, gegenüber italienischen Anwälten mit niedrigeren Honoraren in Konkurrenz zu treten (EuGH, ECLI:EU:C:2006:758 – „Cipolla und Capodarte").*   564

Der Marktzugang wird ferner durch nationale Regelungen beschränkt, die die Ausübung von Tätigkeiten im Glücksspielsektor von einer staatlichen Konzession oder Genehmigung abhängig machen (EuGH, ECLI:EU:C:2003:597 – „Gambelli"; EuGH, ECLI:EU:C:2007:133 – „Placanica").

*Aktuell hat der EuGH im sog. **„Maut-Urteil"** (EuGH, ECLI:EU:C:2019:504 – „Österreich/ Deutschland") entschieden, dass auch die Erhebung einer Maut bzw. **Infrastrukturabgabe** in Deutschland, die bei in Deutschland zugelassene PKW steuerentlastend bei der Kraftfahrzeugsteuer geltend gemacht werden kann, geeignet ist, sowohl ausländischen Dienstleistungserbringern als auch ausländischen Dienstleistungsempfängern den Zugang zum deutschen Markt zu behindern. Die Infrastrukturabgabe könne nämlich aufgrund der Steuerentlastung bei der Kraftfahrzeugsteuer entweder die Kosten der Dienstleistungen erhöhen, die von diesen Dienstleistern in Deutschland erbracht werden, oder die Kosten erhöhen, die sich für diese Dienstleistungsempfänger daraus ergeben, dass sie sich in diesen Mitgliedstaat begeben, um die Dienstleistung in Anspruch zu nehmen.*

IV. Schranken der Dienstleistungsfreiheit

Art. 62 AEUV ordnet an, dass die Bestimmungen der Art. 51 bis Art. 54 AEUV auch auf den Bereich der Dienstleistungen Anwendung finden. Damit ist klargestellt, dass die **„ordre public"-Klausel** des Art. 52 Abs. 1 AEUV die aus Art. 56 AEUV fließenden Gewährleistungen begrenzt. Daneben können Beschränkungen der Dienstleistungsfreiheit auch über **immanente Schranken** gerechtfertigt werden. Über die immanenten Schranken kann eine nationale Beschränkung gerechtfertigt werden, wenn sie zwingenden Gründen des Allgemeinwohls entspricht, geeignet ist, die Verwirklichung des mit ihr verfolgten Ziels zu gewährleisten, und nicht über das hinausgeht, was zur Erreichung dieses Ziels erforderlich ist (so z.B. *EuGH*, ECLI:EU:C:2006:758 Tz. 61 – „Cipolla und Capodarte"). Eine Aufzählung der vom Gerichtshof in ständiger Rechtsprechung anerkannten zwingenden Gründe des Allgemeininteresses findet sich auch in Art. 4 Nr. 8 der Ende 2006 verabschiedeten Dienstleistungsrichtlinie, wo u.a. der Schutz der Verbraucher, der Dienstleistungsempfänger und der Arbeitnehmer, die Betrugsbekämpfung, der Schutz der Umwelt und der städtischen Umwelt, der Schutz des geistigen Eigentums sowie Ziele der Sozialpolitik und Ziele der Kulturpolitik genannt werden. Schließlich können im Rahmen der Rechtfertigung auch die **europäischen Grundrechte** Bedeutung erlangen.   565

Beispiel: ***EuGH*, ECLI:EU:C:2004:614 – „Omega", „Laserdrome"**   566
Der britische Unternehmer B überlässt an einen in Deutschland ansässigen Spielhallenbetreiber S ein Spielkonzept, bei dem die Mitspieler in einem Hallenparcours mit Laserlicht emittie-

renden Pistolen und mit laserlichtsensiblen Westen ausgestattet werden, aufeinander und auf im Parcours fest installierte Ziele schießen und für Treffer mit Punkten belohnt bzw. mit Punktabzug bestraft werden; wobei ein Computer am Ende ein Gesamtergebnis pro Spieler ausrechnet und so ein „Gewinner" ermittelt werden kann. Deutsche Ordnungsbehörden untersagen S auf der Grundlage der polizeirechtlichen Generalklausel den Betrieb seiner Spielstätte unter Verwendung des besagten Spielkonzepts. Das simulierte Töten von Menschen verletze die Menschenwürdegarantie aus Art. 1 Abs. 1 GG. Ist die durch die Untersagungsverfügung bedingte Beschränkung der Dienstleistungsfreiheit (Art. 56 AEUV) des B durch den ordre public gerechtfertigt?

Die Beschränkung des freien Dienstleistungsverkehrs – dieser ist hier betroffen, weil ein Spielkonzept im Rahmen eines Franchisings überlassen wurde – könnte aus Gründen der öffentlichen Ordnung gemäß Art. 62, 52 Abs. 1 AEUV gerechtfertigt sein. Eine Berufung auf die öffentliche Ordnung ist nur möglich, wenn eine tatsächliche und hinreichend schwere Gefährdung vorliegt, die ein Grundinteresse der Gesellschaft berührt. Insoweit ist den zuständigen innerstaatlichen Behörden ein Beurteilungsspielraum innerhalb der durch den AEUV gesetzten Grenzen zuzubilligen. Im Ausgangsverfahren waren die Gerichte der Ansicht, dass die von der Untersagungsverfügung betroffene Betätigung eine Gefahr für die öffentliche Ordnung darstellt, weil die gewerbliche Veranstaltung von Unterhaltungsspielen mit simulierten Tötungshandlungen an Menschen gegen die Menschenwürde gemäß Art. 1 Abs. 1 GG verstößt.

Der Gerichtshof ist diesem Ansatz gefolgt: Der in dem simulierten Töten von Menschen liegende Verstoß gegen die Menschenwürdegarantie des Grundgesetzes stelle eine tatsächliche und hinreichend schwere Gefährdung dar, die ein Grundinteresse der deutschen Gesellschaft berühre. Dass die Menschenwürde nicht in allen Verfassungen der Mitgliedstaaten ausdrücklich geschützt wird, stehe deren Anerkennung als legitimer Belang nicht entgegen, da die konkreten Umstände, die möglicherweise die Berufung auf den Begriff der öffentlichen Ordnung rechtfertigten, von Land zu Land und im zeitlichen Wechsel verschieden seien. Weiterhin sei die Menschenwürde als allgemeiner Grundsatz des Unionsrechts anerkannt. Zudem sei die Untersagungsverfügung mangels anderer ersichtlich milderer Mittel auch verhältnismäßig. Die Beschränkung der Dienstleistungsfreiheit ist daher gerechtfertigt.

567   Der Beispielsfall belegt zugleich, dass der Gerichtshof den Beurteilungsspielraum der Mitgliedstaaten bei der inhaltlichen Ausfüllung der öffentlichen Ordnung durch seine Rechtsprechung eingegrenzt hat: So wird man der Bezugnahme des Gerichtshofes in der „Omega"-Entscheidung auf die europäische Menschenwürdegarantie (vgl. auch Art. 1 GRCh) wohl die implizite Aussage entnehmen können, dass die Mitgliedstaaten keine nationalen Belange als Grundinteresse anführen dürfen, die gegen Wertungen des Unionsrechts verstoßen. Ferner folgt aus der Definition der tatsächlichen und hinreichend schweren Gefährdung, dass eine qualifizierte Gefährdungsschwelle überschritten sein muss, bevor der ordre public zum Zuge kommt. Deshalb reicht allein eine Verletzung nationaler Rechtsvorschriften nicht aus, eine Gefährdung zu bejahen.

V.   Die Dienstleistungsfreiheit und der Export von Sozialleistungen

568   In der jüngeren Vergangenheit hat sich gezeigt, dass das Europarecht auch bei der Ausgestaltung der nationalen Systeme sozialer Sicherheit nicht ausgeblendet werden darf. Die meisten Fälle, in denen sich der Gerichtshof mit dem **Export von Sozialleistungen** zu beschäftigen hatte, betrafen die Freiheit des Dienstleistungsverkehrs. In der Hauptsache ging es bei den zu entscheidenden Fällen um die Beantwortung der Frage, ob und inwieweit für inländische Krankenkassen gegenüber den Anbietern medizinischer

Leistungen, die in einem anderen EU-Mitgliedstaat ansässig sind, eine **Erstattungspflicht** besteht. Der Gerichtshof hat dabei eine Rechtsprechungslinie herausgebildet, die durch folgende Grundsätze bestimmt wird:

Die **Mitgliedstaaten** haben die **Zuständigkeit zur Ausgestaltung ihrer Systeme der**   **569** **sozialen Sicherheit**. In Ermangelung einer Harmonisierung der Materie auf Unionsebene bestimmt somit das Recht eines jeden EU-Mitgliedstaates, unter welchen Voraussetzungen zum einen ein Recht auf Anschluss an ein System der sozialen Sicherheit besteht und zum anderen ein Anspruch auf Leistung gegeben ist. Gleichwohl müssen die Mitgliedstaaten **bei der Ausübung dieser Befugnis** hinsichtlich der Auswirkungen auf den Binnenmarkt **das Unionsrecht beachten** (*EuGH*, ECLI:EU:C:2001:404 Tz. 44 ff. – „Peerbooms").

Genehmigungserfordernisse beim Bezug medizinischer Leistungen im EU-Ausland,   **570** die bisher zentraler Prüfungsgegenstand in den Verfahren vor dem Gerichtshof waren, verkörpern regelmäßig rechtfertigungsbedürftige Beschränkungen des freien Dienstleistungsverkehrs. Der Gerichtshof steht indes auf dem Standpunkt, dass Eingriffe in Art. 56 AEUV prinzipiell durch die zwingenden Erfordernisse des Gesundheitsschutzes sowie zur Vermeidung einer Gefährdung des finanziellen Gleichgewichts der inländischen Systeme der sozialen Sicherheit gerechtfertigt werden können, auch wenn letzteres Allgemeininteresse einen wirtschaftlichen Charakter aufweist (*EuGH*, ECLI:EU: C:2001:400 Tz. 48 – „Vanbraekel"). Im Rahmen der Verhältnismäßigkeitsprüfung unterscheidet der Gerichtshof zwischen Genehmigungserfordernissen von medizinischen Leistungen, die die frei praktizierenden Ärzte erbringen und solchen, die in Krankenhäusern ausgeführt werden: In der erstgenannten Situation ist das Genehmigungserfordernis grundsätzlich europarechtswidrig, da keine unmittelbaren Auswirkungen auf die finanzielle Stabilität der Sozialsysteme zu befürchten seien (*EuGH*, ECLI:EU:C: 1998:171 – „Kohll"). Anders ist die Rechtslage dagegen in der zweiten Konstellation, denn bei der Krankenhausversorgung muss ständig ein ausgewogenes Angebot qualitativ hochwertiger medizinischer Leistungen in ausreichendem Maße zugänglich sein; außerdem müssen die Kosten beherrschbar bleiben. Daraus folge die Zulässigkeit von nationalen Genehmigungserfordernissen seitens der Krankenkassen (*EuGH*, ECLI:EU: C:2001:404 – „Peerbooms"); wobei aber dem Verhältnismäßigkeitsgrundsatz entsprochen werden muss (*EuGH*, ECLI:EU:C:2006:325 – „Watts"; zur Übertragung der Rechtsprechungsgrundsätze auf das deutsche Beihilferecht: *EuGH*, ECLI:EU:C:2004:161 – „Leichtle").

Der Vollständigkeit halber sind in diesem Zusammenhang noch zwei Urteile des EuGH   **571** zum Export von Sozialleistungen zu erwähnen, die im Rahmen der Warenverkehrsfreiheit eine Rolle spielten. Als erstes ist das Urteil des Gerichtshofs im Fall „Decker" zu nennen. Darin urteilten die Europarichter, dass die Ablehnung der Erstattung der Kosten für den Kauf einer Brille in einem anderen Mitgliedstaat der Union von der inländischen Krankenkasse nicht mit dem Fehlen einer Genehmigung begründet werden dürfe (*EuGH*, ECLI:EU:C:1998:167 – „Decker"). Ebenso kippte der EuGH das deutsche Verbot des Versandhandels mit Arzneimitteln, die nur in Apotheken verkauft werden dürfen (*EuGH*, ECLI:EU:C:2003:664 – „DocMorris"; vgl. aber auch *EuGH*, ECLI:EU:C: 2008:492 – „Kommission/Deutschland" zu einer gerechtfertigten Beschränkung der

Warenverkehrsfreiheit in Bezug auf eine Arzneimittelversorgung von Krankenhäusern). **Zusammenfassend** lässt sich festhalten, dass die europarechtliche Rechtsprechung die Grundfreiheiten zunehmend dazu instrumentalisiert, mitgliedstaatliche Hindernisse beim Export von Sozialleistungen zu beseitigen (zur Niederlassungsfreiheit: *EuGH*, ECLI:EU:C:2009:141 – „Hartlauer").

VI. Dienstleistungsfreiheit und Rechtsharmonisierung

572 Art. 59 Abs. 1 AEUV und Art. 62 i.V.m. Art. 53 AEUV statuieren **Rechtsetzungskompetenzen für die EU** auf dem Gebiet der Dienstleistungsfreiheit. Auf der Grundlage dieser Vertragsvorschriften sind in den letzten Jahrzehnten zahlreiche Richtlinien zur Liberalisierung des innergemeinschaftlichen Dienstleistungsverkehrs ergangen.

573 Beispielhaft zu nennen sind die Fernsehrichtlinie (RL 2010/13/EU, ABl. EU 2010, L 95/1 ff.), die Arbeitnehmerentsenderichtlinie (RL 96/71/EG, ABl. EG 1997, L 18/1 ff., geändert durch die RL (EU) 2018/957, ABl. EU 2018, L 173/16 ff.) und die Rechtsanwaltsrichtlinie (RL 77/249/EWG, ABl. EG 1977, L 78/17 ff., zuletzt geändert durch die RL 2013/25/EU, ABl. EU 2013, L 158/368 ff.): Die **Fernsehrichtlinie** stellt Mindestanforderungen bezüglich Werbung, Jugendschutz sowie der Verwendung in Europa hergestellter Werke auf, die von den Mitgliedstaaten bei der Ausstrahlung von Fernsehsendungen zu beachten sind. Die **Arbeitnehmerentsenderichtlinie** erfasst Arbeitnehmer, die im Namen und unter der Leitung eines EU-Unternehmens Dienstleistungen für einen Empfänger in einem anderen Mitgliedstaat ausführen, die in eine Tochterfirma der Hauptniederlassung in einem anderen Mitgliedstaat entsandt werden sowie die Leiharbeitnehmer. Die Arbeitnehmerentsenderichtlinie regelt Mindestarbeitsbedingungen (z.B. Arbeitszeit, Löhne, Gesundheitsschutz), die durch den Staat des Dienstleistungsempfängers zu garantieren sind. Die **Rechtsanwaltsrichtlinie** erleichtert Rechtsanwälten aus anderen Mitgliedstaaten die tatsächliche Erbringung anwaltlicher Dienstleistungen im Sitzstaat des Dienstleistungsempfängers. Die Anwälte müssen hierzu lediglich in ihrem Mitgliedstaat zugelassen sein. Sie bedürfen in dem EU-ausländischen Staat, in dem sie eine anwaltliche Tätigkeit ausüben, hierzu weder eines Wohnsitzes noch einer Kammerzugehörigkeit. Sie müssen aber das für Anwälte des Aufnahmestaates geltende Berufs- und Standesrecht einhalten. Die Mitgliedstaaten können auch von dem EU-ausländischen Anwalt verlangen, ein „Einvernehmen" mit einem beim innerstaatlichen Gericht zugelassenen Anwalt herzustellen (hierzu *EuGH*, ECLI:EU:C:198:523 – „Kommission/Deutschland"; zur Ausübung der Dienstleistungsfreiheit durch Rechtsanwälte im Rahmen des EWR siehe EFTA, NJW 2014, 987).

574 Von besonderer Bedeutung ist die am 12.12.2006 beschlossene **Richtlinie 2006/123/EG über Dienstleistungen im Binnenmarkt** (ABl. EG 2006, L 376/36 ff.), die dem weiteren Abbau von Wettbewerbshindernissen im Binnenmarkt (und auch der Schaffung neuer Arbeitsplätze) dienen soll. Im Rechtsetzungsverfahren in besonderem Maße umstritten war das Herkunftslandprinzip, wonach der Erbringer der Dienstleistung nur dem Recht des Staates unterliegt, in dem er niedergelassen ist. Das Herkunftslandprinzip wurde – angesichts der Kritik mehrerer Mitgliedstaaten – immer mehr ver-

wässert und mit zahlreichen Ausnahmen versehen. Gemäß Art. 1 Abs. 6 der Richtlinie berührt die Richtlinie nicht gesetzliche oder vertragliche Bestimmungen über Arbeits- und Beschäftigungsbedingungen (also etwa zu Höchstarbeitszeiten oder Mindestlohnsätzen), sofern sie im Einklang mit dem Unionsrecht stehen. Art. 2 enthält zudem einen Katalog mit nicht erfassten Dienstleistungen, zu denen etwa Gesundheitsdienstleistungen und soziale Dienstleistungen gehören. Auch wird die Liberalisierung von Dienstleistungen von allgemeinem wirtschaftlichem Interesse nicht tangiert werden (vgl. Art. 1 Abs. 2), so dass Art. 17 eine Ausnahmebestimmung für die Sektoren der Elektrizitäts-, Gas- und Wasserversorgung sowie der Post und der Abfall-/Abwasserbeseitigung enthält. Inhaltlich orientiert sich die Dienstleistungsrichtlinie weitgehend an der Rechtsprechung des Gerichtshofs. Aus Art. 16 folgt, dass die Mitgliedstaaten zum einen das Recht zur Erbringung von grenzüberschreitenden Dienstleistungen zu achten haben. Zum anderen dürfen sie Anforderungen stellen, die aus Gründen der öffentlichen Ordnung, der öffentlichen Sicherheit, der öffentlichen Gesundheit oder des Schutzes der Umwelt gerechtfertigt sind; sofern dabei die Grundsätze der Nicht-Diskriminierung (aufgrund der Staatsangehörigkeit), der Erforderlichkeit und der Verhältnismäßigkeit beachtet werden.

Weiterführende Literatur: *Fischer/Fetzer*, Fälle zum Europarecht, 9. Auflage 2019, Fall 7 – Grenzenlose Ausbildung, Fall 12 – Reise mit Hindernissen, Fall 13 – Cold calling, Fall 14 – Laserdrome, Fall 18 – Arbeitsvermittlung durch staatliche Monopole, Fall 21 – Maut und Mindestlohn bei Transitfahrten; *Basedow*, Dienstleistungsrichtlinie, Herkunftslandprinzip und Internationales Privatrecht, EuZW 2004, 423 ff.; *Dörr*, Das Verbot gewerblicher Internetvermittlung von Lotto auf dem Prüfstand der EG-Grundfreiheiten, DVBl. 2010, 69 ff.; *Hatje*, Die Dienstleistungsrichtlinie – Auf der Suche nach dem liberalen Mehrwert – Auch eine Herausforderung für die Rechtsanwaltschaft?, NJW 2007, 2357 ff.; *Streinz*, Europarecht – Beschränkung der Grundfreiheiten zum Schutz der „öffentlichen Ordnung" (Menschenwürde), JuS 2005, 63 ff.; *Streinz*, Europarecht: Dienstleistungsfreiheit, JuS 2013, 275 ff.

E. Die Kapital- und die Zahlungsverkehrsfreiheit

I. Die Kapitalverkehrsfreiheit

1. Anwendungsbereich der Kapitalverkehrsfreiheit

In einem Binnenmarkt müssen nicht nur geldwerte Waren und Dienstleistungen umlauffähig sein oder Arbeitnehmer und Angehörige der freien Berufe ihren Tätigkeitsort frei wählen können, sondern es muss auch ein möglichst liberalisierter Kapitalfluss ermöglicht werden. Erst dann kann von einer unbeschränkten Mobilität der Produktionsfaktoren und Produkte die Rede sein. Aus diesem Grund regelt der AEUV die Freiheit des Kapitalverkehrs in Art. 63 Abs. 1 AEUV. Auch wenn im AEUV selbst – zur Konkretisierung des **sachlichen Anwendungsbereichs** – keine Definition des Kapitalverkehrs enthalten ist, handelt es sich dabei nach allgemeiner Meinung um **jede über die Grenze eines Mitgliedstaats der Union hinweg stattfindende einseitige Wertübertragung, die primär zu Anlagezwecken erfolgt.** Geschützte Werte sind Sachkapital (z.B. Unternehmensanteile, Immobilien) und Geldkapital (z.B. Darlehen, Kredite,

575

Wertpapiere); ebenso dem Kapitalbegriff zuzuordnen ist die grenzüberschreitende Übertragung eines Vermögens im Wege der Erbschaft.

576   Unter Zugrundelegung dieser Definition führt die Anwendung der Kapitalverkehrsfreiheit zu möglichen **Überschneidungen mit den übrigen Marktfreiheiten.** Dies gilt namentlich für das Verhältnis zu den Personenverkehrsfreiheiten sowie zur Dienstleistungsfreiheit. Unproblematisch ist in der Regel die Abgrenzung zu Art. 34, Art. 35 AEUV, denn hier besteht ein Exklusivitätsverhältnis: Dem **freien Warenverkehr** zuzuordnen sind entwertete Zahlungsmittel oder Wertpapiere, deren Bedeutung sich darin erschöpft, Sammlerobjekt zu sein.

577   Umstritten ist dagegen das **Konkurrenzverhältnis von Art. 63 Abs. 1 AEUV zu Art. 49 AEUV**, insbesondere bei Direktinvestitionen in ausländische Unternehmen. Da die Niederlassungsfreiheit gemäß Art. 49 Abs. 2 AEUV die Gründung und Leitung von Unternehmen umfasst, lässt sich der Anteilserwerb an einer Gesellschaft auch als Ausübung des Niederlassungsrechts qualifizieren, wenn er mit der Kontrolle über die Gesellschaft oder ihrer Leitung verbunden ist (vgl. *EuGH*, ECLI:EU:C:2000:205 Tz. 20 – „Baars"). Ausgehend von Art. 65 Abs. 2 AEUV, der eine Kollisionsregel für das Verhältnis von Art. 49 AEUV zu Art. 63 Abs. 1 AEUV enthält und dabei ein Nebeneinander beider Marktfreiheiten voraussetzt, wird man zunächst von einer **parallelen Anwendbarkeit beider Grundfreiheiten** auszugehen haben (so wohl auch *EuGH*, ECLI:EU:C:1999:271 Tz. 22 – „Konle"), dann aber die Grundfreiheit heranziehen, die schwerpunktmäßig betroffen ist: Art. 49 AEUV, soweit mittels der Investitionen Einfluss auf Entscheidungen des betreffenden Unternehmens ausgeübt werden soll; Art. 63 Abs. 1 AEUV, sofern bloße Portfolioinvestitionen zu Anlagezwecken getätigt werden. Dass Art. 63 Abs. 1 AEUV von Art. 49 AEUV verdrängt werden kann, wenn sachlich die Beherrschung einer Gesellschaft betroffen ist, entspricht mittlerweile der ständigen Rechtsprechung des Gerichtshofes (*EuGH*, ECLI:EU:C:2007:161 Tz. 27, 34 – „Test Claimants").

578   Ebenfalls nicht abschließend geklärt ist das **Verhältnis von Art. 63 Abs. 1 AEUV zu Art. 56 AEUV.** Zu Konkurrenzproblemen zwischen dem freien Kapitalverkehr und dem freien Dienstleistungsverkehr kommt es dabei namentlich auf dem Sektor der Finanzdienstleistungen.

579   **Beispiel:**   *EuGH,* **ECLI:EU:C:2006:631 – „Fidium Finanz AG"**

Die Fidium Finanz AG, eine Gesellschaft mit Sitz in der Schweiz, will in Deutschland ansässigen Kunden gewerbsmäßig Kredite gewähren. Dies wird ihr von der Bundesanstalt für Finanzdienstleistungsaufsicht untersagt, da sie nicht über die nach deutschem Recht erforderliche Erlaubnis verfüge.

Die deutsche Rechtsvorschrift könnte gegen Art. 63 Abs. 1 AEUV und/oder Art. 56 AEUV verstoßen. Denn die gewerbsmäßige Vergabe von Darlehen und Krediten unterfällt sowohl dem sachlichen Anwendungsbereich des freien Kapitalverkehrs als auch dem Dienstleistungsbegriff. Allerdings hat der Gerichtshof im vorliegenden Fall festgestellt, dass die grenzüberschreitenden Geldströme nur eine zwangsläufige Folge des Dienstleistungsverkehrs seien, so dass unter diesen Umständen die Kapitalverkehrsfreiheit hinter die Dienstleistungsfreiheit zurückzutreten habe. Im Ergebnis musste das Begehren der Fidium Finanz AG jedoch erfolglos bleiben, weil sich die AG als eine in einem Drittstaat ansässige Gesellschaft nicht auf die nur EU-Angehörigen zustehende Dienstleistungsfreiheit berufen konnte.

In Bezug auf den räumlich-persönlichen Anwendungsbereich der Kapitalverkehrsfrei-   **580**
heit ist zu beachten, dass nach Art. 63 Abs. 1 AEUV nicht nur Beschränkungen des Kapitalverkehrs zwischen den Mitgliedstaaten, sondern auch Beschränkungen zwischen
den Mitgliedstaaten und dritten Ländern verboten sind. Es stellt sich die Frage, ob dies
zur Konsequenz hat, dass sich auch Angehörige von Drittstaaten auf Art. 63 Abs. 1
AEUV berufen können. Im Unterschied zu Art. 45, Art. 49 und Art. 46 AEUV setzt der
Wortlaut von Art. 63 Abs. 1 AEUV keine Staatsangehörigkeit eines EU-Mitgliedstaates
zur Geltendmachung der Grundfreiheit voraus. Daher sollen sich nach der im deutschen Schrifttum überwiegend vertretenen Meinung auch Drittstaatenangehörige auf
die Freiheit des Kapitalverkehrs berufen können. Zum Teil werden nach dem Sinn und
Zweck der Vorschrift und der Systematik des AEUV aber auch Differenzierungen für
Drittstaatenangehörige (bis hin zu einem Ausschluss) für möglich erachtet. Für eine
differenzierende Behandlung von EU-Angehörigen und Drittstaatlern lassen sich insbesondere die Systematik des AEUV (Konvergenz der Grundfreiheiten; Gefahr, dass
Bestimmungen über die Niederlassungsfreiheit unterlaufen werden) und der Umstand
anführen, dass eine weite, sich auch auf Drittstaaten erstreckende und unter Verzicht
auf das völkerrechtliche Reziprozitätsprinzip erfolgende Auslegung der Kapitalverkehrsfreiheit problematisch wäre. Der Gerichtshof scheint dahin zu tendieren, dass er Art. 56
Abs. 1 AEUV für anwendbar erachtet, aber erweiterte Rechtfertigungsmöglichkeiten
zulässt (*EuGH*, ECLI:EU:C:2007:804).

2. Die Kapitalverkehrsfreiheit als Beschränkungsverbot

Art. 63 Abs. 1 AEUV untersagt „alle **Beschränkungen**" des Kapitalverkehrs zwischen   **581**
den Mitgliedstaaten sowie zwischen den Mitgliedstaaten und Drittstaaten. Der Gerichtshof hat in diesem Kontext klargestellt, dass Art. 63 Abs. 1 AEUV ein Beschränkungsverbot beinhaltet (*EuGH*, ECLI:EU:C:2002:327 Tz. 39 ff. – „Goldene Aktien II"). Als
Beschränkungen i.S.v. Art. 63 Abs. 1 AEUV gelten damit nicht nur Diskriminierungen
aufgrund der Staatsangehörigkeit, sondern auch unterschiedslos anwendbare Maßnahmen, soweit sie in kapitalverkehrsrelevante Transaktionen eingreifen. In Bezug auf
Beteiligungen an Unternehmen führen also im Grundsatz alle staatlichen Maßnahmen,
die einen Investor davon abhalten, in das Kapital des Unternehmens zu investieren, zu
einer Beeinträchtigung der Kapitalverkehrsfreiheit.

Umstritten ist indes die Reichweite des Beschränkungsverbotes: In Anknüpfung an den   **582**
Wortlaut wird von der wohl noch herrschenden Lehre ein **allgemeines Beschränkungsverbot** befürwortet. Dies hat etwa zur Folge, dass selbst strafprozessuale Maßnahmen gegen in Deutschland ansässige Kreditinstitute wegen des Verdachts der
Beihilfe zur Steuerhinterziehung aufgrund ihrer gegenüber EU-ausländischen Bank-
anlegern abschreckenden Wirkung dem Beschränkungsverbot unterfallen. Dieser Ansatz ist freilich zu weitgehend, denn der systematische Vergleich von Art. 63 Abs. 1
AEUV mit Art. 34, 35 AEUV sowie die Überlegung, dass das Beschränkungsverbot lediglich die Freiheit des Marktzugangs sichert, gebieten eine analoge Anwendung des
Grundgedankens der „Keck"-Formel auch im Bereich der Kapitalverkehrsfreiheit. Daraus leitet sich ab, dass **nichtdiskriminierende Rahmenmodalitäten des Kapitalverkehrs** wie strafprozessuale Maßnahmen aus dem Beschränkungsbegriff herausfal-

len. Zu einer solchen restriktiven Auslegung scheint auch der Gerichtshof zu tendieren (vgl. *EuGH*, ECLI:EU:C:2003:272 Tz. 58 ff. – „Goldene Aktien IV" [str.]).

3. Schranken der Kapitalverkehrsfreiheit

583   Art. 64 bis Art. 66 AEUV enthalten geschriebene Rechtfertigungstatbestände für Beschränkungen der Kapitalverkehrsfreiheit. Während Art. 64 und Art. 66 AEUV nur für Beschränkungen gegenüber Drittstaaten zur Anwendung kommen, enthält **Art. 65 AEUV** einen allgemeinen Rechtfertigungsgrund für mitgliedstaatliche Beschränkungen. Neben den auf das Steuerrecht bezogenen Rechtfertigungstatbeständen (vgl. Art. 65 Abs. 1 lit. a) AEUV, der die unterschiedliche Behandlung von Steuerpflichtigen mit unterschiedlichem Wohnort oder Kapitalanlageort ermöglicht) können die Mitgliedstaaten gemäß Art. 65 Abs. 1 lit. b) AEUV insbesondere Maßnahmen ergreifen, die aus Gründen der öffentlichen Ordnung oder Sicherheit gerechtfertigt sind. Art. 65 Abs. 3 AEUV stellt klar, dass keine dieser Maßnahmen ein Mittel zur willkürlichen Diskriminierung oder ein verschleiertes Hemmnis des freien Kapitalverkehrs sein darf, d.h., jede auf Art. 65 Abs. 1 AEUV gestützte Maßnahme muss das Verhältnismäßigkeitsprinzip wahren.

584   Daneben können Beschränkungen der Kapitalverkehrsfreiheit auch über **immanente Schranken** gerechtfertigt werden. Hiernach sind mitgliedstaatliche Beschränkungen aus zwingenden Gründen des Allgemeininteresses, die für alle im Hoheitsgebiet des Aufnahmemitgliedstaats tätigen Personen oder Unternehmen gelten, einer Rechtfertigung zugänglich, sofern dabei der Verhältnismäßigkeitsgrundsatz beachtet wird (*EuGH*, ECLI:EU:C:2007:623 Tz. 72 f. – „VW-Gesetz"; *EuGH*, ECLI:EU:C:2007:752 Tz. 39 f. – „Commune di Milano").

4. Die Rolle der Kapitalverkehrsfreiheit bei der Verwirklichung des Binnenmarktes

585   Durch die Schaffung eines einheitlichen Währungsraums und die stufenweise Ablösung der nationalen Währungen durch eine europäische Gemeinschaftswährung sind in der Vergangenheit zahlreiche Beschränkungsmöglichkeiten des freien Kapitalverkehrs (z.B. devisenrechtliche Bestimmungen) entfallen. Der freie Kapitalverkehr kann aber auch durch andere Rechts- und Verwaltungsvorschriften der Mitgliedstaaten behindert werden. Dies gilt namentlich für Rechtsakte auf den Gebieten des innerstaatlichen Steuerrechts und des Gesellschaftsrechts.

586   Im **Steuerrecht** sieht der AEUV in Art. 113 AEUV allein eine Harmonisierung der indirekten Steuern in der Union vor. Bei den direkten Steuern befindet sich die Angleichung aber noch nicht einmal am Anfang, d.h., es bestehen keinerlei Gesetzgebungskompetenzen auf EU-Ebene. Gerade das Steuerrecht, das somit vorwiegend in die Zuständigkeit der einzelnen Mitgliedstaaten fällt, erwies sich daher in den letzten Jahren als geeignetes Mittel, ausländische Investoren anzulocken, Kapital im Inland zu binden und Kapitalabflüsse in das Ausland zu verhindern. Das sog. **Steuerdumping** erfolgte nicht selten zum Nachteil anderer EU-Staaten. Nach der Rechtsprechung des Gerichtshofs sind die Auswirkungen dieser nationalen Regelungen jedoch prinzipiell an der Grundfreiheit des freien Kapitalverkehrs zu messen (*EuGH*, ECLI:EU:C:2003:665 Tz. 56 – „Erben von H. Barbier").

Hat der Gerichtshof einmal eine innerstaatliche Steuervorschrift als Beschränkung qualifiziert, sind die Chancen des Durchgreifens eines Rechtfertigungsgrundes nicht besonders hoch (vgl. *EuGH*, ECLI:EU:C:2004:138 – „Hughes de Lasteyrie du Saillant"): So sind mitgliedstaatliche Regelungen unzulässig, die allein in der Ausübung der grenzüberschreitenden Freizügigkeit durch einen Unionsbürger eine Vermutung für eine Steuerflucht oder Steuerhinterziehung sehen. Ebenso scheitern Verweise auf drohende Steuerausfälle oder verwaltungstechnische Schwierigkeiten. Als gerechtfertigt angesehen werden dagegen konkrete Maßnahmen zur Erreichung einer wirksamen steuerlichen Kontrolle und zur Verhinderung von Steuerumgehungen bzw. rechtswidrigen Steuerverkürzungen. Eng damit verbunden ist auch der vom Gerichtshof entwickelte Rechtfertigungsgrund der „Kohärenz" des nationalen Steuersystems, der vorrangig bei der Korrelation belastender und begünstigender Normen eine Rolle spielt und auf die Gedanken der Belastungsgleichheit und Systemgerechtigkeit zurückzuführen ist. Anerkannt ist schließlich auch der Rechtfertigungsgrund, eine ausgewogene Besteuerungsbefugnis zwischen den Mitgliedstaaten zu wahren (vgl. *EuGH*, ECLI:EU:C:2005:763 – „Marks & Spencer"). Das **Gesellschaftsrecht** hält ebenso Hindernisse bereit, die den grenzüberschreitenden Kapitalverkehr illusorisch machen können. Besonders anschaulich zeigt sich dies **bei den sog. „Goldenen Aktien"**, welche seit Beginn der Privatisierungspolitik der EU-Staaten in den 80er Jahren des letzten Jahrhunderts eine wichtige Rolle spielen: Im Zuge der formellen oder materiellen Privatisierung öffentlicher Unternehmen – insbesondere solcher aus dem Bereich der Daseinsvorsorge – entschieden sich die innerstaatlichen Hoheitsträger oftmals dafür, den Verlust der Mehrheitsposition durch die Schaffung von Instrumenten, mit denen sie auf die Entscheidungsfindung der privatisierten Unternehmen einzuwirken in der Lage waren, zu kompensieren. Eines der bedeutendsten Mittel zur Verwirklichung dieses Ziels sind dem Staat gewährte „Goldene Aktien", die staatliche Sonderrechte innerhalb eines Unternehmens einräumen; etwa in Form von Entsenderechten in Gesellschaftsorgane, Genehmigungserfordernissen beim Überschreiten von Anteilserwerbsschwellen oder Widerspruchsrechten bei strategischen Entscheidungen. Ziel dieser Maßnahmen ist die Fernhaltung ausländischer Investoren von Wirtschaftsbereichen, die politisch als besonders sensibel angesehen werden.

587

Beispiel: *EuGH*, ECLI:EU:C:2002:327 – „Kommission/Frankreich" (zu weiteren „Goldenen Aktien": *EuGH*, ECLI:EU:C:2002:328; ECLI:EU:C:2002:326;ECLI:EU:C:2003:273; ECLI:EU:C: 2005:350; ECLI:EU:C:2006:608; ECLI:EU:C:2010:412)
Durch eine per staatlichem Dekret geschaffene und vom französischen Staat gehaltene Sonderaktie wurde dem französischen Wirtschaftsminister ein Zustimmungsrecht hinsichtlich des Erwerbs von Anteilen oder Stimmrechten an der Société nationale Elf-Aquitaine eingeräumt: Überschreitet der Erwerb von Geschäftsanteilen einen gewissen Schwellenwert (1/5 des Kapitals), hängt die Wirksamkeit des Erwerbs von Anteilen von einer vorherigen, an den nationalen Interessen ausgerichteten Zustimmung des französischen Wirtschaftsministers ab. Das spanische Unternehmen Elektra (E) will 25 % der Geschäftsanteile von Elf-Aquitaine erwerben. Der Kauf scheitert jedoch an der Ablehnung des französischen Wirtschaftsministers. Verstößt das Sonderrecht des französischen Staates gegen Art. 63 Abs. 1 AEUV?

588

Der Erwerb von Unternehmensanteilen unterfällt dem sachlichen Geltungsbereich des freien Kapitalverkehrs. Aus der Klausel des Art. 345 AEUV, wonach die Verträge die Eigentumsordnung der Mitgliedstaaten unberührt lassen, ergibt sich kein Argument gegen die Anwendbarkeit von Art. 63 Abs. 1 AEUV. Das vorherige Zustimmungserfordernis ist – wie gerade auch das vorliegende Beispiel verdeutlicht – geeignet, den grenzüberschreitenden Erwerb von Unternehmensanteilen zu vereiteln, so dass eine Beschränkung der Kapitalverkehrsfreiheit vorliegt. Dabei spielt es keine Rolle, dass die französische Regelung keinen diskriminierenden Charakter aufweist.

Gemäß Art. 63 Abs. 1 AEUV sind Beschränkungen des freien Kapitalverkehrs grundsätzlich unzulässig, sofern sich nicht ein Rechtfertigungsgrund findet. Ein solcher kann sich entweder aus Art. 65 Abs. 1 AEUV oder zwingenden Allgemeininteressen ergeben. Stets ist jedoch darüber hinaus die Einhaltung des Verhältnismäßigkeitsgrundsatzes zu beachten. Hierfür forderte der Gerichtshof ein System mit einer nachträglichen behördlichen Kontrolle, mit objektiven und im Voraus bekannten Kriterien und mit Rechtsschutzmöglichkeiten. Dem entsprach das französische System nicht, da eine vorherige Genehmigung des Anteilserwerbs durch den Wirtschaftsminister ab Überschreitung eines bestimmten Schwellenwertes vorgesehen war; und da die Ausübung dieses Sonderrechts – abgesehen von einer allgemeinen Bezugnahme auf den Schutz der nationalen Interessen – keinen Voraussetzungen unterlag. Damit konnten die betreffenden Anleger keinerlei Hinweis darauf erhalten, unter welchen konkreten objektiven Umständen eine vorherige Genehmigung erteilt oder versagt wird. Wegen dieser Unbestimmtheit verstoße die Regelung – so der Gerichtshof – gegen den Grundsatz der Rechtssicherheit. Die französische „Sonderaktie" verstößt daher gegen die Kapitalverkehrsfreiheit und ist im zwischenstaatlichen Verkehr unanwendbar.

589 Das Fallbeispiel zu den „Goldenen Aktien" belegt, dass der Gerichtshof staatlichen Sonderrechten im Ergebnis eher zurückhaltend gegenübersteht und sie einer **strengen Verhältnismäßigkeitskontrolle** unterwirft; auch wenn er im Grundsatz anerkannt hat, dass es ein gerechtfertigtes Interesse der Mitgliedstaaten daran geben kann, auf Unternehmen Einfluss auszuüben bzw. Einwirkungsmöglichkeiten zu erhalten, wenn die betreffenden Unternehmen „Dienstleistungen von allgemeinem Interesse oder von strategischer Bedeutung" erbringen. Bislang hat der Gerichtshof lediglich die „Goldenen Aktien" von Belgien gebilligt. Auch im Fall des deutschen **VW-Gesetzes**, welches zwar keine „Goldenen Aktien", sondern anderweitige Sonderrechte zugunsten des Staates einräumte, hat der EuGH einen Verstoß gegen die Kapitalverkehrsfreiheit angenommen (zu einem weiteren Beispiel siehe *EuGH*, ECLI:EU:C:2007:752 – „Commune di Milano").

590 Beispiel: *EuGH*, ECLI:EU:C:2007:623 und ECLI:EU:C:2013:676 – „VW-Gesetz"

In dem deutschen VW-Gesetz wurden Vorrechte zu Gunsten des Bundes und des Landes Niedersachsen niedergelegt: erstens die absolute Begrenzung der Ausübung der Stimmrechte auf 20 % des Grundkapitals, auch wenn der Anteil eines Aktionärs diesen Prozentsatz übersteigt (Höchststimmrecht gemäß § 2 Abs. 1 VW-Gesetz); zweitens die Festlegung, dass satzungsändernde Beschlüsse in der Hauptversammlung nur mit einer Mehrheit von mehr als 80 % des bei der Beschlussfassung vertretenen Grundkapitals möglich sind (Sperrminorität von 20 % gemäß § 4 Abs. 3 VW-Gesetz); und drittens die Berechtigung der Bundesrepublik und des Landes Niedersachsen, jeweils zwei Aufsichtsratsmitglieder in den Aufsichtsrat zu entsenden (Entsenderecht gemäß § 4 Abs. 1 VW-Gesetz).

Zu dem Höchststimmrecht und der Sperrminoritätsregelung hatte die Bundesrepublik vorgetragen, dass es lediglich um eine legitime Ausübung der Befugnisse des nationalen Gesetzgebers bei der Ausgestaltung des innerstaatlichen Gesellschaftsrechts gehe. Demgegenüber argumentierte die Kommission, dass die Sperrminorität allein für die öffentliche Hand konzipiert sei und das Höchststimmrecht eine unzulässige Korrelation von Kapitalbeteiligung und Stimmkraft darstelle. Der EuGH folgte der Sichtweise der Kommission: Über das Höchststimmrecht und die Sperrminorität werde den öffentlichen Akteuren (hier dem Land Niedersachsen) eine besondere Einflussmöglichkeit auf VW zugestanden. Damit würden Anleger aus anderen Mitgliedstaaten von Direktinvestitionen in die Gesellschaft abgehalten. Dabei hat der EuGH zur Begründung der Beschränkung gerade an die besondere Situation des VW-Gesetzes angeknüpft: Durch ein Gesetz wird auf die Binnenstruktur einer Gesellschaft Einfluss genommen, wovon gerade die öffentliche Hand selbst profitiert. Eine Beschränkung des Kapitalverkehrs sah der EuGH zudem auch in dem Entsenderecht gemäß § 4 Abs. 1 VW-Gesetz, da es sich auch insoweit um ein vom allgemeinen Gesellschaftsrecht abweichendes Sonderrecht zugunsten des Bundes und des Landes Niedersachsen handele, welches den beiden öffentlichen Akteuren gegenüber anderen Aktionären größere Einflussmöglichkeiten auf die Gesellschaft eröffne.

In dem Verfahren vor dem EuGH hat die Bundesrepublik Deutschland schließlich geltend gemacht, dass die von der Kommission beanstandeten Bestimmungen des VW-Gesetzes aus zwingenden Gründen des Allgemeininteresses gerechtfertigt seien. Mit dem VW-Gesetz sei ein „austariertes Machtgleichgewicht" geschaffen worden, um den Interessen der Arbeitnehmer von Volkswagen gerecht zu werden und die Minderheitsaktionäre des Unternehmens zu schützen. Es werde somit ein sozial- und regionalpolitisches sowie ein volkswirtschaftliches Ziel verfolgt, das sich mit industriepolitischen Zielsetzungen verbinde. Der EuGH sieht im konkreten Fall jedoch keine durchgreifenden Rechtfertigungsgründe. Auch wenn der Schutz der Interessen von Arbeitnehmern und Minderheitsaktionären im Ansatz als Rechtfertigungsgrund tauge, so habe die Bundesrepublik im konkreten Fall nicht darlegen können, dass die deutschen Regelungen zum Schutz der genannten Interessen geeignet und erforderlich seien.

Auf das EuGH-Urteil hat die Bundesrepublik durch eine Novelle des VW-Gesetzes reagiert, und zwar durch eine Streichung von § 2 Abs. 1 und § 4 Abs. 1 VW-Gesetz. Da die Bundesrepublik aber an § 4 Abs. 3 VW-Gesetz festhielt, hat die Kommission erneut den Gerichtshof angerufen und beantragte die Verhängung finanzieller Sanktionen gegen Deutschland wegen nicht vollständiger Umsetzung des EuGH-Urteils. Der Gerichtshof stellte fest, dass allein die Vorschrift über die herabgesetzte Sperrminorität keinen Verstoß gegen EU-Recht begründe, so dass Deutschland seine Verpflichtungen aus dem Urteil ordnungsgemäß erfüllt habe.

II. Die Zahlungsverkehrsfreiheit

Art. 63 Abs. 2 AEUV besagt, dass alle Beschränkungen des Zahlungsverkehrs zwischen den Mitgliedstaaten sowie zwischen den Mitgliedstaaten und dritten Ländern verboten sind. Rechtsgrund für die Gewährleistung des freien Zahlungsverkehrs ist die Überlegung, dass die anderen Marktfreiheiten nicht dadurch entwertet werden dürfen, dass die Mitgliedstaaten die ungehinderte grenzüberschreitende Übertragung von Gehältern, Erlösen und Gewinnen untersagen. Die Zahlungsverkehrsfreiheit hat daher eine Komplementärfunktion zu den anderen Grundfreiheiten. Im Lichte dieser Ratio wird der Begriff des Zahlungsverkehrs weit ausgelegt und erfasst **jede grenzüberschreitende Transferierung von Zahlungsmitteln, für die eine Gegenleistung erbracht wird**. Beschränkungen des freien Zahlungsverkehrs sind nur ausnahmsweise zulässig, insbesondere, wenn sie auf einen der in Art. 65 AEUV genannten Gründe gestützt werden können und verhältnismäßig sind. Auch die Zahlungsverkehrsfreiheit wird durch das Sekundärrecht konkretisiert, u.a. durch die Verordnung 924/2009 über grenzüberschreitende Zahlungen in der Gemeinschaft, welche eine Gleichheit der Entgelte für grenzüberschreitende Zahlungen und Inlandszahlungen vorsieht.

591

Weiterführende Literatur: *Fischer/Fetzer*, Fälle zum Europarecht, 9. Auflage 2019, Fall 11 – Grundstückskauf mit Hindernissen; *Frenz*, Goldene Aktien nach der 3. Portugal-Entscheidung, EWS 2011, 125 ff.; *Kilian*, Vereinbarkeit des VW-Gesetzes mit Europarecht, NJW 2007, 3469 ff.; *Schießl*, Europäisierung der deutschen Unternehmensbesteuerung durch den EuGH, NJW 2005, 849 f.

Zehnter Teil
Freizügigkeitsrechte und Diskriminierungsverbote

A. Das allgemeine Freizügigkeitsrecht der Unionsbürger

I. Struktur des allgemeinen Freizügigkeitsrechts

592 **Art. 21 AEUV** enthält das **allgemeine Freizügigkeitsrecht** der Unionsbürger. Art. 21 Abs. 1 AEUV (vgl. auch Art. 45 GRCh) bestimmt, dass jeder Unionsbürger das Recht hat, sich im Hoheitsgebiet der EU-Mitgliedstaaten vorbehaltlich der in den Verträgen und in den Durchführungsbestimmungen vorgesehenen Beschränkungen und Bedingungen frei zu bewegen und aufzuhalten. Bei Art. 21 Abs. 1 AEUV handelt es sich um ein **unmittelbar geltendes Recht**, auf das sich jeder Unionsbürger berufen kann (*EuGH*, ECLI:EU:C:2002:493 Tz. 84 ff. – „Baumbast"). Ergänzt wird das allgemeine Freizügigkeitsrecht durch die Kompetenzgrundlage in Art. 21 Abs. 2 und 3 AEUV, die den Erlass von Sekundärrechtsmaßnahmen erlaubt, welche die Ausübung der Rechte aus Art. 21 Abs. 1 AEUV erleichtern.

593 Die **Unionsbürgerschaft** selbst (**Art. 20 bis 25 AEUV**) bezweckt die Stärkung des Schutzes der Rechte und Interessen der Angehörigen der EU-Mitgliedstaaten. Die Unionsbürgerschaft verkörpert einen Sammelbegriff für die Rechte, die in ihrer Summe einen Status ausmachen (Freizügigkeit, politische Rechte, diplomatischer Schutz). Sie ist daher eine Vorstufe zur nationalen Staatsbürgerschaft (vgl. Art. 20 Abs. 1 AEUV) und eine Säule im Konzept der politischen Union. Daraus folgt, dass Art. 20 ff. AEUV, und somit namentlich auch das Freizügigkeitsrecht in seinem Geltungsbereich, eine **Gleichstellung von Unionsbürgern und Angehörigen der Mitgliedstaaten** bezwecken.

594 Gerade das Freizügigkeitsrecht erfüllt neben seiner gleichheitsrechtlichen Dimension aber noch eine **Integrationsfunktion**: Ursprünglich vermittelten nämlich hauptsächlich nur die auf den Binnenmarkt gemäß Art. 26 Abs. 2 AEUV bezogenen Personenverkehrsfreiheiten individuelle Freizügigkeitsrechte. Diese dienen dazu, innerhalb der Union die wirtschaftliche und soziale Verflechtung zu fördern (so schon *EuGH*, ECLI:EU:C:1974:68 – „Reyners"). Mit Art. 21 AEUV wurde das Freizügigkeitsrecht jedoch aus seinem spezifisch wirtschaftlichen Kontext herausgelöst. Das allgemeine Freizügigkeitsrecht intendiert nunmehr weitergehend die **dauerhafte soziale Integration der Unionsbürger in die Rechtsordnung des Aufnahmemitgliedstaates** bzw. die **Förderung der sozialen Verflechtung innerhalb der Union**.

595 **Adressaten** des allgemeinen Freizügigkeitsrechts sind jedenfalls die EU-Mitgliedstaaten sowie die Organe der Union. Offen ist dagegen, ob darüber hinaus zumindest Privatrechtsvereinigungen wie etwa Verbände, die eine soziale Machtstellung innehaben, an Art. 21 Abs. 1 AEUV gebunden sind. Dagegen spricht aus systematischer Sicht, dass die in den Art. 22 bis 24 AEUV statuierten Rechte der Unionsbürger entweder an die EU-Mitgliedstaaten oder an die Organe der Union adressiert sind.

II. Anwendungsbereich

In **persönlicher Hinsicht** können sich zunächst Unionsbürger auf das allgemeine Frei-   **596**
zügigkeitsrecht berufen. **Unionsbürger** ist, wer gemäß Art. 20 Abs. 1 S. 2 AEUV die
Staatsbürgerschaft eines Mitgliedstaats besitzt. Darüber hinaus haben die Eltern mit
Staatsangehörigkeit eines Drittstaates ein abgeleitetes Aufenthaltsrecht aus Art. 21
Abs. 1 AEUV, wenn sie für einen (minderjährigen) Unionsbürger, der sich auf das allgemeine Freizügigkeitsrecht berufen kann, tatsächlich sorgen (*EuGH*, ECLI:EU:C:2004:
639 – „Chen"). Der Gerichtshof stützt seinen extensiven Ansatz dabei auf das Argument der effektiven Verwirklichung der Integrationsfunktion von Art. 21 Abs. 1 AEUV,
um seine dem Wortlaut („Jeder Unionsbürger") und der Systematik (arg. e Art. 45
Abs. 2 GRCh) der allgemeinen Freizügigkeit widersprechende Auslegung zu begründen.

In seiner **sachlichen Dimension** umfasst das Freizügigkeitsrecht die Befugnis des Ein-   **597**
zelnen, in das Hoheitsgebiet eines anderen EU-Mitgliedstaats ein- und aus dem Hoheitsgebiet auszureisen, sich dort frei zu bewegen sowie an einem Ort einen ständigen
Aufenthalt einschließlich eines Wohnsitzes zu nehmen. Schließlich werden darüber
hinaus alle Handlungsweisen geschützt, die **geeignet sind**, die **Ausübung der genannten Tätigkeiten zu erleichtern**. Um die soziale Verflechtung innerhalb der Union
zu fördern, werden im Wege einer weiten Auslegung des sachlichen Anwendungsbereichs etwa – z.T. auch i.V.m. dem allgemeinen Diskriminierungsverbot des Art. 18
Abs. 1 AEUV – die folgenden Rechte der Unionsbürger begründet: die Möglichkeit, mit
den Verwaltungs- und Justizbehörden eines Mitgliedstaates mit gleichem Recht wie
die Bürger dieses Staates in einer bestimmten Sprache kommunizieren zu können
(*EuGH*, ECLI:EU:C:1998:563 Tz. 15 f. – „Bickel und Franz"); das Recht, seinen Familien-
namen beim Grenzübertritt in einen anderen Mitgliedstaat beizubehalten (*EuGH*, ECLI:
EU:C:2003:539 – „Garcia Avello"; siehe auch *EuGH*, ECLI:EU:C:2008:559 – „Grunkin");
oder auch die Inanspruchnahme von sozialen Vergünstigungen des Aufnahmemitgliedstaates (vgl. *EuGH*, ECLI:EU:C:2002:432 Tz. 27 ff. – „D'Hoop").

Der **räumliche Schutzbereich** erstreckt sich lediglich auf Sachverhalte mit einem   **598**
grenzüberschreitenden Bezug (*EuGH*, ECLI:EU:C:1997:285 Tz. 23 – „Uecker"). Dieses
in der Literatur nicht unumstrittene Merkmal ist zwar nicht im Text von Art. 21 Abs. 1
AEUV angelegt, folgt aber aus einem systematischen Vergleich mit Art. 18 Abs. 1 AEUV
und den Personenverkehrsfreiheiten, die allesamt einen grenzüberschreitenden Bezug
voraussetzen.

III. Gewährleistungsumfang

Das allgemeine Freizügigkeitsrecht des Art. 21 Abs. 1 AEUV verbürgt ein **Diskrimi-**   **599**
nierungsverbot aufgrund der Staatsangehörigkeit (*EuGH*, ECLI:EU:C:2004:413 Tz. 34
– „Gaumain-Cerri und Barth"). Verboten sind dabei nicht nur direkte, unmittelbar an
die Staatsangehörigkeit anknüpfende Ungleichbehandlungen. Untersagt sind vielmehr
ebenso sog. indirekte Diskriminierungen, d.h. alle versteckten Formen der Ungleichbehandlung, die durch die Anwendung anderer Unterscheidungsmerkmale zu dem glei-

chen Ergebnis führen. Ein Beispiel hierfür sind mitgliedstaatliche Vorschriften, die die Gewährung einer Begünstigung davon abhängig machen, dass der Zuwendungsempfänger seinen Wohnsitz im Inland hat (vgl. *EuGH*, ECLI:EU:C:2003:30 – „Italienische Museen").

600   Umstritten ist, ob sich Art. 21 Abs. 1 AEUV weitergehend ein Verbot unterschiedslos wirkender Maßnahmen, die geeignet sind, die Ausübung der Freizügigkeit weniger attraktiv zu machen, entnehmen lässt (**Beschränkungsverbot**). Dafür spricht insbesondere der Wortlaut von Art. 21 Abs. 1 AEUV. Andererseits lässt sich argumentieren, dass zur Absicherung einer dauerhaften sozialen Integration des Unionsbürgers in den Aufnahmemitgliedstaat regelmäßig das Inländergleichbehandlungsgebot genügen wird und man ein Beschränkungsverbot allenfalls zur effektiven Verwirklichung des Rechts auf grenzüberschreitende Mobilität benötigen wird; also z.B. im Fall von strafbewehrten Identitätskontrollen bei der Einreise in einen Mitgliedstaat, die ohne Differenzierung für EU-Ausländer und Inländer vorgenommen werden.

IV. Rechtfertigung

601   Beeinträchtigungen des allgemeinen Freizügigkeitsrechts können unter bestimmten Voraussetzungen gerechtfertigt sein (vgl. etwa *EuGH*, ECLI:EU:C:2011:749 zur Beschränkung der Freizügigkeit wegen strafrechtlicher Verurteilung in einem Drittstaat und *EuGH*, ECLI:EU:C:2011:750 zur Beschränkung der Freizügigkeit wegen Nichtbegleichung einer Abgabenschuld). Als Schranken sieht Art. 21 Abs. 1 AEUV vor, dass die Freizügigkeit nur „vorbehaltlich der in diesem Vertrag sowie in den Durchführungsvorschriften vorgesehenen Beschränkungen und Bedingungen" gilt. Neben diesen aus einem Verweis auf das Primär- und das Sekundärrecht folgenden Schranken sind zudem auch ungeschriebene Rechtfertigungsgründe anerkannt.

602   **(1)** Indem Art. 21 Abs. 1 AEUV auf die in den Verträgen vorgesehenen Beschränkungen Bezug nimmt, kommt der in Art. 45 Abs. 3 AEUV und Art. 52 Abs. 1 AEUV enthaltene **„ordre public"-Vorbehalt** zur Anwendung, der den Schutz der öffentlichen Ordnung, Sicherheit und Gesundheit betrifft. Nach der Rechtsprechung des Gerichtshofs handelt es sich dabei um unionsrechtliche Begriffe, die innerhalb der Union einheitlich und restriktiv auszulegen und anzuwenden sind.

603   **(2)** Zu den in den Durchführungsvorschriften enthaltenen Beschränkungen und Bedingungen gehört vor allem **Art. 14 Abs. 1 und 2 i.V.m. Art. 6, 7 der RL 2004/38/EG**, der eine ausdifferenzierte Regelung zum Vorbehalt der sozialen Absicherung des Unionsbürgers enthält. Danach kann das Freizügigkeitsrecht grundsätzlich davon abhängig gemacht werden, dass ein Unionsbürger über eine ausreichende Krankenversicherung sowie über ausreichende Existenzmittel verfügt. Damit soll sichergestellt werden, dass die Unionsbürger während ihres Aufenthalts die Sozialhilfe des Aufnahmemitgliedstaats nicht übermäßig in Anspruch nehmen. Aus dem Verhältnismäßigkeitsgrundsatz ergibt sich jedoch, dass die Inanspruchnahme des Sozialhilfesystems des Aufnahmemitgliedstaates durch einen Unionsbürger nicht automatisch zu dessen Ausweisung führen darf (*EuGH*, ECLI:EU:C:2004:488 Tz. 45 – „Trojani").

(3) Wie bei den Grundfreiheiten des AEUV erkennt der Gerichtshof **immanente**   604
Schranken an und geht davon aus, dass die Mitgliedstaaten einen Eingriff in den
Schutzbereich von Art. 21 Abs. 1 AEUV auch dann rechtfertigen können, „wenn [er] auf
objektiven, von der Staatsangehörigkeit der Betroffenen unabhängigen Erwägungen
beruhte und in einem angemessenen Verhältnis zu einem legitimen Zweck stünde,
der mit den nationalen Rechtsvorschriften verfolgt würde" (*EuGH*, ECLI:EU:C:2002:432
Tz. 36 – „D'Hoop").

V. Konkurrenzen

Für das Verhältnis des allgemeinen Freizügigkeitsrechts zu den **Personenverkehrs-**   605
freiheiten (Art. 45, 49 AEUV) geht der Gerichtshof davon aus, dass letztere als speziellere Regelungen vorgehen (*EuGH*, ECLI:EU:C:2002:712 Tz. 26 – „Olazabal").

Schwierigkeiten bereitet hingegen das Verhältnis zu dem allgemeinen Diskrimine-   606
rungsverbot gemäß Art. 18 Abs. 1 AEUV. Die Rechtsprechung des Gerichtshofs bietet
kein einheitliches Bild, scheint aber wie folgt zu differenzieren: Soweit es im Bereich
der Freizügigkeit (und zwar gerade hinsichtlich eines Zugangs zu sozialen Vergünstigungen) zu direkten Diskriminierungen aufgrund der Staatsangehörigkeit kommt, re-
kurriert der Gerichtshof auf Art. 21 i.V.m. Art. 18 AEUV; im Übrigen greift er allein auf
Art. 21 Abs. 1 AEUV zurück.

> **Beispiel:** *In der Rechtssache „Trojani" hat der EuGH (ECLI:EU:C:2004:488) zur Prüfung eines
> Anspruchs auf Gewährung von Sozialhilfe auf die Art. 12, Art. 18 EG (jetzt: Art. 18, 21 AEUV)
> abgestellt, nachdem die zuständigen belgischen Behörden den Antrag eines nach Belgien ein-
> gereisten französischen Staatsangehörigen mit der Begründung abgelehnt hatten, nur belgi-
> sche Staatsangehörige könnten in den Genuss von Sozialhilfe kommen. Dagegen hat der EuGH
> (ECLI:EU:C:2007:626 – „Morgan und Bucher") allein Art. 18 Abs. 1 EG (jetzt: Art. 21 Abs. 1
> AEUV) herangezogen, um ein Recht der deutschen Staatsangehörigen auf Ausbildungsförde-
> rung nach dem BAföG für den Fall zu begründen, dass das Studium an einer ausländischen
> Hochschule absolviert wird.*

Für das Verhältnis zu den sekundärrechtlichen Freizügigkeitsrechten ist zu beachten,   607
dass das Freizügigkeitsrecht des Art. 21 Abs. 1 AEUV nur vorbehaltlich der „in den
Durchführungsvorschriften vorgesehenen Beschränkungen und Bedingungen" gilt. Das
Sekundärrecht ist daher erst auf der Schrankenebene zu prüfen und schließt eine Heranziehung von Art. 21 Abs. 1 AEUV im Regelfall nicht aus.

VI. Sekundärrechtliche Maßnahmen

Art. 21 Abs. 2 und 3 AEUV enthält eine Kompetenzgrundlage zum Erlass von EU-Sekun-   608
därrecht, wenn dies zur Erreichung der Ziele aus Art. 21 Abs. 1 AEUV erforderlich ist und
in den Verträgen hierfür keine anderen Zuständigkeiten – insbesondere im Zusammenhang mit den Grundfreiheiten – vorgesehen sind. Liegen diese Voraussetzungen vor,
darf die Union Richtlinien oder Verordnungen erlassen, die die Ausübung der Rechte

aus Art. 21 Abs. 1 AEUV **„erleichtern"**. Sekundärrechtliche Beschränkungen der Freizügigkeit dürfen also nicht auf Art. 21 Abs. 2 AEUV gestützt werden.

609   Um die Ausübung der Freizügigkeit für die Unionsbürger zu vereinfachen und zu stärken, wurde die **Richtlinie 2004/38/EG** über das Recht der Unionsbürger und ihrer Familienangehörigen, sich im Hoheitsgebiet der Mitgliedstaaten frei zu bewegen und aufzuhalten, erlassen (ABl. EG 2004, L 229/35). Die Richtlinie 2004/38/EG wurde in Deutschland mit dem Freizügigkeitsgesetz/EU in innerstaatliches Recht überführt.

610   Das Freizügigkeitsrecht im Sinne der Richtlinie 2004/38/EG umfasst ein **Recht auf Ein- und Ausreise sowie zum Aufenthalt**. Diese Rechte bestehen zum einen für Personen, die sich als Arbeitnehmer, zur Arbeitssuche oder zur Berufsausbildung aufhalten wollen, zum anderen für Unionsbürger, wenn sie zur Ausübung einer selbstständigen Erwerbstätigkeit berechtigt sind. Weiterhin genießen nicht erwerbstätige Unionsbürger das Freizügigkeitsrecht, jedoch nur unter der Voraussetzung, dass sie über einen ausreichenden Krankenversicherungsschutz und ausreichende Existenzmittel verfügen (Vorbehalt der sozialen Absicherung; vgl. Art. 14 i.V.m. Art. 6, 7 RL 2004/38/EG). Freizügigkeitsberechtigt sind schließlich Familienangehörige, die Unionsbürger begleiten oder ihnen nachziehen. Ihr Aufenthaltsrecht ist von dem Freizügigkeitsrecht des Unionsbürgers abgeleitet. Daraus ergibt sich, dass das Aufenthaltsrecht von Familienangehörigen der Personenverkehrsfreiheitsberechtigten nicht vom Vorbehalt der sozialen Absicherung abhängig ist; wogegen die Familienangehörigen der übrigen Unionsbürger entweder selbst dem Vorbehalt der sozialen Absicherung unterliegen oder aber zumindest über den originären Freizügigkeitsberechtigten Zugang zu einer den Vorgaben der Richtlinie genügenden sozialen Absicherung haben müssen.

B. Das allgemeine Diskriminierungsverbot aufgrund der Staatsangehörigkeit

I. Inländergleichbehandlungsgebot gemäß Art. 18 Abs. 1 AEUV

611   Das allgemeine Diskriminierungsverbot aufgrund der Staatsangehörigkeit ist in Art. 18 Abs. 1 AEUV normiert. Flankiert wird Art. 18 Abs. 1 AEUV durch Art. 18 Abs. 2 AEUV, der eine Kompetenznorm zum Erlass sekundärrechtlicher Maßnahmen zur Bekämpfung von Diskriminierungen aufgrund der Staatsangehörigkeit beinhaltet.

612   Art. 18 Abs. 1 AEUV gilt **unbeschadet besonderer Bestimmungen der Verträge**. Hieraus folgt, dass Art. 18 Abs. 1 AEUV aus Gründen der **Spezialität** hinter den anderen besonderen Inländergleichbehandlungsgeboten (z.B. Art. 42 Abs. 2, Art. 49 Abs. 2, Art. 50 Abs. 2 AEUV) zurücktritt (*EuGH*, ECLI:EU:C:2002:712 Tz. 25 – „Olazabal"; *EuGH*, ECLI:EU:C:2007:10 Tz. 33 f. – „Lyyski"; *EuGH*, ECLI:EU:C:2019:504 – „Österreich/Deutschland", „Maut-Urteil").

613   Greift keines der speziellen Diskriminierungsverbote ein, ist weiter zu prüfen, ob der persönliche, der räumliche und der sachliche **Anwendungsbereich** von Art. 18 Abs. 1 AEUV eröffnet ist. In **persönlicher** Hinsicht können sich zum einen alle natürlichen

Personen, die Staatsangehörige eines EU-Mitgliedstaates sind, auf Art. 18 Abs. 1 AEUV berufen. Gleiches gilt auch für juristische Personen. Der **räumliche** Anwendungsbereich von Art. 18 Abs. 1 AEUV setzt einen grenzüberschreitenden Bezug voraus. Dieser ist bereits gegeben, sofern ein EU-Mitgliedstaat eigene Staatsangehörige diskriminiert, die von ihren unionsrechtlich gewährten Freiheiten Gebrauch gemacht haben. Rein interne Sachverhalte dagegen, die mit keinem ihrer Elemente über die Grenzen eines EU-Mitgliedstaats hinausweisen, fallen aus dem Geltungsbereich des Diskriminierungsverbots heraus (*EuGH*, ECLI:EU:C:1982:368 – „Morson und Jhanjan"). Die **sachliche** Dimension ist betroffen, sofern der zu beurteilende Sachverhalt einer unionsrechtlich geregelten Situation unterfällt (*EuGH*, ECLI:EU:C:1989:47 Tz. 10 – „Cowan"). Dies ist insbesondere im Fall der Einschlägigkeit einer Grundfreiheit oder auch des allgemeinen Freizügigkeitsrechts gemäß Art. 21 Abs. 1 AEUV erfüllt.

> **Beispiel:** *EuGH*, **ECLI:EU:C:1998:563 – „Bickel und Franz"**   **614**
> *Ein deutscher und ein österreichischer Staatsangehöriger mussten sich im italienischen Südtirol strafrechtlich vor Gericht verantworten. Beide Angeklagten beantragten Deutsch als Verfahrenssprache. Sie beriefen sich dazu auf strafprozessuale Bestimmungen, die es Angehörigen der deutschsprachigen Minderheit in Südtirol erlauben, Deutsch als Verfahrenssprache zu wählen. Ihre Anträge wurden jedoch mit der Begründung abgelehnt, dass sie nicht in Südtirol ansässig seien.*
>
> In Betracht kommt vorliegend ein Verstoß gegen Art. 18 Abs. 1 AEUV. Bei den beiden Angeklagten handelt es sich um natürliche Personen, die aus anderen EU-Mitgliedstaaten nach Italien eingereist waren. Somit ist der persönliche Anwendungsbereich des allgemeinen Inländergleichbehandlungsgebots einschlägig, und gleichzeitig liegt in räumlicher Hinsicht ein grenzüberschreitender Bezug vor. Das Eingreifen des sachlichen Anwendungsbereichs erfordert, dass der Sachverhalt eine unionsrechtlich geregelte Situation betrifft. Dies bejahte der EuGH mit Blick auf die europarechtlich garantierte Freizügigkeit und zudem auf die (im konkreten Fall für einschlägig erachtete) Dienstleistungsfreiheit. Problematisch ist jedoch, dass es vorwiegend um die Möglichkeit geht, mit den Verwaltungs- und Justizbehörden eines Staates mit gleichem Recht wie die Bürger dieses Staates kommunizieren zu können. Dies ist an sich eine Frage des Strafrechts und Strafverfahrensrechts, wofür im Grundsatz die Mitgliedstaaten zuständig sind. Allerdings dürfen derartige Rechtsvorschriften nicht im Rahmen der vom Unionsrecht verbürgten Freizügigkeitsrechte und Grundfreiheiten Diskriminierungen vorsehen. Dazu zählt auch die Möglichkeit, einen Gleichbehandlungsanspruch bezüglich der verwendeten Verfahrenssprache zu haben. Vor diesem Hintergrund gelangte der EuGH zu einer Anwendbarkeit von Art. 18 Abs. 1 AEUV und nahm im Ergebnis einen Verstoß an: Da die italienische Prozessvorschrift im Ergebnis nur italienische Staatsangehörige begünstige, liege eine nicht zu rechtfertigende Diskriminierung vor.

Ist das Gleichbehandlungsgebot aus Art. 18 Abs. 1 AEUV anwendbar, muss in einem weiteren Schritt das **Vorliegen einer Diskriminierung aufgrund der Staatsangehörigkeit** geprüft werden: Verboten sind dabei nicht nur direkte, unmittelbar an die Staatsangehörigkeit anknüpfende Ungleichbehandlungen. Untersagt sind vielmehr ebenso sog. indirekte Diskriminierungen, d.h. alle versteckten Formen der Ungleichbehandlung, die durch die Anwendung anderer Unterscheidungsmerkmale zu dem gleichen Ergebnis führen (vgl. *EuGH*, ECLI:EU:C:2009:597 Tz. 27 f. – „Gottwald" zum Wohnsitzerfordernis als Befreiung von der österreichischen Mautpflicht).   **615**

Diskutieren lässt sich, ob eine Ungleichbehandlung aufgrund der Staatsangehörigkeit überhaupt **gerechtfertigt** werden kann, was man unter Berufung auf den Wortlaut von Art. 18 Abs. 1 AEUV („jede Diskriminierung") ggf. in Frage stellen könnte. Ganz über-   **616** wiegend wird eine Diskriminierung aber nur dann für unzulässig erachtet, wenn die unterschiedliche Behandlung nicht durch objektive Gründe gerechtfertigt ist (vgl. auch *EuGH*, ECLI:EU:C:1998:563 Tz. 27 – „Bickel und Franz" zu der möglichen Rechtfertigung einer Maßnahme, „wenn sie auf objektiven, von der Staatsangehörigkeit der Betroffenen unabhängigen Erwägungen beruhte und in einem angemessenen Verhältnis zu einem legitimen Zweck stünde, der mit den nationalen Rechtsvorschriften verfolgt würde"; siehe auch *EuGH*, ECLI:EU:C:2009:597 Tz. 30 ff. – „Gottwald").

617　Verstößt eine Maßnahme gegen Art. 18 Abs. 1 AEUV, steht dem Berechtigten ein **Anspruch auf Gleichbehandlung** zu. Dies hat zur Folge, dass die nationalen Stellen ungerechtfertigte Diskriminierung auf jede denkbare Weise und insbesondere dadurch ausschließen müssen, dass sie begünstigende Regelungen zugunsten der benachteiligten Gruppe anwenden, ohne die Beseitigung der Diskriminierung durch den Normgeber abzuwarten (*EuGH*, ECLI:EU:C:2003:168 Tz. 73 ff. – „Kutz-Bauer"). Art. 18 Abs. 1 AEUV erweist sich damit auf der Rechtsfolgenseite im Vergleich zu Art. 3 Abs. 1 GG als rechtsschutzintensiver: Das BVerfG überlässt es regelmäßig dem Beurteilungsspielraum des Gesetzgebers, wie er eine verfassungsrechtlich unzulässige Diskriminierung beseitigt und erklärt gleichheitswidrige Vorschriften grundsätzlich für mit dem Grundgesetz unvereinbar.

618　**Adressaten** des Diskriminierungsverbots aufgrund der Staatsangehörigkeit sind vornehmlich die EU-Mitgliedstaaten sowie die Europäische Union selbst, darüber hinaus nach dem gegenwärtigen Stand der Rechtsprechung aber auch privatrechtliche Vereinigungen, die durch Kollektivmaßnahmen Hindernisse für die Grundfreiheiten errichten (*EuGH*, ECLI:EU:C:2000:530 Tz. 50 – „Ferlini"). Daneben sprechen freilich Wortlaut („jede Diskriminierung") und Schutzzweck des Verbotstatbestandes, Diskriminierungen aufgrund der Staatsangehörigkeit zu bekämpfen, für eine weitergehende Erstreckung auch auf Einzelpersonen.

II.　Zum Anspruch auf gleichberechtigte Teilhabe an sozialen Vergünstigungen

619　Gerade aufgrund der Verknüpfung mit Art. 21 Abs. 1 AEUV hat der sachliche Anwendungsbereich des allgemeinen Inländergleichbehandlungsgebots eine erhebliche Ausweitung erfahren. Damit hat Art. 18 Abs. 1 AEUV in der Rechtsprechung des Gerichtshofs einen erheblichen Bedeutungszuwachs erlangt. Besonders plastisch wird dies am Beispiel der Judikatur zum Zugang zu sozialen Vergünstigungen (vgl. z.B. *EuGH*, ECLI:EU:C:1998:217 – „Sala"; *EuGH*, ECLI:EU:C:2001:458 – „Grzelczyk"; *EuGH*, ECLI:EU:C:2002:432 – „D'Hoop"; *EuGH*, ECLI:EU:C:2008:630 – „Förster"; *EuGH*, ECLI:EU:C:2009:344 – „ARGE").

620　Nach Art. 18 Abs. 1 i.V.m. Art. 21 Abs. 1 AEUV haben EU-Ausländer grundsätzlich Anspruch auf gleichberechtigte Teilhabe an innerstaatlichen Sozialleistungen, z.B. den Bezug von Unterhaltsbeihilfen für Studenten, Erziehungsgeld für Neugeborene, die Gewährung von Sozialhilfe sowie von Überbrückungsgeld. Rechtsgrund hierfür ist letztlich die finanzielle Solidarität der Unionsbürger. Diese Rechte werden indes nicht vorbehaltlos gewährt: In Konkretisierung des Verhältnismäßigkeitsgrundsatzes akzeptiert der Gerichtshof im Grundsatz, dass die öffentlichen Finanzen des Aufnahmemitgliedstaates durch die Aufenthaltsberechtigten nicht über Gebühr belastet werden dürfen. In der Rechtssache „Förster" (*EuGH*, ECLI:EU:C:2008:630) hat der Gerichtshof die niederländische Regelung, ein Unterhaltsstipendium für Studierende aus anderen Mitgliedstaaten davon abhängig zu machen, dass sie sich für eine gewisse Dauer (5 Jahre) im Aufnahmemitgliedstaat aufgehalten haben, für zulässig erachtet. Der Hintergrund, nationale Vorbehalte zuzulassen, ist in der Erhaltung des finanziellen Gleichgewichts der mitgliedstaatlichen Systeme der sozialen Sicherheit zu sehen.

C. Arbeitsrechtliche Diskriminierungsverbote

I. Gleicher Lohn für Männer und Frauen (Art. 157 Abs. 1 AEUV)

Die bedeutendste Bestimmung im Titel X des AEUV über die „Sozialpolitik" ist das unmittelbar anwendbare, **spezifisch arbeitsrechtliche Entgeltdiskriminierungsverbot gemäß Art. 157 Abs. 1 AEUV**. Art. 157 Abs. 1 AEUV gewährleistet ein gleiches Entgelt für Männer und Frauen bei gleicher oder gleichwertiger Arbeit. Historisch gesehen diente die Vorschrift dazu, einzelne Mitgliedstaaten davon abzuhalten, sich durch Lohndumping für weibliche Arbeitskräfte ungerechtfertigte Wettbewerbsvorteile gegenüber den anderen Mitgliedern der EG zu verschaffen. Weitaus größere Relevanz hat heute indes die weitere Funktion der Vertragsbestimmung, auf den Arbeitsmärkten der Mitgliedstaaten eine Gleichbehandlung von Männern und Frauen zu gewährleisten. **621**

Adressaten von Art. 157 Abs. 1 AEUV sind neben den ausdrücklich vom Vertragstext erfassten Mitgliedstaaten die Tarifvertragsparteien sowie einzelne private Arbeitgeber. Begründen lässt sich diese Extension des Adressatenkreises vor allem mit dem Gedanken der praktischen Wirksamkeit (nur über eine Einbeziehung der privatrechtlichen Beziehungen zwischen Arbeitnehmer und Arbeitgeber lässt sich ein effektiver Schutz erzielen) sowie der gebotenen einheitlichen Anwendung des EU-Rechts in den Mitgliedstaaten, in denen die Frage des Arbeitslohns auf ganz unterschiedliche Weise geregelt wird. **622**

Der **Anwendungsbereich** von Art. 157 AEUV ist wie folgt zu bestimmen: In persönlicher Hinsicht werden durch das Gleichbehandlungsgebot alle Arbeitnehmer geschützt. Arbeitnehmer ist, wer eine Tätigkeit von nicht völlig untergeordneter Bedeutung für einen anderen nach dessen Weisungen ausführt, d.h. jeder abhängig Beschäftigte (*EuGH*, ECLI:EU:C:2004:18 Tz. 66 ff. – „Allonby"). In sachlicher Hinsicht erfolgt in Art. 157 Abs. 2 AEUV eine Legaldefinition des Begriffs des „Entgelts". Der Gerichtshof fasst den Entgeltbegriff in Anlehnung an den Wortlaut („alle sonstigen Vergünstigungen") weit; erfasst werden u.a. Lohnfortzahlungen und Lohnzusatzleistungen des Arbeitgebers sowie Ansprüche aus einer betrieblichen Altersversorgung. **623**

Auf der **Gewährleistungsebene** untersagt das Entgeltdiskriminierungsverbot nicht nur unmittelbare Diskriminierungen, die unterschiedliche Behandlungen ausdrücklich mit **624** dem Geschlecht begründen, sondern auch mittelbare Ungleichbehandlungen (siehe etwa *EuGH*, ECLI:EU:C:2013:122 – „Kenny"). Eine mittelbare Diskriminierung ist anzunehmen, wenn die folgenden Merkmale kumulativ vorliegen:

– Die in Rede stehende Maßnahme knüpft formal nicht an das Geschlecht, sondern an geschlechtsunspezifische Maßnahmen (z.B. Teilzeitarbeit, Dauer der Betriebszugehörigkeit) an.
– Durch die Regelung werden erheblich mehr Angehörige eines Geschlechts tatsächlich benachteiligt (z.B., wenn in Teilzeit vornehmlich Frauen beschäftigt sind).
– Die nachteiligen Auswirkungen für ein Geschlecht können nicht mit anderen Gründen als denen des Geschlechts bzw. der Geschlechterrollen erklärt werden.

625   Eine Diskriminierung aufgrund des Geschlechts ist unzulässig, es sei denn, die Maßnahme ist objektiv **gerechtfertigt**. Hierfür muss die Maßnahme einem „wirklichen Bedürfnis des Unternehmens" dienen und auch zur Erreichung des mit ihr verfolgten Ziels geeignet und erforderlich sein. Als unzulässige Diskriminierungen hat der Gerichtshof beispielsweise die Zahlung niedrigerer Stundensätze an Teilzeitbeschäftigte, den Ausschluss von Teilzeitbeschäftigten von der Betriebsrente, den Wegfall der Lohnfortzahlung im Krankheitsfall oder der Zahlung von Übergangsgeld sowie die einseitige, ein Geschlecht begünstigende Ausgestaltung eines beruflichen Einstufungssystems angesehen. Als grundsätzlich zulässig wurde hingegen angesehen, wenn auf das Kriterium des Dienstalters als entgeltbestimmenden Faktor abgestellt wird (*EuGH*, ECLI: EU:C:2006:633 – „Cadman"). Weiter ist zu berücksichtigen, dass die Ungleichbehandlung stets auf ein und denselben Normadressaten (wie z.B. den Arbeitgeber) zurückzuführen sein muss (*EuGH*, ECLI:EU:C:2002:498 – „Lawrence"). Liegt eine ungerechtfertigte Entgeltdiskriminierung aufgrund des Geschlechts vor, hat der benachteiligte Arbeitnehmer auf der **Rechtsfolgenseite** einen Anspruch auf gleiche Behandlung.

II. Sekundärrechtliche Maßnahmen

626   Ergänzt wird das primärrechtliche Entgeltdiskriminierungsverbot durch sekundärrechtliche Maßnahmen. Insoweit ermöglicht die **Kompetenzbestimmung des Art. 157 Abs. 3 AEUV** den Erlass von Bestimmungen zur Gewährleistung der Anwendung des Grundsatzes der Gleichbehandlung von Männern und Frauen in Arbeits- und Beschäftigungsfragen, einschließlich des Grundsatzes des gleichen Entgelts bei gleicher oder gleichwertiger Arbeit. Bereits vor Einführung dieser Rechtsgrundlage durch den Amsterdamer Vertrag hatte die EU – gestützt auf den früheren Art. 308 EG, jetzt Art. 352 AEUV – verschiedene Richtlinien zur Gleichbehandlung von Männern und Frauen im Berufsleben erlassen. Hervorzuheben sind in diesem Kontext namentlich die RL 75/117/EWG bezüglich der Angleichung der Rechtsvorschriften der Mitgliedstaaten über die Anwendung des Grundsatzes des gleichen Entgelts für Männer und Frauen sowie die RL 76/207/EWG (geändert durch die RL 2002/73/EG, ABl. EG 2002, L 269/15) zur Verwirklichung des Grundsatzes der Gleichbehandlung von Männern und Frauen hinsichtlich des Zugangs zur Beschäftigung, zur Berufsausbildung und zum beruflichen Aufstieg sowie in Bezug auf die Arbeitsbedingungen. Beide vorgenannten Richtlinien

wurden in der jetzt geltenden RL 2006/54/EG zur Verwirklichung des Grundsatzes der Chancengleichheit und Gleichbehandlung von Männern und Frauen in Arbeits- und Beschäftigungsfragen (Gleichbehandlungsrichtlinie) zusammengeführt und traten am 15.8.2009 außer Kraft.

Vor allem zur **Gleichbehandlungsrichtlinie 76/207/EWG, die vollumfänglich in der** **627** **Gleichbehandlungsrichtlinie 2006/54/EG aufgegangen ist,** existiert eine umfangreiche Judikatur. Besonderes Aufsehen erregten dabei zunächst Entscheidungen zu innerstaatlichen Regelungen, die beim Zugang zum öffentlichen Dienst eine Bevorzugung von Frauen bei gleicher Qualifikation gegenüber ihren männlichen Mitbewerbern vorsahen. Diese betraf die Vorgängerregelung zum heute bestehenden **Art. 14 Abs. 1** **lit. a Gleichbehandlungs-RL**. Hier befand der Gerichtshof, dass eine derartige Quotenregelung, die Frauen in solchen Situationen automatisch bevorzugt, mit der Gleichbehandlungsrichtlinie unvereinbar ist (*EuGH*, ECLI:EU:C:1995:322 – „Kalanke"; daraufhin *BAG*, EuZW 1996, 474). Enthalten solche Quotenregelungen dagegen eine Öffnungsklausel, wonach männlichen Bewerbern bei in ihrer Person liegenden besonderen Gründen ausnahmsweise der Vorzug vor weiblichen Bewerbern gebührt, sind sie nicht zu beanstanden (*EuGH*, ECLI:EU:C:1997:533 – „Marschall"; *EuGH*, ECLI:EU:C:2000:163 – „Badeck").

Besonders anschaulich lässt sich die Tragweite der Gleichbehandlungsrichtlinie auch **628** an dem „Kreil"-Urteil des EuGH veranschaulichen, wonach es eine unzulässige Diskriminierung aufgrund des Geschlechtes darstellt, Frauen nahezu umfassend von einer Beschäftigung bei der Bundeswehr auszuschließen (*EuGH*, ECLI:EU:C:2000:2). In der Folge änderte der nationale Gesetzgeber Art. 12a Abs. 4 S. 2 GG dahin, dass lediglich die Verpflichtung von Frauen zum Dienst mit der Waffe untersagt ist. Dem EuGH wurde in diesem Kontext eine Überschreitung seiner Kompetenzen vorgeworfen, weil die Struktur der Streitkräfte als Bestandteil der Verteidigungspolitik in die ausschließlichen Zuständigkeitsbereiche der Mitgliedstaaten falle. Wohl als Reaktion darauf entzog sich der Gerichtshof einer eingehenden Beurteilung der Vereinbarkeit der z.B. in Deutschland geltenden Wehrpflicht für Männer mit der Gleichbehandlungsrichtlinie, indem er schlicht die Verbandskompetenz der Union verneinte (*EuGH*, ECLI:EU:C:2003:146 – „Dory"; *VG Stuttgart*, DÖV 2001, 345).

Die tiefgreifenden Einwirkungen werden abschließend auch noch in dem Fall „Busch" **629** (*EuGH*, ECLI:EU:C:2003:114; siehe zudem *BAG*, NZA 2003, 848) deutlich: Eine Krankenschwester hatte mit ihrem Arbeitgeber eine Verkürzung ihrer Elternzeit vereinbart und dabei die erneute Schwangerschaft verschwiegen. Einen Tag nach Arbeitsaufnahme teilte sie diese dem Arbeitgeber mit und übte ihre Tätigkeit unter Hinweis auf das Beschäftigungsverbot für Schwangere nicht weiter aus. Sie verfolgte nach eigenen Angaben lediglich das Ziel einer finanziellen Besserstellung, weil das Mutterschaftsgeld und der vom Arbeitgeber zu zahlende Zuschuss zum Mutterschaftsgeld höher war als das Erziehungsgeld. Der Arbeitgeber focht seine Zustimmung zur Verkürzung der Elternzeit wegen arglistiger Täuschung an. Der EuGH urteilte, dass die Schwangere nicht verpflichtet gewesen sei, dem Arbeitgeber mitzuteilen, dass sie schwanger ist. Dies gilt selbst dann, wenn sie ihre Tätigkeit wegen bestimmter gesetzlicher Beschäftigungsverbote nicht in vollem Umfang ausüben kann. Eine andere Entscheidung sei mit dem

Grundsatz „Gleichbehandlung von Frauen und Männern" nicht vereinbar. Hiermit verbundene finanzielle Nachteile für den Arbeitgeber stehen der Entscheidung nicht entgegen.

D. Weitere Diskriminierungsverbote

630   Neben den bereits vorgestellten Diskriminierungsverboten, die sich auf eine Beseitigung von Ungleichbehandlungen aufgrund der Staatsangehörigkeit und des Geschlechts beziehen, erweitert **Art. 19 AEUV** die Befugnis der Union zur Statuierung von Diskriminierungsverboten. Art. 19 Abs. 1 AEUV bietet der Union die Möglichkeit, sekundärrechtliche Maßnahmen zur Bekämpfung von Ungleichbehandlungen aus Gründen des Geschlechts, der Rasse, der ethnischen Herkunft, der Religion oder der Weltanschauung, einer Behinderung, des Alters oder der sexuellen Ausrichtung zu ergreifen.

631   Auf der Basis der Rechtsgrundlage gemäß Art. 19 Abs. 1 AEUV sind inzwischen **mehrere Richtlinien** verabschiedet worden:
- Richtlinie zur Anwendung des Gleichbehandlungsgrundsatzes ohne Unterschied der Rasse oder der ethnischen Herkunft (RL 2000/43/EG vom 29.6.2000, ABl. EG 2000, L 180/22);
- Richtlinie zur Festlegung eines allgemeinen Rahmens für die Verwirklichung der Gleichbehandlung in Beschäftigung und Beruf (RL 2000/78/EG vom 27.11.2000, ABl. EG 2000, L 303/16; hierzu in Bezug auf eine Diskriminierung wegen des Alters: *EuGH*, ECLI:EU:C:2007:604 – „Palacios"; *EuGH*, ECLI:EU:C:2010:21 – „Kücükdeveci" zur Europarechtswidrigkeit von § 622 Abs. 2 BGB; *EuGH*, ECLI:EU:C:2010:601 – „Rosenbladt" zur Zulässigkeit von Klauseln in Arbeitsverträgen, nach denen Arbeitnehmer bei Erreichen des Rentenalters automatisch ausscheiden);
- Richtlinie zur Verwirklichung des Grundsatzes der Gleichbehandlung von Männern und Frauen beim Zugang zu und bei der Versorgung mit Gütern und Dienstleistungen (RL 2004/113/EG vom 13.12.2004, ABl. EG 2004, L 373/37).

632   Die Richtlinien verpflichten die Mitgliedstaaten im Kern zur **Einführung von Diskriminierungsverboten** hinsichtlich des Geschlechts, der Rasse wie auch der ethnischen Herkunft namentlich im Arbeitsrecht; darüber hinaus aber auch **im allgemeinen Zivilrecht**, soweit es um den Zugang zu und die Versorgung mit Gütern und Dienstleistungen, die der Öffentlichkeit zur Verfügung stehen, geht. Der Nachweis einer grundsätzlich verbotenen Diskriminierung in den genannten Bereichen wird dem Opfer durch die Statuierung einer Beweislastumkehr erleichtert. Bei Verstößen gegen die Gleichbehandlungsgebote sind wirksame, verhältnismäßige und abschreckende Sanktionen einschließlich Schadensersatzansprüche vorzusehen. Die Gleichbehandlungsrichtlinien bedingen nach ihrer Umsetzung teilweise weitreichende Einschnitte in die Privatautonomie.

633   In der Bundesrepublik Deutschland erfolgte eine Umsetzung der Antidiskriminierungsrichtlinien im Allgemeinen Gleichbehandlungsgesetz (AGG) vom 14.8.2006, nachdem der EuGH Deutschland zunächst wegen der Nichtumsetzung der Richtlinien in einem

Vertragsverletzungsverfahren gemäß Art. 226 EG verurteilt hatte (*EuGH*, ECLI:EU:C: 2005:263; vgl. zudem *EuGH*, ECLI:EU:C:2005:709 – „Mangold"). Zu beachten ist, dass sich das Allgemeine Gleichbehandlungsgesetz nicht darauf beschränkt, die Richtlinieninhalte in innerstaatliches Recht umzusetzen, sondern weitergehende Diskriminierungsverbote vorsieht (etwa bei sog. Massengeschäften im Zivilrechtsverkehr für Ungleichbehandlungen aufgrund der ethnischen Herkunft, des Geschlechts, der Religion, einer Behinderung, des Alters oder der sexuellen Identität).

Weiterführende Literatur: *Fischer/Fetzer*, Europarecht – Fälle zum Europarecht, 9. Auflage 2019, Fall 7 – Grenzenlose Ausbildung, Fall 8 – Gleichstellung auf europäisch, Fall 11 – Grundstückskauf mit Hindernissen, Fall 12 – Reise mit Hindernissen, Fall 15 – Phil Collins; *Hilpold*, Hochschulzugang und Unionsbürgerschaft, EuZW 2005, 647 ff.; *Nettesheim*, Diskriminierungsschutz ohne Benachteiligung? Die EuGH-Rechtsprechung zu Altersgrenzen im Beschäftigungsverhältnis, EuZW 2013, 48 ff.; *Philipp*, Neue Richtlinie zu Chancengleichheit und Gleichbehandlung, EuZW 2005, 515 ff.; *Streinz*, Ungleicher Arbeitslohn verschiedener Arbeitgeber unterfällt nicht Art. 141 EG, JuS 2003, 83 ff.; *Trautwein*, Gleichbehandlung von Männern und Frauen: Frauenförderung in der öffentlichen Verwaltung, JA 2001, 104 ff.; *Waas*, Europarechtliche Schranken für die Befristung von Arbeitsverträgen mit älteren Arbeitnehmern?, EuZW 2005, 583 ff.

Elfter Teil

Die weiteren internen Politiken und Maßnahmen der Union

634 Neben den Grundfreiheiten enthält der Dritte Teil des AEUV weitere interne Politikfelder der Union. Von besonderer Bedeutung sind:
- der Raum der Freiheit, der Sicherheit und des Rechts (Titel V; dazu A.);
- die gemeinsamen Regeln betreffend Wettbewerb, Steuerfragen und Angleichung der Rechtsvorschriften (Titel VII; dazu B.);
- die Wirtschafts- und Währungspolitik (Titel VIII; dazu C.)
- die Umweltpolitik (Titel XX; dazu D.);
- die Landwirtschaft und Fischerei (Titel III; dazu E.).

635 Über diese Bereiche hinaus sind noch etliche weitere Politiken Gegenstand des Dritten Teils des AEUV, auf deren eingehende Behandlung hier jedoch verzichtet werden soll. Im Einzelnen sind zu nennen: **Verkehr** (Titel VI), **Beschäftigungspolitik** (Titel IX), **Sozialpolitik** (Titel X), **Europäischer Sozialfonds** (Titel XI), berufliche **Bildung, Jugend** und **Sport** (Titel XII), **Kulturpolitik** (Titel XIII), **Gesundheitspolitik** (Titel XIV), **Verbraucherschutzpolitik** (Titel XV), **Transeuropäische Netze** (Titel XVI), **Industriepolitik** (Titel XVII), **Regionalpolitik** (Titel XVIII), **Forschungspolitik** (Titel XIX), **Energiepolitik** (Titel XXI), **Tourismus** (Titel XXII) und **Katastrophenschutz** (Titel XXIII).

A. Raum der Freiheit, der Sicherheit und des Rechts

636 Nach Art. 3 Abs. 2 EUV will die Union den Unionsbürgern einen Raum der Freiheit, der Sicherheit und des Rechts ohne Binnengrenzen bieten. Dieser Raum sowie die Maßnahmen zu seiner Erreichung werden in Titel V des Dritten Teils des AEUV näher konkretisiert. Hier finden sich zum einen Regelungen zur Asyl- und Grenzpolitik der Union aber auch zur justiziellen Zusammenarbeit in Zivilsachen, die auch im EG-Vertrag schon überwiegend enthalten waren.

637 Zum anderen sind hier aber auch die Regelungen zur polizeilichen und justiziellen Zusammenarbeit in Strafsachen (PJZS) integriert worden, die durch den Vertrag von Lissabon nicht mehr wie bisher lediglich intergouvernementalen Charakter haben, sondern in die supranationale Organisations- und Handlungsstruktur der Union überführt worden sind. Sie finden sich in den Art. 67 ff. AEUV und räumen der Union Kompetenzen im Bereich Strafverfolgung und Gefahrenabwehr – insbesondere auch Terrorismusabwehr – ein. Deshalb wurde unter anderem mit dem Europol-Abkommen ein unionsweites System zum Austausch von Informationen aufgebaut, und zwar innerhalb eines Europäischen Polizeiamtes nach Art. 88 AEUV (**Europol**). Europol ist eine internationale Organisation mit eigener Rechtspersönlichkeit. Kern von Europol ist ein „Super-Computer", in dem wichtige Daten über internationale Kriminalität jederzeit abrufbar sind, die an nationale Verfolgungsbehörden weitergeleitet werden können. Darüber hinaus hat Europol die Aufgabe der Koordinierung, Organisation und Durchführung von Ermittlungen gemeinsam mit den nationalen Behörden (Art. 88 Abs. 2 lit. b) AEUV).

Durch Beschluss vom 28.2.2002 wurde, gestützt auf Art. 31, 34 Abs. 2 lit. c) EUV (heute: Art. 85 AEUV), eine zentrale Stelle für justizielle Zusammenarbeit geschaffen (Eurojust). Eurojust ist ebenso wie Europol eine mit eigener Rechtspersönlichkeit ausgestattete internationale Organisation.   **638**

Schließlich wurde durch den Vertrag von Lissabon die Möglichkeit zur Errichtung einer Europäischen Staatsanwaltschaft zur Bekämpfung von Straftaten zum Nachteil der finanziellen Interessen der Union geschaffen (Art. 86 AEUV). Da keine Einigung aller Mitgliedstaaten zustande kam, wurde die Europäischen Staatsanwaltschaft (EUStA) im Wege eines Verfahrens der Verstärkten Zusammenarbeit (Art. 326–334 AEUV) von 16 Mitgliedstaaten durch die VO (EU) 2017/1939 (ABl. EU 2017, L 283/1) errichtet. Sie ist gemäß Art. 86 Abs. 2 AEUV für die strafrechtliche Untersuchung und Verfolgung sowie Anklageerhebung bei Straftaten zum Nachteil der finanziellen Interessen der Union zuständig und besitzt ebenso eine eigene Rechtspersönlichkeit.   **639**

Die Integration der Zusammenarbeit im Bereich der Gefahrenabwehr und der Strafverfolgung in die supranationale Unionsorganisation ist nicht unproblematisch: Zum einen hat das Bundesverfassungsgericht in seinem „Lissabon"-Urteil klargestellt, dass es sich bei diesen Materien um solche handelt, die zu den Kernaufgaben eines Staates zählen, und die daher nur eingeschränkt auf die Union übertragen werden können (*BVerfGE* 123, 267, 408 ff.). Zum anderen hatte bereits vor dem Vertrag von Lissabon insbesondere der **Europäische Haftbefehl** für rechtliche Kontroversen gesorgt, der noch in Form eines Rahmenbeschlusses im Rahmen der intergouvernementalen Zusammenarbeit auf Grundlage des EUV ergangen war. Er soll die Auslieferung Tatverdächtiger vereinfachen und beschleunigen (aus jüngerer Zeit hierzu *EuGH*, ECLI: EU:C:2019:456). Der deutsche Gesetzgeber hatte den Rahmenbeschluss durch das Europäische Haftbefehlsgesetz in nationales Recht umgesetzt. Zwar hat das BVerfG (*BVerfGE* 113, 273) den Rahmenbeschluss rechtlich nicht in Frage gestellt (ebenso: *EuGH*, ECLI:EU:C:2007:261). Dafür hat das Bundesverfassungsgericht aber das Europäische Haftbefehlsgesetz – vor allem wegen eines Verstoßes gegen Art. 16 Abs. 2 GG – für nichtig erklärt. Nach Ansicht des BVerfG gewährleistet Art. 16 Abs. 2 GG mit seinem Auslieferungsverbot die besondere Verbindung der Bürger zu der von ihnen getragenen Rechtsordnung. Der Beziehung des Bürgers zu seinem demokratischen Gemeinwesen entspricht es, dass der Bürger von dieser Vereinigung grundsätzlich nicht ausgeschlossen werden kann. Der Gesetzgeber ist beim Erlass des Umsetzungsgesetzes verpflichtet gewesen, das Ziel des Rahmenbeschlusses zum Europäischen Haftbefehl so zu transformieren, dass der Eingriff in den Schutzbereich von Art. 16 Abs. 2 GG verhältnismäßig ist. Diesen Anforderungen entsprach das Europäische Haftbefehlsgesetz nicht.   **640**

B. Die gemeinsamen Regeln betreffend Wettbewerb, Steuerfragen und Angleichung der Rechtsvorschriften

641 Eines der wichtigsten Aufgabenfelder der Union ist nach wie vor die Schaffung und Aufrechterhaltung eines Binnenmarktes (Art. 3 Abs. 3 EUV; Art. 26 AEUV). Dementsprechend fällt die Festlegung der für das Funktionieren eines Binnenmarktes erforderlichen Wettbewerbsregeln nach Art. 3 Abs. 1 lit. b) EUV auch in die ausschließliche Zuständigkeit der Union. Nicht minder wichtig für das Entstehen und das Funktionieren des Binnenmarktes sind allerdings Regelungen zu staatlichen Beihilfen, zur Besteuerung und zur Angleichung von Rechtsvorschriften. Der Binnenmarkt kann nämlich auch durch gezielte Subventionen, steuerliche Ungleichbehandlungen und diskriminierende oder jedenfalls behindernde rechtliche Rahmenbedingungen beeinträchtigt werden. Dem trägt Titel VII des Dritten Teils des AEUV durch entsprechende Regelungen Rechnung.

I. Die Harmonisierung von Rechtsvorschriften

1. Die Rechtsangleichung im Allgemeinen – Grundsätzliches

642 Unterschiedliche rechtliche Rahmenbedingungen in den Mitgliedstaaten können das Funktionieren des Binnenmarktes, dessen Errichtung nach Art. 26 AEUV Ziel der Union ist, nachhaltig beeinträchtigen. Daher kann die Union gemäß Art. 114 AEUV zur Verwirklichung des Binnenmarktziels Maßnahmen zur Rechtsangleichung in den Mitgliedstaaten ergreifen.

643 **Rechtsangleichung** meint hierbei begrifflich die **Anpassung der Unterschiede in den Rechtsordnungen zwischen den Mitgliedstaaten an einen unionsrechtlich definierten Standard.** Trotz dieses weiten Verständnisses darf die Rechtsangleichung nicht mit einer völligen Vereinheitlichung der innerstaatlichen Rechtsnormen verwechselt werden. Denn die Grundnorm zur Rechtsangleichung, Art. 115 AEUV, erlaubt zunächst nur die Verwendung von Richtlinien als Handlungsinstrument zur Harmonisierung. Richtlinien aber sind – anders als Verordnungen – für die Mitgliedstaaten nur hinsichtlich des zu erreichenden Ziels verbindlich und entfalten grundsätzlich zunächst keine unmittelbare Wirkung (vgl. Art. 288 UAbs. 2 und UAbs. 3 AEUV).

644 Die **Funktionen der Rechtsangleichung** erschließen sich am besten, wenn man die Marktfreiheiten und das Instrument der Rechtsharmonisierung in Art. 114 ff. AEUV, die beide die Errichtung und das Funktionieren des Binnenmarktes (Art. 3 Abs. 3 EUV; Art. 26 AEUV) fördern sollen, einander gegenüberstellt. Vergleicht man das Zusammenspiel von Grundfreiheiten und Rechtsangleichung, zeigt sich Folgendes: Die Rechtsprechung des Gerichtshofs zu den Grundfreiheiten bringt nur punktuelle Fortschritte bei der Verwirklichung vor allem des Binnenmarktzieles und die dazu bestehenden, dem Binnenmarkt entgegenstehenden Handelshemmnisse, zu beseitigen (sog. negative Integration). Dagegen ermöglicht es das Instrument der Rechtsangleichung der Union, durch den Erlass von Sekundärrecht ein Teilrechtsgebiet auszuformen und übergeordneten Wertungen der Verträge wie etwa dem Binnenmarktprinzip dadurch besser zum Durchbruch zu verhelfen (sog. positive Integration). Die Rechtsangleichung ist somit **final ausgerichtet** bzw. vor allem ein **Mittel zur Vertiefung bestimmter Integrationsziele der Verträge**.

Darüber hinaus zeigt die Parallele zu den Grundfreiheiten Weiteres auf: Im Rahmen der   **645** Grundfreiheiten nimmt der AEUV den Ausgleich zwischen dem Binnenmarktprinzip und mitgliedstaatlichen Interessen im Ausgangspunkt selbst vor: Während die Marktfreiheiten grundsätzlich alle mitgliedstaatlichen Beschränkungen des freien Waren-, Personen-, Dienstleistungs- und Kapitalverkehrs verbieten, können nationale Belange von den Mitgliedstaaten nur im Rahmen der geschriebenen (z.B. Art. 36, Art. 45 Abs. 3, Art. 52 Abs. 1, Art. 65 AEUV) wie ungeschriebenen Rechtfertigungsgründe ausnahmsweise vorgebracht werden. Überträgt man dieses Konzept auf den Bereich der Rechtsangleichung, bedeutet dies, dass der Unionsgesetzgeber selbst die **politische Gestaltungskompetenz** für den Ausgleich zwischen den Integrationszielen (z.B. Binnenmarkt) und Allgemeinwohlbelangen (z.B. Umweltschutz, öffentliche Ordnung) hat. Bestätigt wird dieser Befund durch Vertragsvorschriften, die die Union beim Umweltschutz (Art. 11 i.V.m. Art. 191 Abs. 2 S. 1 AEUV), Gesundheitsschutz (Art. 168 Abs. 1 UAbs. 1 AEUV) und Verbraucherschutz (Art. 169 Abs. 1 und Abs. 2 AEUV) auf ein **hohes Schutzniveau** verpflichten. Die politische Gestaltungskompetenz des Unionsgesetzgebers verdrängt die entsprechenden mitgliedstaatlichen Zuständigkeiten.

Aus dieser politischen Gestaltungskompetenz der Union leitet sich schließlich ab, dass   **646** die Rechtsangleichung nicht nur auf die Beseitigung oder Abschwächung von Unterschieden der jeweiligen nationalen Regelungen abzielt, sondern **sehr viel weiter zu verstehen** ist. So ist es zum einen nicht erforderlich, dass die bisherigen mitgliedstaatlichen Regelungen inhaltlich differieren. Eine Angleichung ist vielmehr trotz Regelungsübereinstimmung möglich, wenn die nationalen Normen den Erfordernissen des Binnenmarktes insgesamt nicht gerecht werden. Zum anderen wird die Möglichkeit zur Rechtsangleichung bisweilen sogar dann bejaht, wenn eine Materie noch in keinem Mitgliedstaat durch Rechts- oder Verwaltungsvorschriften geregelt ist. Ebenso wenig wird die Harmonisierung inhaltlich durch die bestehende mitgliedstaatliche Regelungspraxis begrenzt. Die Intensität der Rechtsangleichung kann von einer Mindest- bis zu einer Vollharmonisierung reichen. Die Union ist zudem durchaus befugt, auch neuartige Lösungen zu schaffen, die bislang in den nationalen Vorschriften nicht vorgesehen sind.

Die aufgezeigten Funktionen sind sämtlichen Rechtsangleichungskompetenzen, die in   **647** den Verträgen geregelt sind, gemeinsam. Die verschiedenen **Normsetzungsbefugnisse der Union** sind dabei **gegeneinander abzugrenzen: Dies gilt insbesondere für Art. 115 AEUV**, der den Erlass von Harmonisierungsrichtlinien gemäß einem besonderen Gesetzgebungsverfahren ermöglicht, wenn sich unterschiedliche mitgliedstaatliche Regelungen unmittelbar auf die Errichtung und das Funktionieren des Binnenmarktes auswirken. Art. 115 AEUV tritt jedoch – mit Ausnahme von Bestimmungen über Steuern und Freizügigkeit (vgl. Art. 114 Abs. 2 AEUV) – hinter der **speziellen Harmonisierungskompetenz für den Binnenmarkt gemäß Art. 114 AEUV** zurück. Art. 114 AEUV und Art. 115 AEUV werden ihrerseits durch spezielle, sektoral begrenzte Kompetenzvorschriften verdrängt: Hierzu gehören z.B. Art. 18 UAbs. 2, Art. 19, Art. 21 Abs. 2 und Abs. 3, Art. 43, Art. 46, Art. 50, Art. 52 Abs. 2, Art. 53 Abs. 1, Art. 113 und Art. 153 AEUV. Mitunter enthalten die Verträge auch ausdrückliche **Harmonisierungsverbote**, so etwa im Bereich der Bildung (Art. 165 Abs. 4, 1. Spiegelstrich AEUV, Art. 166 Abs. 4 AEUV), der Kultur (Art. 167 Abs. 5, 1. Spiegelstrich AEUV) und des Gesundheitswesens (Art. 168 Abs. 5 AEUV).

2. Rechtsangleichung im Binnenmarkt

648　Im Mittelpunkt der Rechtsangleichungspolitik steht **Art. 114 AEUV**. Danach erlässt der Rat gemäß dem ordentlichen Gesetzgebungsverfahren nach Anhörung des Wirtschafts- und Sozialausschusses die Maßnahmen zur Angleichung der Rechts- und Verwaltungsvorschriften der Mitgliedstaaten, welche die Errichtung und das Funktionieren des Binnenmarktes zum Gegenstand haben.

649　In der Praxis hat die Rechtsangleichung große Bedeutung erlangt. Harmonisierungsvorschriften sind **eines der wichtigsten Mittel der Vereinheitlichung innerhalb eines Binnenmarktes.** Ein Schwerpunkt liegt hierbei auf der Beseitigung technischer Handelshemmnisse (z.B. Angleichung technischer Normen). Zu den wichtigsten innerstaatlichen Rechtsgebieten, die Gegenstand der Rechtsangleichung durch die Union waren und sind, zählen zudem das Arbeitsrecht, das Bank- und Börsenrecht, das Handels- und Gesellschaftsrecht, das Telekommunikationsrecht, das Energiewirtschaftsrecht, der unlautere Wettbewerb, das Recht der öffentlichen Auftragsvergabe, der Verbraucherschutz, der gewerbliche Rechtsschutz und das Urheberrecht. Für das Recht des geistigen Eigentums wurde in Art. 118 AEUV nunmehr sogar eine eigene Harmonisierungskompetenz aufgenommen.

650　Der **Normzweck** des Art. 114 AEUV liegt gemäß Art. 114 Abs. 1 S. 1 AEUV in der Verwirklichung des Binnenmarktzieles gemäß Art. 26 AEUV; wobei dabei zwingende Allgemeininteressen wie Gesundheit, Sicherheit, Umweltschutz und Verbraucherschutz auf einem hohen Schutzniveau zu gewährleisten sind (Art. 114 Abs. 3 AEUV).

651　Als **Handlungsformen** stehen der Union „Maßnahmen" im Sinne der Ermächtigung zur Verfügung. Damit gemeint sind alle Rechtsakte gemäß Art. 288 AEUV, d.h. auch Verordnungen und Beschlüsse. Allerdings haben sich die Mitgliedstaaten darauf verständigt, der Rechtsform der **Richtlinie** den **Vorzug** zu geben (ABl. EG 1987, L 169/24; vgl. auch Art. 5 Abs. 3 UAbs. 2 EUV).

652　Zentrales Tatbestandsmerkmal der Rechtsangleichungskompetenz in Art. 114 Abs. 1 S. 2 AEUV ist, dass eine Maßnahme der Union die „Errichtung und das Funktionieren des Binnenmarkts zum Gegenstand" hat (**Binnenmarktrelevanz**). Das Kriterium der Binnenmarktrelevanz bereitet in der Rechtspraxis zahlreiche Auslegungsprobleme. Dem Normtext lassen sich kaum Anhaltspunkte für eine Eingrenzung der inhaltlichen Reichweite der Kompetenzvorschrift entnehmen. Daher sind mehrere Auslegungsmöglichkeiten denkbar: Zum einen ließe sich sicherlich vertreten, dass Art. 114 AEUV der Union eine allgemeine Kompetenz zur Regelung des Binnenmarktes einräumt. Demnach würden bloße Unterschiede in den Rechtsordnungen der Mitgliedstaaten ausreichen, um die Heranziehung von Art. 114 AEUV zu rechtfertigen. Diesen weiten Ansatz hat der Gerichtshof jedoch in seinem Grundsatzurteil zur Tabakwerbeverbots-richtlinie ausdrücklich verworfen.

Beispiel: *EuGH*, **ECLI:EU:C:2000:544 – „Tabakwerbung I"**   653

Am 6.7.1998 wurde die Richtlinie 98/43/EG (EuZW 1999, 149 f.) über Werbung und Sponsoring zugunsten von Tabakwerbeerzeugnissen in der Europäischen Gemeinschaft auf der Grundlage von Art. 95 EG (heute: Art. 114 AEUV) und Art. 49, 55 und 47 Abs. 2 EG (heute: Art. 56, 62, 53 Abs. 1 AEUV) erlassen. Die Richtlinie verbietet generell jede Form von Werbung und Sponsoring für Tabak in der Gemeinschaft. Sie enthält lediglich einige nicht ins Gewicht fallende Ausnahmetatbestände (z.B. Mitteilungen unter den am Tabakhandel Beteiligten, Werbung an Verkaufsstellen). Schließlich wird den Mitgliedstaaten die Möglichkeit eröffnet, aus Gründen des Gesundheitsschutzes strengere Vorschriften für den betreffenden Bereich zu statuieren.

In seinem Urteil stellt der Gerichtshof generelle Grundsätze für die Heranziehung von Art. 95 Abs. 1 und Art. 47 Abs. 2 EG (heute: Art. 114 und Art. 53 Abs. 1 AEUV) auf. Aus dem Zusammenspiel der binnenmarktspezifischen Kompetenzzuweisung der Art. 95 Abs. 1 und Art. 47 Abs. 2 EG mit dem in Art. 5 Abs. 1 EG (heute: Art. 5 Abs. 1 und Abs. 2 EUV) normierten Prinzip der begrenzten Einzelermächtigung folge, dass Rechtsakte nach Art. 95 Abs. 1 und Art. 47 Abs. 2 EG (heute: Art. 114 und Art. 47 Abs. 1 AEUV) nicht nur faktisch die Voraussetzungen für die Errichtung und das Funktionieren des Binnenmarkts verbessern sollen, sondern darüber hinaus auch tatsächlich diesem Zweck dienen müssen (Binnenmarktrelevanz). Der Gemeinschaftsgesetzgeber verfüge gerade nicht über eine allgemeine Kompetenz zur Regelung des Binnenmarkts. Im Anschluss prüft der Gerichtshof, ob die Tabakwerbeverbotsrichtlinie tatsächlich den Binnenmarktzielen der Beseitigung von Hindernissen für den freien Waren- und Dienstleistungsverkehr zwischen den Mitgliedstaaten dient. Hierbei unterscheidet der Gerichtshof zwischen den verschiedenen Formen der Tabakwerbung und des diesbezüglichen Sponsorings. Ein Werbeverbot betreffend grenzüberschreitende Werbeträger wie Zeitschriften und Zeitungen auf der Grundlage von Art. 95 Abs. 1 und Art. 47 Abs. 2 EG (heute: Art. 114 und Art. 47 Abs. 1 AEUV) erachtet er für gemeinschaftsrechtlich zulässig, da dies den freien Verkehr solcher Presseerzeugnisse zwischen den Mitgliedstaaten gewährleiste. Bezüglich aller anderen Werbeverbote – zum Beispiel für Werbung auf Plakaten, auf Sonnenschirmen sowie für Werbespots in Kinos oder Anzeigen in der regionalen Presse – wird jedoch deren Eignung, Hindernisse für den freien Waren- und Dienstleistungsverkehr zu beseitigen, verneint. Dies ist auch folgerichtig, denn diese Werbeträger sind ortsgebunden, d.h., sie haben keinen grenzüberschreitenden Charakter. Zudem habe die Richtlinie gerade keine liberalisierende Wirkung, da sie ausdrücklich das Recht der Mitgliedstaaten unberührt lasse, auf den ausgenommenen Gebieten aus Gründen des Gesundheitsschutzes strengere Vorschriften zu erlassen. Die Richtlinie versuche nicht, die bestehenden nationalen Bestimmungen hinsichtlich der beschränkten Formen von Werbung zu harmonisieren, die sie nicht selbst verbietet.

Hieraus folgt, dass das Kriterium der Binnenmarktrelevanz strikt am Wortlaut von   654
Art. 26 Abs. 2 AEUV i.V.m. Art. 3 Abs. 3 EUV auszurichten ist. Die genannten Binnenmarktvorschriften bezwecken also keinen unbedingten Freihandel. Der Binnenmarkt fordert vielmehr für Waren, Personen, Dienstleistungen und Kapital innerhalb der Union erstens **freien Zugang zu den Märkten der Mitgliedstaaten** zu schaffen und zweitens, nach Sicherung des freien Marktzugangs, die **Gewährleistung von Wettbewerbsgleichheit** für Wirtschaftsgüter aus dem Inland und anderen Mitgliedstaaten auf den mitgliedstaatlichen Märkten. Aus diesen Funktionen folgert der Gerichtshof in objektiver Hinsicht: Bloße Unterschiede in den mitgliedstaatlichen Rechtsordnungen genügen für sich genommen nicht zur Begründung der Binnenmarktrelevanz. Das Merkmal ist vielmehr erst einschlägig, wenn unterschiedliche mitgliedstaatliche Rechtsvorschriften zu einer Beschränkung des freien Waren-, Personen-, Dienstleistungs- oder

Kapitalverkehrs führen oder wenn divergierende Rechtsordnungen spürbare Wettbewerbsverzerrungen zur Folge haben. In subjektiver Hinsicht muss der Unionsgesetzgeber die Verbesserung der Voraussetzungen für die Errichtung und das Funktionieren des Binnenmarktes bezwecken.

655 Diese Grundsätze wurden in einem weiteren Urteil des Gerichtshofs zu einer zweiten Tabakrichtlinie weiterentwickelt (*EuGH*, ECLI:EU:C:2002:741 – „British American Tobacco"). Europarechtlich war insbesondere das in der Tabakproduktrichtlinie enthaltene Verbot des Inverkehrbringens von Tabak zum oralen Gebrauch problematisch. In einem Vorabentscheidungsverfahren hatte der EuGH (*EuGH*, ECLI:EU:C:2004:800 – „André") schließlich zu klären, ob dieses Verbot von Art. 95 EG (heute: Art. 114 AEUV) erfasst wird. Zur Tatbestandsvoraussetzung der Binnenmarktrelevanz führte der Gerichtshof aus:

> *„(Tz. 40) Außerdem war es angesichts des wachsenden Bewusstseins der Öffentlichkeit von der gesundheitsschädlichen Wirkung des Konsums von Tabakerzeugnissen wahrscheinlich, dass der freie Verkehr mit diesen Erzeugnissen dadurch behindert würde, dass die Mitgliedstaaten neue Vorschriften, die diese Entwicklung widerspiegelten, erlassen würden, um den Verbrauch dieser Erzeugnisse wirksamer einzudämmen.*
>
> *(Tz. 41) Artikel 8 der Richtlinie 2001/37 wurde in einem Kontext erlassen, der sich hinsichtlich der Hindernisse für den freien Warenverkehr, die auf dem Markt für Tabakerzeugnisse aufgrund der heterogenen Entwicklung der Bedingungen für das Inverkehrbringen von Tabakerzeugnissen zum oralen Gebrauch in den verschiedenen Mitgliedstaaten bestanden, nicht von dem Kontext unterschied, in dem Artikel 8a der Richtlinie 89/622 erlassen wurde. [...]*
>
> *(Tz. 42) Ein Tätigwerden des Gemeinschaftsgesetzgebers auf der Grundlage von Artikel 95 EG (heute: Art. 114 AEUV) war also in Bezug auf Tabakerzeugnisse zum oralen Gebrauch gerechtfertigt."*

656 Der Gerichtshof subsumierte somit im Ergebnis ein Totalverbot für den Vertrieb von Tabak zum oralen Gebrauch unter die Rechtsangleichungskompetenz des Art. 95 EG (heute: Art. 114 AEUV). Dieser Befund überrascht insofern, als ein solches Totalverbot zur Abschaffung des Marktes für Kautabak führt. Ein Beitrag zur Errichtung und zum Funktionieren des Binnenmarktes liegt darin auf den ersten Blick sicherlich nicht. Jedoch greift dieser Einwand nicht durch. Denn Art. 114 Abs. 1 S. 2 AEUV betrifft schon nach seinem Wortlaut den Erlass von „Maßnahmen [...], welche die Errichtung und das Funktionieren des Binnenmarktes zum Gegenstand haben". Demnach genügt es, wenn die Maßnahme als solche die Förderung des Binnenmarktes bezweckt. Im Fall besagter Tabakproduktrichtlinie müssen also nicht alle Einzelbestimmungen der Richtlinie den Binnenmarkt fördern; vielmehr genügt es, wenn die **Richtlinie in der Gesamtbilanz** der Errichtung und dem Funktionieren des Binnenmarktes dient. Zuletzt hat der Gerichtshof auch die aktuelle Tabakrichtlinie (RL 2014/40/EU), die ebenfalls auf Art. 114 AEUV gestützt wird, nach Vorlage des VG Berlin für mit Unionsrecht vereinbar erklärt (*EuGH*, ECLI:EU:C:2019:76 – „Planta Tabak"). Diese schreibt u.a. ein schrittweises Verbot von aromatisierten Tabakerzeugnissen vor.

657 Erfüllt eine sekundärrechtliche Maßnahme der Union die Voraussetzung der Binnenmarktrelevanz, sind ferner noch die **allgemeinen Schranken** zu beachten, denen die Rechtsetzungstätigkeit der Union unterliegt. Dazu zählen zunächst die **Harmonisierungsverbote**: Zwar können Rechtsangleichungsmaßnahmen der Union sogar maßgeblich dem Gesundheits-, Umwelt- oder Verbraucherschutz dienen (arg. e Art. 114

Abs. 3 S. 1 AEUV). Dies darf aber nicht darauf hinauslaufen, dass die primärrechtlichen Harmonisierungsverbote (z.B. Art. 168 Abs. 5 AEUV) umgangen werden. Schließlich sind stets das Subsidiaritätsprinzip (Art. 5 Abs. 3 EUV), der Verhältnismäßigkeitsgrundsatz (Art. 5 Abs. 4 EUV), die europäischen Grundrechte und auch die Grundfreiheiten zu beachten.

Beachtenswert ist ferner die Regelung des Art. 114 Abs. 3 AEUV, nach der die Kommission in ihren Vorschlägen nach Abs. 1 in den Bereichen Gesundheit, Sicherheit, Umweltschutz und Verbraucherschutz von einem **hohen Schutzniveau** ausgeht. Ferner ist es den Mitgliedstaaten nach Art. 114 Abs. 4 AEUV möglich, trotz einer erfolgten Rechtsangleichung zum Schutze wichtiger Rechtsgüter **strengere nationale Bestimmungen** beizubehalten (vgl. dazu: *EuGH*, ECLI:EU:C:2003:40 – „Deutschland/Kommission"; ECLI:EU:C:2003:167 – „Dänemark/Kommission"). In diesem Fall muss anhand von Art. 36 AEUV überprüft werden, ob Vorschriften der Mitgliedstaaten, die eine Harmonisierungsrichtlinie in ihrem Schutzniveau übersteigen, durch Art. 36 AEUV (z.B. Gesundheit) oder zwingende Erfordernisse im Sinne der „Cassis"-Rechtsprechung (z.B. Umweltschutz) gerechtfertigt werden können. Zudem können die Mitgliedstaaten nach Art. 114 Abs. 5 AEUV unter bestimmten Voraussetzungen auch nach Erlass einer Harmonisierungsmaßnahme strengere nationale Vorschriften einführen (näher dazu *EuG*, Slg. 2005-II, 4005 und *EuGH*, ECLI:EU:C:2007:510 – „Land Oberösterreich/Kommission"). Die entsprechende nationale Bestimmung einschließlich der Gründe für den nationalen Alleingang müssen bei der Kommission notifiziert werden. Diese entscheidet dann binnen sechs Monaten über die Zulässigkeit des nationalen Alleingangs (Art. 114 Abs. 6 AEUV). Art. 114 Abs. 10 AEUV ermöglicht es, Harmonisierungsmaßnahmen mit einer Schutzklausel zu verbinden, die die Mitgliedstaaten ermächtigt, vorläufige Maßnahmen aus den in Art. 36 AEUV genannten Gründen zu erlassen.

658

Weiterführende Literatur: *Fischer/Fetzer*, Fälle zum Europarecht, 9. Auflage 2019, Fall 3 – Starker Tobak, Fall 15 – Phil Collins, Fall 20 – Dienstleistungsfreiheit und föderale Rundfunkordnung; *Calliess*, Nach dem „Tabakwerbung-Urteil" des EuGH: Binnenmarkt und gemeinschaftsrechtliche Kompetenzverfassung im neuen Licht, Jura 2001, 311 ff.; *Görlitz*, EU-Binnenmarktkompetenzen und Tabakwerbeverbote – Kompetenzrechtliche Anmerkungen zur neuen Richtlinie über Werbung und Sponsoring zu Gunsten von Tabakerzeugnissen, EuZW 2003, 485 ff.; *Herr*, Grenzen der Rechtsangleichung nach Art. 95 EG, EuZW 2005, 171 ff.

3. Privatrechtsangleichung durch Richtlinien am Beispiel des Verbraucherschutzes

Seit Mitte der 80er Jahre wurden zunehmend Regelungen im Bereich des Privatrechts erlassen. Ein erheblicher Teil davon hat das **Verbraucherschutzrecht** zum Gegenstand. Nachdem der Verbraucherschutz in Art. 169 AEUV ausdrücklich verankert und des Weiteren im Rahmen von Art. 114 Abs. 3 AEUV als zulässiges Regelungsziel anerkannt ist, sind zahlreiche, auf Art. 94, 95 EG (heute: Art. 114, 115 AEUV) gestützte Richtlinien erlassen worden. Diese Regelungen enthalten nicht nur erhebliche Vorgaben für den deutschen Gesetzgeber, der gemäß Art. 288 UAbs. 3 AEUV i.V.m. Art. 4 Abs. 3 UAbs. 2 EUV zur Umsetzung der Vorschriften in nationales Recht verpflichtet ist. Auch die Rechtsprechung trägt große Mitverantwortung bei der Durchsetzung dieses **„europäischen Privatrechts"**. Ihr obliegt die richtlinienkonforme Auslegung des deutschen Rechts

659

sowie die Aufgabe, Auslegungsfragen gemäß Art. 267 AEUV dem Gerichtshof zur Vorabentscheidung vorzulegen. Ein Beispiel bietet der Vorlagebeschluss des BGH zur Vereinbarkeit des § 439 Abs. 4 BGB mit der Verbrauchsgüterkauf-Richtlinie (EuZW 2007, 286), dessen Entscheidung durch den EuGH zur problematischen Entwicklung der richtlinienkonformen Rechtsfortbildung durch den BGH führte (*BGH*, NJW 2009, 427 – „Quelle").

660   Letztendlich ist es jedoch jeder Bürger, der tagtäglich mit den weitreichenden Auswirkungen der europäischen Normen im Privatrechtsverkehr in Berührung kommt. Obwohl heute fast jeder Vertragsschluss sowie zahlreiche andere rechtserhebliche Handlungen Privater vom Europarecht beherrscht werden, ist es dem Einzelnen doch selten bewusst, dass die ihn schützende oder verpflichtende Norm auf einer Vorgabe aus Brüssel beruht. Das Instrument der Richtlinie führt dazu, dass sich eine Unionsregelung dem Bürger als deutsches Recht präsentiert. Er kennt nicht die europäische Richtlinie, sondern den nationalen Umsetzungsakt.

661   Zu den bedeutendsten Richtlinien zählen u.a. die **Haustürgeschäfte**- und **Fernabsatz**-Richtlinie (RL 2011/83/EU, geändert durch RL (EU) 2015/2302), die **Verbraucherkredit**-Richtlinie (RL 2008/48/EG) und die **„Klausel"(AGB)**-Richtlinie (RL 93/13/EWG, geändert durch RL 2011/83/EU). Diese Richtlinien wurden ursprünglich durch **Spezialgesetze** zum BGB in das deutsche Recht transformiert (Haustürgeschäftewiderrufsgesetz, Verbraucherkreditgesetz, Fernabsatzgesetz, AGB-Gesetz). Im Anschluss an den Erlass der **Verbrauchsgüterkauf**-Richtlinie im Jahr 1999 (RL 1999/44/EG, geändert durch RL 2011/83/EU) und der **E-Commerce**-Richtlinie im Jahr 2000 (RL 2000/31/EG) entschloss sich der deutsche Gesetzgeber, die Umsetzung dieser Regelungen zu nutzen, um im Wege einer umfassenden Schuldrechtsreform alle auf europäischen Vorgaben beruhenden Normen in das BGB zu inkorporieren. Beispiele für den europäischen Einfluss finden sich im BGB heute an zahlreichen Stellen. So bestimmen die §§ 13, 14 BGB den Begriff des Verbrauchers und Unternehmers, die §§ 474 ff. BGB regeln den Verbrauchsgüterkaufvertrag, §§ 491 ff. BGB normieren das Verbraucherdarlehen sowie weitere Finanzierungshilfen für den Verbraucher, die §§ 312d, 491a BGB legen Informationspflichten fest und schließlich regelt § 355 BGB die Ausgestaltung des Widerrufsrechts, welches dem Verbraucher bei bestimmten Vertragsschlüssen eingeräumt wird. Außerhalb des BGB steht weiterhin etwa die durch das Produkthaftungsgesetz in nationales Recht transformierte **Produkthaftungs**-Richtlinie (RL 85/374/EWG, geändert durch RL 99/34/EG).

662   Die Verbraucherschutzrichtlinien geben meist nur einen **Mindeststandard** für das zu erreichende Schutz- oder Regelungsniveau vor. Den Mitgliedstaaten bleibt es unbenommen, auch über dieses Niveau hinausgehende Bestimmungen zur Erreichung des Richtlinienziels zu treffen. Ein Beispiel bietet hier die **Pauschalreise**-Richtlinie (RL (EU) 2015/2302) im Verhältnis zu den deutschen Reisevertragsregelungen in den §§ 651a–651y BGB. Soweit die Richtlinie dem deutschen Recht bis dahin unbekannte Anforderungen vorgab, wurden zu deren Umsetzung neue Regelungen in die §§ 651a ff. BGB aufgenommen (z.B. das Recht zur Vertragsübertragung in § 651e BGB oder die Verschuldensvermutung im Rahmen der Haftung, § 651n BGB). Viele von der Richtlinie geforderte Regelungen existierten jedoch bereits im BGB, das in den §§ 651a ff. teilweise sogar strengere Normen enthielt als es der Richtlinienstandard vorsieht. Diese Normen wurden natürlich beibehalten und mussten nicht etwa auf den europäischen Mindeststandard, den die Richtlinie definiert, zurückgekürzt werden.

Allerdings gibt es auch Fälle, in denen eine Richtlinie keine Abweichungen im Schutz-   **663** niveau – auch keine nach oben – zulässt (vgl. *EuGH*, ECLI:EU:C:2006:6 – „Skov"). So regelt z.B. die **Produkthaftungs**-Richtlinie in ihrem Art. 15, in welchen begrenzten Fällen eine innerstaatliche Abweichung (also strengere Regelung) erlaubt ist. Damit setzt sie nicht nur einen Mindeststandard, sondern zugleich einen **Höchststandard** für gesetzliche Regelungen im Bereich der Produkthaftung.

Innerhalb des „Lebenszyklus" einer Harmonisierungsrichtlinie kann man **drei proble-   664 matische Phasen** mit unterschiedlichen Wirkungen im innerstaatlichen Recht unterscheiden: den Umsetzungszeitraum (1), die Nichtumsetzung (2) und die unzureichende Umsetzung (3). Zur Wiederholung und Vertiefung der bereits erörterten Richtlinienproblematik bieten sich die europäischen Verbraucherschutzrichtlinien und die dazu ergangene Rechtsprechung des Gerichtshofs an:

(1) Im **Zeitraum, der den Mitgliedstaaten zur Umsetzung einer Richtlinie zur Ver-   665 fügung steht**, kommt es selten zu Komplikationen. Da es dem Gesetzgeber freisteht, wann innerhalb dieser Frist und in welcher Form er die Richtlinie in nationales Recht umsetzt, stellt sein Untätigbleiben bis zum letzten Tag der Frist noch keine Pflichtwidrigkeit oder einen Verstoß gegen Art. 288 UAbs. 3 AEUV i.V.m. Art. 4 Abs. 3 EUV dar. Die direkte Anwendbarkeit einer Richtliniennorm kommt vor Fristablauf nicht in Betracht. Der einzelne Bürger kann sich in dieser Zeit noch nicht auf eine ihn begünstigende Richtliniennorm berufen, etwa weil sie ihm ein unbefristetes Widerrufsrecht einräumt oder ihm einen Schadensersatzanspruch aus Produkthaftung gewährt. Ebenso kann ein Gericht eine noch nicht umgesetzte belastende Norm noch nicht anwenden, etwa indem es einem Unternehmer bestimmte, bisher nicht existente Informationspflichten beim Abschluss von Fernabsatzverträgen auferlegt. Allerdings wird jeder Richtlinie eine sog. **Vorwirkung** zuerkannt. Gemäß Art. 288 UAbs. 3 AEUV, Art. 4 Abs. 3 EUV i.V.m. der Richtlinie sind alle staatlichen Einrichtungen danach zum Unterlassen von Maßnahmen verpflichtet, die geeignet sind, das Richtlinienziel in Frage zu stellen („Stillhaltepflicht"). Darüber hinaus besteht für die Behörden und die Gerichte bei der Anwendung des noch geltenden Rechts die Möglichkeit – aber keine Pflicht – zur richtlinienkonformen Auslegung.

(2) Nach **Ablauf der Umsetzungsfrist** einer verbraucherschützenden Richtlinie und   666 bei Versäumnis des Gesetzgebers, Maßnahmen zur ordnungsgemäßen Transformation ins nationale Recht zu treffen, kommt zunächst eine **unmittelbare vertikale Direktwirkung** einer Richtlinienbestimmung – d.h. deren unmittelbare Anwendung im Verhältnis Bürger-Staat – in Betracht. Diese Direktwirkung hängt grundsätzlich davon ab, ob die Richtliniennorm hinreichend genau und inhaltlich unbedingt ist. Solche Konstellationen einer unmittelbaren vertikalen Direktwirkung sind im europäischen Privatrecht aber überaus selten, denn die Richtlinien im Bereich des Verbraucherschutzes regeln zumeist das Rechtsverhältnis zwischen zwei Privaten. Dann stellt sich die Frage, ob die Richtlinie entweder im Wege der **horizontalen Direktwirkung** ausnahmsweise unmittelbar angewendet werden kann, ob nur eine **richtlinienkonforme Auslegung** des nationalen Rechts in Frage kommt, oder ob sogar ein europarechtlicher **Staatshaftungsanspruch** gegenüber dem säumigen Mitgliedstaat besteht.

667   Beispiel: *EuGH*, **ECLI:EU:C:2000:346 – „Océano"**

Die „Klausel"-Richtlinie (RL 93/12/EWG, ABl. EG L 95/29 vom 21.4.1993) beinhaltet in Art. 3 Abs. 1 ein Verbot missbräuchlicher Klauseln in Verbraucherverträgen. Nach der Interpretation des EuGH steht die Richtlinienbestimmung einer Gerichtsstandsvereinbarung zu Lasten des Verbrauchers entgegen. Spanien hat die Umsetzungsfrist zum 31.12.1994 verstreichen lassen und die „Klausel"-Richtlinie erst 1998 durch das Klausel-Gesetz in nationales Recht umgesetzt. Das spanische Prozessrecht, das die Vereinbarung von Gerichtsstandsklauseln zu Lasten von Verbrauchern zulässt, wurde dagegen nicht an die Vorgaben der „Klausel"-Richtlinie angepasst. Die Parteien des Ausgangsstreits hatten 1996 einen Ratenkaufvertrag geschlossen, welcher eine Klausel enthielt, die ein Gericht in Barcelona zum Gerichtsstand für alle Rechtsstreitigkeiten erklärte. Weder Käufer noch Verkäufer hatten ihren Wohnsitz in Barcelona, jedoch befand sich der Unternehmenssitz des nun auf Zahlung klagenden Verkäufers dort. Allerdings hält der zuständige Richter die Klausel im Sinne der noch nicht umgesetzten Richtlinie für missbräuchlich. Der Richter zweifelt nun, ob er für diese Klage dennoch – wegen der spanischen Prozessvorschrift, die die Vereinbarung von Gerichtsstandsklauseln zu Lasten der Verbraucher zulässt – örtlich zuständig ist.

Es ist zu prüfen, ob der spanische Richter für die eingereichte Klage örtlich zuständig ist. Die Parteien des Rechtsstreits haben die Zuständigkeit des Gerichts in Barcelona in einer Klausel ihres Kaufvertrages vereinbart. Das spanische Prozessrecht betrachtet eine solche Gerichtsstandsvereinbarung als zulässig. Die spanische Prozessnorm, die eine solche Vertragsklausel zulässt, ist jedoch europarechtswidrig, weil sie nach Auffassung des Gerichtshofs den Verbraucher unangemessen benachteiligt und daher missbräuchlich i. S. v. Art. 3 Abs. 1 der „Klausel"-Richtlinie ist. Die „Klausel" Richtlinie war daher zum fraglichen Zeitpunkt noch nicht in spanisches Prozessrecht umgesetzt.

In Betracht kommt eine **unmittelbare Anwendbarkeit** von Art. 3 Abs. 1 der „Klausel"-Richtlinie; was zur Folge hätte, dass der Richter die spanische Prozessvorschrift, welche Gerichtsstandsvereinbarungen zwischen Verbrauchern und Unternehmern zulässt, unangewendet lassen müsste. Denn die Norm stünde im Widerspruch zum (höherrangigen) Richtlinienrecht, welches solche missbräuchlichen Klauseln als unwirksam betrachtet. Der Gerichtshof schließt jedoch eine unmittelbare horizontale Direktwirkung von Richtlinien und damit deren unmittelbare Anwendbarkeit zwischen Privaten mit folgender Argumentation aus: Die unmittelbare Anwendbarkeit einer Richtlinie, die zunächst nur im Verhältnis Bürger–Staat zulässig ist, gründet dogmatisch auf dem Sanktionsgedanken gegenüber Mitgliedstaaten, die ihrer Umsetzungspflicht nicht nachkommen. Dieser Gedanke ist jedoch nicht übertragbar auf Situationen, in denen eine Richtlinie zwischen zwei Privaten angewendet werden soll. Die Nichtübertragbarkeit ergibt sich daraus, dass Private auf die Umsetzung einer Richtlinie keinerlei Einfluss haben.

Der EuGH wendet daher den **Grundsatz der richtlinienkonformen Auslegung** an, der von den nationalen Gerichten verlangt, durch eine streng an der Richtlinie orientierte Auslegung der nationalen Bestimmungen der Richtlinie größtmögliche Wirksamkeit zu verschaffen. Vor diesem Hintergrund entschied der Gerichtshof, dass das spanische Gericht derjenigen Auslegung des nationalen Prozessrechts den Vorzug geben sollte, die es ihm ermöglicht, seine Zuständigkeit zu verneinen, wenn diese Zuständigkeit durch eine missbräuchliche Klausel vereinbart worden ist. Der vorlegende Richter ist an diese Entscheidung gebunden. Legt er nun die spanische Prozessvorschrift, die Gerichtsstandsvereinbarungen zu Lasten von Verbrauchern erlaubt, richtlinienkonform aus, muss er sie im Wege einer teleologischen Reduktion außer Anwendung lassen, soweit Art. 3 Abs. 1 der „Klausel"-Richtlinie den Abschluss von Gerichtsstandsvereinbarungen zu Lasten von Verbrauchern verbietet. Er muss sich daher im vorliegenden Fall für unzuständig erklären.

(3) Hat das nationale Legislativorgan die Richtlinie umgesetzt, sind alle nationalen Be-   **668**
hörden und Rechtsprechungsorgane zur Anwendung dieses Gesetzes nach dem natio-
nalen Recht verpflichtet. Zur Auslegung des Umsetzungsgesetzes ist stets die Richtlinie
mit heranzuziehen. Dies ist unproblematisch, soweit das nationale Gesetz der Richtlinie entspricht. Wenn dies aber nicht der Fall ist, stellt sich erneut die Frage nach den
Grenzen der richtlinienkonformen Auslegung im innerstaatlichen Recht – diesmal
nicht, weil die **Richtlinie** überhaupt nicht, sondern weil sie **unzureichend** oder **fehlerhaft umgesetzt** wurde. Da in dieser Situation der bereits existente Umsetzungsakt
vom Willen des Gesetzgebers zeugt, der Richtlinie Geltung zu verschaffen, verpflichtet
der EuGH regelmäßig die nationalen Gerichte zur Auslegung des Gesetzes unter der
Maxime der Richtlinienkonformität (dazu auch *BGH*, NJW 2009, 427).

Als Fazit bleibt: Das Unionsrecht hat im **Bereich des materiellen Privatrechts** weit-   **669**
reichende Folgen sowohl für die Träger öffentlicher Gewalt in den Mitgliedstaaten
als auch für jeden einzelnen Unionsbürger. Deutlich wird allerdings auch, dass der
„Flickenteppich"-Ansatz des Unionsgesetzgebers zu Auslegungs- und Umsetzungs-
schwierigkeiten führt, die oft erst im Wege der Vorlage zum Gerichtshof geklärt werden
können. Zusätzliche Unklarheiten ergeben sich durch den Umstand, dass die Union
die Privatrechtsangleichung zugleich durch die **Harmonisierung des Internationalen
Privat- und Verfahrensrechts** vorantreibt (z.B. Verordnungen zur Einführung eines
Europäischen Vollstreckungstitels für unbestrittene Forderungen, zu Fragen der gerichtlichen Zuständigkeit und der Anerkennung von Entscheidungen in Zivil- und Handels-
sachen, zum Insolvenzverfahren, zur Zustellung von Schriftstücken sowie zur Über-
mittlung von Beweismitteln).

Weiterführende Literatur: *Fischer/Fetzer*, Fälle zum Europarecht, 9. Auflage 2019, Fall 2 – Italienisch für Anfänger; *Grundmann*, Europäisches Schuldvertragsrecht: Standort, Gestalt und Bezüge, JuS
2001, 946 ff.; *ders.*, Einwirkung von EG-Richtlinien des Privat- und Wirtschaftsrechts auf nationales
Recht – Deckungsgleichheit zumindest im Mindestniveau, JuS 2002, 769 ff.; *ders./Riesenhuber*, Die
Auslegung des Europäischen Privat- und Schuldvertragsrechts, JuS 2001, 529 ff.; *Hess*, Die Konstitu-
tionalisierung des europäischen Privat- und Prozessrechts, JZ 2005, 540 ff.; *Zerres*, Stand des europäischen Verbrauchervertragsrechts, JA 2002, 166 ff.

II. Die Wettbewerbspolitik

Die Wettbewerbspolitik zählt zu den wichtigsten internen Politiken der Union. Die Fest-   **670**
legung gemeinsamer Wettbewerbsregeln fällt nach Art. 3 Abs. 1 lit. b) AEUV in die
ausschließliche Zuständigkeit der Union. Zentraler Bezugspunkt ist dabei der Binnenmarkt, dessen Verwirklichung gemäß Art. 3 Abs. 3 EUV, Art. 26 Abs. 1 AEUV eines der
Ziele und eine der Aufgaben der Union darstellt. Der Wettbewerb im Binnenmarkt
kann dabei zum einen durch staatliche Maßnahmen gestört bzw. verzerrt werden.
Traditionell haben Staaten versucht, inländische Anbieter durch steuerliche Vorteile
oder die gezielte Subventionierung gegenüber ausländischen Anbietern zu bevorzugen
und dadurch die eigene Volkswirtschaft zu stärken. Dementsprechend enthält der
AEUV sowohl zu staatlichen Beihilfen (Art. 107 ff. AEUV) als auch in begrenztem Umfang zu Steuern (Art. 110 ff. AEUV) Regelungen, mit denen derartige staatlich verursachte Wettbewerbsverzerrungen verhindert werden sollen. Der Wettbewerb im Bin-

nenmarkt kann aber zum anderen auch durch private Akteure, d.h. durch die Anbieter oder Nachfrager von Waren und Dienstleistungen, gestört werden. Auch derartige privat verursachte Wettbewerbsverzerrungen können das Binnenmarktziel der Union gefährden. Zu denken ist dabei beispielsweise an Preisabsprachen zwischen Anbietern oder das Fordern überhöhter Preise durch einen Monopolisten. Dieser Gefährdungslage trägt das Unionsrecht dadurch Rechnung, dass es primärrechtlich ein Kartellverbot (Art. 101 AEUV) und das Verbot des Missbrauchs einer marktbeherrschenden Stellung (Art. 102 AEUV) enthält, die beide unmittelbar gelten und damit auch private Unternehmen binden. Daneben gibt es zahlreiche sekundärrechtliche Rechtsakte, die das Funktionieren des Wettbewerbs zum Gegenstand haben, etwa die Fusionskontrollverordnung, die Übernahmen und Zusammenschlüsse mehrerer Unternehmen regelt. Dieser Teil des Unionsrechts – Art. 101 und 102 AEUV sowie das Fusionskontrollrecht – wird auch als „Wettbewerbsrecht" bezeichnet. Zu beachten ist, dass sich der Begriff des Wettbewerbsrechts auf europäischer Ebene damit vom deutschen Begriffsverständnis unterscheidet. Im deutschen Recht wird unter den Begriff des Wettbewerbsrechts neben dem Recht der Wettbewerbsbeschränkungen, dem eigentlichen Kartellrecht, (das im Wesentlichen im GWB geregelt ist und dem in Art. 101 und 102 AEUV geregelten Bereich vergleichbar ist) und der Fusionskontrolle auch das Recht des unlauteren Wettbewerbs (geregelt im UWG) und das Recht der gewerblichen Schutzrechte (z.B. Markenrechte, Patente) gefasst.

671 Für die Anwendbarkeit des europäischen Wettbewerbsrechts kommt es dabei grundsätzlich nicht darauf an, ob europäische Unternehmen betroffen sind. Das europäische Wettbewerbsrecht basiert vielmehr auf der sog. **„effects doctrine"**, nach der das Unionsrecht bereits dann anwendbar ist, wenn das Verhalten eines Unternehmens tatsächlich oder jedenfalls potenziell einen Einfluss auf den Binnenmarkt hat. Dies ist auch der Fall, wenn ein Unternehmen aus einem Drittstaat innerhalb der Union tätig ist, wie sich etwa an den berühmt gewordenen Microsoft-Fällen gezeigt hat, in denen die Kommission gegen das US-amerikanische Unternehmen Microsoft wegen Verstößen gegen Art. 102 AEUV vorgegangen ist. Das europäische Wettbewerbsrecht kann auch anwendbar sein, wenn das Verhalten von Unternehmen nur mittelbar auf den Binnenmarkt Auswirkungen hat. Dies wurde auf spektakuläre Weise deutlich, als die Kommission die beabsichtigte Fusion zwischen den beiden amerikanischen Flugzeugherstellern McDonnell-Douglas und Boeing sowie die geplante Fusion zwischen den amerikanischen Unternehmen GE und Honeywell untersagte, obwohl die US-amerikanischen Behörden zuvor ihre Genehmigung erteilt hatten.

1. Kartellrecht

a) Das Verbot wettbewerbsbeschränkender Vereinbarungen und Verhaltensweisen (Art. 101 AEUV)

aa) Allgemein

672 Art. 101 AEUV verbietet Vereinbarungen zwischen Unternehmen, Beschlüsse von Unternehmensvereinigungen und aufeinander abgestimmte Verhaltensweisen, die geeignet sind, den Handel zwischen den Mitgliedstaaten zu beeinträchtigen, und eine Verhinderung, Einschränkung oder Verfälschung des Wettbewerbs innerhalb des Binnenmarktes bezwecken oder bewirken. Die Vorschrift enthält damit ein klassisches Kartellverbot, wie es mit § 1 GWB auch im nationalen Recht zu finden ist. Beim Kartellverbot des Art. 101 AEUV handelt es sich um unmittelbar anwendbares Recht, das für Unternehmen Geltung besitzt, ohne dass es eines Vollzugs durch Gemeinschaftsorgane oder mitgliedstaatliche Einrichtungen bedürfte.

bb) Unternehmensbegriff

Adressaten des Art. 101 AEUV sind „Unternehmen" sowie „Unternehmensvereinigungen", d.h. Zusammenschlüsse mehrerer Unternehmen. Der **Begriff des Unternehmens** ist dabei funktional zu verstehen. Unternehmen i.S.d. Art. 101 AEUV ist „jede eine wirtschaftliche Tätigkeit ausübende Einheit, unabhängig von ihrer Rechtsform" (*EuGH*, ECLI:EU:C:1991:161 – „Höfner und Elser"). Damit sind sowohl Kapital- als auch Personengesellschaften sowie Einzelpersonen – mit Ausnahme von Arbeitnehmern und Endverbrauchern – an das Kartellverbot gebunden. Voraussetzung ist nur, dass sie wirtschaftlich tätig sind, d.h. Waren oder Dienstleistungen am Markt gegen Entgelt anbieten.   **673**

Da die Unternehmenseigenschaft nicht an eine bestimmte Rechtsform geknüpft ist, zählen grundsätzlich auch öffentlich-rechtliche Unternehmen zum Adressatenkreis des Art. 101 AEUV. Dies gilt allerdings dann nicht, wenn ein öffentlich-rechtliches Unternehmen in Ausübung hoheitlicher Gewalt handelt. In diesem Fall fehlt es nach Auffassung des Gerichtshofs an einer wirtschaftlichen Tätigkeit. So hat der Gerichtshof etwa Eurocontrol – die europäische Luftverkehrsbehörde – nicht als Unternehmen i.S.d. des europäischen Wettbewerbsrechts eingestuft, da die Kontrolle und Koordinierung des Luftraums über Europa die Ausübung hoheitlicher Gewalt darstelle (*EuGH*, ECLI:EU:C:1994:7 – „Eurocontrol").   **674**

Eine weitere Einschränkung nimmt der Gerichtshof im Hinblick auf die Unternehmenseigenschaft öffentlich-rechtlicher Träger sozialer Sicherungssysteme in den Mitgliedstaaten – z.B. von Renten- und Krankenversicherungsträgern – vor. Vom Unternehmensbegriff ausgenommen sind nach Auffassung des Gerichtshofs die mitgliedstaatlichen Träger der Kranken- und Rentenversicherungssysteme, wenn sie erstens kraft Gesetzes im Dienste solidarischer Zwecke tätig sind, zweitens auf die Festlegung der Höhe der Versichertenbeiträge und die Mittelverwendung wie auch das Dienstleistungsangebot keinen Einfluss haben und drittens keine Gewinnerzielungsabsicht verfolgen (*EuGH*, ECLI:EU:C:2004:150 – „AOK"). Nur wenn diese Voraussetzungen nicht vorliegen, können auch Träger öffentlicher Sozialversicherungssysteme in den Anwendungsbereich des Art. 101 AEUV fallen (*EuGH*, ECLI:EU:C:1995:392 – „Fédération Française").   **675**

Jedenfalls mittelbar sind auch die Mitgliedstaaten an das Kartellverbot des Art. 101 AEUV gebunden: Da sie gemäß Art. 4 Abs. 3 EUV nach dem Grundsatz der loyalen Zusammenarbeit verpflichtet sind, alle Maßnahmen zu unterlassen, die die praktische Wirksamkeit des Unionsrechts beschränken, sind etwa auch Maßnahmen unzulässig, mit denen ein Mitgliedstaat Unternehmen hoheitlich Preisabsprachen vorschreibt bzw. diese genehmigt (*EuGH*, ECLI:EU:C:1989:140 – „Flugtarife").   **676**

cc) Vereinbarungen, Beschlüsse, aufeinander abgestimmte Verhaltensweisen

677 Art. 101 AEUV untersagt verschiedene Verhaltensweisen. Erstens fallen in den Anwendungsbereich der Norm Vereinbarungen zwischen Unternehmen. Hierzu zählen neben ausdrücklichen auch stillschweigende bzw. konkludente Absprachen über das Verhalten im Wettbewerb.

678 Zweitens unterfallen Art. 101 AEUV Beschlüsse von Unternehmensvereinigungen. Das bedeutet, nicht nur Vereinbarungen unmittelbar zwischen mehreren Unternehmen werden von der Norm erfasst, sondern auch Vorgaben einer Vereinigung oder eines Verbands von Unternehmen an die Mitglieder, durch die diese sich im Ergebnis einheitlich verhalten. Schreibt also etwa eine Händlervereinigung ihren Mitgliedern durch Beschluss einen bestimmten Preis für ein Produkt vor, wird dies ebenso von Art. 101 AEUV erfasst wie eine Preisabsprache unmittelbar zwischen den Händlern. Im Grundsatz können auch Beschlüsse berufsständischer Organisationen (z.B. Handwerkskammer, Anwaltskammern), die ihre Mitglieder binden, dem Anwendungsbereich des Art. 101 AEUV unterfallen (vgl. *EuGH*, ECLI:EU:C:2002:98 – „Wouters"; *EuGH*, ECLI:EU:C:2002:97 – „Arduino").

679 Drittens schließlich sind auch sonstige aufeinander abgestimmte Verhaltensweisen von Art. 101 AEUV erfasst. Hierbei handelt es sich in der Praxis um die schwierigste Fallgruppe. Sie soll abgestimmte Verhaltensweisen erfassen, bei denen zwar eine Vereinbarung zwischen Unternehmen nicht vorliegt, die Unternehmen sich aber tatsächlich abgestimmt verhalten und etwa den gleichen Preis für ein Produkt verlangen. Eine abgestimmte Verhaltensweise setzt einen gegenseitigen Informationsaustausch und die bewusste Zusammenarbeit der Unternehmen voraus. Das Problem liegt darin, dass abgestimmte Verhaltensweisen nur schwer von „normalem" Wettbewerbsverhalten unterschieden werden können, da sich auch im Wettbewerb ein Marktpreis für ein bestimmtes Produkt herausbildet, von dem einzelne Unternehmen nicht erfolgreich abweichen können, weil sie „wissen", dass ein Abweichen von der allgemein geübten Praxis – etwa einem einheitlichen Preis für ein bestimmtes Produkt – nachhaltige Auswirkungen auf den eigenen wirtschaftlichen Erfolg haben wird. Das Problem liegt darin, dass derartige abgestimmte Verhaltensweisen nur schwer von „normalem" Wettbewerbsverhalten unterschieden werden können, da sich auch im Wettbewerb ein Marktpreis für ein bestimmtes Produkt herausbildet, von dem einzelne Unternehmen nicht erfolgreich abweichen können.

680 Für die Anwendung von Art. 101 AEUV ist ohne Bedeutung, ob eine Vereinbarung, ein Beschluss oder ein abgestimmtes Verhalten auf **horizontaler** Ebene zwischen Konkurrenten (z.B. Preisabsprachen, Gebietsaufteilungen) oder im **vertikalen** Bereich, also zwischen Angehörigen der verschiedenen Wertschöpfungsketten, erfolgt (z.B. Alleinvertriebsvereinbarungen, langfristige Belieferungsverträge, Franchisevereinbarungen).

dd) Wettbewerbsbeschränkung

Vereinbarungen zwischen Unternehmen können durchaus auch wettbewerbsfördern-   **681**
den Charakter bzw. sonstige positive Auswirkungen haben. So ist beispielsweise eine
Vereinbarung zwischen zwei Pharmaunternehmen grundsätzlich positiv, aufgrund de-
rer sie die Entwicklungskosten eines neuen Medikamentes teilen, die von einem Unternehmen allein nicht getragen werden könnten. Auf diese Weise wird ein ansonsten
nicht zur Verfügung stehendes Medikament entwickelt. Auch die Einigung mehrerer
PC-Hersteller auf einen bestimmten Steckerstandard ist grundsätzlich zu begrüßen,
wenn dadurch die Produkte dieser Hersteller kompatibel werden, so dass Endverbraucher sie miteinander kombinieren können. Die Vereinbarung zwischen den Pharmaunternehmen kann allerdings auch negative Auswirkungen auf den Wettbewerb
haben, wenn nach der erfolgreichen Entwicklung des Medikaments dafür von den
beteiligten Unternehmen ein überhöhter Preis verlangt wird; und auch die Einigung
auf einen bestimmten Standard kann für den Endverbraucher negativ sein, wenn dadurch verhindert wird, dass neue Anbieter den bereits etablierten Anbietern auf dem
Markt Konkurrenz machen können. Entscheidend ist es daher für die Feststellung eines
Verstoßes gegen Art. 101 AEUV, solche abgestimmten Verhaltensweisen oder Vereinbarungen zu identifizieren, die wettbewerbsbeschränkende bzw. wettbewerbsverzerrende Wirkungen auf einem Markt haben.

Hierzu ist es zunächst erforderlich, den relevanten (Produkt-) Markt zu definieren, für   **682**
den die Auswirkungen einer Vereinbarung auf den Wettbewerb untersucht werden
sollen. Legen beispielsweise ein Apfel- und einen Bananenhändler ihre Preise für Äpfel
und Bananen fest, ist das wettbewerbsrechtlich nur dann ein Problem, wenn sie miteinander in Konkurrenz stehen, wenn sie also auf dem gleichen Markt tätig sind. Entscheidendes Kriterium bei der Bestimmung des relevanten Marktes ist neben anderen
die Austauschbarkeit eines Produktes aus Sicht der Nachfrager (Nachfragesubsti-
tuierbarkeit): Wenn Verbraucher ebenso gut Äpfel wie Bananen kaufen, befinden sich
Äpfel und Bananen in einem gemeinsamen Markt – dem Markt für Obst. Kaufen Verbraucher, die üblicherweise Äpfel kaufen, aber selbst dann keine Bananen, wenn der
Preis für Äpfel erheblich steigt, sind Äpfel und Bananen aus Verbrauchersicht nicht
austauschbar, so dass sie sich in verschiedenen Märkten befinden und eine Vereinbarung zwischen Apfel- und Bananenproduzenten auf einen Preis für ihre Waren wettbewerblich unproblematisch ist.

Nach der Bestimmung des relevanten Produktmarktes ist es erforderlich, den relevan-   **683**
ten geographischen Markt zu ermitteln. Hier geht es darum festzustellen, wie groß ein
Markt in räumlicher Hinsicht ist. Dies unterscheidet sich für verschiedene Produkte:
Während bei einer Preissteigerung für Äpfel in München nur wenige Abnehmer nach
Berlin fahren würden, könnte eine Preissteigerung für Autos in München sicherlich
eine Reihe von Abnehmern dazu bewegen, einen neuen Pkw in Berlin zu kaufen,
wenn dort das Preisniveau gleichbleibt. Dies spricht dafür, dass es für Äpfel einen lokalen Markt gibt, für Autos hingegen jedenfalls regionale Märkte, vielleicht sogar einen
nationalen Markt.

684   Hat man den relevanten Markt bestimmt, ist es notwendig, die positiven und die negativen Auswirkungen einer Vereinbarung auf den Wettbewerb in diesem Markt zu betrachten. Art. 101 Abs. 1 AEUV zählt dabei nicht abschließend verschiedene Arten von Vereinbarungen auf, bei denen davon ausgegangen wird, dass die wettbewerbsschädigenden Auswirkungen überwiegen. So ist z.B. die Festlegung von Verkaufspreisen, die Aufteilung eines Verkaufsgebiets oder auch die Diskriminierung einzelner Geschäftspartner, wodurch diese im Wettbewerb gegenüber anderen benachteiligt werden, grundsätzlich unzulässig.

685   Wie sich aus dem Wortlaut von Art. 101 Abs. 1 AEUV ergibt, ist es nicht erforderlich, dass die Beschränkung des Wettbewerbs final beabsichtigt ist. Ausreichend ist vielmehr, dass es tatsächlich zu einer Beschränkung kommt. Auf diese Weise festgestellte wettbewerbsbeschränkende Folgen einer Vereinbarung müssen des Weiteren **spürbare Auswirkungen auf den Wettbewerb** haben. Bei einer bezweckten Wettbewerbsbeeinträchtigung wird jedoch eine Spürbarkeit generell bejaht. Ob eine spürbare Beeinträchtigung vorliegt, ist im Einzelfall zu prüfen; als Anhaltspunkt hat die Kommission einen Umsatzanteil am relevanten Markt von jeweils 10 % bei horizontalen Wettbewerbern angesehen. Bei vertikalen Wettbewerbern hingegen liegt eine spürbare Beeinträchtigung erst ab 15 % Marktanteil eines Beteiligten auf dem relevanten Markt vor.

ee) Auswirkungen auf den zwischenstaatlichen Handel

686   Ausgehend von der Zielsetzung der Wettbewerbsvorschriften, den Wettbewerb im Binnenmarkt vor Verzerrungen zu schützen, setzt ein Verstoß gegen Art. 101 AEUV voraus, dass eine Vereinbarung geeignet ist, den Handel – dazu zählen Waren und Dienstleistungen – **zwischen den Mitgliedstaaten** unmittelbar oder mittelbar, tatsächlich oder potenziell zu beeinträchtigen. Nicht in den Anwendungsbereich der Norm fallen daher Verhaltensweisen, die sich ausschließlich innerhalb eines Mitgliedstaates oder innerhalb eines Drittstaates auf den Wettbewerb auswirken. Diese unterfallen dann jedoch dem einzelstaatlichen Wettbewerbsrecht.

ff) Rechtsfolgen

687   Sind die genannten Voraussetzungen erfüllt, ist eine Vereinbarung bzw. ein Beschluss gemäß Art. 101 Abs. 2 AEUV nichtig, so dass niemand an die Absprache gebunden ist und sich auch niemand auf sie berufen kann. Nach nationalem Recht können Kartellrechtsverstöße Unterlassungs- und Schadensersatzansprüche von Wettbewerbern und Kunden begründen, die durch die Absprache einen Schaden erlitten haben (z.B. gemäß § 33 GWB; vgl. auch *EuGH*, ECLI:EU:C:2006:461 – „Manfredi"). Darüber hinaus können durch die Kommission bestimmte Verhaltensweisen untersagt und Bußgelder verhängt werden. Das rechtliche Prozedere richtet sich in diesem Fall nach der VO 1/2003, die neben den behördlichen Ermittlungsbefugnissen ein abgestuftes System an Rechtsfolgen bzw. Sanktionsmechanismen enthält.

gg) Freistellung

Wie bereits erwähnt gibt es Vereinbarungen zwischen Wettbewerbern oder Unterneh-   **688**
men, die in einer Lieferbeziehung stehen, die zwar den Wettbewerb beschränken aber
zugleich auch positive Effekte haben. Art. 101 Abs. 3 AEUV sieht daher vor, dass derartige Vereinbarungen vom Kartellverbot des Art. 101 Abs. 1 AEUV ausgenommen werden. Die Möglichkeit einer Freistellung besteht insbesondere dann, wenn die Verbraucher in angemessener Weise von einer wettbewerbsbeschränkenden Vereinbarung profitieren. Vereinfacht gesagt müssen die positiven Effekte auf den Wettbewerb
oder für die Verbraucher die negativen Auswirkungen auf den Wettbewerb überwiegen.

Verfahrensrechtlich waren die Ausnahmen des Art. 101 Abs. 3 AEUV zunächst als Ad-   **689**
ministrativausnahmen konzipiert, d.h., bei Vorliegen der Voraussetzungen bedurfte es
einer weiteren Kommissionsentscheidung über die Freistellung vom Kartellverbot. Aufgrund der Vielzahl von Freistellungsanträgen und damit der Überlastung der Kommission wurde die Auslegung des Art. 101 Abs. 3 AEUV in eine Legalausnahme geändert.
Dies ergibt sich aus dem Zusammenspiel zwischen Art. 101 Abs. 3 AEUV und des Art. 1
Abs. 2 VO 1/2003, die verfahrensrechtliche Vorschriften zur Anwendung der Wettbewerbsvorschriften des AEUV enthalten. Dies bedeutet für die betroffenen Unternehmen ein nicht zu unterschätzendes Risiko: Sie tragen die Verantwortung und damit
auch die Gefahr einer Fehleinschätzung im Hinblick auf die Prüfung des Vorliegens der
Voraussetzungen des Art. 101 Abs. 3 AEUV. Die Kommission hat allerdings die Möglichkeit, durch eine sog. Gruppenfreistellung bestimmte typische und in der Praxis
häufig wiederkehrende Vereinbarungen generell von der Anwendung des Art. 101
Abs. 1 AEUV auszunehmen.

hh) Verfahren

Die Anwendung von Art. 101 Abs. 3 AEUV obliegt zum einen der Kommission, zum   **690**
anderen werden durch die VO 1/2003 aber auch die nationalen Kartellbehörden bzw.
Gerichte zur Anwendung der Vorschrift verpflichtet. Die Frage, ob ein Fall von der Kommission oder einer nationalen Kartellbehörde verfolgt wird, hängt dabei im Wesentlichen von der Bedeutung des Falls und der Anzahl der involvierten Kartellbehörden ab. Im Regelfall zieht die Kommission solche Fälle an sich, an denen mehr als
drei Kartellbehörden beteiligt wären oder die von grundsätzlicher Bedeutung für das
Wettbewerbsrecht sind. Der Grund für die Aufteilung der Zuständigkeiten zwischen
Kommission und nationalen Behörden liegt darin, dass die Kommission im Angesicht
einer immer größer werdenden Union und der damit verbundenen Zunahme kartell-
rechtlicher Verfahren nicht länger in der Lage ist, alle Verfahren zu bewältigen.

Sofern die Kommission tätig wird, stellt ihr die VO 1/2003 ein Sanktionsinstrumen-   **691**
tarium zur Verfügung, das von der bloßen Feststellung eines Verstoßes über die Anordnung von Abhilfemaßnahmen bis hin zur Verhängung von Buß- und Zwangsgeldern
reicht. Im Rahmen des Verfahrens hat die Kommission nach der VO 1/2003 zahlreiche
Ermittlungsbefugnisse, zu deren Durchsetzung sie sich auch der Hilfe nationaler Behörden bedienen kann.

692   Gegen Entscheidungen der Kommission ist der Rechtsweg zum Gerichtshof der Europäischen Union eröffnet (Nichtigkeitsklage, Art. 263 AEUV). Wenden nationale Kartellbehörden Art. 101 AEUV an, richtet sich der Rechtsschutz gegen ihre Entscheidungen nach dem nationalen Recht und wird durch die nationalen Gerichte gewährt – in Deutschland die zuständigen Oberlandesgerichte (§§ 63, 76 GWB).

b) Das Verbot des Missbrauchs einer marktbeherrschenden Stellung (Art. 102 AEUV)

aa) Allgemein

693   Während Art. 101 AEUV Gefährdungen für den Wettbewerb im Binnenmarkt erfasst, die durch das kollusive Zusammenwirken mehrerer Unternehmen entstehen können, zielt Art. 102 AEUV auf das Verhalten einzelner – marktmächtiger – Unternehmen ab, die ihre Position der wirtschaftlichen Stärke entweder zum Nachteil ihrer Kunden oder zur Behinderung ihrer Wettbewerber einsetzen wollen. Bei funktionsfähigem Wettbewerb ist kein Unternehmen in der Lage, die Preise und Lieferbedingungen für ein Produkt einseitig zu bestimmen. Entschließt sich in dieser Situation ein Unternehmen dazu, den Preis für ein Produkt einseitig zu erhöhen, verbleibt für seine Kunden die Möglichkeit, zu einem Konkurrenten zu wechseln. Das Unternehmen verliert also Kunden und wird daher früher oder später wieder zum Marktpreis zurückkehren. Anders sieht die Situation aus, wenn es nur einen Anbieter (Monopol) oder wenige Anbieter (Oligopol) gibt. Erhöht hier ein Anbieter den Preis für sein Produkt, können die Kunden nicht mehr ohne Weiteres zu einem anderen Anbieter wechseln. Ebenso könnte ein solcher Anbieter besonders niedrige Preise festlegen, um seine noch vorhandenen Wettbewerber auszuschalten und dadurch langfristig eine Monopolstellung zu erlangen.

694   Das Verbot des Missbrauchs einer marktbeherrschenden Stellung hat in den vergangenen Jahren immer wieder erhebliche Aufmerksamkeit in der Öffentlichkeit erfahren. Dazu haben insbesondere auch die medienwirksamen Verfahren der Kommission gegen US-amerikanische IT-Konzerne beigetragen.

In den ersten großen Verfahren zu Beginn dieses Jahrtausends ging es darum, dass Microsoft seine marktbeherrschende Stellung im Markt für Computerbetriebssysteme nutzte, um auch im Bereich der Internetbrowser und der Mediaplayer seine Marktposition auszubauen, indem es diese Programme nur gebündelt angeboten hatte; – wer also ein Microsoft-Betriebssystem erwarb, musste zwangsläufig auch den Microsoft Internet Explorer bzw. den Microsoft Mediaplayer nutzen. Eines der Verfahren gegen Microsoft endete 2004 mit einer Geldbuße für das Unternehmen in Höhe von 497 Mio. Euro. In jüngster Vergangenheit erlangten vor allem die Verfahren der Kommission gegen Google, die unter anderem die Geschäftspraktiken der Suchmaschine hinsichtlich der Platzierung von Werbeanzeigen zum Gegenstand hatten, öffentliche und mediale Aufmerksamkeit – nicht zuletzt auch aufgrund der Höhe der verhängten Strafe von insgesamt 8,25 Mrd. Euro.

bb) Marktbeherrschende Stellung

Erste Voraussetzung für das Eingreifen des Art. 102 AEUV ist das Vorliegen einer markt-   **695**
beherrschenden Stellung eines Unternehmens. Eine marktbeherrschende Stellung bezieht sich immer auf einen bestimmten Markt, so dass – vergleichbar der Prüfung bei
Art. 101 AEUV – in einem ersten Schritt der relevante Markt definiert werden muss.

In einem zweiten Schritt ist dann zu untersuchen, ob ein Unternehmen auf diesem   **696**
Markt über eine beherrschende Stellung verfügt. Der Gerichtshof definiert eine marktbeherrschende Stellung als eine Position, die es einem Unternehmen erlaubt, sich auf
einem Markt unabhängig von seinen Wettbewerbern, Lieferanten und letztendlich
auch von seinen Kunden und den Endverbrauchern zu verhalten (*EuGH*, ECLI:EU:C:
1979:36 – „Hoffmann-La Roche"). Im Kern geht es hier um die Frage, ob ein Unternehmen in der Lage ist, einseitig den Marktpreis für ein Produkt zu erhöhen, ohne
dadurch langfristig finanzielle Einbußen zu erleiden. Die Feststellung einer marktbeherrschenden Stellung hängt von einer Reihe von Faktoren ab. In der Praxis sind jedoch
die Marktanteile, die ein Unternehmen hat, ein entscheidendes Kriterium für das Vorliegen einer marktbeherrschenden Stellung. Dabei kann man sich an folgenden Leitlinien orientieren: Bei einem Marktanteil von weniger als 25 % verfügt ein Unternehmen regelmäßig nicht über eine marktbeherrschende Stellung; zwischen 25 % und
40 % Marktanteil bedarf es einer genaueren Untersuchung im Einzelfall; bei einem
Marktanteil von mehr als 40 % kann regelmäßig vom Vorliegen einer marktbeherrschenden Position ausgegangen werden.

cc) Missbrauch

Allein das Vorliegen einer marktbeherrschenden Stellung ist noch kein wettbewerbs-   **697**
rechtliches Problem. Sie kann schließlich auch das Ergebnis eines überlegenen Produkts eines Anbieters sein. Eine marktbeherrschende Stellung gibt erst dann Anlass
zum Einschreiten, wenn das betroffene Unternehmen diese Stellung missbraucht.
Art. 102 UAbs. 2 AEUV führt – nicht abschließend – verschiedene Verhaltensweisen
auf, die einen Missbrauch einer marktbeherrschenden Stellung darstellen. Dabei kann
zwischen zwei Gruppen missbräuchlichen Verhaltens unterschieden werden: Art. 102
UAbs. 2 lit. a) und lit. b) AEUV erfassen Fälle des sog. Ausbeutungsmissbrauchs. Dabei
nutzt ein marktbeherrschendes Unternehmen seine Position zum Nachteil seiner Kunden und damit letztlich zum Nachteil des Verbrauchers aus, indem es etwa überhöhte
Preise für seine Produkte fordert. Art. 102 UAbs. 2 lit. c) und lit. d) AEUV hingegen erfassen Fälle des sog. Behinderungsmissbrauchs, bei dem das marktbeherrschende
Unternehmen seine Stellung nutzt, um Wettbewerber zu behindern und so die eigene
Stellung zu festigen. Ein Beispiel hierfür sind Kampfpreise, die unterhalb der Kosten
eines Produkts liegen, mit dem Ziel, Wettbewerber aus dem Markt zu drängen und so
langfristig Monopolpreise zu erzielen.

dd) Auswirkungen auf den zwischenstaatlichen Handel

698   Da auch Art. 102 AEUV wie Art. 101 AEUV dem Zweck dient, den unverfälschten Wettbewerb im Binnenmarkt zu schützen, ist der Missbrauch einer marktbeherrschenden Stellung nur dann unionsrechtlich relevant, wenn durch das missbräuchliche Verhalten eines Unternehmens der grenzüberschreitende Handel mittelbar oder unmittelbar, tatsächlich oder potenziell spürbar beeinträchtigt wird.

ee) Rechtsfolgen

699   Art. 102 AEUV enthält keine mit Art. 101 Abs. 2 AEUV vergleichbare Vorschrift, mit der die Nichtigkeit bzw. Unwirksamkeit von Marktmachtmissbräuchen angeordnet wird. Die Rechtsfolgen eines Verstoßes sind daher nach dem nationalen Recht zu bestimmen. Art. 102 AEUV ist dabei zum einen als gesetzliches Verbot zu qualifizieren, so dass bei einer Verletzung eine Nichtigkeit nach § 134 BGB zu prüfen ist. Zum anderen ist Art. 102 AEUV auch ein Schutzgesetz, das nicht nur dem objektiven Schutz der Institution Wettbewerb dient, sondern auch dem Schutz von Verbrauchern und Wettbewerbern, so dass diese einen Schadensersatzanspruch aus § 33 GWB (*EuGH*, ECLI:EU:C: 2006:461 – „Manfredi"; *EuGH*, ECLI:EU:C:2001:465 – „Crehan"; vgl. auch *OLG Düsseldorf*, WuW 2008, 845).

ff) Verfahren

700   Auch bei Verstößen gegen Art. 102 AEUV richtet sich das Verfahren nach der VO 1/2003. Ebenso wie bei Verstößen gegen Art. 101 AEUV sind auch im Rahmen des Art. 102 AEUV sowohl die Kommission als auch die Mitgliedstaaten zu seiner Anwendung und Durchsetzung berechtigt, wobei die überwiegende Anzahl der Fälle inzwischen von den nationalen Kartellbehörden verfolgt wird. Wird ein Fall durch die Kommission verfolgt, steht den Beteiligten gegen ihre Entscheidung der Rechtsweg zum Gerichtshof der Europäischen Union im Wege der Nichtigkeitsklage nach Art. 263 AEUV offen. Wenden die nationalen Kartellbehörden Art. 102 AEUV an, richtet sich der Rechtsschutz gegen ihre Entscheidungen nach dem nationalen Recht und wird durch die nationalen Gerichte gewährt.

c) Öffentliche Unternehmen (Art. 106 AEUV)

701   Die wettbewerbsrechtliche Behandlung öffentlicher Unternehmen ist politisch nicht unproblematisch, da hier einem heiklen Spannungsverhältnis Rechnung zu tragen ist: Einerseits besteht ein berechtigtes Interesse an dem Schutz von Unternehmen, die wichtige **öffentliche Aufgaben** erfüllen (vgl. Art. 14 AEUV: „Dienste von allgemeinem wirtschaftlichen Interesse"). Andererseits dürfen aus der Unterstützung staatlicher Unternehmen mit Hilfe von Steuergeldern **keine Wettbewerbsverzerrungen** entstehen. Das Unionsrecht bemüht sich mit Art. 106 AEUV um eine interessengerechte Lösung dieser Problematik. Zuständig für die Überwachung dieser Vorschrift sowie den Erlass von Richtlinien oder Beschlüssen in diesem Bereich ist die Kommission (Art. 106 Abs. 3 AEUV).

Art. 106 Abs. 1 AEUV unterstellt zunächst öffentliche Unternehmen grundsätzlich der   **702**
Wettbewerbsordnung des Unionsrechts und damit auch den Art. 101, 102 AEUV. Öf-
fentliche Unternehmen sind dabei solche, bei denen die öffentliche Hand aufgrund
Eigentums, finanzieller Beteiligung, Satzung oder sonstiger Bestimmungen, die die Tä-
tigkeit des Unternehmens regeln, unmittelbar oder mittelbar einen beherrschenden
Einfluss ausüben kann (vgl. Art. 2 lit. b) Transparenz-Richtlinie 2006/111/EG).

Art. 106 Abs. 2 AEUV schränkt die Anwendung der Wettbewerbsvorschriften wieder   **703**
erheblich ein. Danach sind für Unternehmen, die mit Dienstleistungen von allgemeinem wirtschaftlichem Interesse (z.B. Elektrizitäts-, Gas-, Wasserversorgung) betraut
sind, die Wettbewerbsregeln nur insoweit anwendbar, als dadurch die Erfüllung der
Aufgaben dieser Unternehmen nicht rechtlich oder tatsächlich verhindert wird. An diese Ausnahmevoraussetzungen stellt die Rechtsprechung strenge Anforderungen. So
prüft der Gerichtshof im Einzelfall, ob Wettbewerbsbeschränkungen zugunsten eines
öffentlichen Unternehmens dadurch gerechtfertigt sind, dass sie in verhältnismäßiger
Weise der Erfüllung öffentlicher Aufgaben dienen (*EuGH*, ECLI:EU:C:1993:198 – „Cor-
beau"). Der Freistellungstatbestand des Art. 106 Abs. 2 AEUV greift indessen nicht nur
im Wettbewerbsrecht ein. Er ist auch im Beihilfenrecht sowie bei den Grundfreiheiten
anwendbar (vgl. zu letzteren *EuGH*, ECLI:EU:C:1997:501 – „Kommission/Frankreich").

d) Die Fusionskontrolle

Das Unionsrecht enthielt ursprünglich keine besonderen Regelungen, die sich mit dem   **704**
Zusammenschluss mehrerer Unternehmen beschäftigten, sie wurden vielmehr auf
Grundlage des Verbots wettbewerbsbeschränkender Vereinbarungen beurteilt (Art. 101
AEUV). Im Laufe der Zeit zeigte sich jedoch, dass Gefahren für den Wettbewerb auch in
erheblichem Umfang mit dem Zusammenschluss von Unternehmen und dabei ent-
stehender Marktmacht einhergehen können, so dass es hierfür spezifischer Regelungen bedarf. Daher wurde durch die Fusionskontrollverordnung vom 30.12.1989 eine
eigene **sekundärrechtliche Regelung für Unternehmensfusionen** geschaffen. Diese
wurde durch die am 1.5.2004 in Kraft getretene Verordnung (EG) 139/2004 vom
20.1.2004 (ABl. EG 2004, L 24/1) abgelöst. Unter die Fusionskontrollverordnung fallen
Zusammenschlüsse mehrerer Unternehmen ebenso wie die Übernahme eines Unternehmens durch ein anderes durch den Erwerb von Aktien oder Vermögenswerten.
Eine relevante Fusion liegt immer dann vor, wenn sie unionsweite Bedeutung besitzt,
was durch in der VO festgelegte Umsatzgrößenordnungen bestimmt wird (Art. 1 Abs. 1
und 2 i.V.m. Art. 5 VO 139/2004). Solche fusionsrechtlich relevanten Zusammenschlüsse von Unternehmen sind vor ihrem Vollzug bei der **grundsätzlich ausschließlich zuständigen Kommission** (Art. 21 Abs. 2 VO 139/2004) anzumelden (Art. 4 VO
139/2004). Die Untersuchungsbefugnisse der Kommission sind denen der VO 1/2003
angeglichen. Nach Art. 2 und 3 VO 139/2004 ist eine Fusion unzulässig, die den wirksamen Wettbewerb aufgrund einer Schaffung oder Stärkung einer marktbeherrschenden Stellung nachhaltig schädigen würde. Dies ist deshalb nicht unproblematisch, weil
damit eine Prognose verbunden ist, wie sich ein fusioniertes Unternehmen zukünftig
verhalten wird. Während man im Rahmen der Anwendung des Art. 102 AEUV davon
ausgeht, dass allein die Größe eines Unternehmens wettbewerblich unproblematisch

ist, solange das Unternehmen seine Marktmacht nicht missbraucht, können im Rahmen der Fusionskontrolle Zusammenschlüsse allein deshalb untersagt werden, weil dadurch Marktmacht entsteht, die später missbraucht werden könnte. Auch wenn die Kommission in diesem Zusammenhang über einen erheblichen Beurteilungsspielraum verfügt, kontrolliert die europäische Gerichtsbarkeit, ob die Kommission bei der Beurteilung eines Unternehmenszusammenschlusses von einer zutreffenden Tatsachengrundlage ausgeht und prognostische Folgerungen über die Auswirkungen einer Fusion schlüssig sind (*EuGH*, ECLI:EU:C:2005:87 – „Tetra Laval"). Zudem kann eine rechtsfehlerhafte Fusionsentscheidung zu einer Amtshaftung der Union führen (*EuG*, ECLI:EU:T:2007:212 – „Schneider Electric").

e) Das Verhältnis zwischen europäischem und nationalem Wettbewerbsrecht

705   Auch der deutsche Gesetzgeber hat zur Sicherstellung eines funktionierenden Systems der freien Marktwirtschaft wettbewerbsrechtliche Regelungen getroffen. An erster Stelle ist hier – neben anderen wettbewerbsschützenden Regelwerken (z.B. dem UWG) – das Gesetz gegen Wettbewerbsbeschränkungen (GWB) zu nennen. Es stellt sich daher die Frage, in welchem Verhältnis das nationale Wettbewerbsrecht zu den soeben erläuterten unionsrechtlichen Vorschriften steht.

706   Für die Anwendung des europäischen Wettbewerbsrechts bestimmt Art. 3 der VO 1/2003, dass auch die nationalen Behörden und Gerichte Art. 101 und 102 AEUV unmittelbar anwenden müssen, wenn eine Maßnahme geeignet ist, den Handel zwischen den Mitgliedstaaten spürbar zu beeinträchtigen. Der Vorrang des europäischen Kartellrechts führt sogar dazu, dass sich nationale Gerichte den Entscheidungen der Kommission beugen müssen, d.h., deren behördliche Rechtsakte haben eine **Bindungswirkung** für innerstaatliche Stellen (*EuGH*, ECLI:EU:C:2000:689 – „Masterfoods"). Damit ist freilich noch nicht gesagt, in welchem Umfang auch nationales Recht weiterhin anwendbar ist. Seit der Rechtssache „Wilhelm" (*EuGH*, ECLI:EU:C:1969:4) vertritt der Gerichtshof hierzu die sog. **„Ein-Schranken-Theorie"**. Danach hat das **europäische Wettbewerbsrecht Vorrang** vor den nationalen Kartellrechtsordnungen: **Was die Art. 101 ff. AEUV erlauben, kann nach nationalem Recht nicht mehr unzulässig sein.** Ist eine Maßnahme nach Unionsrecht verboten, kann sie umgekehrt nach nationalem Recht auch nicht mehr zugelassen werden. Dies gilt natürlich nur für Maßnahmen mit **grenzüberschreitender Wirkung**. Fehlt es an einem Widerspruch zwischen nationalem und europäischem Wettbewerbsrecht, stellt sich die Vorrangfrage erst gar nicht.

707   Der Vorrang der europäischen Wettbewerbsrechtsregelungen sowie die Verpflichtung der nationalen Wettbewerbsbehörden und Gerichte zur Anwendung des europäischen Wettbewerbsrechts bei Sachverhalten, die Bedeutung für den Binnenmarkt haben, führt dazu, dass die Bedeutung des nationalen Kartellrechts abnimmt. Denn für das GWB relevante Kartelle haben oftmals jedenfalls mittelbar grenzüberschreitende Wirkung, sodass hier die Art. 101 ff. AEUV anzuwenden sind.

Weiterführende Literatur: *Fischer/Fetzer*, Fälle zum Europarecht, 9. Auflage 2019, Fall 6 – Ausländerklauseln im Profisport, Fall 18 – Arbeitsvermittlung durch staatliche Monopole; *Hirsbrunner*,

Settlements in EU-Kartellverfahren, EuW 2011, 12 ff.; *Rosenthal*, Neuordnung der Zuständigkeiten und des Verfahrens in der Europäischen Fusionskontrolle, EuZW 2004, 237 ff.; *Weitbrecht*, Das neue EG-Kartellverfahrensrecht, EuZW 2003, 69 ff.; *Wurmnest*, Internationale Zuständigkeit und anwendbares Recht bei grenzüberschreitenden Kartelldelikten, EuZW 2012, 933 ff.

2. Staatliche Beihilfen

a) Struktur des Beihilfenrechts

Wettbewerbsverzerrungen entstehen nicht nur durch Zölle, Einfuhrbeschränkungen,   **708**
Maßnahmen gleicher Wirkung, diskriminierende Steuern oder durch die unzulässige Zusammenarbeit von Unternehmen, sondern ebenso durch staatliche Unterstützung bestimmter Wirtschaftszweige. Subventionierte Güter können auf dem Markt billiger verkauft werden als vergleichbare nichtsubventionierte Güter. Trotzdem verbietet das Zusammenwachsen des Gemeinsamen Marktes einen vollständigen Abbau aller staatlichen Beihilfen. Diese können sozialen und regionalen Besonderheiten Rechnung tragen und verhindern, dass durch den Untergang einzelner Wirtschaftszweige ganze Regionen gefährdet werden. In diesem Spannungsfeld versuchen die Art. 107 bis 109 AEUV einen angemessenen Ausgleich zu finden.

Innerhalb des Abschnitts ist dabei zwischen dem **materiellen Beihilfenrecht** (Art. 107   **709**
AEUV) und dem **formellen Beihilfenrecht**, das in Art. 108 f. AEUV – ergänzt durch die Verfahrensordnung in Beihilfensachen (VO [EU] 2015/1589, ABl. EU 2015 L 248/9) – kodifiziert ist, zu unterscheiden.

Art. 107 AEUV legt in materieller Hinsicht fest, unter welchen Voraussetzungen staat-   **710**
liche Beihilfen unzulässig sind.

Art. 107 Abs. 1 AEUV geht – wie die Formulierung **„Beihilfen gleich welcher Art"** zeigt   **711**
– von einem weit auszulegenden Begriff der Beihilfe aus. Neben Subventionen im strengen Sinne werden auch sonstige Begünstigungen jeder Art erfasst, z.B. die Befreiung von Abgaben, die Überlassung von Räumen ohne marktübliche Miete und die vergünstigte Lieferung von Gütern. Auch Abgaben sind als Bestandteil einer Beihilfenmaßnahme zu qualifizieren, wenn zwischen der nationalen Abgabe und der eigentlichen Begünstigung eines Dritten ein zwingender Verwendungszusammenhang in dem Sinne besteht, dass das Aufkommen aus der Abgabe notwendig für die Finanzierung der Begünstigung eines Dritten verwendet wird (*EuGH*, ECLI:EU:C:2005:224 Tz. 46 – „AEM"). Maßgebend ist letztlich immer die tatsächlich begünstigende Wirkung beim Beihilfenempfänger.

Im Einzelnen lassen sich die Vorgaben des materiellen Beihilfenrechts wie folgt untergliedern und konkretisieren:

(1) Übertragung staatlicher Mittel: Der Tatbestand der Beihilfe nach Art. 107 Abs. 1   **712**
AEUV erfordert eine Übertragung staatlicher Mittel, was auf einer Leistungsgewährung (etwa in Form von Geld-, Sach- oder Dienstleistungen) oder einem Verzicht auf eine Einnahmenerzielung (etwa durch eine Steuerbefreiung) beruhen kann. Zu unterscheiden ist zwischen dem Erfordernis der Mittelübertragung und dem Erfordernis der

Staatlichkeit der Mittel. Nach dem Erfordernis der Mittelübertragung bedarf es einer „Verschiebung" von Mitteln, die typischerweise mit einer Belastung des öffentlichen Haushalts einhergeht. Keine Beihilfen i.S.v. Art. 107 Abs. 1 AEUV sind daher begünstigende staatliche Maßnahmen ohne Übertragung irgendwelcher staatlichen Mittel, wie z.B. die Befreiung von bau-, umwelt- oder arbeitsrechtlichen Verpflichtungen (*EuGH*, ECLI:EU:C:1993:97 – „Sloman Neptun"). Das Erfordernis der Staatlichkeit der Mittel bedeutet, dass die Mittelvergabe dem Staat zurechenbar sein muss (*EuGH*, ECLI:EU:C:2002:294 Tz. 51 ff. – „Stardust Marine"). Allerdings hat der Gerichtshof in seinem Urteil „PreussenElektra" eine Staatlichkeit der Mittel für den Fall abgelehnt, dass eine gesetzlich angeordnete Vergütungspflicht zu Zahlungen zwischen Privaten führt, da es dann an einer Herkunft der Mittel aus dem öffentlichen Haushalt fehle (*EuGH*, ECLI:EU:C:2001:160 Tz. 58 ff. – „PreussenElektra"). In dem Fall ging es um eine gesetzlich angeordnete Verpflichtung privater Elektrizitätsversorgungsunternehmen zur Abnahme von Strom aus erneuerbaren Energiequellen zu festgelegten Mindestpreisen. Da das Finanzopfer von den privaten Elektrizitätsversorgungsunternehmen und nicht aus dem Staatshaushalt oder einem staatlichen Sonderfonds erbracht wurde, verneinte der Gerichtshof das Vorliegen einer Beihilfe.

713   **(2) Gewährung einer Begünstigung:** Der Beihilfetatbestand des Art. 107 Abs. 1 AEUV setzt stets die Gewährung einer Begünstigung voraus. Dies erfordert die Verschaffung eines wirtschaftlichen Vorteils an ein Unternehmen, den dieses unter „normalen Marktbedingungen" nicht erhalten hätte (*EuGH*, ECLI:EU:C:1996:285 Tz. 60 – „SFEI"). Ausgangspunkt ist dabei der sog. „Market economy investor"- bzw. „Private investor"-Test und damit die Frage, ob der betreffende Mitteltransfer auch von einer unter normalen Marktbedingungen handelnden umsichtigen Privatperson zu denselben oder vergleichbaren Bedingungen vorgenommen worden wäre. Hätte ein Privater entsprechend gehandelt, fehlt es an dem Merkmal einer Begünstigung. Beispielsweise sind Liefer-, Dienst- und Werkverträge der öffentlichen Hand mit Privaten dann beihilfenrechtlich nicht relevant, wenn sie zum Marktpreis abgeschlossen werden. Zur Feststellung, dass zwischen Leistung und Gegenleistung ein marktangemessenes Verhältnis besteht, stellt die Durchführung einer öffentlichen Ausschreibung prinzipiell ein geeignetes Instrument dar.

714   **(3) Bestimmtes Unternehmen als Beihilfenempfänger:** Nach Art. 107 Abs. 1 AEUV müssen die Empfänger der Beihilfen Unternehmen (oder auch Produktionszweige) sein. Umfasst wird jede wirtschaftlich tätige Einheit; die Rechtsform ist unbeachtlich. Nach Maßgabe des Art. 106 Abs. 1 AEUV werden auch öffentliche Unternehmen erfasst. Kennzeichnendes Charakteristikum jeder Beihilfe ist deren selektive Wirkung. Entscheidend ist, dass die Begünstigung letztlich nur bestimmten Unternehmen zu Gute kommt. Eine Beihilfe liegt damit nicht vor, wenn die Zuschüsse oder Vergünstigungen jedem Unternehmen, das sich in einer vergleichbaren Situation befindet, in gleicher Weise zur Verfügung stehen.

715   **(4) Wettbewerbsverfälschung und Handelsbeeinträchtigung:** Art. 107 Abs. 1 AEUV setzt weiter voraus, dass die betreffende Beihilfe den Wettbewerb verfälscht oder zu verfälschen droht. Dabei ist es nach der Rechtsprechung des Gerichtshofs nicht erforderlich, dass mit der Beihilfegewährung eine Verfälschung des Wettbewerbs beabsich-

tigt wird. Als Wettbewerbsverfälschung lässt sich jeder Eingriff in das Marktgeschehen verstehen, durch den für die Wettbewerber die Marktbedingungen verändert werden (*EuGH*, ECLI:EU:C:1980:209 Tz. 11 – „Philip Morris"). Eine Beihilfe muss weiter geeignet sein, den Handel zwischen den Mitgliedstaaten zu beeinträchtigen. Das Beihilfeverbot des Unionsrechts erstreckt sich damit nur auf solche Begünstigungen, die sich (zumindest potenziell) auf den Handel zwischen den Mitgliedstaaten und damit auf die Volkswirtschaft eines anderen Mitgliedstaates auswirken. Sowohl der EuGH als auch die Kommission stellen in ihrer Entscheidungspraxis an diese beiden Tatbestandsmerkmale jedoch nur geringe Anforderungen.

(5) Teleologische Reduktion des Beihilfentatbestandes durch den Gerichtshof: 716
Bei einem wirtschaftlichen Vorteil für ein Unternehmen, der ihm als Ausgleich für die Erfüllung gemeinwirtschaftlicher Aufgaben gewährt wird, liegt nach Auffassung des Gerichtshofs bereits tatbestandlich keine Beihilfe vor, wenn erstens das begünstigte Unternehmen tatsächlich mit der Erfüllung gemeinwirtschaftlicher Pflichten betraut wurde, zweitens die für die Bestimmung des Zuschusses maßgeblichen Faktoren zuvor objektiv und transparent festgelegt wurden, drittens der Zuschuss nicht den Betrag übersteigt, der für die Deckung der Zusatzkosten plus angemessenem Gewinn erforderlich ist, und viertens der Zuschuss, sofern die zugrunde liegende Beauftragung nicht in einem transparenten Vergabeverfahren erfolgt ist, keinesfalls den Betrag übersteigt, den ein gut geführtes Unternehmen benötigt (*EuGH*, ECLI:EU:C:2003:415 – „Altmark Trans GmbH"). Diese vom Gerichtshof vorgenommene teleologische Reduktion des allgemeinen Beihilfeverbots ist unter dogmatischen Aspekten bedenklich: Ein solches Vorgehen widerspricht dem Gebot der weiten Auslegung von Art. 107 Abs. 1 AEUV, passt nicht zu den in Art. 107 Abs. 2 AEUV enumerativ aufgelisteten Bereichsausnahmen und unterläuft die in Art. 108 Abs. 3 AEUV vorgesehene verfahrensrechtliche Kontrolle neuer Beihilfen durch die Kommission. Ungeachtet dieser Bedenken wendet allerdings auch die Kommission die vom Gerichtshof aufgestellten Kriterien in der Beihilfenkontrollpraxis an.

(6) Ausnahmen gemäß Art. 107 Abs. 2 und 3 AEUV: Erfüllt eine staatliche Förder-   717
maßnahme die Voraussetzungen des Art. 107 Abs. 1 AEUV, ist im Anschluss zu prüfen, ob nicht ausnahmsweise einer der in Art. 107 Abs. 2 und 3 AEUV abschließend normierten Freistellungstatbestände eingreift. **Art. 107 Abs. 2 AEUV** enthält einige **Bereichsausnahmen** für Konstellationen, in denen z.B. angesichts sozialer Umstände (Beihilfen sozialer Art an einzelne Verbraucher) oder wegen außergewöhnlicher Schadensereignisse (Beihilfen zur Beseitigung von Schäden, die durch Naturkatastrophen entstanden sind) Wettbewerbsverzerrungen hingenommen werden. Der Freistellungstatbestand des **Art. 107 Abs. 3 AEUV** ist dagegen nicht als Legalausnahme, sondern als **Ausnahmeklausel in Form eines Ermessenstatbestandes** konzipiert. Das ihr zustehende Ermessen hat die Kommission dabei durch eine Vielzahl von Rahmenvorschriften, die den Verwaltungsvorschriften im nationalen Verwaltungsrecht vergleichbar sind, konkretisiert. Auf der Grundlage von Art. 107 Abs. 3 AEUV kann die Kommission etwa die Förderung der wirtschaftlichen Entwicklung von Gebieten erlauben, in denen die Lebenshaltung außergewöhnlich niedrig ist (**regionale Beihilfe**, vgl. Art. 107 Abs. 3 lit. a) AEUV). Solche Beihilfen werden aber grundsätzlich nur zugelassen, wenn die wettbewerbsverzerrende Wirkung, die von ihnen ausgeht, durch eine Wirkung kompensiert

wird, die im Interesse der Union liegt. Wird etwa der Steinkohlebergbau durch die Bundesregierung gefördert, kann dies zugelassen werden, wenn dadurch ein Kapazitätsabbau bewirkt wird oder technische Innovationen eingeführt werden. Beihilfen zur Förderung wichtiger Vorhaben von gemeinsamem europäischen Interesse oder zur Behebung einer beträchtlichen Störung im Wirtschaftsleben eines Mitgliedstaates können ebenso genehmigt werden wie Strukturförderungen für einzelne Wirtschaftszweige, soweit sie nicht dem gemeinsamen Interesse der Union zuwiderlaufen (**sektorale Beihilfe**, vgl. Art. 107 Abs. 3 lit. b) und lit. c) AEUV). Solche Freistellungen werden im Grundsatz für jeden Einzelfall erteilt, indem die Kommission die Beihilfe durch Beschluss genehmigt. Für besonders häufig vorkommende Konstellationen hat die Kommission jedoch – gestützt auf Art. 108 Abs. 3 i.V.m. Art. 109 AEUV – sog. **Gruppenfreistellungsverordnungen** angenommen, mit denen bestimmte Gruppen von Beihilfen generell für mit dem Binnenmarkt vereinbar erklärt werden (z.B. staatliche Beihilfen an kleinere und mittlere Unternehmen, Ausbildungsbeihilfen, „De-minimis"-Beihilfen, Beschäftigungsbeihilfen). Besondere Bedeutung hat die Allgemeine Gruppenfreistellungsverordnung VO 651/2014. Weitere Beihilfen können durch den Rat nach Art. 107 Abs. 3 lit. e) AEUV als mit dem Binnenmarkt vereinbar zugelassen werden.

718   Im Zentrum des **formellen Beihilfenrechts** steht die Bestimmung des Art. 108 AEUV, der der Kommission ein **Verfahren** zur Verfügung stellt, um gegen **unstatthafte Beihilfen** vorzugehen. Nach Art. 108 Abs. 1 AEUV überprüft die Kommission fortlaufend die bestehenden Beihilfen in den Mitgliedstaaten (**repressives Verfahren bei Altbeihilfen**). Subventionen, die gemäß Art. 107 AEUV unzulässig sind, sind durch den betreffenden Staat binnen einer bestimmten Frist aufzuheben oder umzugestalten. Art. 108 AEUV hat keine Direktwirkung, sondern setzt eine konkretisierende Entscheidung der Kommission voraus. Kommt der Staat einer solchen Entscheidung nicht nach, können die Kommission oder jeder betroffene Staat in Abweichung von den Art. 258 f. AEUV den Gerichtshof unmittelbar anrufen. Unabhängig davon verpflichtet Art. 108 Abs. 3 S. 1 AEUV die Mitgliedstaaten zur Anzeige der Einführung oder Umgestaltung einer Beihilfe (**präventives Verfahren bei Neubeihilfen**). Das präventive Verfahren ist zweistufig ausgestaltet. Auf der ersten Stufe überprüft die Kommission, ob die geplante Gewährung einer Beihilfe mit dem Binnenmarkt vereinbar ist. Kann die Kommission in der Vorprüfphase nicht alle offenen Fragen ausräumen, die der Annahme der Vereinbarkeit einer Beihilfe mit dem Binnenmarkt entgegenstehen, oder bestehen zumindest Zweifel an der Einstufung einer mitgliedstaatlichen Maßnahme als Beihilfe, ist die Kommission auf der zweiten Stufe zur Einleitung des Hauptprüfverfahrens nach Art. 108 Abs. 2 AEUV verpflichtet (näher *EuGH*, ECLI:EU:C:2005:275 Tz. 47 ff. – „Italien/ Kommission"). Art. 108 Abs. 3 S. 3 AEUV verbietet die Durchführung einer – angezeigten oder nicht angezeigten, materiell zulässigen oder unzulässigen – Beihilfe, bevor die Kommission abschließend entschieden hat. Man spricht insoweit von **Sperrwirkung** bzw. **Durchführungsverbot**. Im Gegensatz zu Art. 107 AEUV ist das vorläufige Vollzugsverbot des Art. 108 Abs. 3 S. 3 AEUV unmittelbar anwendbar. Eine Beihilfe, die vor Erlass einer endgültigen Entscheidung seitens der Kommission gewährt wird und daher gegen Art. 108 Abs. 3 S. 3 AEUV verstößt, wird auch nicht mehr durch eine anschließende Genehmigung der Kommission mit ex tunc-Wirkung geheilt, sondern bleibt rechtswidrig (*EuGH*, ECLI:EU:C:2003:571 – „van Calster"). Der BGH sieht in dem formellen Durchführungsverbot sogar ein Verbotsgesetz gemäß § 134 BGB; sodass das einer staatlichen Beihilfe, die entgegen Art. 108 Abs. 3 S. 3 AEUV gewährt wurde, zugrundeliegende Grundgeschäft nichtig ist (*BGH*, EuZW 2003, 444; *BGH*, EuZW 2004, 252).

b) Rückabwicklung unionsrechtswidriger Beihilfen nach nationalem Verwaltungsrecht

Sobald die Kommission bzw. der Gerichtshof festgestellt haben, dass eine bestimmte **719** Beihilfe mit Art. 107 AEUV unvereinbar ist, hat sie der betreffende Staat **zurückzufordern**. Rückforderungsschuldner ist hierbei in der Regel das Unternehmen, das die Beihilfe ursprünglich erhielt. Wird bzw. wurde allerdings die wirtschaftliche Substanz eines subventionierten Unternehmens, d.h. nahezu das gesamte Anlage- und Umlaufvermögen, gebündelt veräußert (asset deal), sodass der Erwerber in der Lage ist, die Tätigkeit des Unternehmens fortzuführen, kommt gleichfalls eine Haftungsstreckung auf den Erwerber in Betracht, da ansonsten die Rückgängigmachung der verbotenen Beihilfe vereitelt und die durch diese hervorgerufene Wettbewerbsverzerrung perpetuiert wird. Von einem solchen Umgehungstatbestand dürfte im Rahmen einer Gesamtbetrachtung im Einzelfall insbesondere dann auszugehen sein, wenn der asset deal unter dem Marktpreis und ohne offenes Bieterverfahren erfolgt, eine wirtschaftliche Identität der Anteilseigner auf Veräußerer- und Erwerberseite besteht oder es einen engen zeitlichen Zusammenhang zwischen dem Beihilfeverfahren und dem Unternehmenskauf gibt (vgl. *EuGH*, ECLI:EU:C:2003:252 – „Seleco"; ECLI:EU:C:2004:238 – „SMI").

Die Rückforderung an sich richtet sich nach dem jeweiligen **nationalen Verwaltungs-** **720** **recht**. Bei dessen Auslegung sind – so der Gerichtshof – die besonderen Interessen der Europäischen Union zu berücksichtigen (*EuGH*, ECLI:EU:C:1983:233 – „Deutsches Milchkontor"). Die Rückforderung einer Beihilfe kann daher nicht durch Verweis auf bestehende nationale Ausschlusstatbestände wie z.B. Vertrauensschutz oder Verjährung verweigert werden.

Beispiel: *EuGH*, **ECLI:EU:C:1989:46;** *EuGH*, **ECLI:EU:C:1997:163 – „Alcan"** **721**
Die Firma A ist ein Hersteller von Primäraluminium in Rheinland-Pfalz. Als 1982 der Stromversorgungsvertrag für ihre Hütte in S auslief, konnte sie einen neuen Vertrag nur zu wesentlich höheren Kosten abschließen. Hierdurch wurde die Fortführung ihres Betriebes unrentabel. Um das Unternehmen von der Stilllegung des Werks in S abzubringen, erklärte sich die zuständige Landesregierung bereit, der A eine Überbrückungsbeihilfe in Höhe von insgesamt 8 Mio. DM zu gewähren. Die Beihilfe wurde im Jahre 1984 ausgezahlt, ohne dass zuvor eine Mitteilung des Vorgangs an die Kommission erfolgte.

Die Kommission stellte hier fest, dass die Beihilfe nicht unter die Ausnahmetatbestände des Art. 87 Abs. 2, 3 EG (heute: Art. 107 Abs. 2 und 3 AEUV) falle und deswegen gemäß Art. 87 Abs. 1 EG (heute: Art. 107 Abs. 1 AEUV) unzulässig sei. Gemäß dem soeben erörterten Verfahren verlangte sie die Aufhebung bzw. Umgestaltung der Subventionierung. Da die Bundesrepublik dem nicht nachkam, erhob die Kommission gemäß Art. 88 Abs. 2, 3 EG (heute: Art. 108 Abs. 2, 3 AEUV) Klage beim EuGH. Auch dieser erachtete die Beihilfe als unzulässig, sodass die zuständige Stelle in der Bundesrepublik gemäß Art. 228 EG (heute: Art. 260 AEUV) verpflichtet war, „die Maßnahmen zu ergreifen, die sich aus dem Urteil des Gerichtshofs ergeben". Damit stellte sich die Frage, ob bzw. auf welchem Weg diese Verpflichtung auf der Grundlage des nationalen Rechts erfüllt werden konnte.

Die Gewährung einer Beihilfe durch die Landesregierung ist nach deutschem Recht ein begünstigender Verwaltungsakt. In Betracht kam daher eine Rücknahme des Bewilligungsbescheides nach § 48 VwVfG. Dieser Regelung zufolge ist eine rechtswidrig gewährte Begünstigung zurücknehmbar, wenn kein schutzwürdiges Vertrauen entgegensteht. Zunächst ist dabei festzustellen, dass das Tatbestandsmerkmal der Rechtswidrigkeit in § 48 Abs. 1 VwVfG unionsrechtlich zu verstehen ist, so dass auch der Verstoß gegen Art. 107 f. AEUV zur Rechtswidrigkeit eines Verwaltungsaktes führt, mit dem eine Beihilfe gewährt wird. Dies gilt sowohl bei einem Verstoß gegen die materiellen Vorgaben des Art. 107 AEUV als auch bei (bloßen) Verletzungen der verfahrensrechtlichen Vorgaben des Art. 108 AEUV (*EuGH*, ECLI:EU:C:2008:79 – „CELF/SIDE"). Allerdings ist nach § 48 Abs. 2 VwVfG die Rücknahme eines rechtswidrig begünstigenden Verwaltungsaktes ausgeschlossen, wenn der Betroffene auf dessen Bestand vertraut hat und das entsprechende Vertrauen schutzwürdig war. Von vornherein nicht schutzwürdig ist das Vertrauen des Betroffenen in den Fällen des § 48 Abs. 2 S. 3 VwVfG, die im Falle einer europarechtswidrigen Beihilfe jedoch regelmäßig nicht einschlägig sind; insbesondere kann dem begünstigten Unternehmen keine Bösgläubigkeit i.S.v. § 48 Abs. 2 S. 3 Nr. 3 VwVfG unterstellt werden. Zu prüfen ist sodann der Grundtatbestand des § 48 Abs. 2 S. 2 VwVfG, nach dem das Vertrauen des Begünstigten in der Regel schutzwürdig ist, wenn er die gewährten Leistungen verbraucht oder eine Vermögensdisposition getroffen hat. Dies war hier der Fall. Jedoch kann nach der Rechtsprechung des BVerwG (EuZW 1998, 730, 732) ein etwaiges Vertrauen des Subventionsempfängers – abweichend von der „Regel" des § 48 Abs. 2 S. 2 VwVfG – im Hinblick auf das durch die Erweiterung des Unionsrechts gesteigerte öffentliche Rücknahmeinteresse im Regelfall das Vertrauensinteresse des Betroffenen selbst dann überwiegen, wenn dieser die gewährte Leistung bereits verbraucht hat. Begründet wird dies damit, dass andernfalls der aus dem Effektivitätsgrundsatz (Art. 4 EUV) fließende Gedanke einer möglichst umfassenden Umsetzung des Beihilfeverbots von den Mitgliedstaaten unterlaufen werden könnte. Dies gilt nach der Rechtsprechung des Gerichtshofs selbst dann, wenn sich die Unionsrechtswidrigkeit einer Beihilfe nur aus einem Verstoß gegen die Notifizierungspflicht des Art. 108 AEUV ergibt, die Beihilfe aber materiell genehmigungsfähig gewesen wäre (*EuGH*, ECLI:EU:C:2008:79 – „CELF/SIDE").

Dem hat sich auch das BVerwG angeschlossen und befunden, das Vertrauensschutzinteresse des Begünstigten trete angesichts des unionsrechtsbedingten besonderen Gewichts des Rücknahmeinteresses grundsätzlich schon dann zurück, wenn die staatliche Beihilfe ohne die Kontrolle der Kommission nach Art. 108 Abs. 3 AEUV bewilligt worden sei; denn eine sichere Grundlage für ein Vertrauen auf die materielle Rechtmäßigkeit der Beihilfe bestehe nur, wenn das Überwachungsverfahren als Voraussetzung der Ordnungsmäßigkeit der Beihilfe eingehalten wurde. Einem sorgfältigen Wirtschaftsunternehmen sei es regelmäßig möglich, sich zu vergewissern, ob diese Voraussetzung erfüllt ist. Sei – so das BVerwG – das vorgeschriebene Überwachungsverfahren nicht durchgeführt worden, ist das Vertrauen des Beihilfeempfängers daher nur ausnahmsweise schutzwürdig, wenn dafür besondere Umstände sprechen (*BVerwGE* 106, 328). Schließlich muss die zuständige Behörde die Rückforderung nach der Rechtsprechung des EuGH selbst dann verlangen, „wenn dies nach nationalem Recht wegen Wegfalls der Bereicherung mangels Bösgläubigkeit des Beihilfeempfängers ausgeschlossen ist". Die Rechtsprechung wurde auch vom BVerfG gebilligt, das in der Rechtsposition des BVerwG und des EuGH keinen Verstoß gegen die Verfassungsgrundsätze der Rechtssicherheit und des Vertrauensschutzes sieht (*BVerfG*, NJW 2000, 2015).

722   Das Fallbeispiel belegt, dass **§ 48 VwVfG** bei der Rückforderung von unionsrechtswidrigen Beihilfen lediglich die **Funktion eines „nationalrechtlichen Durchsetzungshebels"** hat. Begünstigte Unternehmen, die einem Rückforderungsanspruch ausgesetzt sind, können indes nicht nur gegen den von der nationalen Behörde erlassenen Rücknahmebescheid gemäß § 48 VwVfG gerichtlich vorgehen. Daneben besteht für sie die Möglichkeit, vor dem Gerichtshof der Europäischen Union gegen die von der Kommission gegenüber dem beihilfegewährenden Mitgliedstaat angeordnete Rückforderung Rechtsschutz zu begehren. Denn die Rückforderungsentscheidung – mag sie auch an einen Dritten gerichtet sein – betrifft das einzelne Unternehmen unmittelbar und individuell, sodass eine von ihm erhobene Individualnichtigkeitsklage grundsätzlich zulässig ist, soweit keine Rechtsschutzmöglichkeiten vor den innerstaatlichen Gerichten bestehen.

Sofern die Kommission jedoch eine Beihilfe als mit dem Binnenmarkt vereinbar genehmigt oder gar ein Hauptprüfverfahren nach Art. 108 Abs. 2 AEUV nicht einleitet, können Konkurrenzunternehmen diese Entscheidungen ebenso mittels einer Nichtigkeitsklage angreifen. Ebenso können Konkurrenten im Rahmen einer Konkurrentenklage die Rückforderung einer unionsrechtswidrigen Beihilfe durch einen Mitgliedstaat vor Gericht einklagen. Es ist inzwischen anerkannt, dass nicht nur Art. 107 Abs. 1 AEUV, sondern auch das Notifizierungsverfahren, insbesondere aber das Durchführungsverbot des Art. 108 Abs. 3 S. 3 AEUV, insofern drittschützenden Charakter haben. Nach Auffassung des Gerichtshofs dienen das Notifizierungsverfahren und das Durchführungsverbot auch dem Schutz von Konkurrenten, indem sie verhindern, dass ohne vorherige Rechtmäßigkeitsprüfung Subventionen ausgezahlt werden, die den Wettbewerb verfälschen und damit Konkurrenten benachteiligen können (*EuGH*, ECLI:EU:C: 2008:79 – „CELF/SIDE"). **723**

Weiterführende Literatur: *Fischer/Fetzer*, Fälle zum Europarecht, 9. Auflage 2019, Fall 16 – Unternehmenssubventionierung), Fall 17 – Rückforderung von Subventionen; *Bartosch*, Die Durchsetzung der Beihilfenrechtswidrigkeit staatlicher Maßnahmen vor nationalen Gerichten, EuZW 2005, 396 ff.; *von Cornap-Bornheim*, Einführung in das Europäische Beihilfenrecht, JuS 2013, 215 ff.; *Fetzer/Böser*, Die EuGH-Entscheidungen zu § 8c Abs. 1a KStG sowie § 6a GrEStG und deren Auswirkungen auf beihilfekritische Steuervergünstigungen, DStR 2019, 1177 ff.; *Heidenhain*, Rechtsfolgen eines Verstoßes gegen das Durchführungsverbot des Art. 88 III 3 EG – Bemerkungen zu BGH, EuZW 2003, 444 und EuZW 2004, 252, EuZW 2005, 135 ff.; *Hellstern*, „Mittelbare Beihilfen", Indirekte Begünstigung im EU-Beihilfenrecht, EuZW 2013, 489 ff.; *Koenig/Hellstern*, Der EU-beihilfenrechtliche Effektivitätsgrundsatz im nationalen Prozessrecht, EuZW 2011, 702 ff.; *Ludwigs*, Die Verordnung (EG) Nr. 659/1999 und die neuere Rechtsprechung der Gemeinschaftsgerichte zum Beihilfeverfahrensrecht, Jura 2006, 41 ff.; *ders.*, Rückforderung privatrechtlich gewährter, gemeinschaftsrechtswidriger Beihilfen durch Verwaltungsakt, Jura 2007, 612 ff.; *Lumma*, Die Stellung Dritter in der Beihilfenkontrolle, EuZW 2004, 457 ff.; *Mähring*, Grundzüge des EG-Beihilfenrechts, JuS 2003, 448 ff.

3. Steuern

Die Frage nach einer Harmonisierung des Steuerrechts sowie nach der Einführung einer eigenen Unionssteuer zählt seit jeher zu den kontrovers diskutierten Problemfeldern des Europarechts. Ihre Wichtigkeit zeigte sich auch im Verlauf des Ratifizierungsprozesses des Vertrages von Lissabon, als die Zustimmung Irlands auch von der Zusage abhing, dass es durch den Vertrag von Lissabon keine Veränderungen im Bereich der Steuerpolitik geben würde. Auch hat das BVerfG in seiner „Lissabon"-Entscheidung festgestellt, dass die Steuersouveränität, d.h. das Recht zur Erhebung steuerlicher Abgaben, zu den Wesensmerkmalen eines Staates zählt, die nicht ohne Weiteres auf die Union übertragen werden können (*BVerfGE* 123, 267, 361 ff.). Die Union verfügt dementsprechend auch nicht über eine eigenständige Steuererhebungs- bzw. -gesetzge- **724** bungskompetenz. Vielmehr ist es der nationalstaatlichen Entscheidung eines jeden einzelnen Mitgliedstaates überlassen, mit welchen Steuern er – innerhalb des von den europäischen Steuerharmonisierungsvorschriften gezogenen Rahmens – seine Staatsbürger belastet. Eigene Unionssteuern gibt es (noch) nicht. Pläne, die eine Einführung einer europäischen Finanztransaktionssteuer, die auch der Finanzierung der Europäischen Union dienen soll, vorsehen, wurden bisher nicht in die Tat umgesetzt.

725   Steuerliche Regeln enthält der Vertrag nur im Dritten Teil über die Politik der Union im Anschluss an die Wettbewerbsregeln in den Art. 110 bis 113 AEUV. Diese Regeln stehen ganz unter dem Eindruck eines der Ziele der Verträge, der **Sicherung des freien Warenverkehrs** innerhalb der Union. Kernstück der steuerlichen Regelungen ist deshalb das auf indirekte Steuern bezogene **Diskriminierungsverbot** des Art. 110 AEUV und das **Harmonisierungsgebot** in Art. 113 AEUV. Indirekte Steuern sind solche, bei denen der Steuerschuldner und derjenige, der die Steuerbelastung wirtschaftlich zu tragen hat, nicht identisch ist. Bekanntestes Beispiel ist die Mehrwertsteuer (Umsatzsteuer): Steuerschuldner ist der Unternehmer, der eine Leistung am Markt anbietet. Da er aber die Mehrwertsteuer auf seinen Preis aufschlägt, belastet die Steuer wirtschaftlich betrachtet den Endverbraucher einer Leistung.

726   Im Mittelpunkt der steuerlichen Vorschriften des AEUV steht Art. 110 AEUV, das sog. **steuerliche Diskriminierungsverbot.** Danach darf die Abgabenbelastung, die Waren aus anderen Mitgliedstaaten auferlegt wird, insgesamt nicht höher sein als diejenige, der **gleichartige** inländische Waren unmittelbar oder mittelbar unterliegen. Waren sind gleichartig, wenn sie in den Augen des Verbrauchers die gleichen Eigenschaften haben und denselben Bedürfnissen dienen. Identität ist nicht erforderlich, die **gleiche** oder **vergleichbare** Verwendung genügt.

727   Beispiel: *EuGH*, ECLI:EU:C:1980:53; *EuGH*, ECLI:EU:C:1983:202 – „Bier und Wein"
        Art. 90 Abs. 1 EG (heute: Art. 110 AEUV) verbietet es den Mitgliedstaaten, für Waren aus anderen Mitgliedstaaten höhere Abgaben als für gleichartige inländische Produkte zu erheben. Großbritannien besteuerte aus Mitgliedstaaten importierten Wein wesentlich höher als im Lande gebrautes Bier.

        Der Gerichtshof bejahte die Gleichartigkeit von Bier und Wein mit der Begründung, beide Getränke könnten „unbestreitbar in gewisser Hinsicht gleichen Bedürfnissen dienen". Maßstab einer unterschiedlichen Besteuerung dürfe allenfalls der unterschiedliche Alkoholgehalt sein. Innerhalb dieses Maßstabs aber sei eine gleiche Besteuerung von Bier und importiertem Wein geboten. Entscheidend ist letztlich immer die Frage, ob die strittige steuerliche Regelung geeignet ist, den Handel zwischen den Mitgliedstaaten zu beeinträchtigen.

        Das BVerfG musste zu dieser Frage ebenfalls Stellung nehmen, da Art. 110 AEUV nur die Wettbewerbsbedingungen zwischen Produzenten verschiedener Mitgliedstaaten regelt. Es hat die nationalstaatliche Entscheidung, Bier im Gegensatz zu Wein zu besteuern, ohne nähere Begründung für nicht willkürlich und damit angesichts Art. 3 Abs. 1 GG für zulässig erachtet (*BVerfG*, HFR 1984, 587).

        Die unterschiedliche Rechtsprechung beruht letztlich auf einem unterschiedlichen Verständnis des Gleichheits- bzw. Gleichartigkeitsbegriffes. In einem Binnenmarkt kommt es – um Wettbewerbsdiskriminierungen zu vermeiden – nur auf das Konkurrenzverhältnis der Waren untereinander und auf die Frage an, ob und inwieweit sie für den Verbraucher gleichartig und damit austauschbar sind. Das nationalstaatliche Verständnis des Gleichheitssatzes beruht auf der Überlegung, ob und inwieweit eine innerstaatliche Differenzierung des Steuergesetzgebers

„sachgerecht" ist. In diesen weiteren Begriff der „Sachgerechtigkeit" fließen dabei neben wirtschaftlichen Erwägungen auch andere Gesichtspunkte ein. Dabei mögen historische, mittelstandsfreundliche, agrarpolitische und verwaltungsökonomische Überlegungen durchaus für eine Entscheidung sprechen, das Konsumgut Bier und nicht den Wein zu besteuern.

Mitunter stellt sich im Rahmen von Art. 110 AEUV das Problem, die Tatbestände der UAbs. 1 und 2 voneinander abzugrenzen. Ebenso ist eine Abgrenzung des steuerlichen Diskriminierungsverbotes zu Art. 28 und Art. 30 AEUV, dem Verbot von Abgaben zollgleicher Wirkung, vorzunehmen.   **728**

Beispiel: *EuGH*, ECLI:EU:C:1987:210 – „Co-Frutta"   **729**

Die belgische Firma Co-Frutta importiert kolumbianische Bananen und verkauft sie in Italien. Italien erhebt eine Verbrauchsteuer auf Bananen. Co-Frutta bestreitet die unionsrechtliche Zulässigkeit dieser Steuer.

Fraglich ist zunächst, ob es sich bei der Verbrauchsteuer um eine Abgabe zollgleicher Wirkung gemäß Art. 23, 25 EG (heute: Art. 28, 30 AEUV) oder um eine inländische Abgabe gemäß Art. 90 EG (heute: Art. 110 AEUV) handelt. Das wesentliche Merkmal einer Abgabe zollgleicher Wirkung, das sie von einer inländischen Abgabe unterscheidet, besteht darin, dass erstere ausschließlich das eingeführte Erzeugnis erfasst, während letztere sowohl eingeführte als auch einheimische Erzeugnisse einer Abgabe unterwirft.

Obgleich die italienische „Bananensteuer" angesichts des äußerst geringen italienischen Bananenanbaus fast ausschließlich für eingeführte Produkte gilt, hat sie den Charakter einer inländischen Abgabe i. S. v. Art. 110 AEUV. Der Anwendungsbereich des Art. 110 AEUV wird auch nicht durch die kolumbianische Herkunft der Bananen ausgeschlossen. Diese Norm gilt für alle Erzeugnisse aus den Mitgliedstaaten einschließlich der Produkte von Drittländern, die sich in den Mitgliedstaaten im freien Verkehr befinden.

Problematisch ist des Weiteren, ob der Sachverhalt dem Schutzbereich des Art. 110 UAbs. 1 oder UAbs. 2 AEUV unterfällt. Art. 110 AEUV bezweckt insgesamt, den freien Warenverkehr zwischen den Mitgliedstaaten unter normalen Wettbewerbsbedingungen dadurch zu gewährleisten, dass jede Form des Schutzes, die aus einer die Waren aus anderen Mitgliedstaaten diskriminierenden inländischen Besteuerung folgen könnte, beseitigt und vollkommene Wettbewerbsneutralität der inländischen Besteuerung für einheimische und eingeführte Erzeugnisse sichergestellt wird. Unter diesem Gesichtspunkt hat Art. 110 UAbs. 2 AEUV die Aufgabe, jede Form von mittelbarer steuerlicher Diskriminierung eingeführter Erzeugnisse zu erfassen, die zwar nicht i.S.d. UAbs. 1 mit inländischen Erzeugnissen gleichartig sind, aber doch mit einigen von ihnen, wenn auch nur teilweise, mittelbar oder potenziell, im Wettbewerb stehen.

Die entscheidende Frage ist also die, ob die „Bananensteuer" geeignet ist, den italienischen Obstanbau und den Absatz italienischen Obstes durch eine Verminderung des potenziellen Verbrauchs eingeführter Bananen zu bevorzugen. Diese Frage hat der Gerichtshof aufgrund eingehender Vergleiche bejaht, da Bananen für Obstverbraucher eine Alternative seien. Sie stünden daher mit einheimischem Obst teilweise in Wettbewerb.

Durch die Einheitliche Europäische Akte ist die Rechtsangleichung zu einem verbindlichen Vertragsziel in dem Maße erhoben worden, wie sie zur Verwirklichung des Binnenmarktes erforderlich war. Dies betrifft vor allem die **Harmonisierung** der **Mehrwert- und Verbrauchsteuern**. Insbesondere die Mehrwertsteuer ist heute nahezu vollständig durch europäische Richtlinien harmonisiert. Zentrale Bedeutung hat dabei die sog. Mehrwertsteuersystemrichtlinie, die den Mitgliedstaaten – sieht man einmal von den Steuersätzen ab, für die lediglich ein Rahmen vorgegeben wird – kaum noch Umsetzungsspielräume belässt. Nahezu vollständig harmonisiert ist insbesondere der grenzüberschreitende Verkehr von Waren und Dienstleistungen: So erheben die Mit-   **730** gliedstaaten auf Warenlieferungen und sonstige Leistungen im **Inland Umsatzsteuer**. Bei grenzüberschreitenden Warenlieferungen wird die Lieferung im Exportstaat von der Umsatzsteuer befreit, im Erwerbsstaat hingegen der Umsatzbesteuerung unterworfen. Damit gilt das sog. **Bestimmungslandprinzip**, nach dem im grenzüberschreitenden Verkehr die Exporte von der Belastung durch Mehrwertsteuer des exportierenden Landes (Ursprungsland) befreit, im importierenden Land (Bestimmungsland) entsprechend den dort herrschenden steuerlichen Vorschriften belastet werden. Damit wird Verbrauch, unabhängig von der Herkunft der Güter, der nationalen Steuer unterworfen. Eine Ausnahme gibt es nur für Waren, die zum **Privatgebrauch** aus einem Mitgliedstaat mitgebracht werden: Hier bleibt es bei der Besteuerung nach dem **Ursprungslandprinzip**. Von den offenen Grenzen innerhalb der Union profitieren deshalb die Marktbürger im privaten Reiseverkehr auch steuerlich.

731 Noch wenig erfolgreich war die Union bislang auf dem Gebiet der Harmonisierung der **direkten Steuern**. Dies sind Steuern, bei denen Steuerschuldner und wirtschaftlich Belasteter identisch sind. Beispiele sind Steuern auf Einkommen und Ertrag, also etwa die Einkommensteuer oder die Körperschaftsteuer. Eine Harmonisierung ist hier nur aufgrund der allgemeinen Harmonisierungsbefugnisse der Union nach Art. 114 und 115 AEUV möglich. Daher ist eine sekundärrechtliche Harmonisierung bisher nur punktuell erreicht worden; im Bereich der Einkommensteuer etwa mit der Richtlinie zur Besteuerung von Zinserträgen und im Bereich der Körperschaftsteuer mit der Mutter-Tochter-Richtlinie.

731a In der jüngsten Vergangenheit standen vor allem Anstrengungen zur Bekämpfung von Steuervermeidung im Zentrum der Bemühungen der Kommission. Dabei hat diese auch ihre Pläne für eine gemeinsame konsolidierte Körperschaftsteuerbemessungsgrundlage (GKKB) wieder aufgegriffen. Ziel der Bemühungen ist die Erstellung eines einheitlichen, europaweiten Regelungswerkes zur Ermittlung der Unternehmensgewinne für Steuerzwecke. Mit der GKKB soll eine gesamtheitliche Lösung der gegenwärtigen Probleme im Bereich der Unternehmensbesteuerung erreicht werden. Mit ihrer Hilfe sollen Spielräume und Schlupflöcher zwischen den nationalen Steuersystemen behoben und gängige Steuervermeidungsstrategien aufgehalten werden. Innerhalb der Europäischen Union tätige Unternehmen müssten dabei für die Berechnung ihres steuerpflichtigen Gewinns nicht mehr wie bisher die unterschiedlichen nationalen Regelungen anwenden, sondern nur die eines einzigen europaweiten Systems. Der Gewinn des Konzerns wird einheitlich ermittelt, anschließend konsolidiert und dann formelhaft den einzelnen Konzerngesellschaften zugewiesen, wobei der jeweilige Mitgliedstaat den auf die in seinem Hoheitsgebiet ansässigen Konzerneinheit anfallenden Anteil anhand seines nationalen Steuersystems besteuert. Ob aber die Pläne der Kommission tatsächlich umgesetzt werden oder – wie bereits zuvor – am politischen Widerstand einiger Mitgliedstaaten scheitert, ist derzeit noch offen.

732 Daneben hat allerdings der Gerichtshof durch seine integrationsfreundliche Auslegung der Grundfreiheiten inzwischen in erheblichem Umfang zu einer jedenfalls mittelbaren Europäisierung der direkten Steuern beigetragen. Der Gerichtshof geht in ständiger Rechtsprechung davon aus, dass die Mitgliedstaaten bei jeglicher Gesetzgebung an die Grundfreiheiten gebunden sind, auch auf Gebieten – wie dem Steuerrecht – auf denen die Union grundsätzlich nur über keine oder sehr geringe Kompetenzen verfügt. Die Grundfreiheiten „umrahmen" insoweit sämtliche nationale Rechtsordnungen vollumfänglich (sog. Umrahmungsprinzip). Von wesentlicher Bedeutung sind dabei die Niederlassungsfreiheit sowie zunehmend die Kapitalverkehrsfreiheit. Beide enthalten nicht nur ein Diskriminierungsverbot, sondern auch ein Beschränkungsverbot. Das bedeutet, dass steuerliche Vorschriften die Freiheit der Niederlassung oder des freien Kapitalverkehrs nicht ungerechtfertigt beschränken dürfen. In einigen bahnbrechenden Entscheidungen hat der Gerichtshof ausgehend hiervon steuerliche Vorschriften, die die Berücksichtigung von Verlusten beschränkten, die im Ausland angefallen waren, für unzulässig erklärt, weil dadurch die Gründung einer ausländischen Tochtergesellschaft bzw. Niederlassung ungerechtfertigterweise erschwert wird (*EuGH*, ECLI:EU:C:2005:763 – „Marks & Spencer"; *EuGH*, ECLI:EU:C:2008:278 – „Lidl Belgium").

Die Anwendbarkeit primären Unionsrechts auf die nationale Steuergesetzgebung ist dabei jedoch nicht auf die Grundfreiheiten beschränkt. Auch die Bedeutung des europäischen Beihilfenrechts für die nationale Steuergesetzgebung ist bereits seit einigen Jahren Gegenstand intensiver Diskussionen. Das europäische Beihilferecht wurde dabei von Kommission und Gerichtshof zuletzt auch wiederholt als Mittel gegen Steuervermeidung und zur Durchsetzung transparenter und fairer Steuersysteme in Europa eingesetzt (*EuGH*, ECLI:EU:C:2011:732 – „Gibraltar"). Durch die Anwendung des Beihilfenrechts möchte die Kommission nicht verhindern, dass Unternehmen bestehende Steuersparmodelle anwenden und Lücken nutzen, sie will vielmehr verhindern, dass die Mitgliedstaaten – respektive deren Steuergesetze – überhaupt solche Lücken aufweisen bzw. gezielte Schlupfwinkel bieten. Zu nennen ist insbesondere die Rückforderungsentscheidung der Kommission gegen Irland, die eine Steuernachzahlung des US-amerikanischen Konzerns Apple in Höhe von 13,1 Mrd. Euro zur Folge hatte (Kommission 2016/C 5605/16). Dem deutschen Fachpublikum wurde die Bedeutung und Tragweite des Beihilfenrechts bereits zuvor durch den Beschluss der europäischen Kommission zur Verlustabzugsbeschränkung nach § 8c KStG (sog. Sanierungsklausel) offenbart (*EuGH*, ECLI:EU:C:2018:505 – „Heitkamp Bauholding"). **732a**

Weiterführende Literatur: *Fischer/Fetzer*, Fälle zum Europarecht, 9. Auflage 2019, Fall 4 – Chocolat; *Dürrschmidt*, „Europäisches Steuerrecht" nach Lissabon, NJW 2010, 2086 ff.

C. Wirtschafts- und Währungspolitik

Die durch den Vertrag von Maastricht geschaffene Wirtschafts- und Währungsunion und die damit verbundene Koordination der Wirtschaftspolitik der Mitgliedstaaten sowie die Einführung der gemeinsamen Währung Euro war einer der wichtigsten Integrationsschritte der Union. Die damit verbundenen Fragen waren freilich bisher eher politischer denn rechtlicher Natur. Durch den Vertrag von Lissabon ist dieser Bereich allerdings noch stärker verrechtlicht worden; insbesondere hat die Kommission weitgehende Handlungsbefugnisse gegenüber den Mitgliedstaaten erhalten. Grundlage der Wirtschafts- und Währungspolitik ist Art. 3 Abs. 4 EUV, demgemäß die Union eine Wirtschafts- und Währungsunion errichtet, deren Währung der Euro ist. **733**

734   Die Währungsunion besteht gegenwärtig aus 16 Mitgliedstaaten. Institutionell wird die **Währungspolitik** zum einen im Rahmen des Europäischen Systems der Zentralbanken (ESZB) gemäß Art. 127 und 129 AEUV koordiniert. Zum anderen ist auf europäischer Ebene das wichtigste Gremium im Rahmen der Wirtschafts- und Währungsunion die Europäische Zentralbank (EZB) mit Sitz in Frankfurt, die nach Art. 130 AEUV als unabhängiges Organ der Union tätig wird (vgl. Art. 13 Abs. 3 EUV).

735   Nach Art. 121 AEUV müssen die Mitgliedstaaten ihre **Wirtschaftspolitik** im Rat koordinieren, wobei sie im Grundsatz einer offenen Marktwirtschaft mit freiem Wettbewerb verpflichtet sind (Art. 120 AEUV). Der Vertrag von Lissabon enthält zwei wesentliche Neuerungen:

736   Zum einen kann bei unverschuldeten schwerwiegenden wirtschaftlichen Problemen eines Mitgliedstaates der Rat nunmehr nach Art. 122 AEUV auch finanzielle Beistandsmaßnahmen beschließen. Dabei ist allerdings zu beachten, dass die Vorschrift bei selbstverschuldeten Haushaltskrisen – wie etwa in Griechenland – nicht eingreift, da es sich dabei um kein „außergewöhnliches Ereignis" im Sinne des Art. 122 Abs. 2 AEUV handelt. Auch enthält Art. 125 AEUV eine „No-Bail-Out"-Klausel, die es der Union untersagt, Mitgliedstaaten, die aufgrund von Misswirtschaft in eine finanzielle Schieflage gekommen sind, durch bestimmte Finanzinterventionen zu retten.

737   Zum anderen sind die Mitgliedstaaten durch Art. 126 AEUV zur Wahrung einer strengen Haushaltsdisziplin und zur Vermeidung übermäßiger Defizite unter Aufsicht der Kommission verpflichtet. Die Kommission kann bei Verstößen nach Art. 126 Abs. 5 AEUV eine Stellungnahme abgeben, die dann Grundlage für weitere vom Rat nach Art. 126 Abs. 6 bis 12 AEUV zu beschließende Maßnahmen ist. So kann dem betroffenen Mitgliedstaat unter anderem eine Frist zur Beseitigung der Missstände gesetzt oder auch eine Geldbuße auferlegt werden. Die Griechenlandkrise und ihre wirtschaftlichen Folgen für ganz Europa, die vielen ins Bewusstsein gerufen hat, wie fragil die Union auch in wirtschaftlicher Hinsicht noch ist, wird zeigen, ob durch den Vertrag von Lissabon ein wirksames Instrumentarium zur Verhinderung oder zumindest Bewältigung zukünftiger Krisen geschaffen wurde.

737a Die Haushalts- und Wirtschaftspolitik in der Europäischen Union war im vergangenen Jahrzehnt wesentlich von der Bewältigung der bereits eingangs geschilderten Wirtschafts- und Staatsschuldenkrise geprägt. Spätestens seit Herbst 2009 gelang es Griechenland auf Grund seiner hohen Staatsschulden kaum noch – oder nur gegen extrem hohe Risikoaufschläge –, sich durch die Platzierung weiterer Staatsanleihen am Kapitalmarkt zu refinanzieren. Griechenland drohte die Staatspleite. Anderen Mitgliedern der Währungsunion, wie Spanien und Portugal, drohte angesichts der Wirtschaftskrise und vergleichbarer Schuldenlast Ähnliches. Durch die drohende Staatspleite mehrerer Mitgliedstaaten war die Stabilität der Euro-Zone insgesamt ernsthaft gefährdet. Man befürchtete einen Domino-Effekt, der andere Länder „mitreißt" und letztlich das Ende des Euros herbeiführen würde.

737b Am 7. Mai 2010 billigte der Bundestag das „Währungsunion-Stabilitätsgesetz". Er ermächtigt darin die Bundesregierung, für einen Kredit an Griechenland von bis zu 22,4 Mrd. Euro zu bürgen. Diese Maßnahme beruhigte die Märkte jedoch nicht. Am

9. und 10. Mai 2010 wurde deshalb in Brüssel ein umfassender Rettungsschirm für den Euro in einer Gesamthöhe von insgesamt bis zu 750 Mrd. Euro beschlossen. Der größte Teil davon besteht aus Garantien oder Krediten der Euro-Staaten zur Stützung der schwächelnden Währung. Das dazu erforderliche Gesetz „zur Übernahme von Gewährleistungen im Rahmen eines europäischen Stabilisierungsmechanismus" wurde am 21. Mai 2010 vom Bundestag beschlossen.

Auf Seiten der EU hat der Europäische Rat den Beschluss 2011/199/EU erlassen, mit dem Art. 136 AEUV um einen Abs. 3 ergänzt wurde. Hiernach können die Mitgliedstaaten, deren Währung der Euro ist, einen Stabilitätsmechanismus einrichten, der aktiviert wird, wenn dies unabdingbar ist, um die Stabilität des Euro-Währungsgebiets insgesamt zu wahren. Der EuGH hat diesen Beschluss für gültig erklärt (*EuGH*, ECLI:EU:C: 2012:756 – „Pringle"). **737c**

Derzeit hat es den Anschein, als würden diese Maßnahmen greifen. Die maßgeblichen Faktoren dafür sind der Rettungsschirm und die ernsthaften Spar- und Konsolidierungsbemühungen der betroffenen Staaten der Euro-Währungszone. Die Märkte haben wieder Vertrauen gefasst, der Euro scheint stabilisiert zu sein. Dies gilt zumindest insoweit als an den Kapitalmärkten (gegenwärtig) wieder Ruhe eingekehrt ist und sämtlichen Eurostaaten eine Finanzierung über den Kapitalmarkt (derzeit) möglich ist. **737d**

Der politische und wirtschaftliche Preis dafür indes ist hoch. Mit den Worten „Scheitert der Euro, dann scheitert Europa" hat Bundeskanzlerin Angela Merkel das Rettungspaket für alternativlos erklärt. Sie hat damit die bisherige deutsche Ansicht des Verbots einer gemeinschaftlichen Haftung für die Verbindlichkeiten eines einzelnen Euro-Staates („Bail-Out-Verbot") ebenso aufgegeben wie die Auffassung, die Europäische Zentralbank dürfe keine Schuldtitel von Euro-Staaten aufkaufen, um die Stabilität der Unionswährung nicht zu gefährden. Der wirtschaftliche Preis besteht in eben jener Gefährdung der Währungsstabilität, da die Bürgschafts- und Kreditgarantien auch andere Mitgliedstaaten dazu verleiten könnten, eine solide Haushaltspolitik aufzugeben und Inflation in Kauf zu nehmen. **737e**

Rechtlich waren und sind die Rettungsmaßnahmen umstritten. Art. 122 Abs. 2 AEUV umfasst die Wirtschafts- und Staatsschuldenkrise nicht, da eine selbstverschuldete Haushaltskrise kein „außergewöhnliches Ereignis" im Sinne dieser Norm ist. Einschlägige Normen sind daher die Art. 123 und 125 AEUV. Art. 123 AEUV verbietet es der Europäischen Zentralbank und nationalen Zentralbanken, Schuldtitel der Mitgliedstaaten „unmittelbar" zu erwerben. Damit ist der „mittelbare" sekundäre Erwerb von anderen Anbietern wohl nicht verboten. Im Sinne einer Stabilitätsgemeinschaft ist eine solche mittelbare Stützung von europäischen Schwachschuldnern freilich nicht. Art. 125 Abs. 1 AEUV kann zwar als „Bail-Out-Verbot" ausgelegt werden. Fraglich ist dabei aber, ob das Verbot eines „Einstehens" seinem Wortlaut nach tatsächlich mehr als den Ausschluss einer unmittelbaren Bürgschaft oder Schuldübernahme enthält. Das Bundesverfassungsgericht hat in einem Verfahren zur Verfassungsmäßigkeit des Ankaufs von Staatsanleihen durch die Europäische Zentralbank einen Verstoß hierdurch gegen Art. 119 und Art. 127 AEUV gesehen sowie eine Verletzung von Art. 123 AEUV für möglich gehalten (*BVerfG*, NJW 2014, 907) und dem Gerichtshof der Europäischen Union die Frage nach der Unionsrechtskonformität der entsprechenden Ermäch- **737f** tigungen der Europäischen Zentralbank vorgelegt. Der Gerichtshof wertete in einem mit Spannung erwarteten Urteil das OMT-Programm der Europäischen Zentralbank als Instrument der Währungspolitik, das nur indirekt wirtschaftspolitische Auswirkungen hat (EuGH, ECLI:EU:C:2015:400). Es umgehe nicht das Verbot der monetären Staatsfinanzierung, dafür würden die Mechanismen des Programms Sorge tragen: Marktteilnehmer können sich nicht im Voraus auf den Ankauf von Staatsanleihen durch die Europäische Zentralbank verlassen. Auch das Bundesverfassungsgericht sah dementsprechend keine Kompetenzüberschreitung durch die Europäische Zentralbank (BVerfG, NJW 2016, 2473). Den europäischen Rettungsschirm bzw. die Beteiligung der Bundesrepublik Deutschland hieran, hat das Bundesverfassungsgericht schon zuvor als verfassungsgemäß eingestuft, wenngleich mit der Maßgabe, dass er nicht zu einer Aushöhlung des Budgetrechts des Bundestages führen dürfe (*BVerfG*, NJW 2014, 1505). Mit Urteil vom 30. Juli 2019 (2 BvR 1685/14) hat das Bundesverfassungsgericht für weitere Regelungen zur Europäischen Bankenunion – und zwar den „Single Supervisory Mechanism" und den „Single Resolution Mechanism" eine Kompetenzüberschreitung verneint.

737g   Die Krise scheint damit zwar beendet, die Problematik der hohen Staatsverschuldung bleibt gleichwohl. Zwischen 2014 und 2017 ging der Schuldenstand europaweit zurück und im Falle der griechischen Staatsschuldenkrise flossen im August 2018 die letzten Mittel aus dem Kreditprogramm. Die jüngste Empfehlung der Kommission gemäß Art 126 Abs. 3 AEUV vom 05.05.2019 zur Eröffnung eines Defizitverfahrens gegen Italien zeigt aber, dass die Schuldenstände und Haushaltspolitiken einzelner Europäischer Mitgliedstaaten die EU-Politik weiterhin beschäftigen.

Weiterführende Literatur: *Heuer/Schütt,* Auf dem Weg zu einer europäischen Kapitalmarktunion, BKR 2016, 45; *Horn,* Die Reform der Europäischen Währungsunion und die Zukunft des Euro, NJW 2011, 1398 ff.; *ders.,* Das Recht zum Austritt und Ausschluss aus der Europäischen Währungsunion, BKR 2015, 353 ff.; *Thym,* Euro-Rettungsschirm: zwischenstaatliche Rechtskonstruktion und verfassungsrechtliche Kontrolle, EuZW 2011, 1676 ff.; *Weber,* Europäisches Rechtsdenken in der Krise?, DÖV 2017, 741 ff.

D. Umweltpolitik

I. Grundlagen

738   Spezielle Vorschriften über die Umweltpolitik der Union finden sich in Art. 191 bis 193 AEUV. Dabei wird der Begriff der „Umwelt" verwendet, ohne dass es hierfür eine gesetzliche Definition gibt. Er entspricht im Wesentlichen dem deutschen Umweltbegriff, der die Umweltmedien Luft, Boden und Wasser zum Gegenstand hat und sich mit den Beziehungen der einzelnen Lebensformen zur Umwelt beschäftigt.

739   Gemäß Art. 191 Abs. 1 AEUV verfolgt die Umweltpolitik der Union die folgenden **Ziele**:
   – Erhaltung und Schutz der Umwelt sowie Verbesserung ihrer Qualität,
   – Schutz der menschlichen Gesundheit,
   – umsichtige und rationelle Verwendung der natürlichen Ressourcen und

– Förderung von Maßnahmen auf internationaler Ebene zur Bewältigung regionaler oder globaler Umweltprobleme und insbesondere zur Bekämpfung des Klimawandels.

Allerdings legt Art. 191 Abs. 1 AEUV nur die allgemeinen Ziele der Union fest, die vom **740** Rat durch Rechtsakte nach Art. 192 AEUV zu konkretisieren sind. Damit sind die Zielbestimmungen des Umweltschutzes nur bedingt justiziabel (*EuGH*, ECLI:EU:C:1998:352 – „Safety Hi-Tech Srl./S. & T. Sol").

Nach Art. 191 Abs. 2 S. 2 AEUV beruht die Umweltpolitik der Gemeinschaft auf **mehre-** **741** **ren Prinzipien**: dem Vorsorge- und Vorbeugeprinzip, dem Prinzip, Umweltbeeinträchtigungen an ihrem Ursprung zu bekämpfen, und dem Verursacherprinzip (zum Verursacherprinzip: *EuGH*, ECLI:EU:C:2010:127 – „ERG"). Von herausgehobener Bedeutung ist das **Querschnittsprinzip**, nach dem die Erfordernisse des Umweltschutzes auch bei der Festlegung und Durchführung anderer Gemeinschaftspolitiken einbezogen werden müssen. Um den Bedeutungsgehalt des Querschnittsprinzips zu betonen, wurde es zu einem der „Grundsätze" des AEUV erhoben und in Art. 11 AEUV niedergelegt. Dies hat zur Folge, dass das Querschnittsprinzip zunehmend die Anwendung anderer Teilrechtsgebiete des Europarechts beeinflusst. So rechtfertigt die Querschnittsklausel die Einbeziehung von Umweltschutzbelangen bei der öffentlichen Auftragsvergabe nach Unionsrecht (*EuGH*, ECLI:EU:C:2002:495 – „Concordia Bus Finland"; ECLI:EU:C:2003: 651 – „Wienstrom"). Weiterhin können Beihilfen unter Umweltschutzgesichtspunkten gerechtfertigt sein (z.B. *EuGH*, ECLI:EU:T:2004:336 – „Ferriere Nord"), was in Art. 36 ff. der Allgemeinen Gruppenfreistellungsverordnung (VO (EU) Nr. 651/2014) und in den von der Kommission verabschiedeten Leitlinien für staatliche Umweltschutz- und Energiebeihilfen konkretisiert wird.

Art. 192 AEUV enthält ein kompliziertes System von Ermächtigungsgrundlagen, auf die **742** Umweltakte der Union gestützt werden können. Grundsätzlich beschließen Europäisches Parlament und Rat gemäß dem ordentlichen Gesetzgebungsverfahren (Art. 294 AEUV) und nach Anhörung des Wirtschafts- und Sozialausschusses sowie des Ausschusses der Regionen über das Tätigwerden der Union zur Erreichung der in Art. 191 AEUV genannten Ziele (Art. 192 Abs. 1 AEUV). Handelt es sich um Vorschriften überwiegend steuerlicher Art oder um andere in Art. 192 Abs. 2 UAbs. 1 AEUV enumerativ genannte Maßnahmen, z.B. im Bereich der Raumordnung und der Bodennutzung, werden die Beschlüsse des Rates auf Vorschlag der Kommission und nach Anhörung des Europäischen Parlaments, des Wirtschafts- und Sozialausschusses sowie des Ausschusses der Regionen **einstimmig** gefasst (Art. 192 Abs. 2 UAbs. 1 AEUV). Innerhalb dieses Beschlussverfahrens kann der Rat nach UAbs. 2 wiederum festlegen, dass in diesen Bereichen das ordentliche Gesetzgebungsverfahren gilt. Allerdings hat der Gerichtshof das Einstimmigkeitserfordernis des Art. 192 Abs. 2 AEUV durch eine enge Auslegung des Anwendungsbereichs der Kompetenznorm abgewertet und damit gleichzeitig die Grundregel gemäß Art. 192 Abs. 1 AEUV gestärkt (*EuGH*, ECLI:EU:C: 2001:64 – „Donauschutzabkommen").

Wiederum wird nach Art. 192 Abs. 3 AEUV bei Beschlüssen über allgemeine Aktions- **743** programme das ordentliche Gesetzgebungsverfahren – also unter Mitentscheidung des Europäischen Parlaments – durchgeführt. Inzwischen gibt es mehrere solcher **Umweltaktionsprogramme**. In diesen werden nur allgemeine Ziele und Richtungen der europäischen Umweltpolitik festgelegt. Sie haben keine unmittelbare rechtliche Wirkung, gewinnen aber als Auslegungsmaßstäbe an Bedeutung.

744   Gemäß Art. 192 Abs. 4 AEUV sind grundsätzlich die einzelnen Mitgliedstaaten für die Finanzierung und Durchführung der europarechtlichen Umweltpolitik verantwortlich. Allerdings enthält Art. 192 Abs. 5 AEUV eine Ermächtigungsgrundlage für den Rat zur Einführung vorübergehender Ausnahmeregelungen hinsichtlich der Finanzierung und Durchführung der gemeinsamen Umweltpolitik.

745   Soweit die Union auf völkerrechtlicher Ebene Umweltschutzabkommen schließt, gelten gemäß Art. 191 Abs. 4 AEUV die allgemeinen Grundsätze über die Außenbeziehungen der Union. Unberührt bleiben jedoch die Kompetenzen der Mitgliedstaaten, in internationalen Gremien zu verhandeln und selbst Abkommen zu schließen (Art. 191 Abs. 4 UAbs. 2 AEUV).

II. Das Verhältnis zwischen Art. 192 AEUV und weiteren Kompetenznormen

746   Schwierigkeiten kann die Abgrenzung des Art. 192 AEUV zu weiteren Kompetenznormen des AEUV bereiten. Damit ist in erster Linie **Art. 114 AEUV** angesprochen, in dessen Anwendungsbereich Maßnahmen der EU zur Angleichung der Rechts- und Verwaltungsvorschriften der Mitgliedstaaten fallen, die die Errichtung und das Funktionieren des Binnenmarktes (Art. 26 AEUV) zum Gegenstand haben. Berührt eine Maßnahme der EU sowohl den Schutz der Umwelt als auch das Funktionieren des Binnenmarktes, stellt sich die Frage, welche der beiden Rechtsgrundlagen heranzuziehen ist. Im Urteil zur Titandioxid-Richtlinie schien der EuGH (ECLI:EU:C:1991:244) die Ansicht zu vertreten, dass sämtliches binnenmarktbezogene Umweltrecht auf die Binnenmarktkompetenz zu stützen sei, die damit gegenüber der Umweltschutzkompetenz eine Art lex specialis darstellte. Später hat der EuGH dann die **Schwerpunkttheorie** herangezogen, indem er bei der Frage nach der richtigen Rechtsgrundlage auf den **Hauptzweck** der jeweiligen Maßnahme abgestellt hat. Eine europäische Maßnahme sei auf die Umweltschutz- und nicht auf die Rechtsangleichungskompetenz zu stützen, wenn der Hauptzweck der Richtlinie im Bereich des Umweltschutzes liege und die Richtlinie nur „nebenbei" eine Harmonisierung der Marktbedingungen innerhalb der Union bewirke (*EuGH*, ECLI:EU:C:1993:98 – „Abfalländerungsrichtlinie"; bestätigt durch *EuGH*, ECLI:EU:C:1994:265).

III. Umweltrechtliche Maßnahmen der Union

747   Die Union hat von der Ermächtigungsgrundlage in Art. 192 Abs. 1 AEUV ausgiebig Gebrauch gemacht. Dabei hat sie zumeist mittels Richtlinien gehandelt, auch wenn in der jüngeren Vergangenheit zunehmend auf das Instrument der Verordnung zurückgegriffen wird. Bemüht man sich um eine grobe **Systematisierung des europäischen**

Umweltsekundärrechts, lassen sich ein allgemeines und ein medienspezifisches Umweltrecht unterscheiden. Ergänzt wird das europäische Umweltrecht durch völkerrechtliche Umweltschutzabkommen, an denen die Union beteiligt ist.

Zentrale Regelungsbestandteile des **allgemeinen Umweltrechts** sind z.B. die Umweltinformations-Richtlinie (RL 2003/4/EG), die Richtlinien zur Umweltverträglichkeitsprüfung und zur strategischen Umweltprüfung (RL 2011/92/EU, RL 2001/42/EG), die Richtlinie über die integrierte Vermeidung und Verminderung der Umweltverschmutzung (RL 2010/75/EU), die Richtlinie über Umwelthaftung zur Vermeidung von Umweltschäden und zur Sanierung der Umwelt (RL 2004/35/EG, zuletzt geändert durch RL 2013/30/EU), die Richtlinie zur Verringerung der Auswirkungen bestimmter Kunststoffprodukte auf die Umwelt (RL (EU) 2019/904), die beispielsweise ein Verkaufsverbot von Trinkhalmen und Wattestäbchen aus Plastik ab 2021 vorschreibt, sowie die VO (EG) Nr. 401/2009 zur Gründung einer Europäischen Umweltagentur. Das **besondere** bzw. **medienspezifische Umweltrecht** beinhaltet zunächst EU-Maßnahmen zum Natur-, Gewässer-, Klima- und Lärmschutz. Darüber hinaus existieren Regelungen zum Abfall-, Chemikalien-, Biotechnologie- und Gentechnikrecht. Auf **internationaler Ebene** schließlich ist die EU u.a. Vertragspartner des UN-Rahmenübereinkommens über Klimaänderungen einschließlich dem dazugehörigen Kyoto-Protokoll. Erwähnenswert ist ferner die Aarhus-Konvention über den Zugang zu Informationen, die Öffentlichkeitsbeteiligung und den Zugang zu Gerichten. Daneben partizipiert die EU noch an verschiedenen weiteren völkerrechtlichen Übereinkommen zur Luftreinhaltung, zum Süßwasserschutz sowie zum Meeresschutz.

748

IV. Nationale Schutzverstärkungen im Bereich des Umweltschutzes

Aus dem Vorrang des Unionsrechts folgt, dass die Mitgliedstaaten bei der Ausgestaltung des nationalen Umweltrechts die Vorgaben des Europäischen Unionsrechts zu beachten haben: EU-Umweltschutzrichtlinien sind in nationales Recht umzusetzen (Art. 288 UAbs. 3 AEUV); nationales Umweltrecht darf den unmittelbar geltenden Verordnungen (Art. 288 UAbs. 2 AEUV) und dem Primärrecht nicht widersprechen. Ausnahmsweise sind die Mitgliedstaaten aber berechtigt, den von der EU gesetzten Umweltschutzstandard zu verschärfen. Ein mitgliedstaatliches Schutzverstärkungsrecht kann sich unmittelbar aus dem Sekundärrecht ergeben, wenn etwa eine Richtlinie lediglich einen Mindeststandard garantieren will und strengere Anforderungen seitens eines Mitgliedstaates – entweder ausdrücklich oder konkludent – zulässt. Daneben kann sich ein Schutzverstärkungsrecht der Mitgliedstaaten auch unmittelbar aus dem AEUV ergeben.

749

Wurde ein Rechtsakt der EU auf Art. 192 AEUV gestützt, richtet sich das Abweichungsrecht der Mitgliedstaaten – unabhängig davon, ob sie im Rechtsetzungsverfahren für oder gegen den Unionsrechtsakt gestimmt haben – nach **Art. 193 AEUV**. Art. 193 AEUV, der zur Beibehaltung bestehender und Einführung neuer Schutzverstärkungen berechtigt, setzt eine Notifizierung der Kommission und eine Vereinbarkeit der mitgliedstaatlichen Abweichung mit dem AEUV voraus (Art. 193 S. 2 und 3 AEUV). Zudem dürfen

750

die Mitgliedstaaten nur schutzverstärkende Maßnahmen treffen, die im Hinblick auf die europäische Regelung gleichartig sind. Dies bedeutet, dass die nationalen Schutzmaßnahmen in die gleiche Richtung zielen müssen wie die europäische Regelung und dass sie die Ziele des Art. 191 AEUV noch besser verwirklichen als die europäische Vorschrift. Legt z.B. die Union bestimmte Grenzwerte fest, können die Mitgliedstaaten strengere Grenzwerte einführen; die Mitgliedstaaten dürfen aber nicht die Art bzw. Parameter der Grenzwerte austauschen.

751   Bei dem Erlass von EU-Rechtsakten nach **Art. 114 AEUV** richtet sich das Schutzverstärkungsrecht der Mitgliedstaaten zum Schutz der Umwelt nach Art. 114 Abs. 4 bis 9 AEUV. Während Art. 114 Abs. 4 AEUV die Beibehaltung abweichender nationaler Vorschriften betrifft, erlaubt Art. 114 Abs. 5 AEUV die Neueinführung einer abweichenden einzelstaatlichen Bestimmung nur unter der strengen Voraussetzung, dass die einzelstaatlichen Bestimmungen auf neue wissenschaftliche Erkenntnisse gestützt werden und sie zur Lösung eines spezifischen Problems dieses Mitgliedstaates erfolgen (vgl. dazu *EuGH*, ECLI:EU:C:2003:40; ferner: *EuGH*, ECLI:EU:C:2003:167). Im Vergleich zu Art. 193 AEUV macht es Art. 114 Abs. 4 bis 9 AEUV den Mitgliedstaaten schwerer, mit nationalen Gesetzen umweltfreundlichere als die europäischen Maßnahmen zu treffen.

V. Umweltschutz als „zwingendes Erfordernis" im Rahmen der Warenverkehrsfreiheit

752   Dass auch der Umweltschutz als „zwingendes Erfordernis" im Sinne der „Cassis-de-Dijon"-Rechtsprechung von Bedeutung sein kann, verdeutlicht der folgende Fall.

753   **Beispiel:** *EuGH*, **ECLI:EU:C:1992:310 – „Wallonische Abfälle"**

Die belgische Region Wallonien erließ eine Vorschrift, die – wegen der dort zur Neige gehenden Deponiekapazitäten – einen Transport gefährlicher Abfälle von anderen Mitgliedstaaten nach Wallonien untersagte. Nach Meinung der Kommission verstößt diese Regelung gegen die Warenverkehrsfreiheit. Belgien ist dagegen der Auffassung, dass nicht wiederverwendbare bzw. nicht verwertbare Abfälle überhaupt keine Waren i.S.d. Art. 34 AEUV sind.

Es ist zunächst zu klären, ob es sich bei den Abfällen um Waren i.S.d. Art. 34 AEUV handelt. Dies könnte zumindest für nicht verwertbare und nicht wiederverwendbare Abfälle zweifelhaft sein, da diese allenfalls einen „negativen Handelswert" besitzen. Nach Ansicht des Gerichtshofs ist jedoch entscheidend, dass Abfälle im Grundsatz Gegenstand eines Handelsgeschäftes sein können. Ob Abfälle wiederverwertet werden, sei häufig auch eine finanzielle und damit eine subjektive Entscheidung. Subjektive Gesichtspunkte könnten aber nicht für die Frage entscheidend sein, ob Art. 34 AEUV anzuwenden ist oder nicht. Außerdem stehe zum Zeitpunkt des Grenzüberschreitens häufig noch nicht fest, ob diese Abfälle nicht später doch infolge technischer Neuentwicklung wiederverwertet werden können. Deshalb fallen – nach der Rechtsprechung des Gerichtshofs – auch nicht verwertbare und nicht wiederverwendbare Abfälle in den Schutzbereich des Art. 34 AEUV.

Die belgische Maßnahme könnte jedoch gerechtfertigt sein. Wie im Kapitel über die Warenverkehrsfreiheit beschrieben, gilt der Umweltschutz seit der „Cassis-de-Dijon"-Rechtsprechung als zwingendes Erfordernis, das einen Eingriff in die Warenverkehrsfreiheit rechtfertigt. Die belgische Regierung hat geltend gemacht, dass es zu einem massiven und anormalen Zustrom von

Abfällen aus anderen Regionen zum Zwecke der Ablagerung in Wallonien gekommen sei, der angesichts der begrenzten Kapazität dieser Region eine Gefahr für die Umwelt darstelle. Folglich hat der Gerichtshof die beanstandeten Maßnahmen durch zwingende Erfordernisse des Umweltschutzes als gerechtfertigt angesehen. Allerdings könnte sich das belgische Verbot diskriminierend auf Abfälle aus anderen Mitgliedstaaten auswirken, die nicht schädlicher sind als die Abfälle, die in Wallonien erzeugt werden. Zwingende Erfordernisse sind nach der bisherigen Rechtsprechung des Gerichtshofs nur dann zu berücksichtigen, wenn es sich um Maßnahmen handelt, die unterschiedslos auf einheimische und eingeführte Erzeugnisse anwendbar sind. Um dies auch im vorliegenden Fall bejahen zu können, hat der Gerichtshof interessanterweise auf den Grundsatz des Art. 191 Abs. 2 S. 2 AEUV verwiesen, wonach Umweltbeeinträchtigungen mit Vorrang an ihrem Ursprung zu bekämpfen sind. Dies bedeutet, dass es Sache jeder Region, Gemeinde oder anderen Gebietskörperschaft ist, geeignete Maßnahmen zu treffen, um Aufnahme, Behandlung und Beseitigung ihrer eigenen Abfälle sicherzustellen. Auf dieser Grundlage kann das belgische Verbot, das nur zwischen Abfällen nach dem Ort ihrer Erzeugung unterscheidet, nicht als diskriminierend angesehen werden. Es liegt kein Verstoß gegen Art. 34 AEUV vor.

Die Linie, diskriminierende Eingriffe in die Warenverkehrsfreiheit über das zwingende Erfordernis des Umweltschutzes zu rechtfertigen, setzte der Gerichtshof in dem Urteil zum Fall „PreussenElektra/Schleswag" fort (*EuGH*, ECLI:EU:C:2001:160). Von Bedeutung für das Verhältnis von freiem Warenverkehr und Umweltschutz sind auch die Urteile des Gerichtshofs zum Dosenpfand (*EuGH*, ECLI:EU:C:2004:797 und ECLI:EU:C:2004:799). Gegenstand der Entscheidungen waren die in Deutschland für Getränke-Einweg-Verpackungen als Ersatz für das bisherige Sammelsystem eingeführten Pfand- und Rücknahmepflichten. Der Gerichtshof befand, dass die nationalen Bestimmungen im Grundsatz mit Art. 34 AEUV vereinbar sind, sofern die EU-ausländischen Hersteller über eine angemessene Übergangsfrist verfügen und gewährleistet ist, dass das neue System in dem Zeitpunkt, in dem das alte System wegfällt, arbeitsfähig ist. **754**

Den verschiedenen Urteilen des Gerichtshofs lässt sich die Grundaussage entnehmen, dass der Gerichtshof dem **Umweltschutz** bei der Rechtfertigung von Beschränkungen eine **Sonderrolle** beimisst. Die Mitgliedstaaten verfügen mit Blick auf den hohen Stellenwert des Umweltschutzes im Unionsrecht (vgl. Art. 11 AEUV) über einen großen Beurteilungsspielraum bei der Verhältnismäßigkeitskontrolle. Sie dürfen das Schutzniveau und das Instrumentarium, mit dem das erstrebte Niveau erreicht werden soll, selbst festlegen. **755**

Weiterführende Literatur: *Fischer/Fetzer*, Fälle zum Europarecht, 9. Auflage 2019, Fall 5 – Altautoverwertung; *Charalampidou*, Der Bodenschutz in der Europäischen Union – der Kampf um eine einheitliche Regelung, EuR 2011, 593 ff.; *Fischer*, Die Einwirkung des europäischen auf das nationale Umweltrecht, JuS 1999, 320 ff.; *Oberrath*, Umweltschutz durch sekundäres Gemeinschaftsrecht, JA 2003, 867 ff.

E. Landwirtschafts- und Fischereipolitik in der Union: Modell einer Marktordnung

Für bestimmte, vermeintlich sensible Wirtschaftszweige war man bei den Verhandlungen über den EWG-Vertrag nicht bereit, das Modell der grundsätzlichen wirtschaftlichen Freiheit zu übernehmen. Deshalb sind in der Union nach wie vor – auch unter **756**

Geltung des AEUV – einige Wirtschaftssparten der Kontrolle und Lenkung durch die Unionsorgane unterworfen. Paradebeispiel hierfür ist die **Landwirtschaft**. Dies hängt insbesondere mit der Bedeutung dieses Wirtschaftszweiges für manche schwächere Volkswirtschaften zusammen. Man befürchtete, durch Gewährung von Wettbewerbsfreiheit und die daraus resultierende Konkurrenz könnten in den betroffenen Mitgliedstaaten Existenzprobleme für deren einheimische Landwirtschaft entstehen. Die daraus folgende Ablehnung der Idee einer Europäischen Gemeinschaft hätte die europäische Einigung gefährden können. Der **Agrarmarkt** kann als Beispiel eines **Marktordnungsmodells** mit allen seinen Vor- und Nachteilen angesehen werden. Über 90 % des Agrarmarktes der Union unterliegen besonderen, vom freien Wettbewerb abweichenden Bestimmungen. Es handelt sich dabei um ein nahezu klassisches Marktordnungsmodell, bei dem an die Stelle der Vertragsfreiheit ein enges Bündel normativer Vorschriften getreten ist. Hierdurch wurde der freie Markt praktisch abgeschafft und ein planwirtschaftliches Geflecht von detaillierten Steuerungsinstituten geschaffen. Da die Agrarmarktordnung einen großen Anteil der Ausgaben des EU-Haushaltes verursacht, ist sie ständiger Kritik ausgesetzt.

757   Die Verträge regeln den Agrarmarkt in den Art. 38 bis 44 AEUV. Nach Art. 38 Abs. 1 UAbs. 2 AEUV umfasst dieser Regelungsbereich sowohl die (klassische) Landwirtschaft als auch den Handel mit landwirtschaftlichen Erzeugnissen. Unter landwirtschaftlichen Erzeugnissen sind dabei die Erzeugnisse des Bodens, der Viehzucht und der Fischerei sowie die mit diesen in unmittelbarem Zusammenhang stehenden Erzeugnisse der ersten Verarbeitungsstufe zu verstehen. Gemäß Art. 39 AEUV ist es Ziel einer gemeinsamen Agrarpolitik, die Produktivität der Landwirtschaft zu steigern, die Märkte zu stabilisieren, die Versorgung der Verbraucher zu angemessenen Preisen sicherzustellen und eine angemessene Lebenshaltung der landwirtschaftlichen Bevölkerung zu ermöglichen. Die Praxis hat allerdings gezeigt, dass die genannten Ziele durchaus in einem erheblichen Spannungsverhältnis zueinanderstehen können.

758   Die genannten Ziele sollen insbesondere über eine gemeinsame **Organisation** der **Agrarmärkte** (Art. 40 AEUV) erfolgen. Hierfür wurde der europäische Agrarmarkt in eine große Zahl von sog. **„Gemeinsamen Marktorganisationen"** unterteilt. So gibt es u.a. Organisationen für Eier, Getreide, Rind- und Schweinefleisch, Wein, Zucker und Fischereierzeugnisse. Die verschiedenen Marktorganisationen unterscheiden sich z.T. nicht unerheblich voneinander. Sie reichen vom vollständigen Preissystem über preisregulierende Beihilfen bis hin zu einfachen Handelsregelungen oder Qualitätsnormierungen.

Typische Mechanismen einer gemeinsamen Marktorganisation sind Preisregelungen (wie die Setzung von Interventionspreisen), Stützungsmaßnahmen (z.B. Sonderbeihilfen), Mengenbeschränkungen (über Kontingente, Lizenzen und Quoten) oder Einlagerungs- und Ausgleichsmaßnahmen. Maßnahmen der Union sind notwendig, weil viele Agrarprodukte innerhalb der Union zu erheblich höheren Erzeugerpreisen produziert werden als auf dem Weltmarkt. Der Schutz gegen Importe aus Drittländern erfolgt durch **Abschöpfungen**, die auf dem Agrarsektor die Funktion von Zöllen besitzen. Die Höhe der Abschöpfung bestimmt sich aus der Differenz zwischen dem Einfuhrpreis und dem Weltmarktpreis des jeweiligen landwirtschaftlichen Produktes. Was schließlich die Erzeugerpreisgarantien betrifft, so besteht hier ein System der **Intervention**. Auf der Grundlage eines alljährlich festgesetzten Interventionspreises verpflichtet sich die jeweilige Marktorganisation mittels ihrer von den Mitgliedstaaten eingerichteten Interventionsstellen zum Kauf des betreffenden Produkts. Damit erhält der Produzent eine automatische **Abnahmegarantie**.

Zwölfter Teil

Das auswärtige Handeln der Union

A. Grundlagen

I. Gemeinsame Außen- und Sicherheitspolitik

759　Die Außenbeziehungen der Union stehen im Schnittfeld zwischen Unionsrecht und (Wirtschafts-)Völkerrecht. So ist der Bereich der Außen- und Sicherheitspolitik auch nach dem Vertrag von Lissabon nicht supranational, sondern nach wie vor intergouvernemental ausgestaltet. Der EUV sieht in Art. 21 bis 46 EUV Regelungen zur **Gemeinsamen Außen- und Sicherheitspolitik (GASP)** vor, deren Ziele in Art. 24 Abs. 1 EUV niedergelegt sind. Nach Art. 42 Abs. 2 EUV zählt zur GASP auch die schrittweise Festlegung einer gemeinsamen Verteidigungspolitik, die zu einer gemeinsamen Verteidigung der Union führen kann. Das Instrumentarium, das im Rahmen der GASP zur Verfügung steht, findet sich in Art. 25 EUV: Danach bestimmt der Europäische Rat die Grundsätze und die allgemeinen Leitlinien der GASP. Auf dieser Grundlage trifft der Rat die für die Festlegung und Durchführung der GASP erforderlichen Entscheidungen, insbesondere durch die Annahme von gemeinsamen Aktionen und von gemeinsamen Standpunkten. Nach außen wird die Union in Angelegenheiten der GASP vom Hohen Vertreter der Union für Außen- und Sicherheitspolitik vertreten (Art. 27 EUV).

II. Gemeinsame Handelspolitik der Union

760　Die **Völkerrechtsfähigkeit der Union ist inzwischen** allgemein anerkannt. Im Verhältnis zu den Mitgliedstaaten ergibt sich dies explizit aus Art. 48 EUV. Auch Nichtmitgliedstaaten bzw. internationale Organisationen haben die Völkerrechtssubjektivität durch den Abschluss völkerrechtlicher Verträge, die Aufnahme in internationale Zusammenschlüsse oder die Unterhaltung diplomatischer Beziehungen indirekt bestätigt.

761　Von noch größerer Bedeutung ist jedoch, dass die Anerkennung als Völkerrechtssubjekt die Union in die Lage versetzt, mit internationalen Organisationen zusammenzuarbeiten, in ihnen mitzuwirken und ihnen auch beizutreten. Ferner befähigt sie die **Union** zum **Abschluss völkerrechtlicher Verträge** (Unionsabkommen). Dabei ist zwischen der Verbandskompetenz der Union zum Abschluss völkerrechtlicher Verträge und der Organkompetenz des konkret zum Abschluss befugten Unionsorgans zu unterscheiden. So kann die Union aufgrund des dargestellten Prinzips der begrenzten Einzelermächtigung anstelle der Mitgliedstaaten nur in den Fällen Verträge abschließen, in denen sie eine entsprechende Verbandskompetenz besitzt.

762　Gemäß Art. 3 Abs. 1 lit. e) AEUV besitzt die Union die ausschließliche Zuständigkeit im Bereich der gemeinsamen Handelspolitik. Weitergehend bestimmt Art. 3 Abs. 2 AEUV, dass die Union für den Abschluss bestimmter internationaler Verträge die ausschließliche Zuständigkeit besitzt. Die wichtigsten Kompetenznormen zur gemeinsamen Handelspolitik finden sich in Art. 206 und Art. 207 AEUV. Regelungen zum Abschluss von internationalen Abkommen mit Drittstaaten bzw. internationalen Organisationen finden sich in Art. 216 ff. AEUV und Art. 220 AEUV.

Die **Organkompetenz** liegt nach der Regelnorm des Art. 218 Abs. 2 AEUV – soweit also **763** keine spezielleren Regelungen in den Verträgen getroffen werden – insoweit beim Rat, als er die Kommission auf deren Empfehlung zur Durchführung der erforderlichen Verhandlungen ermächtigt und schließlich nach Unterrichtung des Parlaments den Abschluss eines Abkommens beschließt. Art. 218 AEUV wird ergänzt und modifiziert durch Verfahrensvorschriften für besondere Sachgebiete, insbesondere durch Art. 207 AEUV für die gemeinsame Handelspolitik sowie durch Art. 219 AEUV für Währungsabkommen.

III. Unmittelbare Anwendbarkeit völkerrechtlicher Bestimmungen im Unionsrecht

Im Bereich der völkerrechtlichen Abkommen bildet Art. 216 Abs. 2 AEUV den Aus- **764** gangspunkt zur Bestimmung des Verhältnisses von völkerrechtlichen Übereinkommen zum Unionsrecht. Art. 216 Abs. 2 AEUV bestimmt, dass die von der Union geschlossenen Abkommen für die Organe der Union und für die Mitgliedstaaten **verbindlich** sind. Der Normtext enthält damit aber noch keine Aussage, dass völkerrechtliche Verträge im Unionsrecht automatisch unmittelbare Geltung entfalten, wie sich aus einem Vergleich von Art. 216 Abs. 2 AEUV mit Art. 288 UAbs. 2 AEUV ergibt. Vielmehr hängt die **unmittelbare Wirkung** völkerrechtlicher Übereinkommen im Einzelfall davon ab, dass die Bestimmungen **hinreichend bestimmt** und **inhaltlich unbedingt** sind (vgl. *EuGH*, ECLI:EU:C:1987:400 – „Demirel"). Die Tatbestandsmerkmale sind inhaltsgleich mit den Voraussetzungen, von denen die unmittelbare Wirkung von primärem Unionsrecht abhängt und werden vom Gerichtshof großzügig ausgelegt; sodass er **regelmäßig** zu einer unmittelbaren Geltung der jeweiligen völkerrechtlichen Abkommen gelangt. Dies lässt sich damit begründen, dass Art. 216 Abs. 2 AEUV auf der Überlegung beruht, dass die von der Union geschlossenen völkerrechtlichen Verträge ein **integrierender Bestandteil des Unionsrechts** sind. Der effet utile der Vorschrift gebiete es daher, Maßnahmen der Unionsorgane und der Mitgliedstaaten einer richterlichen Kontrolle dem Maßstab des einschlägigen Völkerrechts zu unterwerfen. Konsequenz dieser Rechtsprechung ist, dass völkerrechtliche Verträge in der Normenhierarchie zwischen dem Primärrecht und dem Sekundärrecht angesiedelt sind. Rechtsakte der Union und der Mitgliedstaaten müssen daher mit den Unionsabkommen, die insoweit einen Anwendungsvorrang entfalten, in Einklang stehen. Sofern eine völkervertragliche Bestimmung darüber hinaus auch den einzelnen Marktbürger begünstigt, kann sich dieser ebenfalls auf das jeweilige Unionsabkommen berufen (vgl. z.B. *EuGH*, ECLI:EU:C:2005: 213 – „Simutenkov").

B. Die Union im System der Welthandelsorganisation (WTO)

I. Überblick über die WTO-Rechtsordnung

765 Die **Welthandelsorganisation** (World Trade Organization, WTO) ist eine internationale Organisation, die als Völkerrechtssubjekt anerkannt ist (vgl. Art. VIII Abs. 1 WTO). Ihre **Aufgabe** besteht darin, die zwischenstaatliche Zusammenarbeit im Bereich des internationalen Handels zu institutionalisieren, d.h., sie „erleichtert die Durchführung, die Verwaltung und Wirkungsweise" der diversen multilateralen Handelsübereinkommen (vgl. Art. III Abs. 1 WTO). Die WTO besteht aus den folgenden **Organen**: Die Ministerkonferenz (politisches Leitorgan) ist das höchste Organ und tagt in der Regel alle zwei Jahre; der Allgemeine Rat (zentrales operatives Organ) ist die zuständige Einrichtung zur Wahrnehmung der Aufgaben zwischen den Ministerkonferenzen. Schließlich gibt es ein Sekretariat, das unter der Leitung eines Generaldirektors steht; es verfügt jedoch über keinerlei eigenständige Entscheidungskompetenz.

766 Mit der Bezugnahme auf die Handelsübereinkommen in Art. III Abs. 1 WTO wird gleichzeitig die **materiell-rechtliche Grundkonzeption** der WTO angedeutet, die man als **„Drei-Säulen-Modell"** charakterisieren kann: Die erste Säule der Welthandelsordnung verkörpert das Allgemeine Zoll- und Handelsabkommen (General Agreement on Tariffs and Trade, GATT), die zweite Säule ergibt sich aus dem Allgemeinen Übereinkommen über den Handel mit Dienstleistungen (General Agreement on Trade in Services, GATS) und die dritte Säule schließlich ist das Übereinkommen über handelsbezogene Aspekte der Rechte des geistigen Eigentums (Trade-Related Aspects of Intellectual Property Rights, TRIPS). Verfahrensmäßig abgesichert wird die Befolgung des materiellen Rechts vor allem durch die Vereinbarung über Regeln und Verfahren zur Beilegung von Streitigkeiten (Dispute Settlement Understanding, DSU). Die genannten Übereinkünfte sind ein integraler Bestandteil der WTO und für alle Vertragsparteien verbindliches Recht (Art. II Abs. 2 WTO: **multilaterale Handelsübereinkommen**). Ergänzt werden die drei bedeutendsten materiell-rechtlichen Verträge etwa durch das Übereinkommen über die Landwirtschaft und das Übereinkommen über das öffentliche Beschaffungswesen. Die beiden letztgenannten Verträge weisen die Besonderheit auf, dass nicht alle Mitglieder der WTO daran beteiligt sind, sondern nur diejenigen, die die Abkommen auch ratifiziert haben (Art. II Abs. 3 WTO: **plurilaterale Handelsübereinkommen**). Die **Union** als Nachfolgeorganisation der EG (Art. 1 UAbs. 3 S. 3 EUV) ist **wie auch** ihre **Mitgliedstaaten Vertragspartei der WTO** (Art. XI Abs. 1 WTO). Durch den Vertrag von Lissabon hat die Union die ausschließliche Kompetenz für die gemeinsame Handelspolitik erhalten (Art. 3 Abs. 1 lit. e) AEUV). Daher ist auch für den Abschluss von Verträgen im Bereich der Welthandelsorganisation zukünftig allein die Union für den Abschluss und die Ratifikation zuständig (vgl. *BVerfGE* 123, 267).

767 Unter den WTO-Verträgen nimmt das **reformierte GATT 1994** eine überragende Stellung ein, dessen Anwendungsbereich wie folgt zu bestimmen ist: In den personalen Anwendungsbereich des GATT fallen grundsätzlich nur die Vertragsparteien des Abkommens (vgl. Art. XXXII GATT), zu denen alle wichtigen Industrienationen zählen. Der räumliche Geltungsbereich erstreckt sich grundsätzlich auf das Zollgebiet jeder Vertragspartei (vgl. näher Art. XXIV GATT). Der sachliche Umfang des Abkommens bestimmt sich nach der Auslegung des Begriffs „product" – gemeint sind Waren im Sinne körperlicher Gegenstände –, da Dienstleistungen und geistiges Eigentum eigenen Regelungsbereichen unterliegen.

Ist der Anwendungsbereich des GATT eröffnet, kommt als Prüfungsmaßstab für Maßnahmen der Mitgliedstaaten bzw. der Union zunächst das in **Art. XI Abs. 1 GATT** enthaltene **Gebot der Beseitigung von mengenmäßigen Beschränkungen** in Betracht, dessen Sinn und Zweck in der Sicherung des freien Zugangs ausländischer Produkte zu den Märkten der anderen Vertragsstaaten besteht. Untersagt sind mit Ausnahme von Zöllen, Abgaben und sonstigen Belastungen alle Ein- und Ausfuhrverbote sowie mengenmäßigen Beschränkungen des Im- oder Exports von Produkten (**„Tariffs only"-Maxime**). Hinter dem „Tariffs only"-Prinzip steht die Erkenntnis, dass Zölle wie zollgleiche Abgaben im Vergleich zu nichttarifären Hindernissen leichter durchschaubar und kontrollierbar sind. Dadurch werden die Verhandlungen zwischen den WTO-Vertragsstaaten über den Abbau von Zollschranken erleichtert. **768**

Im Gegensatz zu Art. XI GATT sichert das in **Art. III GATT** niedergelegte **Inländergleichbehandlungsgebot** die Wettbewerbsgleichheit, wenn sich die Ware **bereits im Land** befindet. Das Inländergleichbehandlungsgebot fordert die Gleichstellung ausländischer mit inländischen Waren auf dem Gebiet der inneren Abgaben und Rechtsvorschriften. Bezugspunkt der Gleichbehandlung sind aber nur „gleichartige" inländische Waren. **769**

Eine weitere zentrale Vorschrift des GATT ist der sich aus **Art. I GATT** ergebende **Grundsatz der Meistbegünstigung**. Meistbegünstigung bedeutet, dass Handelsbegünstigungen (z.B. bei Zöllen) gegenüber allen Vertragsparteien gleichermaßen gewährt werden müssen. Sobald ein Staat einem seiner Handelspartner einen bestimmten Vorteil zugesteht, ist dieser auf alle anderen Mitglieder des GATT auszudehnen. Dies hat ohne Gegenleistung der übrigen Vertragspartner zu geschehen (vgl. Art. I Abs. 1 GATT: „unverzüglich und bedingungslos"). Art. I GATT zielt ebenso wie Art. III GATT auf die Sicherstellung der Wettbewerbsgleichheit der im Verkehr befindlichen Produkte. Vom Prinzip der Meistbegünstigung werden zugunsten von regionalen Wirtschaftszusammenschlüssen und zugunsten von Entwicklungsländern – denen eine Vorzugsbehandlung gewährt werden kann – Ausnahmen zugelassen. **770**

Verstößt eine nationale Maßnahme gegen einen der genannten Untersagungstatbestände, ist sie **grundsätzlich unzulässig**, sofern nicht **ausnahmsweise** einer der im GATT kodifizierten Rechtfertigungsgründe einschlägig ist. Neben den Freistellungstatbeständen der Art. XIX GATT (Notstandsmaßnahmen bei der Einfuhr bestimmter Waren) und Art. XXI GATT (Ausnahmen zur Wahrung der Sicherheit) ist im Welthandelsrecht die **allgemeine Ausnahme des Art. XX GATT der bedeutendste Rechtfertigungsgrund**. Danach können u.a. zum Schutz der öffentlichen Sittlichkeit, zum Schutz des Lebens und der Gesundheit von Menschen, Tieren und Pflanzen oder zur Erhaltung erschöpflicher Naturschätze Einschränkungen vorgenommen werden. Allerdings darf die Maßnahme **keinen diskriminierenden Charakter** aufweisen, und sie muss darüber hinaus auch dem **Verhältnismäßigkeitsgrundsatz** genügen. **771**

Am Maßstab des GATT und der anderen WTO-Rechtsvorschriften müssen sich alle Maßnahmen der Vertragsparteien messen lassen, die eine protektionistische Wirkung **772** entfalten. Als Beispiele seien an dieser Stelle nur die von der Union erlassenen Bananenmarktordnungen, das Einfuhrverbot für hormonbehandeltes Rindfleisch aus den USA, die in der Union geltenden Kennzeichnungspflichten für genmanipulierte Lebensmittel, die protektionistische Stahlpolitik der USA oder die Milliardensubventionen für Flugzeughersteller genannt.

II. Unmittelbare Anwendbarkeit von WTO-Recht im Unionsrecht

773 Während die unmittelbare Bindung von Union und Mitgliedstaaten an welthandelsrechtliche Abkommen sich aus Art. 216 Abs. 2 AEUV ergibt, stellt sich nach wie vor die Frage nach der unmittelbaren Anwendbarkeit der Vorschriften des Welthandelsrechts innerhalb des Unionsrechts. An dieser Stelle soll jedoch – aus Gründen der Vereinfachung – nur auf den Standpunkt des Gerichtshofs eingegangen werden. Dieser geht traditionell davon aus, dass insbesondere das GATT nicht innerhalb des Unionsrechts unmittelbar anwendbar ist (*EuGH*, ECLI:EU:C:1972:115 – „International Fruit Company").

774   Beispiel: *EuGH*, ECLI:EU:C:1999:574 – „Portugal/Rat"
Im Rahmen des Abschlusses der WTO-Übereinkünfte, zu denen die Abkommen über Textilwaren und Bekleidung und das Übereinkommen über Einfuhrlizenzen gehören, führte die Gemeinschaft jeweils mit Indien und Pakistan Verhandlungen im Bereich des Marktzugangs für Textilwaren und Bekleidung. Im Jahre 1996 erließ der Rat den Beschluss 96/386/EG über den Abschluss von entsprechenden Vereinbarungen mit Indien und Pakistan. Portugal erhob eine Nichtigkeitsklage gegen den Ratsbeschluss und machte u.a. die Verletzung von Grundsätzen der WTO geltend.

Damit man den Beschluss 96/386/EG des Rates überhaupt am Maßstab des WTO-Rechts überprüfen kann, müssten die **Bestimmungen des Welthandelsrechts im vorliegenden Fall unmittelbar anwendbar** sein. Unter Abweichung von der ansonsten großzügigen Anerkennung der unmittelbaren Anwendbarkeit von völkerrechtlichen Abkommen innerhalb des Unionsrechts hatte der Gerichtshof bereits für das GATT 1947 entschieden, dass es mangels inhaltlicher Unbedingtheit im Grundsatz **keine unmittelbare Wirkung** entfalte (*EuGH*, ECLI:EU:C:1994:367 – „Bananenmarktordnung"). **An dieser restriktiven Linie hat der Gerichtshof** auch in dem Urteil „Portugal/Rat" trotz der zwischenzeitlich erfolgten Verrechtlichung des Streitbeilegungsverfahrens **festgehalten**. Allerdings hat er seine Rechtsprechung auf eine **neue Grundlage** gestellt: Zum einen sei das reformierte WTO-System trotz seiner erheblichen Unterschiede gegenüber dem GATT 1947 gleichwohl durch ein System der Verhandlungen zwischen den Mitgliedstaaten geprägt. Insbesondere das Streitbeilegungsverfahren ermögliche einem WTO-Mitgliedstaat, nach Feststellung eines Rechtsverstoßes durch das WTO-Streitbeilegungsorgan auf dem Verhandlungsweg eine vorübergehende einvernehmliche Entschädigungslösung zu erreichen (vgl. Art. 22 Abs. 2 DSU). Außerdem sei das WTO-Recht durch den Grundsatz der Gegenseitigkeit gekennzeichnet (Reziprozitätsprinzip). Bei der Bejahung einer unmittelbaren Anwendbarkeit würde es jedoch an der Gegenseitigkeit fehlen, da wichtige Handelspartner wie z.B. die USA, Kanada und Japan eine unmittelbare Geltung im innerstaatlichen Recht ausgeschlossen haben. Aus diesen Erwägungen schließt der Gerichtshof, dass zumindest Maßnahmen der Unionsorgane und damit auch der Beschluss 96/386/EG des Rates wegen der fehlenden unmittelbaren Geltung des WTO-Rechts nicht an diesem überprüft werden können. Dem Mitgliedstaat Portugal ist daher eine Berufung auf WTO-Bestimmungen im Rahmen der Nichtigkeitsklage versagt.

775 Diese Judikatur führt letztlich dazu, dass sich auch Einzelne vor den Gerichten nicht auf WTO-Prinzipien berufen können (*EuGH*, ECLI:EU:C:2000:688 Tz. 43 ff. – „Parfums

Christian Dior SA/Tuk Consultancy BV"). Seine zurückhaltende Rechtsprechungslinie hat der Gerichtshof mehrfach bestätigt (u.a. *EuGH*, , ECLI:EU:C:2001:228 – „OGT Frucht-handelsgesellschaft"; *EuGH*, ECLI:EU:C:2001:438 – „Groeneveld"). Ob die inhaltliche Unbedingtheit des GATT durch eine eine diese Regelungen konkretisierende Entscheidung des Streitbeilegungsgremiums hergestellt wird, hat der EuGH zunächst ausdrücklich offengelassen (*EuGH*, ECLI:EU:C:2003:517 Tz. 67 – „Biret"), in einem darauffolgenden Urteil dann aber verneint (*EuGH*, ECLI:EU:C:2005:121 – „Léon Van Parys").

Der restriktive Standpunkt des Gerichtshofs erfährt jedoch dadurch eine gewisse Ein-   **776** schränkung, dass das Sekundärrecht und das nationale Recht im Rahmen des Mögli-chen nach dem Wortlaut und dem Zweck des Welthandelsrechts völkerrechtskonform auszulegen sind (vgl. *EuGH*, ECLI:EU:C:1998:292 Tz. 35 ff. – „Hermès"; siehe auch *EuGH*, ECLI:EU:C:2004:717 Tz. 42 – „Anheuser-Busch"). WTO-Recht hat somit zumin-dest eine **mittelbare Direktwirkung**. Darüber hinaus ist der Gerichtshof gewillt, über WTO-Recht zu judizieren, wenn das Unionsrecht ausdrücklich auf spezielle Bestim-mungen der WTO-Übereinkünfte verweist. Abzuwarten bleibt freilich, ob durch die Einräumung der ausschließlichen Kompetenz für den Abschluss welthandelsrechtlicher Verträge durch den Vertrag von Lissabon der Gerichtshof seine Rechtsprechung zur un-mittelbaren Geltung des Welthandelsrechts in der Union überdenken wird.

C. Sonstige völkerrechtliche Abkommen der Union

Nicht nur als wichtiger Außenhandelspartner, sondern auch als kulturell und politisch   **777** traditionell eng mit der Union verbundener Wirtschaftsraum kam der **Europäischen Freihandelsassoziation** (European Free Trade Association – EFTA) stets eine bevor-zugte Stellung in den Außenwirtschaftsbeziehungen der Union zu. So wurden ab 1972 zunächst Freihandelsabkommen zwischen den EFTA-Staaten und der EWG beschlos-sen. Seit Mitte der achtziger Jahre kamen Pläne zur Ausgestaltung eines einheitlichen **Europäischen Wirtschaftsraums** (EWR) auf, die nach diversen Anläufen zur Unter-zeichnung eines EWR-Abkommens am 2.5.1992 führten. Mitglieder sind neben den 28 Mitgliedstaaten der Union die EFTA-Länder Island, Norwegen und Liechtenstein. Die Schweiz hat sich in einem Referendum gegen einen Beitritt zum EWR ausgesprochen.

Inhaltlich dehnt der EWR-Vertrag vor allem die Grundfreiheiten und das Wettbewerbs-   **778** recht weitgehend auf alle beteiligten Mitgliedstaaten aus. Die EFTA-Länder überneh-men offiziell einen Großteil der Binnenmarktregeln. Zudem existiert ein institutioneller Rahmen, der in etwa dem der Verträge entspricht. Neben dieser weitreichenden wirt-schaftlichen Dimension ist die Errichtung des EWR auch **politisch** von Bedeutung. Hat sich ein EFTA-Staat im EWR an den Unionsstandard angepasst, ist ein Beitritt zur Union leichter möglich. Als Beispiel hierfür dienen Finnland, Österreich und Schweden, die zum 1.1.1995 der EU beitraten.

Daneben existieren noch **Assoziierungsabkommen gemäß Art. 217 AEUV**, bei denen   **779** es sich um eine privilegierte Vertragsbeziehung mit einem Drittstaat handelt. Darin enthalten sind regelmäßig Bestimmungen über den freien Waren-, Personen-, Dienstleistungs- und Kapitalverkehr sowie des Öfteren den Art. 101 ff. AEUV nachgebildete wettbewerbsrechtliche Bestimmungen. Solche Assoziierungen sind auf Dauer angelegt und mit einem institutionellen Rahmen ausgestattet (z.B. eigenständige Organe und Schiedsgerichte). Sie werden vor allem mit Ländern abgeschlossen, die der Union beitreten werden, über deren Beitritt zur Union (wie z.B. im Fall der Türkei) verhandelt wird oder denen Entwicklungshilfe gewährt wird (dazu auch Art. 208 ff. AEUV).

Weiterführende Literatur: *Fischer/Fetzer*, Europarecht – Fälle zum Europarecht, 9. Auflage 2019, Fall 22 – Außenwirtschaftsrecht und Außenpolitik; *Hobe/Müller-Satori*, Rechtsfragen der Einbindung der EG/EU in das Völkerrecht, JuS 2002, 8 ff.; *Hofmeister*, Rechtliche Aspekte der Außenbeziehungen der EG – Eine Einführung, Jura 2010, 203 ff.; *Kohler*, Um letzte und vorletzte Worte: Zum geplanten Zusammenwirken von EGMR und EuGH nach dem Beitritt der EU zur EMRK, EuZW 2011, 849; *Neugärtner/Puth*, Die Wirkung der WTO-Übereinkommen im Gemeinschaftsrecht – EuGH, EuZW 2000, 276, JuS 2000, 640 ff.; *Schwarz*, Einführung in das neue Außenwirtschaftsrecht, JA 2003, 169 ff.

Stichwortverzeichnis

(die Zahlen verweisen auf die Randnummern)